Lesetexte mit interessanten informatischen Inhalten sind als Notizzettel gekennzeichnet.

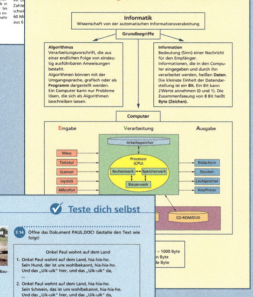

Die grundlegenden Inhalte und die wesentlichen Erkenntnisse aus den Kapiteln werden in einer Übersicht **„Auf den Punkt gebracht"** zusammengefasst.

Am Ende eines Kapitels findest du unter der Überschrift **„Teste dich selbst"** zusätzliche Aufgaben zur Übung, zur Anwendung und zum Selbsttest.

m Anfang und das **Register** am Ende des Buches nutzen.

Inhaltsverzeichnis

1 Informationen, Daten und Computer   7

    1.1 Eine Wissenschaft bildet sich heraus   8
    1.2 Vom Abakus zum Computer   10
    1.3 Der Computer – Einheit von Hardware und Software   13
    1.4 Grafische Benutzeroberflächen   19
    1.5 Nachrichten und Informationen   22
    1.6 Information und ihre Darstellung   29
    1.7 Objekte, Attribute und Methoden   31
    Auf den Punkt gebracht   34
    Teste dich selbst   35

2 Grafikobjekte, ihre Attribute und Methoden   37

    2.1 Ein Bild besteht aus Pixeln   38
    2.2 Besser geht's mit Vektorgrafiken   40
    2.3 Geometrische Figuren (Klassen) in Vektorgrafiken   42
    2.4 Objektnamen   44
    2.5 Attribute von Objekten   45
    2.6 Methoden für Vektorgrafiken   48
    Auf den Punkt gebracht   55
    Teste dich selbst   56

3 Textobjekte, ihre Attribute und Methoden   59

    3.1 Schreiben – früher und heute   60
    3.2 Schreiben am Computer   62
    3.3 Objekte in einer Textdatei   64
    3.4 Wir richten ein Dokument ein   66
    3.5 Ein Dokument besteht aus Absätzen   68
    3.6 Ein Absatz besteht aus Wörtern und Zeichen   72
    3.7 Methoden: Wir formatieren Texte   75
    Auf den Punkt gebracht   76
    Teste dich selbst   77

4 Objekte, Attribute und Methoden in Präsentationen   79

    4.1 Klassen in Multimediadokumenten   80
    4.2 Objekte, Attribute und Methoden in Präsentationen   81

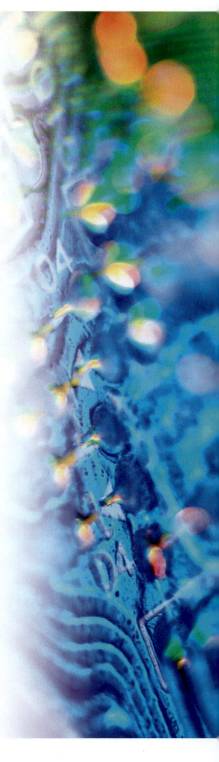

	4.3	Animationen in Präsentationen	85
		Auf den Punkt gebracht	87
		Teste dich selbst	88

5 Verwaltung von Dateien — 89

5.1	Ordnung muss sein	90
5.2	Beziehung der Klassen Ordner und Datei	93
5.3	Attribute und Methoden der Klassen ORDNER und DATEI	96
5.4	Datei und Dokument	99
	Auf den Punkt gebracht	100
	Teste dich selbst	102

6 Hypertextobjekte — 103

6.1	Wir suchen Informationen im World Wide Web	104
6.2	Vernetzte Daten	107
6.3	Von Webseiten und Links	110
	Auf den Punkt gebracht	120
	Teste dich selbst	121

7 Nachrichtenobjekte — 123

7.1	Die Post im Klassenzimmer	124
7.2	Elektronische Post ersetzt den Brief	126
7.3	Wir verfassen, senden und empfangen E-Mails	129
7.4	Von Nachrichten mit Anhängen	132
	Auf den Punkt gebracht	134
	Teste dich selbst	135

8 Algorithmenstrukturen — 137

8.1	Algorithmen helfen Abläufe zu beschreiben	138
8.2	Auf Entdeckungsreise in einer virtuellen Welt	142
8.3	Die Programmiersprache „Robot Karol"	145
8.4	Das Leben besteht aus Wiederholungen	147
8.5	Entscheidungen haben Folgen	153
8.6	Teile und herrsche	158
	Auf den Punkt gebracht	162
	Teste dich selbst	163

9 Datenflüsse und Objekte in Kalkulationsprogrammen 165

9.1 Objekte in Kalkulationsprogrammen	166
9.2 Funktionen und Datenflüsse	172
9.3 Vordefinierte Funktionen und Datentypen	176
9.4 Funktionen mit Bedingungen	178
9.5 Präsentation von Kalkulationsdaten durch Diagramme	180
Auf den Punkt gebracht	182
Teste dich selbst	183

10 Datenmodellierung und Datenbanksysteme 185

10.1 Große Datenmengen – ein Problem?	186
10.2 Relationale Datenbanksysteme	189
10.3 Einfache Datenbankabfragen	197
10.4 Objektrelationales Datenmodell	206
10.5 Übertragung des Datenmodells in die Datenbank	211
10.6 Abfragen über mehrere Tabellen	214
10.7 Datenpflege in Datenbanken	219
10.8 Anforderungen an ein Datenbankschema	222
Auf den Punkt gebracht	226
Teste dich selbst	227

11 Datensicherheit und Datenschutz 231

11.1 Datensicherheit bei der Arbeit mit Datenbanksystemen	232
11.2 Datenbanken und Datenschutz	236
11.3 Datenschutz und -sicherheit als allgemeine Aufgabe	239
11.4 Datenverschlüsselung	245
Auf den Punkt gebracht	247
Teste dich selbst	248

12 Problemlösen mit Informatiksystemen 249

12.1 Informatiksysteme	250
12.2 Datenaustausch zwischen Informatiksystemen	252
12.3 Daten, Informationen und Modelle	255
12.4 Problemlösen am Computer	259
Auf den Punkt gebracht	261
Teste dich selbst	262

13 Automaten und Algorithmen — 265

13.1	Automaten bestimmen unser Leben	266
13.2	Wir programmieren eigene Automaten mit Kara	271
13.3	Anwendungen endlicher Automaten in der Informatik	276
13.4	Eine neue Programmiersprache: JavaKara	278
13.5	Umsetzung eines Automaten in JavaKara	282
13.6	Gezählte Wiederholung – Variablenkonzept	285
13.7	Zählen – Wiederholung mit Endbedingung	289
13.8	Erfassen von Mustern – Felder	293
13.9	Hübsch der Reihe nach: Sortieren	299
	Auf den Punkt gebracht	307
	Teste dich selbst	308

A Anhang — 311

Register	312
Bildquellenverzeichnis	320

Informationen, Daten und Computer

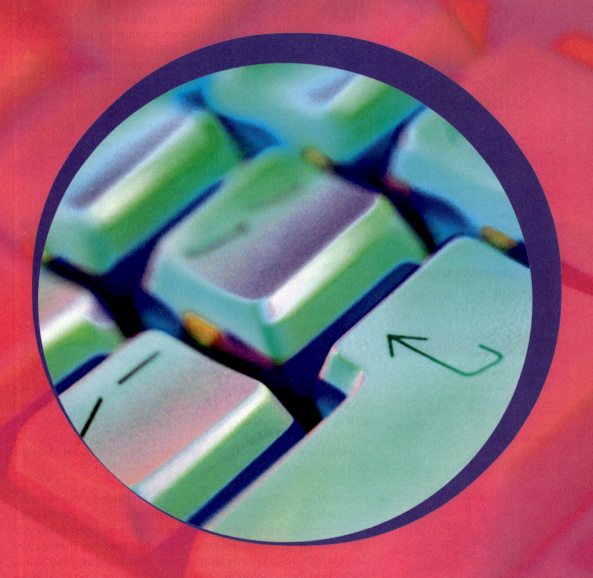

Informationen, Daten und Computer

1 Der arabische Mathematiker MUHAMMAD IBN MUSA AL-CHWARIZMI (787–um 850) beschrieb im Jahre 820 in einem berühmten Buch unzählige Rechenverfahren. Von seinem Namen leitet sich das Wort „Algorithmus" ab.

2 Der Mathematiker BLAISE PASCAL (1623–1662) baute um 1642 einen „Zweispeziesrechner" zum Addieren und Subtrahieren, der mechanisch mit einem Rädertriebwerk arbeitete.

3 GUGLIELMO MARCONI (1874–1937) demonstrierte 1897 seine Erfindung der drahtlosen Nachrichtenübertragung – das Radio.

1.1 Eine Wissenschaft bildet sich heraus

Schon seit Jahrhunderten bemühten sich Forscher darum, Rechenabläufe so zu beschreiben, dass diese von anderen nachvollzogen werden konnten. Solche Beschreibungen von Verfahren nennt man auch **Algorithmen**.

Manchmal stand auch der Traum dahinter, Rechnungen zu automatisieren, also auf Maschinen zu übertragen. Denn Addieren, Subtrahieren oder Multiplizieren großer Zahlen und eigentlich fast alles Rechnen sind zeitaufwändig und langweilig. So waren es dann auch berühmte Mathematiker, die sich mit der Konstruktion von **Rechenautomaten** beschäftigten. Diese Automaten wurden zuerst aus Stangen und Zahnrädern, das heißt aus *mechanischen* Teilen gebaut und waren daher störanfällig und vor allem für kompliziertere Rechnungen ungeeignet.

Vielleicht hat der eine oder andere von euch schon einmal eine alte Registrierkasse mit einer Handkurbel gesehen. Das ist ein solcher mechanischer Rechenautomat.

Als man die meisten mechanischen Teile (Wellen und Zahnräder) durch elektronische (Röhren und Relais) ersetzen konnte, entstanden die *elektronischen* Rechenmaschinen, die „eigentlichen" **Computer**. Die ersten Computer waren in ihren Ausmaßen riesig und verbrauchten viel Energie.

Anfang der 60er-Jahre des vorigen Jahrhunderts wurden die Röhren durch Halbleiterschaltkreise ersetzt, in den 70er-Jahren durch hochintegrierte Schaltkreise (Mikroprozessoren, auch „Chips" genannt).

Die **Mikroelektronik** war also die Voraussetzung dafür, dass die Computer auf Taschenrechnergröße schrumpften.

Und noch eine Entwicklungslinie ist entscheidend für die Wissenschaft, mit der wir uns hier beschäftigen: Seit Jahrtausenden versuchten die Menschen, über große Entfernungen miteinander zu kommunizieren, Nachrichten auszutauschen. Hierbei war der Mensch sehr kreativ und erfand immer neue Methoden, Mittel und Instrumente der Nachrichtenübertragung (Rauchzeichen, Post, Telefon, …, Internet).

Die herkömmliche **Nachrichtentechnik** wurde 1949 durch die **Informationstheorie** von CLAUDE E. SHANNON (1916–2001) theoretisch untermauert.

Mit Beginn der wissenschaftlich-technischen Revolution in der Mitte des vorigen Jahrhunderts war ein stürmisches Anwachsen von Informationen zu verzeichnen. Man sprach damals auch von „Informationsexplosion". Und es bestand ein dringendes gesellschaftliches Bedürfnis, diese Informationsflut zu beherrschen. Die theoretischen und technischen Voraussetzungen hierzu waren gegeben.

> Die **Informatik** ist die Wissenschaft von der automatischen Informationsverarbeitung. Drei mathematische und technische Grundlagen waren für die Herausbildung der Informatik von entscheidender Bedeutung:
> - Algorithmusbegriff und Automatentheorie,
> - Rechentechnik und Mikroelektronik,
> - Nachrichtentechnik und Informationstheorie.

Heute durchdringt die Informatik fast alle Lebensbereiche. Das hatte und hat zur Folge, dass viele andere Wissenschaften von ihr beeinflusst werden, dass aber auch Inhalte anderer Wissenschaften und gesellschaftlicher Bereiche für die Informatik wichtig sind. Der folgende Lesetext gibt dafür ein Beispiel:

i Der Begriff **Informatik** ist im Jahre 1967 in Frankreich aufgekommen. Es war ein Kunstwort aus
- „l'information" (Information) und
- „l'automatique" (Automation).

In Deutschland wurde das Wort „*Informatik*" erstmals 1968 vom damaligen Bundesforschungsminister GERHARD STOLTENBERG (1928–2001) anlässlich der Eröffnung einer Tagung an der Technischen Universität Berlin benutzt.
Neuerdings setzt sich der Begriff auch in den USA durch, wo bislang von „*Computer Science*" (Computer-Wissenschaft) gesprochen wurde, wenn man Informatik meinte.

Professor NEGROPONTE und Multimedia
Bevor NICHOLAS NEGROPONTE (geb. 1943) am berühmten MIT, dem Massachusetts Institute of Technology, 1984 das neue Institut „Media Lab" gründen konnte, suchte er viele große Firmen auf, denn für sein Projekt musste er nicht weniger als 50 Millionen Dollar sammeln.
NEGROPONTE zeigte den möglichen Geldgebern eine Zeichnung mit drei sich überlappenden Kreisen (↗ Bild 1) und meinte, das wäre ihre Zukunft. Im neuen Institut „Media Lab" sollten Ton und Bild von der TV-Unterhaltungsindustrie genommen und Sachwissen und Informationen aus den gedruckten Medien hinzugefügt werden. Das Ergebnis sollte allen durch interaktive Computer zugänglich gemacht werden. Die Sponsoren standen dieser für sie „wahnwitzigen" Idee meist sehr skeptisch gegenüber. Heute ist das alles Wirklichkeit geworden und nennt sich **„Multimedia"**.

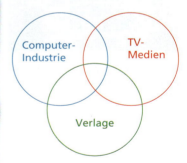

1 NEGROPONTES Kreise

1.1 Was heißt „Multimedia"? Wie funktioniert es? Stelle Informationen für einen Schülervortrag zu diesem Thema zusammen! Beschreibe zwei Multimedia-Anwendungen!

Informationen, Daten und Computer

1.2 Vom Abakus zum Computer

Die Entwicklung der Rechentechnik ist eng verbunden mit der Geschichte des menschlichen Denkens. Dabei sind zwei grundlegende Arten von Rechenhilfsmitteln zu unterscheiden:

1 Rechenbrett (Abakus)

digital	analog
Das Rechnen beruht auf einem Zählvorgang.	Das Rechnen beruht auf einem Messvorgang.
Beispiele: • Zählstäbchen, Zählsteine, • Abakus (↗ Bild 1), • Personalcomputer.	Beispiele: • Rechenstab (↗ Seite 11), • SCHICKARDTS „Vierspeziesrechner" (↗ Seite 12).

2 Dem „Stchoty" begegnet man manchmal noch an der Kasse russischer Läden.

Der Abakus – ein digitales Rechenhilfsmittel
Als ältester Vorläufer einer digitalen Rechenmaschine gilt der Abakus. Der **Abakus** aus hellenistischer Zeit (etwa 300 bis 30 vor Christus) war eine Tafel aus Stein oder Holz mit aufgemalten oder eingeschnittenen Linien. Auf diesen Linien wurden Rechensteine geschoben. Die Linien bedeuteten Größenordnungen und ersetzten Dezimalstellen.
Später entwickelte sich daraus der Rechenrahmen mit verschiebbaren Kugeln. Dieser Rechenrahmen ist heute noch in verschiedenen Ländern der Erde gebräuchlich.
• In Russland ist er ein beliebtes Rechenhilfsmittel von Verkäuferinnen und heißt **„Stchoty"**. Es wird oft sogar dann noch benutzt, wenn andere Rechenhilfsmittel (Tischrechner oder Computer) an der Kasse vorhanden sind.
• In China gibt es den Abakus seit dem 13. Jahrhundert als **„Suan Pan"**. Dieser Rechenrahmen hat viel Ähnlichkeit mit dem Soroban.
• In Japan heißt der Rechenrahmen **„Soroban"**. Jedes Jahr werden Millionen von diesen Rechenrahmen angefertigt, ein Teil davon für Kinder in der 3. bis 6. Schulklasse. Im „Computerland" Japan legen viele Menschen Sorobanprüfungen ab. Selbst Computerfirmen stellen mit Vorliebe junge Leute ein, die ein Ass auf dem Soroban sind.
Der Soroban (↗ Bild 3) hat senkrecht angeordnete Stäbe mit je fünf Kugeln, wobei eine obere Kugel durch einen Querstab von den unteren vier getrennt ist.
Die Kugeln der ganz rechten Spalte entsprechen den Einern, die links daneben den Zehnern usw. Die Kugeln unter dem Querstab stellen je eine Einheit dar, die obere jeweils fünf Einheiten.

3 Soroban

Informationen, Daten und Computer 11

Der Rechenstab – ein analoges Rechenhilfsmittel
Beim analogen Rechnen werden bestimmte Zahlen den unterschiedlichen Werten einer physikalischen Größe zugeordnet. Zum Beispiel könnte die Zahl 2 einer doppelt so hohen Spannung (das ist das, was an der Steckdose anliegt) zugeordnet werden wie die 1. Auch die Länge ist eine physikalische Größe. Man kann beispielsweise mit zwei Linealen recht einfach addieren oder subtrahieren:

Im Jahre 1614 gibt JOHN NAPIER (1550–1617) Logarithmentafeln heraus. Mit diesen Zahlenwerten konnte man die Multiplikation auf die Addition und die Division auf die Subtraktion zurückführen. Das vereinfachte nicht nur das schriftliche Rechnen der Kaufleute der damaligen Zeit – auch du wirst bestimmt lieber Zahlen addieren als multiplizieren –, auch rechentechnisch lässt sich das leicht umsetzen: Wieder werden zwei Lineale nebeneinander gelegt und es werden Strecken addiert. Nur dass die Skaleneinteilung nicht so gleichmäßig wie auf dem Zeichenlineal ist: größeren Zahlen wird eine kürzere Strecke zugeordnet.
JOHN NAPIER entwirft auch ein System von Rechenstäbchen zur Durchführung von Multiplikationsaufgaben. Und schon 1622 entwickelt WILLIAM OUGHTRED (1574–1660) den so genannten **Rechenstab,** mit dem man multiplizieren und dividieren kann.
Den Rechenstab mit verschiebbarer Zunge, mit dem noch eure Eltern in der Schule gerechnet haben, schufen EDMUND WINGATE (1593–1656) und SETH PARTRIDGE (1603–1686).

1 Läufer am Rechenstab

2 Rechenstab

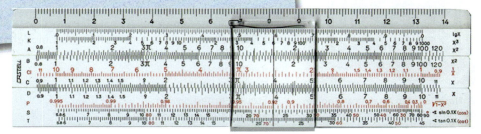

Informationen, Daten und Computer

1 Nachbau des Vierspeziesrechners von WILHELM SCHICKHARDT im Deutschen Museum in München

Rechenmaschinen im eigentlichen Sinne, das heißt *mechanische* Geräte, mit denen man die Grundrechenarten ausführen konnte, kamen erst im 17. Jahrhundert auf:
- 1623 entwirft WILHELM SCHICKHARDT (1592–1635) einen Ziffernrechner für die vier Grundrechenarten (man sagt daher auch „Vierspeziesrechner"), der auf Grundlage verschiebbarer Rechenstäbe arbeiten sollte (↗ Bild 1).
Dieser Ziffernrechner wurde noch vor seiner vollständigen technischen Ausführung durch ein Feuer zerstört und es ist nicht bekannt, dass SCHICKHARDT einen zweiten Rechner gebaut hat.
- 1642 lässt sich BLAISE PASCAL (1623–1662) einen „Zweispeziesrechner" für die Addition und die Subtraktion mittels Zahnrädern patentieren. Dieses Gerät fand eine solch weite Verbreitung, dass es unter der Bevölkerung zu Beunruhigungen wegen Arbeitsstellenverlust führte.
- 1671 entwickelt GOTTFRIED WILHELM LEIBNIZ (1646–1716) einen Vierspeziesrechner, der auf der Grundlage von Walzen arbeitete.

Ab 1832 entwarf CHARLES BABBAGE (1791–1871) einen Universalrechner, der aus vier Baugruppen aufgebaut werden sollte, nämlich:
- einem *Rechenwerk* für die Darstellung von Dezimalzahlen,
- einem *Speicher* für tausend 50-stellige Zahlen (der aus 50 000 Ziffernrädern bestand),
- einem *Eingabewerk* für Zahlen und *Verarbeitungsvorschriften* auf der Grundlage eines Lochkartenlesers, wie er von dem französischen Seidenweber JOSEPH MARIE JACQUARD (1752–1834) für die Steuerung von Webstühlen benutzt wurde,
- einem Druckwerk für die *Ergebnisausgabe*.

Diese Maschine nannte BABBAGE „Analytical Engine" (↗ Bild 2). Das war der *erste digitale programmgesteuerte Rechenautomat.*

Das von BABBAGE entworfene Konzept entspricht in den Grundgedanken dem Aufbau von modernen Personalcomputern. Damit war BABBAGE seiner Zeit weit voraus:

2 Nachbau der Analytical Engine auf Grundlage der Beschreibung von CHARLES BABBAGE

> Der Aufbau der von CHARLES BABBAGE entworfenen **„Analytical Engine"** entspricht dem Aufbau von modernen Computern mit folgenden Einheiten:
> - Rechenwerk,
> - Datenspeicher,
> - Steuereinheit,
> - Ein- und Ausgabegeräte.

1.3 Der Computer – Einheit von Hardware und Software

Babbages Computer wurde zu seiner Zeit nicht gebaut. Die vielen mechanischen Teile behinderten die Funktionsfähigkeit.

Der Bau des ersten funktionstüchtigen Rechners mit Programmsteuerung gelang erst Konrad Zuse (1910–1995) im Mai 1941. Diesen Rechner nannte Zuse „Z3".
Die Programmeingabe wurde über ein Lochbandgerät durchgeführt. Die Verarbeitung erfolgte durch 2000 Relais, das sind elektromagnetische Schalter. Damit Konrad Zuse die Relaistechnik zum Rechnen nutzen konnte, führte er das Dualsystem in die Rechentechnik ein (↗ Seite 25).

1 Konrad Zuse steht vor dem Nachbau seines Rechners Z3 im Deutschen Museum in München.

Unabhängig von Zuse wurden auch in Großbritannien und den USA elektronische Rechner entworfen und gebaut. Man benutzte Elektronenröhren als Schaltelemente, später Transistoren und Dioden. Das Programm (der Algorithmus zum Lösen eines Problems) wurde über Schalter oder Lochkarten und Lochstreifen eingegeben. Das war eine aufwändige Arbeit.
John von Neumann (1903–1957) entwickelte die Idee, dass auch das Programm selbst im Rechner gespeichert werden sollte. Erst das Programm macht den Rechner arbeitsfähig.

2 Der vollelektronische Computer „ENIAC", gebaut 1946 in den USA, wog 30 Tonnen und stand auf einer Fläche von 140 m^2. 18 000 Elektronenröhren dienten als Schaltelemente.

> **Computer** sind immer als Einheit von Hardware und Software zu betrachten:
> - Die **Hardware** sind alle technischen Geräte zur Eingabe, Verarbeitung und Ausgabe von Daten.
> - Die **Software** sind die Programme zur Steuerung des Computers und zum Lösen von Problemen.

Alle heutigen Rechner arbeiten auf Grundlage der Ideen von Charles Babbage, Konrad Zuse und John von Neumann.

1.2 Berichte über das Leben und die Leistungen von Charles Babbage oder Konrad Zuse! Nutze zur Informationsrecherche das Internet, z. B. www.schuelerlexikon.de (Basiswissen Schule Computer)!

Die Computer waren bis in die 60er-Jahre des vorigen Jahrhunderts hinein Einzelrechner für wissenschaftlich-technische Berechnungen. Erst als die Schaltelemente so verkleinert worden waren, dass sie auf einer Leiterplatte Platz fanden, konnte man an eine Massenfertigung von Computern denken – der Personal-Computer (PC) wurde entwickelt. Den Siegeszug des PC konnte

ⓘ **PC** ist eine Abkürzung aus dem englischen Sprachgebrauch, heißt eigentlich „**p**ersonal **c**omputer" und bedeutet so viel wie „persönlicher Computer".

Informationen, Daten und Computer

ab 1980 niemand mehr aufhalten. Das hatte vor allem zwei Ursachen:
- Die Schaltungen für die Rechen- und Steuereinheit des Computers wurden so verkleinert und zusammengefasst, dass daraus ein winziger Chip **(Mikroprozessor)** wurde.
- Und auch auf der Software-Seite fand eine Revolution statt: Im Jahre 1980 brachte BILL GATES' Firma Microsoft das Betriebssystem MS-DOS auf den Markt.

Bis dahin waren die Programme zur Steuerung des Computers (also das **Betriebssystem**) durch den Nutzer schwer änderbar. MS-DOS war von Diskette aus installierbar und mit einer neuen Version des Betriebssystems musste man nicht mehr den gesamten Computer austauschen, sondern nur eine neue Diskette einlegen.

> **MS-DOS** ist die Abkürzung für „**M**icrosoft **D**isc **O**perating **S**ystem", also ein Betriebssystem, mit dem von Diskette aus gearbeitet werden kann.

Alle heutigen Personalcomputer bestehen aus einem Grundgerät, in dem auf einer Platine (dem **Motherboard**) das Herzstück des Computers, der Mikroprozessor (Mikrochip, CPU) aufgesteckt ist. Auch der Arbeitsspeicher (RAM) befindet sich auf dem Motherboard.

In das Grundgerät sind meist weitere Speichergeräte eingebaut wie die sogenannte Festplatte oder ein CD-ROM-Laufwerk. Die Verbindungen der Ein- und Ausgabegeräte zur CPU werden über ein sogenanntes **Bussystem** hergestellt.

Daten werden immer **e**ingegeben, **v**erarbeitet und **a**usgegeben – das Ganze bezeichnet man deshalb auch als **EVA-Prinzip**:

> **CPU** steht für „**C**entral **P**rocessing **U**nit" (zentrale Verarbeitungseinheit).
> **RAM** ist die Abkürzung für „**R**andom **A**ccess **M**emory", was so viel wie „Schreib-Lese-Speicher" bedeutet.
> **ROM** heißt „**R**ead **O**nly **M**emory", also „Nur-Lese-Speicher".

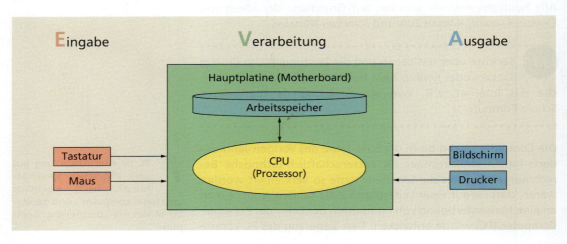

Informationen, Daten und Computer   15

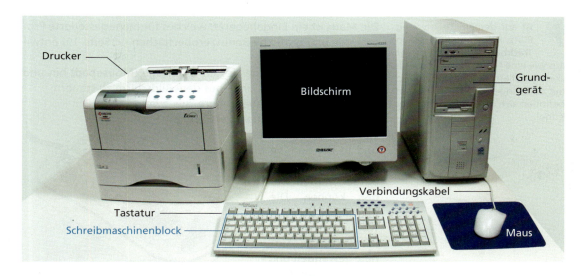

Die Hardware eines Personalcomputers sieht im Allgemeinen so aus wie oben abgebildet.

Auf den folgenden Seiten ist das Wissen kurz dargelegt, was wir benötigen, um uns sofort an den Computer zu setzen.

Das Wichtigste zur Hardware:
- Tastatur und Maus als Eingabegeräte,
- USB-Stick, CD-ROM, DVD und Festplatte als Speichermedien,
- Monitor als Ausgabegerät.

Das Wichtigste zur Software:
- Grafische Benutzeroberflächen,
- Anwendungsprogramme.

Die **Tastatur** (engl.: keyboard) ist immer noch das gebräuchlichste Eingabegerät eines Computers. Sie dient der Eingabe von Zeichen und ist meist mit einem Monitor gekoppelt.
Die heutige Standardtastatur besteht aus 4 Tastenblöcken:
- **Schreibmaschinenblock** (der größte Block, im Bild oben blau umrandet, wird fast wie eine Schreibmaschine bedient),
- **Bewegungsblock** (daneben, für Bewegungen des Cursors),
- **Numerikblock** (ganz rechts, zur Eingabe von Zahlen und Rechenzeichen),
- **Steuerblock** (oben, Funktionstasten zum Befehlsaufruf).

Sogenannte **Stummtasten** gelten nur in Verbindung mit anderen Tasten. Diese Stummtasten und **Sondertasten** in allen Funktionsblöcken dienen der Nutzung von Befehlen, die die Arbeit erleichtern. Diese Möglichkeiten werden im Kapitel 3 bei der Textverarbeitung genauer behandelt.

i Eine Stummtaste ist zum Beispiel die **Umschalt-Taste** auf dem Schreibmaschinenblock, mit der auf die Eingabe großer Buchstaben umgeschaltet werden kann.

i Eine Sondertaste ist die **Entfernen-Taste** auf dem Bewegungsblock. Mit ihr können markierte Objekte – Zeichen, Grafikelemente, ja ganze Dateien – gelöscht werden.

 oder

Informationen, Daten und Computer

> *i* Ist auf deinem Tisch wenig Platz, kannst du auch einen **Trackball** benutzen. Er sieht aus wie eine Maus, die auf den Rücken gefallen ist. Die Kugel wird mit dem Finger gerollt. Die Tasten befinden sich links und rechts der Kugel.

Die **Maus** ist ein Eingabegerät, welches für menügesteuerte Programme und grafische Benutzeroberflächen (↗ Seite 19) entwickelt wurde.
Die Maus wird auf einer festen Unterlage **(Mousepad)** hin und her bewegt, um den Cursor auf dem Bildschirm zu steuern.
Die Maus besteht insbesondere aus zwei Wellen und einer Kugel, womit waagerechte, senkrechte und in der Summe diagonale Bewegungen aufgenommen werden können. Die mechanischen Bewegungen werden in elektrische Signale gewandelt und an den Computer übertragen.

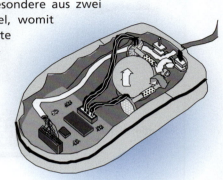

> *i* Probleme, die durch Staub und Schmutz entstehen, treten bei einer optischen Maus nicht auf.

Kleine **Mauspflege:**
- Benutze eine saubere, glatte, nicht zu harte, ausreichend große, nicht rutschende Mausunterlage. Oft reicht auch ein Platzdeckchen aus Weichplastik.
- Verkleben dennoch die Wellen und die Bewegungsübertragung ist nicht mehr gewährleistet, bleibt der Mauszeiger also auf dem Bildschirm „hängen", muss die Maus gereinigt werden. Hierzu schraubst du eine kleine Platte an der Unterseite der Maus auf, entfernst die Kugel und reinigst sie und die Wellen mit einem Pinsel, zur Not auch mit den Fingern.

Folgende **Techniken der Arbeit mit der Maus** sind von dir zu beherrschen:	
• **Zeigen**	Mauszeiger auf ein Objekt auf dem Bildschirm bewegen
• **Klicken**	kurzes Drücken einer Maustaste
• **Doppelklicken**	zweifaches Drücken einer Maustaste in kurzer Folge
• **Anfassen**	auf ein Objekt zeigen, Maustaste drücken und gedrückt halten
• **Ziehen**	Maustaste gedrückt halten, während die Maus bewegt wird

Halte die Maus mit der ganzen Hand in ihrer Position fest, auch wenn mit dem Zeigefinger die linke Maustaste gedrückt werden muss. Lass die Handballen auf der Tischoberfläche mitrutschen.

Informationen, Daten und Computer

Programme, aber auch Ein- und Ausgabedaten müssen irgendwo außerhalb („extern") der Zentraleinheit des Computers aufgehoben, also gespeichert werden.

> Die wichtigsten **externen Speicher** für einen PC sind zurzeit Festplatte, CD-ROM, Diskette und DVD.

Die **Festplatte** ist meist in das Computergrundgerät eingebaut. Die Festplatte besteht aus mehreren, übereinander liegenden Scheiben, die sich je nach Typ (mit 3600 bis maximal 15000 Umdrehungen in der Minute) sehr schnell drehen. Der Schreib-/Lesekopf eines beweglichen Armes (ähnlich wie beim Plattenspieler) kann Daten magnetisch auf die Festplatte auftragen, lesen oder löschen.
Das geht alles sehr schnell. Und da man außerdem sehr viele Daten (100 GByte und mehr, ↗ Seite 28) speichern kann, bringt man auf die Festplatte das Betriebssystem und alle Anwendungsprogramme, also alle Software, die zur Arbeit mit dem PC wichtig ist.

1 Festplatte ohne Gehäuse

Ein älteres externes Speichermedium ist die **Diskette**. Ein Diskettenlaufwerk funktioniert so ähnlich wie ein Festplattenlaufwerk. Allerdings hat es nur eine einzige magnetisierbare Scheibe, die sich im Vergleich zur Festplatte sehr langsam dreht. Man benutzt Disketten nur noch selten.

Der **MemoryStick** („Speicherstab", **USB-Stick**) ist eine kompakte Speicherkarte, die in Digitalkameras und MP3-Playern genutzt wird. Er wird aber mehr und mehr als Wechseldatenträger am PC verwendet.
Der MemoryStick ist etwa 5 cm lang, 2 cm breit und 3 mm dick. Er wiegt nur wenige Gramm und hat eine Speicherkapazität von 16 MByte bis 8 GByte.

2 Disketten

Anders als Disketten oder Festplatten werden bei einer **CD-ROM** die Daten in eine Metallschicht aus Aluminium „eingebrannt".
Softwarehersteller speichern ihre Programme oder umfangreiche Datenmengen auf CD-ROMs, weil diese eine Speicherkapazität von ungefähr 700 MByte oder 800 MByte haben.
Die Daten auf einer CD-ROM können nicht geändert werden.

3 CD-ROM-Laufwerk mit CD-ROM

18 Informationen, Daten und Computer

Mit sogenannten „Brennern" kann man sich CDs selbst herstellen. Dabei gibt es zwei Möglichkeiten:
- **CD-R:** Die gebrannte CD ist nicht änderbar.
- **CD-RW:** Die CD kann mehrmals neu beschrieben werden.

Mit CD-Brennern kann man auch Musik-CDs brennen. Bei all dem ist aber Folgendes zu beachten:

i Das folgende Zeichen zeigt an, dass Software, Musik oder Literatur gesetzlich geschützt ist:

Die meisten Programme von Softwareherstellern dürfen nicht kopiert und privat weitergegeben werden. Sie sind mit einem sogenannten **Copyright** versehen. Das gilt auch für Musik-CDs. Softwarenutzer und Softwarehersteller schließen einen **Lizenzvertrag,** in dem die Rechte des Nutzers genau festgelegt sind. Meist ist es nur erlaubt, sich *eine* Sicherungskopie zu „brennen".
Andererseits gibt es auch Programme, die zwar urheberrechtlich geschützt sind, die aber privat kopiert und weitergegeben werden dürfen, sogenannte **Freeware**.

CD-Rs und CD-RWs können auch mit DVD-Brennern gebrannt werden, die eigentlich für DVDs da sind.
Die **DVD** ist im Grunde genommen eine neuartige CD. Allerdings besitzt sie so viel Speicher, dass sie 25 CD-ROMs fassen kann. Sie war ursprünglich für Videos vorgesehen, wird aber immer mehr für Computeranwendungen erschlossen.

1 DVD-Laufwerk mit DVD

Das wichtigste Ausgabegerät ist neben dem Drucker der Bildschirm, in der Informatik meist **Monitor** genannt.
Gerade für Monitore gelten viele Anforderungen, die der Gesundheit dienen und vor allem auch in der Schule zu beachten sind:

i Monitore mit dem **TCO-Zeichen** sind auf alle Fälle strahlungsarm. Dieses Symbol ist ein Umweltabzeichen. Es zeigt an, dass von dem geprüften Gerät keine gesundheitlichen oder die Umwelt schädigenden Belastungen zu erwarten sind. Um das Prüfsiegel zu erhalten, muss der Hersteller des Monitors außerdem die fachgerechte Verwertung des Geräts garantieren.

- Schrift muss gut lesbar sein. Dazu ist mindestens eine Auflösung von 800×600 notwendig. Das heißt, der Bildschirm besteht aus lauter kleinen Bildpunkten (Pixeln) – 800 in einer Zeile und 600 in einer Spalte.
- Das Bild darf nicht flimmern. Dazu muss die Bildwiederholfrequenz mindestens 80 Hz betragen (sprich: „80 Hertz"). Das heißt, in jeder Sekunde baut sich das Bild 80 mal neu auf.
- Der Monitor muss strahlungsarm sein.
- Auf dem Bildschirm dürfen sich nicht Lampen oder das Sonnenlicht spiegeln.
- Der Monitor sollte immer sauber sein. Man darf die Bildschirmoberfläche nicht berühren. Hast du es doch aus Versehen getan, wische deine Fingerabdrücke mit einem sauberen Lappen wieder weg.
- Der Monitor muss frei drehbar und neigbar sein. Er wird so eingestellt, dass deine Augen 45 cm bis 70 cm von ihm entfernt sind und du ganz leicht von oben auf ihn heruntersschaust.

Informationen, Daten und Computer 19

1.4 Grafische Benutzeroberflächen

Das Betriebssystem der ersten Personalcomputer wurde durch den Nutzer über Befehle gesteuert. Man musste alle Kommandos zum Kopieren, Löschen oder Verschieben von Dateien und Ordnern im Kopf haben. Auch der kleinste Fehler beim Eingeben des Kommandos mit der Tastatur wurde hart mit einem „Error" bestraft.

Seit ungefähr 1990 wurden **grafische Benutzeroberflächen** entwickelt. Wenn du dich nun an den Computer setzt, sieht der Bildschirm aus wie ein Schreibtisch, auf dem alle Arbeitsmittel (Anwendungsprogramme, wichtige Ordner für Dateien usw.) mehr oder weniger sinnvoll angeordnet sind.

Im folgenden Beispiel wurden Ordner und Anwendungsprogramme, die alle durch kleine Bildchen – sogenannten **Icons** – dargestellt werden, so verschoben, wie vom Nutzer gewünscht. Selbst das Hintergrundbild ist ein Urlaubsbild der Person, die hier am Bildschirm sitzt.

Am unteren Ende des Bildschirms findet man die **Task-Leiste,** wo alle geöffneten Fenster durch Schaltflächen angezeigt werden.

i „Error" kommt aus dem Englischen und bedeutet so viel wie „Irrtum" oder auch „Fehler".

i Durch einen Doppelklick mit der Maus auf ein Programm-Icon oder ein Ordner-Icon (z. B. „Arbeitsplatz") wird ein **Fenster** geöffnet, in dem man dann arbeiten kann.

Grafische Benutzeroberflächen besitzen einen Papierkorb. Hier werden gelöschte Dateien hineingeworfen. Das Schöne daran ist, dass man versehentlich „weggeworfene" Dateien dort wieder herausholen kann.

Typisch für grafische Benutzeroberflächen ist die Arbeit in **Fenstern.** Du kannst mehrere Ordner oder Anwendungsprogramme gleichzeitig in verschiedenen Fenstern öffnen und zwischen den Fenstern hin- und herspringen. Du kannst die Fenster durch Anklicken und Ziehen der Randleisten in die gewünschte Größe oder Form bringen. Und du kannst auf die Leiste mit dem Namen des Fensters klicken und es in die gewünschte Position auf dem Bildschirm ziehen.

Im Bild auf Seite 19 ist kein Fenster geöffnet, obwohl in der Task-Leiste eigentlich 3 Fenster (1 Programm und 2 Ordner) angezeigt werden. Diese Fenster sind „minimiert" worden. Im Folgenden wird gezeigt, wie man mit Fenstern arbeitet:

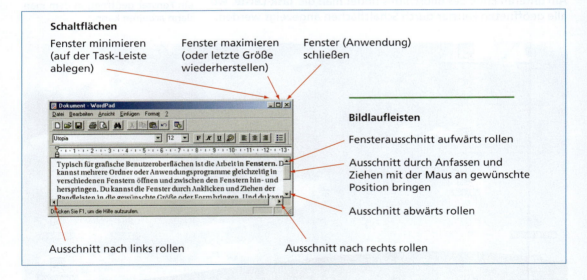

Schaltflächen
Fenster minimieren (auf der Task-Leiste ablegen)
Fenster maximieren (oder letzte Größe wiederherstellen)
Fenster (Anwendung) schließen

Bildlaufleisten
Fensterausschnitt aufwärts rollen
Ausschnitt durch Anfassen und Ziehen mit der Maus an gewünschte Position bringen
Ausschnitt abwärts rollen

Ausschnitt nach links rollen — Ausschnitt nach rechts rollen

i Um das kleine Textverarbeitungsprogramm *WordPad* unter *Windows* aufzurufen, geht man wie folgt vor:
Menü „Start" (Schalter in der Task-Leiste) ⟶ Menü „Programme" ⟶ Menü „Zubehör" ⟶ Befehl „WordPad".

In den Fenstern sind am oberen Rand Menüs zu finden. Ein **Menü** ist eine Liste von Befehlen, die du den Computer ausführen lassen kannst. Im obigen Bild werden in der Menüleiste beispielsweise die Menüs „Datei", „Bearbeiten", „Ansicht", „Einfügen", „Format" und „?" (Hilfe) angezeigt.
Durch Anklicken des Menüs Datei erscheint das gesamte Untermenü wie ein Rollladen. Es heißt deshalb auch **Pull-down-Menü.** Das Menü „Datei" hat in allen Anwendungsprogrammen Untermenüs wie „Neu", „Öffnen", „Speichern", „Drucken" oder (Programm) „Beenden".

Das Menü „Bearbeiten" steht an zweiter Stelle mit Punkten wie „Ausschneiden", „Kopieren", „Einfügen" usw.
Manchmal reichen die Untermenüs eines Pull-down-Menüs nicht aus, es sind Unter-Unter-Menüs erforderlich. Diese werden dann beim Überstreichen mit der Maus direkt neben den Untermenüs angezeigt. Man spricht von einem **Pop-up-Menü**.

Menüs haben den Nachteil, dass du keinen Befehl überspringen kannst, um zu einem bestimmten Menüpunkt zu gelangen und eine Aktion auszulösen. Schnell kannst du dagegen mit **Tastenkombinationen** (**Hotkeys**, „heiße Tasten") bestimmte Befehle aufrufen. Die Tastenkombinationen zum Auslösen von Aktionen stehen oft in den Untermenüs hinter den Befehlen.

Und schließlich sind in den Anwendungsprogrammen in den sogenannten Symbolleisten viele Befehle als Schalter vorhanden, auf die du nur klicken musst. Nebenstehend sind beispielsweise die Icons zum Ausschneiden, Kopieren und Einfügen von Objekten abgebildet, die du in jedem Anwendungsprogramm findest.

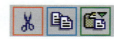

Zur Software eines Computers gehören nicht nur das Betriebssystem und seine grafische Benutzeroberfläche, sondern auch Programme, die in unterschiedlichen Bereichen der Berufswelt und der Freizeit Anwendung finden.
Solche **Anwendungsprogramme** können sein:
- **Textverarbeitungsprogramme** zum Schreiben,
- **Kalkulationsprogramme** zum Rechnen,
- **Datenbanksysteme** zum Erfassen und Auswerten von Daten,
- **Grafikprogramme** zum Malen und Zeichnen,
- **Präsentationsprogramme** zum multimedialen Darstellen,
- **Software für das Internet,** aber auch
- **Spiele.**

Mittlerweile gelten gewisse Standards in der Fenster- und Menütechnik für alle Anwendungsprogramme gleichermaßen. Das vereinfacht uns das Lernen und die Arbeit.

> **1.3** Erkunde die Fenstertechnik und die Menütechnik auf deinem Computer!

> **1.4** Beschreibe alle Möglichkeiten, mit denen man unter Windows Hilfe zur Benutzeroberfläche selbst oder zu einem Anwendungsprogramm erhalten kann!

Im Folgenden sind einige wichtige Tastenkombinationen aufgeführt, die sich auch ein Anfänger merken sollte:
<Strg> + s
Die aktuell bearbeitete Datei wird gespeichert.
<Strg> + p
Das Dialogfenster zum Drucken wird aufgerufen.
<Strg> + c
Ein markiertes Objekt wird kopiert.
<Strg> + v
Das kopierte Objekt wird an einer markierten Stelle eingefügt.
Insbesondere die letzten beiden Hotkeys solltest du immer im Kopf haben (↗ auch Seite 49), weil sie vielseitig anwendbar sind: auf markierte Dateien und Verzeichnisse, Grafiken, Textteile und Zeichen.
Unter dem Betriebssystem MacOS sind die Tastenkombinationen ähnlich, statt <Strg> wird allerdings die Apfel-Taste verwendet.

1 Anwendungsprogramme, Betriebssysteme, Programmierumgebungen – all das gehört zur Software.

1.5 Nachrichten und Informationen

Informationen werden sowohl in der Natur als auch in der menschlichen Gesellschaft aufgenommen, gespeichert, verarbeitet und weitergegeben.

> Informationen (Mitteilungen) werden mithilfe von **Zeichen** (das können Buchstaben, Zahlen oder Symbole sein) dargestellt. Die Übertragung geschieht mit **Signalen** (das sind insbesondere Töne, Lichtblitze oder Radiowellen).
> Eine Folge von Zeichen oder Signalen bezeichnet man als **Nachricht**. Die Nachricht besitzt für den Empfänger zunächst keine Bedeutung, erst durch ihre Verarbeitung oder Bewertung erhält die Nachricht einen Sinn. Diese Bedeutung, die einen Sachverhalt ausdrückt, einem Zweck dient oder eine Aktion auslöst, wird umgangssprachlich als **Information** bezeichnet.

Der Mensch gibt Informationen insbesondere über die Sprache weiter. Mit Entwicklung der Schrift konnten Informationen auf Tontafeln, Pergament- oder Lederrollen und in Büchern festgehalten werden.

Durch die Erfindung des Buchdrucks mit beweglichen Lettern aus Metall durch Johann Gutenberg – das erste 1455 gedruckte Buch war eine Bibel – konnten Informationen massenhaft verbreitet werden. Davor wurden Bücher durch Mönche in mühevoller Handarbeit kopiert.

Interessant ist: Datenschutz hat in der Geschichte schon immer eine Rolle gespielt. Oft mussten vertrauliche Botschaften zwischen Königen und Kriegsherren, Kaufleuten und anderen Personen übermittelt werden, wobei selbst der Bote, der Überbringer der Nachricht, deren Inhalt nicht kennen durfte.

Die Spartaner schrieben vor 2500 Jahren ihre Nachrichten auf schmale Pergamentstreifen, die sie in vielen Windungen um einen zylindrischen Stab gewickelt hatten. Die Botschaft wurde am Stab entlang (von oben nach unten) geschrieben, der Rest der Pergamentrolle wurde mit sinnlosen Buchstaben gefüllt. Der Empfänger besaß einen Stab gleicher Form und Größe, auf den er das Pergamentband aufwickelte und so die Botschaft entschlüsseln konnte.

1 Auf dem Bild ist ein **Balkentelegraf** von Abbé Claude Chappe (1763–1805) dargestellt. Dies ist ein optisches Nachrichtenübertragungsgerät. Für die Einstellung der drehbaren Balken auf dem Dach der Station gab es 92 Möglichkeiten. Ihre Bedeutung war in einem „Codebuch" festgelegt, das jede Station besaß. Da die Nachrichten (vor allem in Kriegszeiten) meist geheim bleiben mussten, wurde der Code oft geändert. Um 1800 waren in Frankreich 29 Städte durch eine solche Telegrafenlinie verbunden. Die Stationen lagen ungefähr 10 km voneinander entfernt. Weil die Nachrichtenübertragung so schnell war, gab es Telegrafenlinien bald auch in Deutschland und Italien.

Ein anderes Beispiel: Der römische Imperator JULIUS CÄSAR ersetzte für vertrauliche Nachrichten einfach jeden Buchstaben des Textes durch jenes Zeichen, das im Alphabet 3 Plätze weiter steht. Heraus kam ein unleserlicher Text. Der Empfänger kannte den Schlüssel, er musste jeden Buchstaben jeweils durch den Buchstaben ersetzen, der im Alphabet 3 Plätze vorher steht.

In den Beispielen wird klar: Es werden *Nachrichten* übermittelt. Erst durch ihre Entschlüsselung (Decodierung) werden sie zu *Informationen*.
Wie müssen aber nun Informationen beschaffen sein, damit sie mit informationsverarbeitender Technik bearbeitet werden können? Um diese Frage zu beantworten, machen wir eine kleine Zeitreise.

Die Vorläufer der heutigen Computer waren mechanische Rechenautomaten (↗ Seite 12), die mithilfe von Zahnrädern oder Walzen Rechenalgorithmen nachbildeten. Das ist nur möglich, wenn man in einem **Positionssystem (Stellenwertsystem)** rechnet, wie ihr es aus dem Mathematikunterricht kennt:
Zum Darstellen unserer Zahlen benutzen wir 10 Ziffern, nämlich 0, 1, 2, 3, 4, 5, 6, 7, 8 und 9. Entscheidend ist aber die Stellung der Ziffern. Betrachten wir zum Beispiel die Zahl 10349:

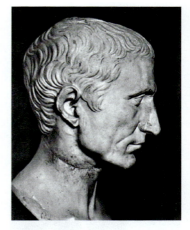

1 GAIUS JULIUS CÄSAR (100 – 44 vor Christus)

10349 =	$1 \cdot 10000$	+	$0 \cdot 1000$	+	$3 \cdot 100$	+	$4 \cdot 10$	+	$9 \cdot 1$
10349 =	$1 \cdot 10 \cdot 10 \cdot 10 \cdot 10$	+	$0 \cdot 10 \cdot 10 \cdot 10$	+	$3 \cdot 10 \cdot 10$	+	$4 \cdot 10$	+	$9 \cdot 1$
10349 =	1 Zehntausender	+	0 Tausender	+	3 Hunderter	+	4 Zehner	+	9 Einer

Es geht auch anders. Die Römer hatten ein sogenanntes **„Additionssystem"**. Bestimmte Zeichen standen für einen bestimmten Wert. Diese Werte wurden addiert oder subtrahiert:
MCMLXXVI = 1000 – 100 + 1000 + 50 + 10 + 10 + 5 + 1 = 1976

Sehen wir uns das bisher Gelesene doch noch einmal an:

Additionssysteme	Positionssysteme
• Symbole stehen für festgelegte Zahlenwerte, die zur Zahlendarstellung addiert werden. • Es gibt keine einfachen Rechenalgorithmen. • Große Zahlen lassen sich nur schwer darstellen.	• Wo ein Symbol (eine Ziffer) in der Zahl steht, ist entscheidend für ihren Wert. • Es gelten einfache Algorithmen für die Grundrechenarten. • Große Zahlen lassen sich ganz leicht konstruieren.
Beispiel: • Römisches Zahlensystem	Beispiel: • Dezimalsystem

2 Das römische Additionssystem begegnet uns auch heute noch oft. Hier ist eine Sonnenuhr zu sehen, auf der die Stunden mit römischen Zahlzeichen benannt sind.

1 Die Null spielt auch in der Informatik eine große Rolle, wie ihr auf den nächsten Seiten erfahren werdet.

Die Null
Zur Darstellung von Zahlen in Positionssystemen ist die Null notwendig, da man irgendwie ausdrücken muss, dass es beispielsweise keine Tausender in der Zahl 10349 gibt.
Die Null, die uns so selbstverständlich erscheint, fand erst um 1200 in Europa Verbreitung. Sie stammt aber ursprünglich aus dem indischen Kulturkreis. Im Jahre 773 brachte ein Inder astronomische Schriften an den Hof des Kalifen AL-MANSUR in Bagdad. AL-CHWARIZMI (↗ Seite 8) erklärte die neuen indischen Zahlen und das indische Positionssystem in einem Buch, das 820 erschien und im 12. Jahrhundert durch ROBERT VON CHESTER ins Lateinische übersetzt wurde.
Die Null gab es bis dahin einfach nicht. Das merkt man noch heute daran, dass es in unserer Zeitrechnung kein Jahr „0" gibt und das neue Jahrtausend deshalb eigentlich erst am 1. Januar 2001 begann. Die Menschen des Mittelalters, selbst Mathematiker, konnten mit einer Zahl, die „Nichts" bedeutete, wenig anfangen. Erst LEONARDO VON PISA, genannt FIBONACCI (um 1170–1240) förderte die Verbreitung der neuen arabischen Ziffern und der Null.
Die arabischen Zahlen müsste man also eigentlich „indische" nennen. Wir bezeichnen das Zahlensystem als **„dekadisch"** (vom griechischen „deka" = „zehn") oder als **Dezimalsystem** (vom lateinischen „decem" = „zehn").

2 Zum Bau dieser Maya-Pyramide waren viele Rechnungen notwendig. Die Mayas (altes Volk in Mittelamerika), deren Kultur bis ins 3. Jahrtausend vor Christus zurückreicht, hatten auch einen sehr genauen Weltkalender.

Rechnen im Dezimalsystem erscheint uns ganz natürlich. Vielleicht liegt es daran, dass die Menschen zu Beginn erlegte Tiere oder Ähnliches mit ihren Fingern abzählten. Davon haben wir ja zehn. Hätten wir nur 8 Finger, würden wir vielleich ein Positionssystem benutzen, welches aus 8 Ziffern bestehen würde: ein **Oktalsystem** (vom griechischen „okto" = „acht"). Das „Kleine Einmaleins" würde nur aus $8 \cdot 8 = 64$ Aufgaben bestehen, die Zahlen wären aber eine Winzigkeit länger.
Die mittelamerikanischen Mayas rechneten mit einem Zwanziger-System und die alten Babylonier benutzten schon vor 3000 Jahren ein 60er-System. Die Schüler in den Priesterschulen von damals mussten sich $60 \cdot 60 = 3600$ Kleine-Einmaleins-Aufgaben merken. Andererseits waren die Zahlen kürzer. Da es zum Beispiel für die 58 ein Zeichen gab, war diese Zahl also einstellig, im Dezimalsystem ist sie zweistellig. Reste des babylonischen Zahlensystems (**„Sexagesimalsystem"** = „Sechzigersystem") schwirren immer noch durch unseren Alltag: So hat eine Stunde 60 Minuten, eine Minute 60 Sekunden, ein Vollwinkel besteht aus $6 \cdot 60° = 360°$.

1.5 Betrachte die Übersicht zu Unterschieden zwischen Additions- und Positionssystemen auf Seite 23. Begründe, dass Additionssysteme für Rechenautomaten ungeeignet sind!

Bei den mechanischen Rechenautomaten ist zum Beispiel eine Addition zweier Zahlen mittels Zahnrädern oder Walzen denkbar: Gibst du eine 3 ein, dreht sich ein zehnzackiges Zahnrad drei Stellen weiter. Gibst du nun eine 8 ein, kommen acht Zacken dazu. Das Zahnrad hat sich insgesamt einmal um seine Achse und einen Zacken gedreht. Bei einmaliger voller Umdrehung könnte nun ein anderes Zahnrad, welches für die „Zehner" steht, um einen Zacken weitergedreht werden. Der Übertrag ist also mechanisch möglich.

1 Zahnräder

Solche technischen Konstruktionen haben aber ihre Grenzen. Deshalb mussten sich die Rechnerkonstrukteure nach anderen Möglichkeiten umschauen. Statt mechanischer Teile bot es sich an, die Elektrizität zu nutzen. Aber da sind eigentlich nur zwei Ziffern darstellbar – die *Null* (Strom fließt nicht, Schalter geöffnet) und die *Eins* (Strom fließt, Schalter geschlossen).
Kann man denn mit 2 Ziffern Zahlen aufschreiben? Das geht. Wir konstruieren die Zahlen so ähnlich wie wir das auf Seite 23 für Dezimalzahlen getan haben. Die neuen Zahlen heißen **Dualzahlen** (vom lateinischen „duo" = „zwei"):

$$110101 = 1\cdot 32 + 1\cdot 16 + 0\cdot 8 + 1\cdot 4 + 0\cdot 8 + 1\cdot 1$$
$$110101 = 1\cdot 2\cdot 2\cdot 2\cdot 2\cdot 2 + 1\cdot 2\cdot 2\cdot 2\cdot 2 + 0\cdot 2\cdot 2\cdot 2 + 1\cdot 2\cdot 2 + 0\cdot 2\cdot 2\cdot 2 + 1\cdot 1$$
$$110101 = 1\text{ Zweiunddreißiger} + 1\text{ Sechzehner} + 0\text{ Achter} + 1\text{ Vierer} + 0\text{ Zweier} + 1\text{ Einer}$$

Wenn du nun alles zusammenrechnest, erhältst du für die Dualzahl 110101 die Dezimalzahl 53. Damit es keine Verwechslungen gibt, schreiben wir am besten $110101_{[2]} = 53_{[10]}$. Wir haben die Dualzahl 110101 „decodiert", das heißt ins Dezimalsystem übersetzt. Du siehst bestimmt auch, dass die Dualzahlen länger sind als die Dezimalzahlen und dass du sie deswegen nicht so leicht lesen kannst. Das stört aber den Computer nicht.

1.6 Gib die folgenden Dualzahlen als Dezimalzahlen an!
0; 1; 10; 11; 100; 101; 1011; 10101; 10111

Du kannst auch den umgekehrten Weg gehen und Dezimalzahlen als Dualzahlen „codieren". Dazu musst du schauen, welche der folgenden Zahlen in die gegebene Dezimalzahl passt:
1 2 4 8 16 32 64 128 256 512 1024 2048 …

Die Zahlen entstehen durch fortgesetzte Verdopplung. Wir schreiben uns die „Zweier-Reihe" am besten von rechts nach links hin. Dann notieren wir darunter alle Zahlen der Zweier-Reihe, die in die gegebene Zahl (in unserem Beispiel 330) passen, und kennzeichnen das auch („1" bedeutet „Zweier-Zahl steckt drin"; „0" heißt „Zweier-Zahl steckt nicht drin"). Darunter notieren wir immer die verbleibenden Reste, also 330 − 256 = 74, dahinein passt erst wieder die 64:

	256	128	64	32	16	8	4	2	1
$330_{[10]} =$	1	0	1	0	0	1	0	1	$0_{[2]}$
	74		10			2		0	

1.7 Codiere die folgenden Dezimalzahlen als Dualzahlen!
7; 15; 16; 17; 18; 131; 69; 70; 1024; 0; 1

Man kann mit Dualzahlen genauso rechnen wie mit Dezimalzahlen. Es gelten also beispielsweise die gleichen Algorithmen der Addition oder Multiplikation. Hier wurden zum Beispiel die Zahlen 17 und 29 addiert. Die blauen Ziffern verdeutlichen den Übertrag.

$$
\begin{array}{r}
1\ 0\ 0\ 0\ 1 \\
+\ \ 1\ 1\ 1\ 0\ 1 \\
\hline
1\ 0\ 1\ 1\ 1\ 0\ _{[2]}
\end{array}
\qquad
\begin{array}{r}
1\ 7 \\
+\ \ 2\ 9 \\
\hline
4\ 6\ _{[10]}
\end{array}
$$

> Der Computer kann nur mit zwei Zuständen „rechnen" (Strom fließt nicht / Strom fließt). Dafür verwendet man die Ziffern 0 und 1 des Dualsystems. Mithilfe von technischen Schaltungen können so Rechenoperationen durchgeführt werden.
> Eine Stelle in einer Dualzahl heißt **Bit**. Ein Bit ist die kleinste Darstellungseinheit und kann nur die Werte „0" oder „1" annehmen. Um mehr Zahlen darstellen zu können, schreibt man **„Bitmuster"** auf, wobei die Position der einzelnen Nullen und Einsen von entscheidender Bedeutung ist.

Aber man will mit dem Computer nicht nur rechnen, sondern jede Art von Information mit Nullen und Einsen darstellen.
Wir überlegen uns einmal, wie viele Zeichen wir im Deutschen verwenden: Man benötigt Buchstaben (groß/klein, 59 Zeichen), Ziffern (10 Zeichen) und Sonderzeichen (Satzzeichen, Operationszeichen wie „+" oder „−", Relationszeichen wie „<" oder „=", ungefähr 30 Zeichen). Für den Computer müssen wir auch

---

i Das „Kleine Einmaleins" im Dualsystem ist wirklich richtig klein und besteht nur aus 4 Aufgaben:

$0 \cdot 0 = 0$ $0 \cdot 1 = 0$
$1 \cdot 1 = 1$ $1 \cdot 0 = 0$

Und das „Kleine Einspluseins" geht so:

$0 + 0 = 0$ $0 + 1 = 1$
$1 + 1 = 10$ $1 + 0 = 1$

Übertrag

---

i **Bit** ist die Abkürzung für „**Bi**nary **D**igi**t**". Das heißt aus dem Englischen übersetzt „Binärzeichen".
Oft sagt man zu den Dualzahlen auch **„Binärzahlen"**. Das Wort „binär" kommt aus dem Lateinischen und heißt so viel wie „zweiteilig".

noch an Steuerzeichen denken wie zum Beispiel <Entf>. So kommen wir auf mindestens 120 Zeichen. Und daraus ergibt sich wiederum die Frage, wie lang unsere Bitmuster sein müssten, um alle diese Zeichen darzustellen.

Mit einer Stelle können wir wie gesagt 2 Zeichen darstellen. Mit 2 Stellen sind das schon 4 Zeichen, nämlich „00", „01", „10" und „11". Wenn wir dies weiter so durchgehen, werden wir feststellen, dass man mit 7 Stellen, also mit 7 Bit, 128 Zeichen aufschreiben kann. Und so bestand der erste Code für Computer auch aus 7 Bit. Hinzu kam ein achtes Bit, ein sogenanntes „Prüfbit". Dieser Code heißt **ASCII** (**A**merican **S**tandard **C**ode for **I**nformation **I**nterchange = Amerikanischer Standard-Code für den Informationsaustausch).

Bald reichten auch diese Zeichen nicht mehr aus und der nationale Normenausschuss der USA (**A**merican **N**ational **S**tandards **I**nstitute) legte einen 8-Bit-Code (ohne Prüfbit) fest, den **ANSI-Code.**

Mit diesem Code konnte man schon 256 Zeichen darstellen. Die Zeichen für die Plätze 0 bis 127 sind mit den ASCII-Zeichen identisch. Für die Zeichen 128 bis 255 gibt es unterschiedliche Ländertabellen, denn im Deutschen gibt es beispielsweise Buchstaben wie „ß" oder die Umlaute, die es im Englischen nicht gibt. Diese Buchstaben sind also in der ASCII-Tabelle nicht aufgeführt.

> Werden 8 Bit zu einem Bitmuster zusammengefasst, nennt man das 1 Byte. Mit einem Byte können 256 Zeichen codiert werden. **„Byte"** kann man daher auch mit „Zeichen" übersetzen.
>
> Die Zeichen 0 bis 127 werden durch den **ASCII-Code** festgelegt und sind auf allen Computern der Welt gleich. Das sind Steuerzeichen, die Groß- und Kleinbuchstaben des lateinischen Alphabets und gebräuchliche Satzzeichen.
>
> Die Zeichen 128 bis 255 werden durch **ANSI-Tabellen** festgelegt und sind für die einzelnen Länder unterschiedlich. Diese Zeichen sind mit Ausnahmen wie „ä" oder „ß" nicht auf der Tastatur zu finden. Wenn man aber den Platz in der ANSI-Tabelle kennt, kann man sie mithilfe des Numerikblocks der Tastatur auf dem Bildschirm erscheinen lassen. Dazu wird die <Alt>-Taste gedrückt gehalten und auf dem Numerikblock werden nacheinander die entsprechenden Ziffern eingegeben (↗ auch Randspalte).
>
> Für den Informationsaustausch im Internet wurde 1996 ein 16-Bit-Code mit dem Namen **„Unicode"** („Einheitsschlüssel") vereinbart. Damit können sogar 65 536 Zeichen dargestellt werden – also z. B. auch die kyrillische Schrift oder die chinesische Silbenschrift.

---

i Der Ausdruck „120 Zeichen" sieht als Bitmuster so aus wie unten dargestellt. Auch das Leerzeichen nach „120" ist ein Zeichen. Ganz rechts steht der ASCII-Wert des Zeichens.

1	0	0	1	1	0	0	0	1	49
2	0	0	1	1	0	0	1	0	50
0	0	0	1	1	0	0	0	0	48
	0	1	0	0	0	0	0	0	32
Z	0	1	0	1	1	0	1	0	90
e	0	1	1	0	0	1	0	1	101
i	0	1	1	0	1	0	0	1	105
c	0	1	1	0	0	0	1	1	99
h	0	1	1	0	1	0	0	0	104
e	0	1	1	0	0	1	0	1	101
n	0	1	1	0	1	1	1	0	110

i Das Zeichen 2 in der ASCII-Tabelle steht für den Anfang eines Textes, das Zeichen 3 für das Ende des Textes. Das Zeichen 127 ist auch ein Steuerzeichen und bedeutet „Lösche das folgende Zeichen". Dafür ist die <Entf>-Taste da.

Für die Großbuchstaben A bis Z sind die Stellen 65 bis 90 reserviert.

Man kann diese Buchstaben nicht nur auf dem Schreibmaschinenblock der Tastatur abrufen. Es gibt auch eine Tastenkombination auf dem Ziffernblock. Halte die Taste <Alt> mit dem Zeigefinger der linken Hand gedrückt und gib gleichzeitig mit der rechten Hand nacheinander die Ziffern 065 oder 65 auf dem Numerikblock ein. Es erscheint ein „A" auf dem Bildschirm. Probiere andere Tastenkombinationen!

Das Zeichen mit dem ANSI-Wert 190 ist „¾". Unter Windows erhält man es, wenn man bei gedrückter <Alt>-Taste 0190 eingibt. Bei Eingabe von 0163 bekommst du das Zeichen für die englische Währung (Pfund): „£".

Informationen, Daten und Computer

> Die Wissenschaft **Informatik** beschäftigt sich mit Informationen, die so dargestellt sind, dass sie *maschinell* erfasst, übertragen, gespeichert und zur Nutzung weitergegeben werden können. Dabei werden Dualzahlen und „Bitmuster" verwendet.
> Automatisch oder elektronisch verarbeitbare Informationen heißen **Daten** (Einzahl: **Datum**). Früher sagte man zur Informatik auch „Datenverarbeitung".

1.8 Welche der folgenden Informationssysteme lassen sich *überwiegend* elektrotechnisch realisieren, also als *Daten* verarbeiten und speichern? Diskutiert in der Klasse Sinn und Nutzen der technischen Umsetzung des jeweiligen Informationssystems!
a) Buchhandel
b) Schreiben eines Romans und Kommunikation mit den Lesern dieses Romans
c) Fotografie
d) Theateraufführung
e) Produktion und Vertrieb einer Zeitschrift
f) Komponieren und Vertreiben von musikalischen Werken
g) Wahl einer neuen Regierung

1 Japanisches Theater

Für Disketten, Festplatten oder DVDs muss man wissen, wie viele Zeichen (also Byte) der jeweilige Speicher aufnehmen kann. **Byte** ist also auch eine Einheit für die Kapazität von Speichermedien. Mittlerweile sind die Speicherkapazitäten so angewachsen, dass weitere Maßeinheiten eingeführt worden sind:

> **Byte** ist auch eine Speichereinheit.
> **1 Byte** besteht aus 8 Bit.
> - **1 KByte** (Kilobyte, Abkürzung KB)
>   = 1 024 Byte (Zeichen) ≈ 1 000 Byte
> - **1 MByte** (Megabyte, Abkürzung MB)
>   = 1 048 576 Byte (Zeichen) ≈ 1 Million Byte
> - **1 GByte** (Gigabyte, Abkürzung GB)
>   = 1 073 741 824 Byte (Zeichen) ≈ 1 Milliarde Byte

2 Disketten mit einem Speichervolumen von 1,44 MB

1.9 Rechne die folgenden Dateigrößen in Byte um! Welche Datei passt auf eine einfache Diskette (↗ Bild 2)?
a) 2 KByte   b) 200 KByte   c) 2 MByte
d) 1,5 MByte   e) 150 MByte   f) 3 GByte

1.6 Information und ihre Darstellung

Wir wissen: Informationen werden mit Zeichen (Texte, Diagramme, Bilder, ...) oder Signalen (Töne, Fernsehbilder, ...) dargestellt. Eine Folge von Zeichen oder Signalen heißt **Nachricht**. Der Empfänger muss die Nachricht interpretieren, er muss also die *Bedeutung* erkennen. Erst wenn er dies getan hat, wird die Nachricht für ihn zur **Information**.

Die Bedeutung einer Nachricht erschließt sich oft nicht leicht. Meist muss sie sogar erlernt werden.

1.10 Im Bild 1 sind Verkehrszeichen abgebildet. Welche Information wird jeweils gegeben? Begründe!

Die menschliche Sprache hat sich so entwickelt, dass viele Wörter oder Wortgruppen mehrere Bedeutungen haben. Von diesem Sachverhalt lebt Komik.

1.11 Kunde: „Ich hätte gerne drei Brathähnchen."
Verkäufer: „Tut mir leid, mein Herr, die sind ausgegangen."
Kunde: „Und wann kommen sie wieder?"
Durchdenke diesen Wortwitz:
Was meint der Verkäufer? Was versteht der Kunde?
An welcher Stelle des Informationsflusses kam es zum Fehler?

Information wird oft auch bewusst „versteckt":

1.12 Der römische Imperator GAJUS JULIUS CÄSAR ersetzte einfach jeden Buchstaben eines vertraulichen Textes durch jenes Zeichen, das im Alphabet drei Plätze weiter steht. Du kannst dir folgende Buchstabenreihen notieren:
X Y Z A B C D E F G H I J K L M N O P Q R S T U V W
A B C D E F G H I J K L M N O P Q R S T U V W X Y Z
LOB wird hier zu ORE, WASSER zu ZDVVHU.

a) Codiere deinen Namen!
b) Variiere den Code, indem du die Buchstaben 4, 5 oder 6 Stellen verschiebst! Codiere einen Satz und lasse ihn von deinem Banknachbarn „entschlüsseln"!
c) Stell dir vor, du hast einen Text, der nach dem Muster von b) verschlüsselt wurde, kennst aber nicht das genaue Prinzip. Wie kannst du dennoch den Code „knacken"? Begründe!

1 Verkehrsschilder

Informationen, Daten und Computer

1 Fotografie einer Katze

2 Zeichnung: Skelett einer Katze

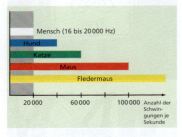

3 Diagramm: Vergleich der Hörbereiche von Mensch (weiß), Hund (blau), Katze (grün), Maus (rot) und Fledermaus (gelb)

4 Wellensittich

1.13 Auf dem Umschlag deines Lehrbuchs findest du einen Strichcode, den sogenannten **EAN-Code**.
Was bedeutet dieser Code?
Wie kann der Buchhändler ihn nutzen?

Ob ein Empfänger alle wesentlichen Inhalte einer Information erfasst, hängt in starkem Maße von der gewählten Darstellungsform ab, die derjenige gewählt hat, der die Nachricht sendet.
Ein Beispiel: Du möchtest das Wichtigste über deine Katze mitteilen. Dazu kannst du z. B. folgende Darstellungsarten nutzen:

- Fotos:
  Das Aussehen kann man recht genau erkennen (↗ Bild 1).
- Zeichnungen:
  Damit können Dinge bildlich dargestellt werden, die der Betrachter einer Fotografie im Allgemeinen gar nicht sehen kann (↗ Bild 2). Es können aber auch bestimmte Besonderheiten hervorgehoben („überzeichnet") werden, die man auf einer Fotografie gar nicht wahrnimmt.
- Text:
  Mit Worten kannst du eigentlich alles ausdrücken: Aussehen, Eigenschaften, Verhalten. Du wirst aber nicht immer alles anschaulich beschreiben können.
- Tonaufnahmen (Audios):
  Wir hören die Katze z. B. schnurren, wenn sie sich wohl fühlt.
- Filmaufnahmen (Videos):
  Bewegungsabläufe (z. B. beim Springen) werden sichtbar.
- Diagramme:
  Damit können Werte und Größen unterschiedlichster Art veranschaulicht werden (↗ Bild 3).

Alle diese Darstellungsmöglichkeiten („Codierungen") der Information besitzen Vor- und Nachteile. Oft ist es sinnvoll, mehrere Darstellungen gleichzeitig zu nutzen. Du solltest also einen echten Multimediavortrag halten. Der Empfänger dieser Nachrichten kann sich dann am besten ein Bild von der Katze machen, er erhält umfassende Informationen.

1.14 Erarbeite einen Vortrag zum Thema „Wellensittich"!
Überlege, welche Darstellungen du am sinnvollsten nutzen kannst!
Beschreibe Vor- und Nachteile der gewählten Darstellungsmittel in Bezug auf das Thema!

1.7 Objekte, Attribute und Methoden

Die Darstellung von Informationen über die uns umgebende Welt (über ein Ding, ein Tier, einen Menschen, einen Sachverhalt, einen Begriff) ist immer auch mit Informationsverlust verbunden.

Im Bild 1 ist ein Haus mit Garten als Fotografie dargestellt. Damit gehen schon Informationen verloren: Wir sehen nicht die Rückfront oder das Innere des Hauses. Ob das Haus einen Keller hat, können wir nur mutmaßen.
Details gehen verloren, aber vielleicht erhält der Betrachter einen Gesamteindruck von dem Gebäude.
Im Bild 2 sehen wir den Grundriss eines Kinderzimmers. Das kann ein Raum im Haus von Bild 1 sein. Hier wird deutlich, wie das Kinderzimmer eingerichtet ist oder eingerichtet werden soll.

1 Wohnhaus

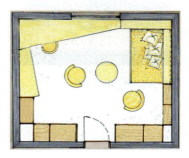

2 Grundriss eines Kinderzimmers

Durch Weglassen nebensächlicher Informationen kann sich der Betrachter eines Bildes auf das Wesentliche konzentrieren.

Die Bilder 1 und 2 auf dieser Seite sowie die Bilder 1, 2 und 4 auf der vorhergehenden Seite sind Darstellungen von realen Objekten.
Mit **Objekt** werden in der Informatik ein Ding, ein Lebewesen oder ein Sachverhalt bezeichnet wie das Kinderzimmer, der Baum im Vorgarten oder der abgebildete Wellensittich.

In Bild 1 und 3 sind unter anderem Bäume dargestellt. Wenn du den Begriff „Baum" hörst, hast du eine Vorstellung, einen „Bauplan" für einen Baum.
Es gibt so viele unterschiedliche Bäume, aber allen ist gemeinsam, dass sie einen Stamm und eine Krone besitzen. Damit hast du das Wesentliche hervorgehoben: Stamm und Krone. Alles andere wird erst einmal vernachlässigt. Ohne diese Vereinfachung und Konzentration auf Wichtiges, ohne diese ständige Modellbildung im Kopf könnten wir uns gar nicht vernünftig unterhalten.
Weil jeder einzelne Baum nach dem gleichen Bauplan konstruiert ist, spricht man von der **Klasse** BAUM.

3 Korkeiche in Portugal

1 Baum im Abendrot

Bäume werden letztlich von anderen Dingen durch bestimmte Eigenschaften **(Attribute)** unterschieden: Bäume besitzen zum Beispiel einen *Standort*, einen *Stammumfang*, eine *Baumhöhe* und eine *Kronenform*.

Einzelne Bäume kann man beispielsweise durch folgende **Attributwerte** unterscheiden:
- Jeder Baum besitzt einen anderen Standort. Das ist ein grundlegendes Unterscheidungsmerkmal.
  Attributwerte können hier sein: „an unserem Haus", „in der nordöstlichen Ecke von Brittas Garten", „der fünfte Baum auf der linken Straßenseite" usw.
- Werte für das Attribut Stammumfang könnten sein: „60 cm", „95 cm", „1 m", „2 Armlängen", …
- Beispiele für Attributwerte für die Baumhöhe sind: „12 m", „9,50 m", „2 m höher als unser Haus".
- Kronenformen können sein: „kugelförmig" (z. B. beim Apfelbaum) oder „kegelförmig" (z. B. bei der Tanne) usw.

Bäume besitzen auch bestimmte Fähigkeiten, wir wollen sie (wie die Informatiker) als **Methoden** bezeichnen. Bäume können „wachsen" oder „sich im Wind biegen".
Beim Auslösen bestimmter Methoden reagiert der Baum auf **Botschaften**.
Solche Botschaften könnten hier sein: „Der Frühling hat begonnen. Die Sonne steht höher am Himmel. Es wird wärmer." oder „Es weht ein starker Wind."

Die Informatik beschäftigt sich vor allem damit, Alltagsprozesse in Informatiksystemen abzubilden, um sie mithilfe von informationsverarbeitender Technik effektiver zu gestalten.

Beim Modellieren hat sich eine Betrachtungsweise als sehr sinnvoll erwiesen, die man als **objektorientiertes Modellieren** bezeichnet. Im Grunde genommen haben wir das eben schon an unserem „Baumbeispiel" durchgeführt. Im Folgenden wollen wir aber die Begriffe und Darstellungsformen exakt beschreiben.

i Diese Betrachtungsweise ist für uns erst einmal ungewohnt. Wer sagt schon „Der Baum erhält die Botschaft, dass ein starker Wind weht. Damit wird die Methode Sichbiegen ausgelöst." Andererseits ist diese Modellierung durchaus einleuchtend, wenn wir an einen Programmierer denken, der ein Computerspiel entwickeln soll, in dem die Natur nachgebildet wird und der Spieler per Knopfdruck auch Wind „erzeugen" kann.

> **Objekte** sind Dinge, Lebewesen oder Sachverhalte der uns umgebenden Welt.
> Mit **Klasse** bezeichnet man den Bauplan von gleichartigen Objekten. Man sagt auch **Objekttyp**.
> Alle Objekte einer Klasse haben die *gleichen Attribute* und die *gleichen Methoden*.
> Klassennamen werden mit Großbuchstaben geschrieben.

Zum Darstellen von Klassen benutzt man sogenannte **Klassenkarten**. Das sind Rechtecke, in die alle Attribute und alle Methoden einer Klasse eingetragen sind (↗ links in der folgenden Übersicht).

BAUM	Linde1: BAUM
Attribute	**Attribute und ihre Werte**
Standort	Standort = in Kais Garten
Stammumfang	Stammumfang = 53 cm
Baumhöhe	Baumhöhe = 5 m
Kronenform	Kronenform = birnenförmig
Kronenumfang	Kronenumfang = 9 m
Laubfarbe	Laubfarbe = hellgrün
...	...
Methoden	**Methoden**
BaumSamenAbwerfen()	BaumSamenAbwerfen()
Wachsen(Länge)	Wachsen(20 cm im Jahr)
LaubVerfärben(Jahreszeit)	LaubVerfärben(im Herbst)
...	...

 Oft gibt man die Methoden nur in der Klassenkarte an.

Zum Darstellen von Objekten werden **Objektkarten** genutzt. Sie unterscheiden sich von Klassenkarten auf den ersten Blick dadurch, dass die Ecken abgerundet sind (↗ rechts im obigen Bild). Zusätzlich sind hier aber die konkreten Attributwerte für das jeweilige Objekt eingetragen.
Um Methoden von Attributen zu unterscheiden, stehen am Ende von Methoden Klammern, in die bestimmte Werte eingetragen werden können. Nach den Attributnamen stehen Gleichheitszeichen, gefolgt von konkreten Attributwerten.

1.15 Findet euch in der Klasse zu Gruppen von jeweils 4 bis 5 Schülerinnen und Schülern zusammen!
Ihr sollt Artikel im elektronischen Online-Markt „eKauf" anbieten – und zwar jede Gruppe eine Musik-CD, ein Buch und ein Paar Inlineskates.
a) Zu jedem Artikel soll eine Klasse entworfen werden: Einigt euch in der Gruppe auf diejenigen Attribute, die für die Darstellung des Artikels im Online-Markt notwendig sind! Welche Methoden werden für die jeweiligen Klassen benötigt?
b) Legt dann die Klassen MUSIKCD, BUCH und INLINESKATES fest und zeichnet die Klassenkarten!
c) Erstellt zu jedem Artikel die zugehörige Objektkarte!
d) Jede Gruppe stellt die Objektkarten in der Klasse vor! Diskutiert und macht Verbesserungsvorschläge!

1 Für Inlineskates muss man bestimmte Attribute wie „Farbe", oder „Schuhgröße" angeben.

Auf den Punkt gebracht

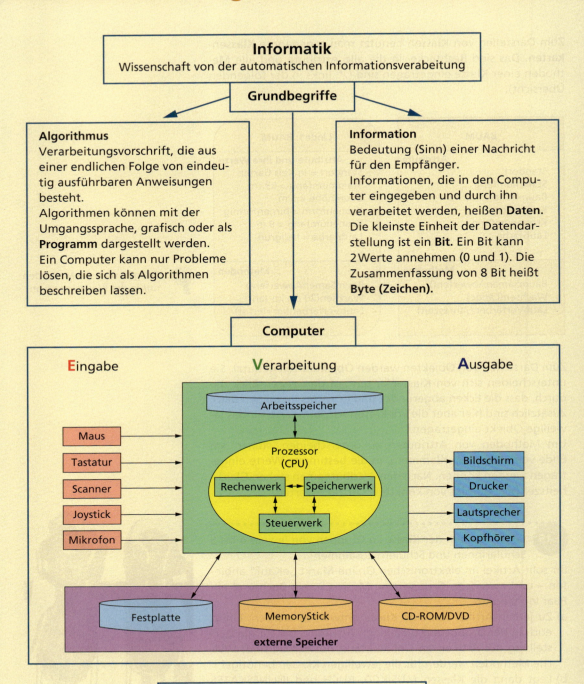

Teste dich selbst

1.16 Informationsverarbeitung kann man auch als Eingabe, Verarbeitung und Ausgabe von Daten betrachten (EVA-Prinzip). Trage in die folgende Tabelle ein, wie die Eingabedaten und Ausgabedaten beschaffen sind. Ein Beispiel ist schon vorgegeben.

Prozess	Eingabedaten	Ausgabedaten
a) Flächenberechnung eines Rechtecks	2 Zahlen (Länge und Breite)	1 Zahl (Flächeninhalt)
b) Flächenberechnung eines Quadrats		
c) Volumenberechnung eines Quaders		
d) Abfrage des Kontostandes bei der Bank		
e) Zahl zwischen 100 und 200 raten		
f) Einkaufen (↗Randspalte)		
g) Musik hören mit einem MP3-Player		
h) Video mit Recorder anschauen		

1 Einkaufen: Auf den Waren ist meist ein Strichcode (der so genannte **EAN-Code**) aufgedruckt. Die Kasse ist mit einem Computer verbunden, in dem die Preise der Waren gespeichert sind. Mit einem Strichcode-Lesegerät, das der Verkäufer an der Kasse bedient, wird der EAN-Code der jeweiligen Ware ermittelt und vom Zentralcomputer der aktuelle Preis abgerufen.

1.17 Welche Techniken der Arbeit mit der Maus kommen bei den folgenden Aktionen zur Anwendung?
a) Fenster markieren
b) Fenster auf dem Desktop verschieben
c) Befehl aus einem Pull-down-Menü ausführen
d) Programm starten
e) Datei aus einem Ordner in einen anderen verschieben
f) Ordner öffnen

> **Wie werden römische Zahlzeichen gebildet oder gelesen?**
> Eine Zahl kann aus folgenden Grundsymbolen bestehen:
> I = 1, X = 10, C = 100, M = 1000.
> Diese werden höchstens dreimal hintereinander geschrieben.
> Dazu kommen die Hilfssymbole V = 5, L = 50 und D = 500.
> Diese werden nur einmal hintereinander geschrieben.
> Die Symbole werden einfach addiert. Aber: Steht ein Symbol einer kleineren Zahl vor dem einer größeren, so wird sein Wert subtrahiert.

1.18 Gib zu folgenden römischen Zahlzeichen die korrekten Dezimalzahlen an!
a) VII   b) IX   c) IV
d) XX   e) XC   f) CX
g) XXX   h) CXXX   i) XXC
k) MMCMXXXVIII   l) MD   m) XV
n) MV   o) DCCCLXXXVIII   p) MMIV

Teste dich selbst

1.19 Rechne um! Setze für die Unbekannte x jeweils den korrekten Wert ein.

a) $111_{[2]} = x_{[10]}$
b) $11101_{[2]} = x_{[10]}$
c) $111_{[10]} = x_{[2]}$
d) $112_{[10]} = x_{[2]}$
e) $1111_{[10]} = x_{[2]}$
f) $1111_{[2]} = x_{[10]}$
g) $10000_{[2]} = x_{[10]}$
h) $10001_{[2]} = x_{[10]}$
i) $127_{[10]} = x_{[2]}$
k) $128_{[10]} = x_{[2]}$
l) $129_{[10]} = x_{[2]}$
m) $101010101_{[2]} = x_{[10]}$
n) $11111_{[2]} = x_{[10]}$
o) $100000_{[2]} = x_{[10]}$

1 Geburtstagsfeier

1.20 Wie alt ist das Geburtstagskind, dem zum 1 000 000. Geburtstag gratuliert wird?
(Der Gratulant hatte vergessen mitzuteilen, dass das eine Dualzahl ist.)

1.21 Addiere die folgenden Dualzahlen! Überprüfe dein Ergebnis, indem du die Zahlen ins Dezimalsystem umcodierst und dort die gleichen Aufgaben noch einmal rechnest.

a) $111000_{[2]}$ und $111_{[2]}$
b) $101010101_{[2]}$ und $10101010_{[2]}$
c) $1010101_{[2]}$ und $101011_{[2]}$
d) $111_{[2]}$ und $111_{[2]}$
e) $111011101_{[2]}$ und $101010101_{[2]}$
f) $10101010_{[2]}$ und $101010101_{[2]}$
g) $111_{[2]}$ und $111_{[10]}$
h) $1010101_{[2]}$ und $101011_{[2]}$ und $101010_{[2]}$

> **i** Hier noch einmal die 4 Aufgaben des „Kleinen Einmaleins" im Dualsystem:
> $0 \cdot 0 = 0$ $\quad$ $0 \cdot 1 = 0$
> $1 \cdot 1 = 1$ $\quad$ $1 \cdot 0 = 0$
>
> Und das „Kleine Einspluseins" geht so:
> $0 + 0 = 0$ $\quad$ $0 + 1 = 1$
> $1 + 1 = 10$ $\quad$ $1 + 0 = 1$
>
> Übertrag

1.22 Multipliziere die folgenden Dualzahlen! Führe die Probe wie in Aufgabe 1.21 durch!

a) $111000_{[2]}$ und $11_{[2]}$
b) $10101010101_{[2]}$ und $11_{[2]}$
c) $1010101_{[2]}$ und $101_{[2]}$
d) $10101010101_{[2]}$ und $10000000000_{[2]}$
e) $11_{[2]}$ und $111000_{[2]}$
f) $101_{[2]}$ und $1010101_{[2]}$
g) $10101010101_{[2]}$ und $10000010000_{[2]}$

Grafikobjekte, ihre Attribute und Methoden 2

Grafikobjekte, ihre Attribute und Methoden

2.1 Ein Bild besteht aus Pixeln

Wenn du die Bildschirmfläche deines Monitors von Nahem betrachtest, wirst du feststellen, dass das Bild aus lauter kleinen Punkten besteht. Diese Objekte nennt man **Pixel**.

Jeder einzelne Bildpunkt (Pixel) auf dem Monitor (oder auf einem ausgedruckten Blatt Papier) ist durch seine vertikale Lage (senkrecht, Spalten) und horizontale Lage (waagerecht, Zeilen) eindeutig festgelegt. Übliche Bildschirmauflösungen sind 800 (Spalten) × 600 (Zeilen) oder 1024 × 768 (Pixel). Man kann aber auch 640 × 480 einstellen, dann sieht man die Pixel sehr deutlich. Bei 1280 × 1024 sind die Bildpunkte so klein, dass sie nicht mehr zu erkennen sind.

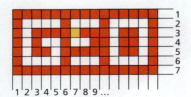

1 Pixelgrafik auf dem Bildschirm. Jeder Punkt ist eindeutig durch seine Spalten- und Zeilennummer bestimmt. Das gelbe Pixel liegt in der 7. Spalte und 3. Zeile (gezählt von der linken oberen Ecke der Grafik an).

Jedes Pixel ist also durch seine Lage eindeutig bestimmt. Und noch ein Attribut kennzeichnet das Objekt Pixel: seine Farbe. Grafiken, die so beschrieben werden, nennt man auch Pixelgrafiken.

> Eine **Pixelgrafik (Bitmap, Punktgrafik)** setzt sich aus einzelnen Bildpunkten (Pixeln) zusammen.
>
> Jedes Pixel wird durch die Werte zweier **Attribute** bestimmt:
> - Position (Lage) und
> - Farbe.

Anwendungsprogramme, mit denen man Pixelgrafiken erstellen kann, heißen **Malprogramme**.
Den Namen „Malprogramme" hat man deshalb gewählt, weil solche Programme eher für künstlerische Darstellungen geeignet sind.

Werkzeuge zum Erstellen von Pixelgrafiken sind daher vor allem auch Malutensilien wie die folgenden:
- Der **Pinsel** malt dicke Linien, deren Farbe und Form man einstellen kann.
- Der **Stift** malt dünne Linien mit eingestellter Farbe.
- Der **Sprayer (Airbrush)** funktioniert wie eine reale Farbspraydose: Je langsamer er bewegt wird, umso dichter liegen die aufgetragenen Farbpigmente.
- Mit der **Pipette** wird eine Bildfarbe ausgewählt.
- Der **Farbfüller** gießt eine ausgewählte Farbe in ein Feld, welches lückenlos von einer anderen Farbe (als die Hintergrundfarbe) umschlossen wird.
- Der **Radierer** entfernt Bildteile bis zur Hintergrundfarbe. Die Stärke kann eingestellt werden.

1 Werkzeuge in Malprogrammen:
a Pinsel,
b Stift,
c Sprayer,
d Pipette,
e Farbfüller,
f Radierer.

Grafikobjekte, ihre Attribute und Methoden | 39

2.1 Öffne die Grafik-Datei, die dir dein Lehrer gibt!
Aus wie vielen Pixeln besteht das Bild?
Wie viele Pixel besitzen das Attribut „Farbe" mit dem Wert „gelb"?

Wie schon gesagt: Eine Punktgrafik besteht aus elementaren Objekten, nämlich Pixeln, die jeweils nur zwei Attribute besitzen: Position und Farbe. Für das Pixel, welches die Schwanzspitze des nebenstehenden Hundes bildet, kann man schreiben:

`Pixel_Schwanzspitze.Position = (65;50)`

Das bedeutet, das Pixel liegt in der 65. Spalte und 50. Zeile des Bilddokuments.
Ähnlich kann man den Attributwert für die Farbe notieren:

`Pixel_Schwanzspitze.Farbe = schwarz`

Eine wichtige Methode der Objekte in Pixelgrafiken ist das Färben. Eigentlich müsste es „Ersetzen der Farbe" heißen, denn ein Pixel hat immer eine Farbe, zum Beispiel Weiß.
Eine Methode kennzeichnen wir wie im folgenden Beispiel.
Für das Setzen des Attributwerts „braun" des Attributs „Farbe" für das betrachtete Pixel schreiben wir kurz:

`Pixel_Schwanzspitze.FarbeSetzen(braun)`

1 Mit einem Menü wie „Ansicht ⟶ Zoomfaktor ⟶ Benutzerdefiniert ⟶ 800 %" und „Raster einblenden" kann man die einzelnen Pixel sehr gut erkennen!

 Für die Methode „Farbe setzen" nutzt man am besten als Werkzeug den Farbfüller.

> Allgemein kann man **Attribute** und **Methoden** in dieser **„Punktnotation"** folgendermaßen notieren:
>   `Objektname.Attribut = Attributwert`
>   `Objektname.Methode()`

2.2 Zeichne selbst ein Bild mit einem Malprogramm mit mindestens 60 × 40 Pixeln! Nutze dabei zumindest die Farben Rot und Gelb. Wende nun auf alle Pixel mit dem Attributwert `Farbe = rot` die Methode `FarbeSetzen(blau)` an!
Speichere dein Bild in den Ordner \UEBUNG unter der Bezeichnung `PIXEL2.BMP` auf deinem Datenträger!

Du wirst beim Ersetzen der Farbe bestimmt die Ansicht der Grafik vergrößert **(„gezoomt")** haben. So arbeitet es sich leichter. Dabei sieht man aber auch sehr deutlich die einzelnen Pixel. Man spricht vom sogenannten **„Treppeneffekt"**. Dieser Effekt tritt auch dann auf und wird für den Betrachter überdeutlich, wenn die Grafik selbst (und nicht nur ihre Ansicht) oder ein Teil von ihr vergrößert **(„skaliert")** wird.

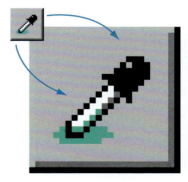

2 Bei der Vergrößerung von Pixelgrafiken sieht man sehr deutlich den Treppeneffekt.

2.2 Besser geht's mit Vektorgrafiken

Bei einer Pixelgrafik muss jedes einzelne Pixel mit seiner Position und seinem Farbwert gespeichert werden. Dabei können recht große Dateien entstehen. Ein Beispiel:

Eine 256-Farben-BMP-Datei sei 400 Pixel breit (ca. 11 cm) und 300 Pixel hoch (ca. 8 cm). Das sind insgesamt 400 · 300 Pixel = 120 000 Pixel. Zur Codierung der Pixel benötigt man 120 000 Byte, das sind ungefähr 120 KByte (↗ Seite 28).

Zur Codierung der 256 Farben benötigt man 8 Bit, also ein Byte, weil $256 = 2^8$ ist. Man sagt auch, eine solche Pixelgrafik hat eine **„Farbtiefe"** von 8 Bit. Für jedes der 120 000 Pixel werden demnach 8 Bit = 1 Byte zur Farbcodierung benötigt, also insgesamt 120 000 Byte (120 KByte).

> Die Maßeinheit **dpi** wird bei Druckern benutzt und steht für „**d**ots **p**er **i**nch". Das bedeutet „Punkte pro Zoll". Ein Zoll sind ungefähr 2,54 cm. Wenn dein eigener Drucker 600 dpi, also 600 Punkte auf einer Strecke von 2,54 cm hinbekommt, ist das schon ein recht guter Drucker.
>
> Eine weitere übliche Maßeinheit für das Auflösungsvermögen von Ausgabegeräten ist der **Punkt (pt)**:
> 1 pt = $\frac{1}{72}$ Zoll = 0,0351 cm (USA), also sind 3 pt ungefähr 1 mm.

Dabei hat diese Grafik auf dem Monitor eine Auflösung von knapp 100 dpi. Jeder Drucker kann heute schon Bilder mit einer Auflösung von 300 dpi drucken. Außerdem sind nicht nur 256, sondern im Druck theoretisch 4 294 967 296 Farben möglich. Das gibt dann für die gleiche Bildgröße (11 cm × 8 cm) eine Dateigröße von fast 30 MByte.

Damit nicht so viel Speicherplatz verbraucht wird, haben sich die Softwarespezialisten eine andere Möglichkeit der Beschreibung von Grafiken einfallen lassen: Die Grafik wird als Zusammensetzung einzelner geometrischer Figuren (Strecken, Kreise, Vielecke, ...) betrachtet. Diese Objekte werden mathematisch beschrieben. Zum Beispiel ist die Lage eines Vierecks durch seine Eckpunkte eindeutig bestimmt. Schließlich weist man noch dem Rand und der Fläche des Vierecks bestimmte Farbwerte zu und tut das Gleiche für alle anderen Objekte der Grafik. Man nennt eine solche Grafik **Vektorgrafik**.

Die Software heißt **Zeichenprogramm (CAD-Programm)**. **CAD** steht für „**c**omputer-**a**ided **d**esign". Das bedeutet „computerunterstütztes Entwerfen" (von Produkten).

Es gibt eine Reihe professioneller Zeichenprogramme, die meist recht teuer sind.

> Professionelle Zeichenprogramme sind *Adobe Illustrator* oder *Corel Draw*.

Aber auch die meisten Textverarbeitungsprogramme oder komplexe Büroanwendungen besitzen kleine Grafikwerkzeuge (engl. tools), die nichts anderes als Zeichenprogramme sind.

Nicht nur der geringere Speicherbedarf von Vektorgrafiken ist von Vorteil. Wir werden noch sehen, dass sich Grafiken durch geometrische Objekte exakter und einfacher beschreiben lassen. Und dass es vor allem viele Methoden gibt, die dem Zeichner die Arbeit erleichtern.

i Für viele Zwecke ausreichend ist das Zeichenprogramm *StarDraw* unter *StarOffice*. Auch im Textverarbeitungsprogramm *Word* von Microsoft gibt es ein Zeichnen-Tool.

> Eine **Vektorgrafik** setzt sich aus geometrischen Objekten zusammen, die durch Randlinien mit den Attributen Linienart (z. B. mit dem Wert „gestrichelt"), Linienbreite und Linienfarbe sowie Flächen mit Attributen wie Farbe oder Füllmuster eindeutig beschrieben sind.
> **Vektorgrafikprogramme (Zeichenprogramme)** stellen viele Methoden zur Verfügung, die das Ändern und Korrigieren der Grafik leicht machen.
> Vektorgrafiken benötigen im Allgemeinen nicht so viel Speicherplatz wie Pixelgrafiken.

2.3 Welche Objekte findest du im Computerraum der Schule? Über welche Attribute und Attributwerte verfügen diese Objekte? Gib jedem Objekt einen eindeutigen Namen (beispielsweise „Computer von Alex")!
Nutze zum Beschreiben zweier Objekte sowohl Objektkarten (↗ Seite 33) als auch die Punktnotation (↗ Seite 39)! Vergleiche!

Du wirst festgestellt haben: Die Objekte im Computerraum haben bestimmte Attribute und Attributwerte.
Wenn wir diese Objekte zeichnen wollen, müssen wir sie durch geometrische Formen beschreiben. Diese haben andere Attribute und Attributwerte als die realen Tische, Computer und Stühle.
Ein Tisch im Computerkabinett besitzt mindestens die Attribute „Länge", „Breite", „Höhe" und „Masse" (Gewicht) mit bestimmten Werten.
Das Bild des Tisches wird ein Rechteck sein, wenn wir eine „Draufsicht" wählen. Attribute wie „Höhe" und „Masse" gibt es hier nicht. Und die Attributwerte für die Länge und Breite sind anders (kleiner) als die Attributwerte des Originals.
Wenn wir zukünftig die Attributwerte von Objekten in einer Grafik angeben, so sollen das die „Bildwerte" sein.

1 So könnte ein Teil des Computerkabinetts als Vektorgrafik aussehen.

2.3 Geometrische Figuren (Klassen) in Vektorgrafiken

Um ein Bild zu beschreiben, reichen meist wenige geometrische Formen aus, die sich auch überlappen können – so als würde man farbige Kreise und Dreiecke aus Papier versetzt übereinander anordnen.
Die geometrischen Formen, die in fast allen Zeichenprogrammen vorkommen, sind im Folgenden kurz beschrieben.

1 Sich überlappende Objekte in unterschiedlichen Ebenen.

2 Ausschnitt aus der Zeichnen-Leiste eines Textverarbeitungsprogramms.

Die in einem Zeichenprogramm möglichen Formen werden in einer Art Zeichnen- oder Werkzeug-Leiste angezeigt. Will man ein Objekt zeichnen, muss man zuerst die Form des Objekts – die **Klasse** – auswählen. Das Auswählen erfolgt durch Markieren. Dazu klickt man mit der Maus z. B. einfach auf das Streckensymbol.

Zum Zeichnen einer **Strecke** sind der Anfangs- und der Endpunkt mit der Maus zu setzen. Bei den meisten Zeichenprogrammen wird die Strecke „aufgezogen". Das heißt, auf die Stelle, wo der Anfangspunkt hin soll, wird geklickt und die Maustaste wird bis zum Erreichen des Endpunktes festgehalten.
Durch „Anfassen" (Klicken und Ziehen) des Anfangs- oder Endpunktes der Strecke können Länge und Lage der Strecke verändert werden. Fasst man die Strecke „im Innern" an, kann sie mit der Maus beliebig verschoben werden.
Mit gedrückter <⇧>-Taste kann man in den meisten Zeichenprogrammen Strecken im Winkel von 45°, 90° usw. zeichnen.

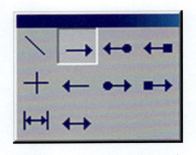

3 Pfeile sind nichts anderes als Strecken mit bestimmten Attributwerten für die Endpunkte der Strecke. In vielen Zeichenprogrammen werden sie aber als gesonderte Klassen behandelt.

Strecken kann man zu **Streckenzügen** zusammensetzen. In manchen Zeichenprogrammen gibt es für Streckenzüge eine eigene Klasse. Die einzelnen Punkte werden durch Klicken mit der linken Maustaste gesetzt. Die <Enter>-Taste schließt meist den Streckenzug ab.
Sind Anfangs- und Endpunkt des Streckenzugs gleich, hat man ein **Vieleck (Polygon)**. Vielecke werden oft auch gesondert angeboten.

4 Freihandlinien heißen auch **Bézierkurven** und können mithilfe der hier dargestellten „Griffpunkte" verändert werden.

Interessante Objekte sind die **Freihandlinien (Kurven)**. Nach dem Anklicken des entsprechenden Symbols wird die Linie wie mit einem Bleistift auf das Blatt gezeichnet – nur dass unser Bleistift die Maus ist, deren linke Taste gedrückt gehalten wird (Beispiel: *StarDraw*). Es gibt aber auch Zeichenprogramme, wo der Anfangspunkt, dann alle sogenannten „Ankerpunkte" und der Endpunkt durch Klicken mit der Maus gesetzt werden. Mit der <Enter>-Taste wird die Linie abgeschlossen (Beispiel: Zeichentool in *Word*).

Auch zum Zeichnen von **Rechtecken** gibt es einen Schalter in der Werkzeugleiste. Mit der Maus wird ein Eckpunkt des Rechtecks auf das Zeichenblatt gesetzt. Dann wird das Rechteck „aufgezogen".
Wird beim Erstellen des Rechtecks die <⇧>-Taste auf dem Keyboard niedergedrückt gehalten, stellen sich gleiche Längenänderungen in horizontaler und in vertikaler Richtung ein. Einfacher ausgedrückt: Es wird ein **Quadrat** gezeichnet.

1 Rechtecke und Quadrate mit unterschiedlichen Rand- und Füllfarben. Dabei kann ein Rechteck auch durchsichtig (**„transparent"**) sein.

Wird auf ein solches Symbol geklickt und beim Aufziehen der Figur die <⇧>-Taste gedrückt gehalten, entsteht ein **Kreis**.
Ohne Festhalten der <⇧>-Taste wird ein „zerdrückter Kreis" gezeichnet. Die Figur hat viele verschiedene Durchmesser, man kann sie deshalb nicht als Kreis bezeichnen. Sie heißt in der Mathematik **Ellipse**.

2 Ellipsen und Kreise mit unterschiedlichen Rand- und Füllfarben.

Man kann ganz unterschiedliche Strecken, Rechtecke oder Kreise zeichnen – unterschiedlich in ihrer Lage, Größe, Farbe usw.
Trotz aller Unterschiede: Für Rechtecke wird immer gelten, dass sie vier Eckpunkte besitzen und dass sie zwei Paar paralleler Seiten besitzen, die außerdem noch senkrecht zueinander stehen. So wie eben ein Rechteck in der Mathematik definiert wird.
Um diesem Sachverhalt gerecht zu werden, sagt man auch: Die unterschiedlichen Objekte mit Rechteckform gehören zur **Klasse** der Rechtecke.

 Es gibt noch eine weitere Klasse in Zeichenprogrammen: **TEXTFELD**.
Diese Klasse wird insbesondere für technische und Konstruktionszeichnungen benötigt.

In allen Zeichenprogrammen gibt es folgende **Klassen** (Baupläne für Objekte):
- Strecke,
- Streckenzug,
- Vieleck,
- Freihandlinie,
- Rechteck (Sonderform Quadrat),
- Ellipse (Sonderform Kreis).

Darstellung in Punktnotation:
`Objektname: KLASSE`

2.4 Zeichne einen Schneemann mit einem Vektorgrafikprogramm und gib alle Klassen an, die du verwendest!
Beispiel:
`Kopf: KREIS`
Speichere die Datei beispielsweise mit dem Namen „Schnee1".

3 Schneemann

2.4 Objektnamen

Ein Lehrer hat eine Klasse neu übernommen. Da er sich die Namen der Schüler nicht so schnell merken kann, fertigt er gemeinsam mit der Klasse einen Sitzplan an.
Der Sitzplan könnte beispielsweise so aussehen:

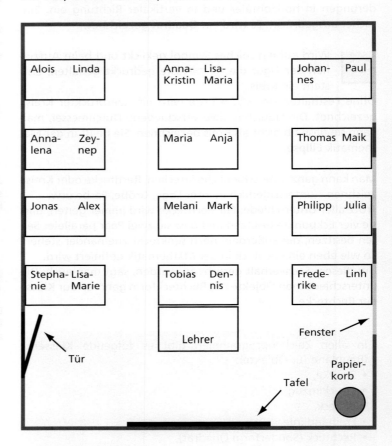

Beim Zeichnen mit dem Zeichnen-Tool von *Word* ist Folgendes zu beachten:
Mit dem Menü „Ansicht ⟶ Symbolleisten ⟶ Zeichnen" kann man die Zeichnen-Werkzeuge sichtbar machen (falls sie nicht zu sehen sind).
Mit den Menüs „Format ⟶ AutoForm ..." und „Format ⟶ Objekt ..." kann man die Attributwerte eines Objektes erfragen oder auch verändern.

Natürlich benutzen Lehrer und Schüler den Computer, denn vielleicht steht der Lehrer im nächsten Jahr vor dem gleichen Problem. Die Klasse hat den Sitzplan mit einem Zeichenprogramm erarbeitet.
Alle Schülertische haben sehr viele Attributwerte gemeinsam. Allerdings unterscheiden sie sich zumindest in ihrer Position. Wenn wir nun beschreiben wollen, dass für einzelne Tische bestimmte Attributwerte verändert werden sollen, wäre es sinnvoll, dass jeder Tisch einen Namen besitzt. Das ist in unserem Beipiel auf verschiedene Art und Weise möglich:
1. Wir könnten die Position (Lage) auf dem Zeichenblatt (von links, von oben) angeben.

2. Wir könnten die Position im Klassenzimmer angeben, beispielsweise „3. Reihe Mitte, vom Lehrer aus betrachtet".

3. Wir könnten aber auch sagen „der Tisch von Maria und Anja" oder kurz „Tisch (Maria, Anja)". Dabei wäre „Maria, Anja" der Name des Schülertisches.

4. Wir könnten die Tische einfach durchnummerieren, also „Schülertisch 1", „Schülertisch 2" usw.

2.5 Beschreibe den Schülertisch von Jonas und Alex und den Tisch von Frederike und Linh mithilfe der vier oben aufgeführten Möglichkeiten! Diskutiere Vor- und Nachteile der einzelnen Namensgebungen!
Gib auch den Fenstern einen Namen und führe die Objektbeschreibung eines Fensters in Punktnotation durch!

> Jedes Objekt einer Vektorgrafik hat einen eindeutigen Namen – den **Objektnamen** oder **Bezeichner.**

2.5 Attribute von Objekten

Die Objekte einer Klasse besitzen alle die gleichen **Attribute.** Sie unterscheiden sich nur in den **Attributwerten.**

2.6 Beschreibe einzelne Objekte des Klassenzimmers auf Seite 44 mithilfe der kennengelernten Punktnotation!
Beispiel: `Lehrertisch: RECHTECK`
`Lehrertisch.Randstärke = 1 pt`
`Lehrertisch.Randfarbe = Schwarz`
…

Ein wichtiges Attribut eines jeden Objekts ist seine Lage auf dem Zeichenblatt. Diese Lage wird in professionellen Zeichenprogrammen meist durch die Abstände vom oberen und vom linken Blattrand angegeben:
`Objektname.Position = (von links; von oben)`
Dabei können die Abstände durch unterschiedliche Maßeinheiten beschrieben werden – durch Pixel, Zentimeter oder Zoll. Rechtecke und Ellipsen haben wie alle Flächen eine Länge und eine Breite, die wir am besten in Zentimetern angeben:
`Objektname.Breite = x cm`
`Objektname.Höhe = y cm`
oder kürzer
`Objektname.Größe = (x cm; y cm)`

i Das Zeichentool in *Word* gibt die Objektposition nicht automatisch an. Man muss sie selbst ausmessen.
Anders in *StarDraw:* Hier kann die Lage eines Objekts und die jeweilige Cursor-Position recht genau an den Linealen am oberen und linken Fensterrand abgelesen werden.

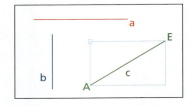

1 Die Strecken a, b und c haben alle eine Höhe und eine Breite.

Das gilt übrigens auch für alle anderen Objekte, selbst für eine Strecke.
Die im Bild 1 dargestellte Strecke a liegt 0,5 cm vom linken Bildrand und 0,4 cm vom oberen Bildrand entfernt. Ihre waagerechte Ausdehnung (Breite) beträgt 2,5 cm. Sie liegt horizontal (waagerecht) und hat damit eine senkrechte Ausdehnung (Höhe) von 0 cm.
Das kann man kurz so notieren:
```
a: STRECKE
a.Position = (0,5 cm; 0,4 cm)
a.Größe    = (2,5 cm; 0 cm)
```

Ähnlich kann man die Attribute von b notieren:
```
b: STRECKE
b.Position = (1,0 cm; 0,8 cm)
b.Größe    = (0 cm; 1,5 cm)
```

 Mit unserer Punktnotation besitzen wir eine **„Seitenbeschreibungssprache"**. Eine solche Sprache ist auch **PostScript**. PostScript beschreibt für (postscriptfähige) Drucker, wie eine ausgedruckte Seite auszusehen hat. Beim Befehl zum Zeichnen einer Strecke wird dort auch nur der Anfangs- und der Endpunkt der Strecke angegeben.

Die Strecke c spannt ein Rechteck auf. In den meisten Zeichenprogrammen wird die Position des Rechtecks (der linken oberen Ecke) und dessen Breite und Höhe angegeben:
```
c: STRECKE
c.Position = (2,0 cm; 1,0 cm)
c.Größe    = (2,0 cm; 1,2 cm)
```

Das ist aber nicht ganz eindeutig, denn genauso gut könnte die andere Diagonale des grauen Rechtecks in Bild 1 gemeint sein. Besser wäre es daher, die Endpunkte der Strecke anzugeben:
```
c.Position = A(2,0 cm; 2,2 cm),
             E(4,0 cm; 1,0 cm)
```

Und so würde der Befehl zum Zeichnen der Strecke c in der Programmiersprache *Java* lauten:
```
c.drawline(57,63,114,29)
```
(in Pixeln gemessen)

Alle flächenhaften Objekte haben einen Rand, der eine bestimmte „Dicke" und Farbe hat. Und eine Fläche mit den Attributen „Farbe" und oft auch „Füllmuster". Man kann das allgemein so notieren:
```
Objektname.Randstärke   = x pt
Objektname.Randfarbe    = Farbwert
Objektname.Flächenfarbe = Farbwert
Objektname.Füllmuster   = Wert
```

Für alle Linien kann man natürlich auch eine Linienfarbe und eine Linienstärke festlegen.
Fast immer ist auch eine Linienart (durchgezogen, gepunktet, gestrichelt usw.) möglich.

2 Die Objekte x und y haben unter anderem folgende Attribute und Attributwerte:
```
x.Randstärke  = 2 pt
x.Randfarbe   = grün
x.Füllmuster  = Streifen
y.Linienart   = gestrichelt
y.Linienenden = Pfeile
```

Grafikobjekte, ihre Attribute und Methoden 47

Und letztlich können die Eigenschaften der Linienenden festgelegt werden. Sie können z. B. abgerundet oder als Pfeile ausgebildet sein.

> Die in allen Zeichenprogrammen vorkommenden Klassen haben folgende **Attribute:**
> Position, Größe, Linien- bzw. Randstärke, Linien- bzw. Randfarbe, Linienart und evtl. Flächenfarbe sowie Füllmuster.

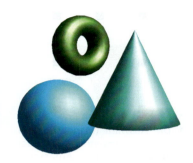

Textfelder sind auch Objekte. Für sie gelten die Attribute, die Schriftzeichen zugewiesen werden können, was wir genauer in Kapitel 3 kennenlernen werden.

1 Oft kann man auch sehr leicht **3-D-Objekte** zeichnen mit Attributen wie Position und Farbe. „3-D" steht für „dreidimensional", also „räumlich". Die hier dargestellten Objekte Kugel, Ring und Kegel wurden mithilfe von *StarDraw* gezeichnet.

Die folgende Tabelle zeigt, welche Attribute und Attributwerte für die einzelnen Objekte möglich sind:

Klassen	Attribute	Attributwerte (Beispiele)
STRECKE, STRECKENZUG, FREIHANDLINIE	Position Größe Linienstärke Linienfarbe Linienart Stil des Linienendes	(3 cm; 4 cm) 4 cm lang 0,5 pt Schwarz Strich-Punkt-Linie Pfeil
VIELECK, RECHTECK, ELLIPSE, KREIS	Position Größe Randstärke Randfarbe Linienart Flächenfarbe Farbverlauf Füllmuster	(200 Pixel; 140 Pixel) (44 mm; 62 mm) 1 pt Grün Gestrichelt Blau von Blau nach Rot Streifen
TEXTFELD	Position Schriftgröße Schriftfarbe	(44 mm; 62 mm) 12 pt Rot

Für das Zuweisen von Attributwerten besitzen die Objekte Methoden. Zum Beispiel wird der Attributwert für die Linienfarbe durch die Methode „LinienfarbeSetzen" geändert.

2.7 Gib für den Schneemann aus Aufgabe 2.4 (Datei „Schnee1") alle Attribute mit den Attributwerten für die einzelnen Objekte an!

2 Schneemann

Grafikobjekte, ihre Attribute und Methoden

1 Die Auswahl (Markierung) eines Objekts erkennst du an den sichtbar werdenden **„Anfassern"**, wenn du mit der Maus auf die Grafik klickst.
„Anfasser" an einem Stern: Durch Ziehen an den großen Randrechtecken kann die Form und die Größe des Sterns verändert werden. Durch Ziehen an den kleinen Rechtecken kann die Lage einzelner Punkte des Sterns geändert werden.
Durch Klicken in die Mitte des Sterns und Ziehen kann der Stern verschoben werden.
Die Darstellung der Anfasser ist in den einzelnen Programmen unterschiedlich.

2 Das Objekt „Farbe" am Pinsel wurde hier markiert und einfach gelöscht. Voraussetzung dafür, dass ein vollständiger Pinsel übrigbleibt ist natürlich, dass zuerst der ganz Pinsel gezeichnet und zuletzt die Farbe darübergelegt wurde.

i Achtung! In manchen Programmen (z. B. *StarDraw*) liegen Original-Objekt und Bild-Objekt übereinander und man sieht nicht gleich, dass man kopiert hat.

2.6 Methoden für Vektorgrafiken

Deine Eltern wollen sich eine neue Küche anschaffen. Im Fachgeschäft stellt der Verkäufer mit deinen Eltern und einem Zeichen-Programm die Einrichtung zusammen, platziert den Kühlschrank, verschiebt Möbel, verändert Schrankfarben usw.
Das Besondere an Vektorgrafiken ist, dass man Objekte, nachdem man sie erzeugt hat, bewegen, verändern, unterschiedlich anordnen und auch wieder löschen kann.

> Soll ein Objekt eine **Methode** ausführen, so muss es zunächst markiert, also ausgewählt werden.
> Mithilfe von Menüs, Schaltern oder Tastenkombinationen senden wir eine **Botschaft,** die die jeweilige Methode auslöst.

In jedem Anwendungsprogramm – auch in Zeichenprogrammen – findet der Nutzer in der Standardleiste die Schere zum „Ausschneiden" von Objekten, daneben ein Symbol, welches das Kopieren von Objekten verdeutlichen soll und einen Schalter zum Einfügen von (vorher kopierten) Objekten.

Objekt löschen (ausschneiden):
Mit dem Scheren-Schalter, mit der <Entf>-Taste oder mit Menü „Bearbeiten ⟶ Löschen" kann ein markiertes Objekt gelöscht werden. Es ist dann verschwunden, es sei denn, dass das Zeichenprogramm die Funktion „Rückgängig machen" besitzt, mit der die letzten Aktionen einer Arbeitssitzung schrittweise rückgängig gemacht werden können.
Wir kennzeichnen das in unserer „Punktnotation" so:
    `Objektname.Löschen()`
Die Klammern sollen ausdrücken, dass „Löschen" eine Methode ist – und kein Attribut.

Objekt kopieren:
Auch hier gibt es verschiedene Möglichkeiten:
- Mit dem Kopierschalter wird das markierte Objekt in die „Zwischenablage" gebracht. Das ist ein Speicher, in dem sich immer das zuletzt kopierte Objekt befindet. Nun geht man an die Stelle, wo man das Objekt einfügen will. Das kann auch ein anderes Dokument sein. Jetzt wird der Einfügen-Schalter gedrückt. Das Bild-Objekt erscheint. Ist man auf der gleichen Arbeitsfläche, sieht man nun 2 Objekte, die sich in der Regel nur durch ihre Position unterscheiden.

- Das eben Beschriebene geht auch mithilfe der Menüs „Bearbeiten – Kopieren" und „Bearbeiten – Einfügen".
- Und immer gelten auch die beiden Tastenkombinationen <Strg> + c (für das Kopieren eines markierten Objekts in die Zwischenablage) und <Strg> + v (für das Einfügen des Objekts).
Das gilt auch unter dem Betriebssystem *Mac OS* von Apple. Nur dass man hier statt der <Strg>-Taste die Apfel-Taste benutzt.

Allgemein kennzeichnen wir die Methode wie folgt:

  `Objektname.Kopieren()`

Zwischen die Klammern könnte man – wenn notwendig – eintragen, an welcher Stelle oder in welches andere Dokument das kopierte Objekt eingefügt werden soll.

1 Beim Kopieren gibt es keinen Unterschied zwischen dem Original- und dem Bild-Objekt.
Hier wurde ein Fünfeck gleich 3-mal kopiert.

Objekt verschieben:

- Mit der Schere wird das markierte Objekt ausgeschnitten und in die Zwischenablage gebracht. Das Objekt ist erst einmal  nicht mehr sichtbar. Man geht an die Stelle, wo man das Objekt einfügen will. Jetzt wird der Einfügen-Schalter gedrückt. Das Objekt erscheint.
- Das eben Beschriebene geht auch mithilfe der Menüs „Bearbeiten ⟶ Ausschneiden" und „Bearbeiten ⟶ Einfügen".
- Und auch hier gelten die beiden Tastenkombinationen <Strg> + x (für das Ausschneiden) und <Strg> + v (für das Einfügen des Objekts).
- Bleibt man auf ein und derselben Arbeitsfläche, geht das Verschieben ganz einfach:
Objekt mit der Maus anfassen und an die gewünschte Stelle ziehen.

Allgemein kennzeichnen wir diese Methode wie folgt:

  `Objektname.Verschieben()`

Zwischen die Klammern könnte man – wenn man auf dem gleichen Zeichenblatt ist – exakte Angaben zur Verschiebung machen, z. B. „4 cm nach rechts; 3 cm nach oben".

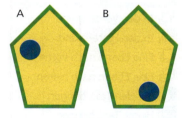

2 Der blaue Kreis in der linken Ecke des Fünfecks (Bild A) wurde in die rechte untere Ecke verschoben. Man könnte auch schreiben:
 `Kreis.Verschieben()`
Oder genauer:
 `Kreis.Verschieben (8 mm nach rechts; 11 mm nach unten)`

Jedes Objekt besitzt die Methoden Löschen (Ausschneiden), Kopieren und Einfügen:
- Ausschneiden <Strg> + x
- Kopieren   <Strg> + c
- Einfügen   <Strg> + v

Diese Methoden gelten nicht nur in Zeichenprogrammen, sondern in allen Anwendungsprogrammen.
Auch die Schalter und Tastenkombinationen sind immer die gleichen.

Grafikobjekte, ihre Attribute und Methoden

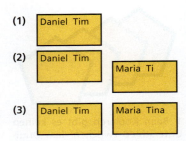

1 Effektives Zeichnen: Die Namen werden über (vor) dem Tisch **angeordnet** (1). Der Tisch wird mit den Namen **gruppiert** und kopiert. Die Namen der Kopie werden geändert (2). Die Tische werden **ausgerichtet** (3).

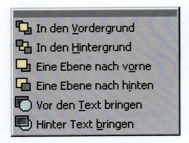

2 In *Word* erreicht man das Anordnen markierter Objekte, indem man in der Zeichnenleiste das Menü „Zeichnen ⟶ Reihenfolge" aufruft.

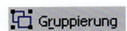

3 In *Word* kann man den Schalter für das Gruppieren markierter Objekte im Menü „Zeichnen" finden.
In *StarDraw* findet man den Befehl im Menü „Ändern".

Man kann auch mehrere Objekte anordnen.
Wie würde man zum Beispiel vorgehen, wenn der Sitzplan der eigenen Klasse mit einem Zeichenprogramm erstellt werden soll (↗ auch Seite 44)?
Und dieses Vorgehen soll effektiv sein, also mit möglichst wenig Arbeitsschritten ausgeführt werden:
Zuerst würde man bestimmt den Tisch zeichnen und darüber zwei Textfelder mit den Namen der Schüler **anordnen**.
Der Tisch und die beiden Textfelder werden zu *einem* Objekt zusammengefasst, man sagt „**gruppiert**". Das hat den Vorteil, dass man den Tisch problemlos verschieben oder kopieren kann.
Und das tun wir auch.
Bei der Kopie werden die Namen korrigiert und man kann die Tische **ausrichten,** also zum Beispiel in einer Reihe anordnen.

Wir haben in diesem Beispiel drei neue, wichtige Methoden angewandt, die im Folgenden kurz erläutert werden.

Objekte anordnen:

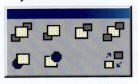

Die geometrischen Objekte sind über der Zeichenfläche in unterschiedlichen Ebenen angeordnet. Was zuletzt gezeichnet wurde, liegt ganz oben. Man kann die Reihenfolge der Ebenen vertauschen, also beispielsweise das zuletzt Gezeichnete eine Ebene nach hinten oder sogar ganz nach unten bringen.
Man kann das Vorgehen auch notieren:

```
Rechteck.Anordnen(eine Ebene zurück)      oder
Rechteck.Anordnen(ganz nach hinten)       oder
Kreis.Anordnen(eine Ebene vor)            oder
Kreis.Anordnen(ganz nach vorn)
```

Objekte gruppieren:

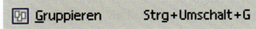

Objekte können zu einem Objekt zusammengefasst werden, welches zur Klasse GRUPPE gehört.
Zuvor müssen sie aber markiert werden. Mehrere Objekte können gleichzeitig markiert werden, wenn man beim Anklicken der einzelnen Objekte die <⇧>-Taste gedrückt hält.
Wir stellen das kurz wie folgt dar:
```
{Objekt1, Objekt2, ...}.Gruppieren()
```
oder mit konkreten Objekten:
```
{Kreis2, Rechteck3}.Gruppieren()
```
Das neue Objekt ist eigenständig, kann aber jederzeit (oft mit dem gleichen Schalter) wieder aufgelöst werden.

Objekte ausrichten:

Markierte Objekte können an einer gedachten Linie ausgerichtet werden. Dabei gehört die Methode „AnLinieAusrichten" zum einzelnen Objekt. Wir wollen das vereinfacht wie folgt notieren:

`{Kreis, Linie2}.Ausrichten(linksbündig)`

Oft gibt es auch noch den Menüpunkt „Verteilen". Hier kann beispielsweise vorgegeben werden, dass die Abstände zwischen den einzelnen Objekten gleich sind, oder dass die Objekte den Abstand 0 haben, also aneinanderliegen.

1 Im Zeichentool von *Word* erreicht man das Ausrichten markierter Objekte, indem man in der Zeichnenleiste das Menü „Zeichnen → Ausrichten oder Verteilen" aufruft.

2.8 Zeichne die Sitzordnung für dein eigenes Klassenzimmer! Nutze sinnvoll kennengelernte Methoden wie Anordnen, Gruppieren, Kopieren, Verschieben usw.

2.9 Beschreibe mithilfe der Punktnotation, wie du deinen Sitzplan schrittweise erstellt hast! Gehe davon aus, dass der Schülertisch in der linken vorderen (unteren) Ecke vorgegeben ist.
Tauscht die Beschreibungen in der Klasse mit dem Nachbarn aus und zeichnet nach dessen Konstruktionsvorgaben! Vergleicht die Ergebnisse!

Objekte können bewegt und in ihrer Form verändert werden. Die wichtigsten Bewegungen sind *Verschieben, Spiegeln und Drehen*.

Das **Verschieben** haben wir schon im Zusammenhang mit dem Ausschneiden und Kopieren kennengelernt (↗ Seite 49).
Die beiden anderen Bewegungen seien hier kurz erläutert:

Objekt spiegeln:

 Ein Spiegelbild entsteht an einer Spiegelachse. In fast allen Zeichenprogrammen kann man horizontal (waagerecht, die Spiegelachse liegt senkrecht) und vertikal (senkrecht, die Spiegelachse liegt waagerecht) spiegeln (s. auch Bild 1). Beim Spiegeln bleiben die Abmessungen erhalten, das Spiegelbild erscheint zentriert über dem Original, das Original verschwindet. Manchmal kann man die Lage der Spiegelachse auch selbst festlegen.
Wir stellen das kurz wie folgt dar:

`Objektname.Spiegeln(horizontal)`

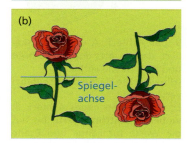

2 Horizontale Spiegelung (a) und vertikale Spiegelung (b)

Grafikobjekte, ihre Attribute und Methoden

1 So könnten die Methoden „Drehen" und „Spiegeln" in einem Zeichentool angezeigt werden.
Mit „kippen" ist hier (im Zeichnen-Tool von *Word*) spiegeln gemeint.

Objekt drehen:

 Das Drehen kann im Uhrzeigersinn (Rechtsdrehung) oder entgegengesetzt dem Uhrzeigersinn (Linksdrehung) erfolgen. Der „Drehschalter" wird mit der Maus angeklickt und im vorher markierten Objekt erscheinen Anfasser zum Drehen. Der Mauszeiger wird über einem Anfasser positioniert und zum Drehen wird mit der Maus in die gewünschte Richtung gezogen („freies Drehen").

Oft gibt es fest vorgegebene Drehbewegungen von 90° – das ist ein rechter Winkel – nach links oder rechts (↗ auch Bild 1).
Und in vielen Zeichenprogrammen (so auch in *StarDraw*) kann man sogar den Drehwinkel genau angeben. Dann könnte man die Methode Drehen so notieren:

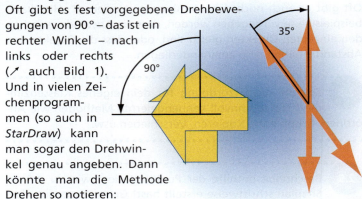

```
Objektname.Drehen(35° im Uhrzeigersinn)
```

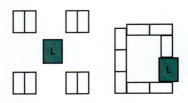

2 Phantasie-Sitzpläne

2.10 Zeichne den Sitzplan deiner Klasse, wie du ihn gern haben möchtest!
Nutze auch Methoden wie Drehen, Verschieben und Spiegeln von Objekten!

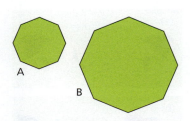

3 Das Achteck A wurde so skaliert, dass es jetzt doppelt so breit und lang ist wie vorher.
(Hinweis: Die Fläche hat sich dabei vervierfacht.)
Es entsteht ein neues Achteck B, wobei alle Attributwerte bis auf die Werte für Länge und Breite (Größe) gleich geblieben sind. Objekt A ist danach nicht mehr vorhanden.

Objekt skalieren
Objekte können auch vergrößert oder verkleinert werden. Man sagt dazu **Skalieren**.
Will man ein Objekt „gleichmäßig" skalieren, reicht es meist aus, die <Shift>-Taste gedrückt zu halten und mit der Maustaste an einem Eckpunkt des Objektes zu ziehen.
Es ist auch möglich, nur die Länge oder nur die Breite eines Objekts zu ändern und den jeweils anderen Attributwert beizubehalten.
Dies kann man kurz und knapp mithilfe der Punktnotation aufschreiben:

```
Objektname.Skalieren()
```

Und hier einige Beipiele:

```
Achteck.Skalieren(Breite halbieren)
Achteck.Skalieren(in der Länge auf 6 cm)
Achteck.Skalieren(verdoppeln)         (↗ Bild 3)
Achteck.Skalieren(200%)               (↗ Bild 3)
```

Objekte färben:

Einem Objekt können Rand- und Flächenfarbe (Füllfarbe) zugewiesen werden.

Meist gibt es beim Zeichnen eines Objekts Voreinstellungen: Strecken oder Randlinien sind eben am Anfang erst einmal schwarz, Flächenfarben weiß oder es ist für das Innere von flächenhaften Objekten überhaupt keine Farbe vorhanden. Man blickt durch das Objekt hindurch auf den Hintergrund.

Für die Farbzuweisung gibt es ähnlich wie bei Malprogrammen das Werkzeug „Farbfüller". Damit kann natürlich auch die Farbe verändert werden. Das kann dann beispielsweise so notiert werden:

```
Objektname.FarbeSetzen()
```
Hier einige konkrete Beispiele:
```
Strecke_a.FarbeSetzen(grün)
Fünfeck.RandfarbeSetzen(schwarz)
Fünfeck.FüllfarbeSetzen(orange)
Rechteckeck.FüllfarbeSetzen(gelb)
```

Farben werden aus Grundfarben gemischt.
Am Bildschirm sind das die Farben **R**ot, **G**rün und **B**lau **(RGB-Farbmodell)**.
Der Drucker benutzt die Farben **C**yan (Blaugrün), **M**agenta (Purpur), **Y**ellow (Gelb) und Blac**k** (Schwarz). Das ist das **CMYK-Farbmodell**. Bei einem Tintenstrahldrucker werden in den Patronen genau diese Farben bereitgestellt.

Du musst also nicht nur vorgegebene Farben nutzen, du kannst dir auch neue Farben mischen (z. B. unter Word mit dem Schalter „Weitere Füllfarben …" ⟶ „Anpassen", ↗ Bild 1).

1 Im Zeichnentool von *Word* können für markierte Objekte Flächen- und Randfarbe in der Zeichnenleiste ausgewählt werden.
Hier ist beispielsweise die Farbe Gelb für die Flächenfarbe voreingestellt. Mit dem Schalter neben dem Farbtopf (kleines Dreieck) kann ein Fenster zur Farbauswahl aufgerufen werden.
Ähnlich kann man beim Zuweisen der Rand- bzw. Linienfarbe vorgehen (Pinsel), die hier mit Blau festgelegt ist.

Es gibt etliche andere interessante Methoden in Zeichenprogrammen. Das ist von Programm zu Programm aber recht unterschiedlich. Was man beispielsweise mit Objekten so machen kann, sei im Folgenden zumindest genannt:

Flächen (im nebenstehenden Bildausschnitt sind das ein orangefarbenes Fünfeck und ein gelbes Rechteck) können mit Schatten unterschiedlicher Art versehen werden. Es ist auch möglich, Flächen (im Bild ein Kreuz) zu 3-D-Objekten, also zu Körpern, zu ergänzen.

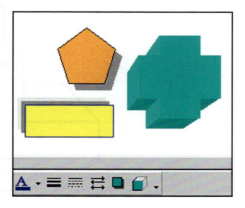

2.11 Gegeben seien die im Folgenden dargestellten Parkettmuster A und B, die du zeichnen sollst.

A
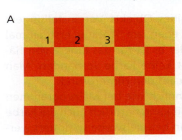

B

a) Welchen Typ von Grafikprogrammen nutzt du – ein Malprogramm oder ein Zeichenprogramm? Begründe!
b) Beschreibe, wie du am effektivsten beim Zeichnen vorgehst!
c) Wer hat Recht?
Andreas sagt: „Quadrat 1 und Quadrat 2 sind von der gleichen Klasse."
Britta meint: „Quadrat 1 und Quadrat 2 haben die gleichen Attribute."
Christian sagt: „Quadrat 1 und Quadrat 3 besitzen die gleichen Attributwerte."

2.12 Fertige mithilfe eines vektororientierten Grafikprogramms eine technische Zeichnung (Ansicht von vorn, oben und rechts, Maßpfeile) von dem dargestellten Gegenstand an!
Das Werkstück ist in Originalgröße dargestellt. Übernimm die restlichen Maße der Zeichnung!

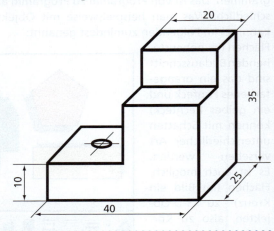

> **i** In technischen Zeichnungen verwendete Linien:
> Für alle sichtbaren Kanten wird eine durchgezogene Linie mit der Stärke 0,7 mm (ca. 2 pt) verwendet.
> Für Strichlinien (verdeckte Körperkanten) wird eine Stärke von 0,35 mm (ca. 1 pt) verwendet.
> Bei Hilfslinien ist eine Stärke von 0,5 pt zu empfehlen.

Auf den Punkt gebracht

Klassen, Attribute und Methoden in Vektorgrafiken

Klasse	Attribute	Methoden
STRECKE, STRECKENZUG, FREIHANDLINIE	• Position (Lage auf dem Zeichen-blatt) • Größe (Länge, Breite) • Linienstärke • Linienfarbe • Linienart	• Position zuweisen • Kopieren, Einfügen, Löschen • Verschieben, Drehen, Spiegeln • Größe setzen • Skalieren • Linienstärke setzen • Linienfarbe setzen • Linienart setzen
RECHTECK, QUADRAT VIELECK, ELLIPSE, KREIS	• Position • Größe (Länge, Breite) • Linienstärke, Linienfarbe, Linienart • Flächenfarbe • Füllmuster • Farbverlauf	• wie bei STRECKE • wie bei STRECKE • wie bei STRECKE • Flächenfarbe setzen • Füllmuster setzen • Farbverlauf setzen
TEXTFELD	• Position • Größe des Textfeldes • Schriftgröße • Schriftfarbe	• wie bei STRECKE • Größe setzen • Schriftgröße setzen • Schriftfarbe setzen

Vergleich von Pixel- und Vektorgrafiken

	Pixelgrafik	Vektorgrafik
Grafik-Eigenschaften	• hoher Speicherbedarf • Skalierung mit Verlusten	• geringer Speicherbedarf • verlustfreie Skalierung
Verwendung der Programme	besonders geeignet für alle künstlerischen Darstellungen (Malerei: „Pinselzeichnungen") und Fotos	besonders geeignet für Kons-truktions-Zeichnungen (CAD-Programme) und großflächige Grafiken (z. B. Cartoons)

✓ Teste dich selbst

2.13 Gegeben ist die folgende Grafik, die aus einzelnen Objekten besteht:

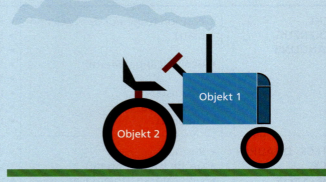

Gib allen noch nicht bezeichneten Objekten einen Namen!
Notiere die Klasse, zu denen jedes einzelne Objekt gehört!
Gib die wichtigsten Attribute und Attributwerte an!
Für die Objektbeschreibung musst du nicht unbedingt die Punktnotation benutzen, du kannst das auch wie folgt tun:

Objektname: KLASSE
Attribute
Position =
Größe =
Füllfarbe =
Linienfarbe =
Linienstärke =
Linienart =
...
Methoden
Kopieren()
Einfügen(Ziel)
Drehen(Winkel)
...

1 Das ist die allgemeine Darstellung einer Objektkarte (↗ auch Seite 33)

Objekt 1: RECHTECK
Länge = 1,9 cm
Breite = 1,4 cm
Füllfarbe = blau
Linienfarbe = blau
Linienart =

Objekt 2: KREIS
Radius = 10 mm
Linienstärke = 3 mm
Füllfarbe = rot
Linienfarbe =
Linienart =

Objekt 3:
Länge =
Breite =
Füllfarbe =
Linienfarbe =
Linienart =

...

Teste dich selbst

2.14 In einem Zeichenprogramm stehen folgende Klassen zur Verfügung: Rechteck, Quadrat, … (↗Tabelle und Bild 1). Wie könnten die angegebenen Objekte gezeichnet worden sein, also zu welcher Klasse gehören sie? Kreuze an!

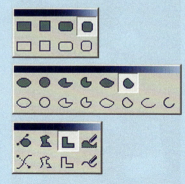

Klasse \ Objekt	⌐	⬭	▯
Rechteck			x
Quadrat			x
Abgerundetes Rechteck			
Abgerundetes Quadrat			
Ellipse			
Kreis			
Ellipsensektor			
Kreissektor			
Ellipsensegment			
Kreissegment			
Gefüllte Kurve			
Gefülltes Polygon			
Gefülltes Polygon (45°)			
Gefüllte Freihandlinie			

1 Klassen in *StarDraw*

Gib jeweils die wichtigsten Attribute mit den entsprechenden Attributwerten an!

2.15 Zeichne die folgenden Parkettmuster mit einem Zeichenprogramm! Beschreibe, wie du am effektivsten beim Zeichnen vorgehst!

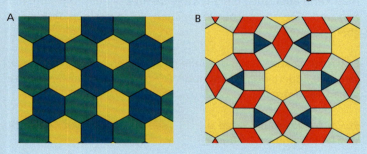

A   B

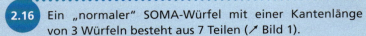
Teste dich selbst

1 Teile des 3×3×3-SOMA-Würfels

2.16 Ein „normaler" SOMA-Würfel mit einer Kantenlänge von 3 Würfeln besteht aus 7 Teilen (↗ Bild 1).

Im folgenden Bild sind 13 Teile eines SOMA-Würfels abgebildet, der 4 kleine Würfel als Seitenkantenlänge besitzt. Zwölf Teile sind so konstruiert, dass sie in einen Quader mit den Kantenlängen 2×2×3 passen.

Stelle die einzelnen Teile mit einem Zeichenprogramm so dar, dass man sie nach deiner Vorlage bauen kann! Das kann so geschehen, dass du zu jedem Teil 3 Ansichten zeichnest:
- senkrecht von vorn,
- senkrecht von oben und
- senkrecht von links (oder rechts).

Man kann aber auch die 3-D-Objekte im Zeichenprogramm nutzen und eine räumliche Darstellung der einzelnen Teile erreichen.

Etwas für Bastler: Baue die Teile nach deiner Zeichenvorlage zusammen, indem du insgesamt 64 Würfel gleicher Größe entsprechend verklebst!

2 Das ist der zusammengesetzte 4×4×4-SOMA-Würfel

Etwas für Knobler: Setze die 13 Teile zu einem 4×4×4-SOMA-Würfel zusammen (↗ Bild 2)!

Textobjekte, ihre Attribute und Methoden 3

1 *Sprechen und Hören* sind Methoden der Informationsübertragung mithilfe der Sprache.

3.1 Schreiben – früher und heute

Informationen geben die Menschen weiter, indem sie miteinander sprechen, man sagt auch „kommunizieren". Lange Zeit war die Sprache das einzige Mittel, sich zu verständigen: über wilde Tiere, die ein Jäger gesehen hat, über den Fundort von Früchten oder darüber, wer wen liebt.

Erfindungen oder Entdeckungen, Normen des menschlichen Zusammenlebens oder handwerkliches Wissen und Können wurden mündlich an die Nachkommen weitergegeben – und gingen gar nicht so selten im Laufe der Zeit verloren.

Welch großer Fortschritt war da die Erfindung der **Schrift,** mit der man außerordentliche Ereignisse, Gesetze, Verträge und Abkommen festhalten konnte.

Dargestellt sind hier einige Zeichen der **sumerischen Keilschrift,** ihre Aussprache und Bedeutung:

𒀀	A	Wasser
	Uru	Stadt
	An, Dingir	Himmel, Gott
	Za	Mensch

Die erste Schrift
Die älteste bekannte „Nichtbilderschrift" ist die **Keilschrift** der Sumerer, die im Zweistromland (das ist der heutige Irak) lebten. Diese Schrift ist ungefähr 7500 Jahre alt und wurde mit einem Griffel in Ton eingedrückt. Viele dieser Tontafeln sind bis heute erhalten geblieben und übersetzt worden. So weiß man, dass die Sumerer regen Handel trieben und die Kaufleute gewissenhaft alle Geschäfte schriftlich festhielten. Die Sumerer nutzten den Klang eines Zeichens. Beispielsweise gab es für „Ei" ein Zeichen, das dann zum Schreiben aller Wörter genutzt wurde, die die Silbe „ei" enthielten. So konnte man mit ungefähr 600 Zeichen den erforderlichen Wortschatz ausdrücken.
Die Perser vervollkommneten die Keilschrift so weit, dass 41 Zeichen zum Schreiben ausreichten.

2 *Schreiben und Lesen* sind Methoden der Informationsübertragung mithilfe der Schrift.

Informationen konnten also jetzt dauerhaft „gespeichert" werden. Bei der Informationsweitergabe durch *Sprechen und Hören* waren flüchtige Schallwellen Träger der Information. Informationsträger bei der Keilschrift waren haltbare Tontafeln, zur Informationsübermittlung musste man *schreiben und lesen* können. Das bedeutete auch, dass wichtige Informationen nicht allen zugänglich waren: Man musste eben schreiben und lesen können oder „Schreiber" in seinen Diensten haben.

Und durch die Erfindung der Schrift kam eine neue „Methode" der Informationsverarbeitung hinzu: Informationen konnten beliebig vervielfältigt (man sagt auch **„kopiert"**) werden.

Im mittelalterlichen Europa waren es Mönche, die in den Klöstern als **„Kopisten"** beschäftigt waren. Um beispielsweise eine Bibel exakt abzuschreiben, benötigte ein Kopist oft mehrere Jahre. Der Mönch versah dabei die Anfangsbuchstaben längerer Abschnitte mit reichen und farbigen Verzierungen. Diese Buchstaben wurden **Initialen** genannt.

Sehr viel schneller ging das Kopieren, als JOHANN GUTENBERG (um 1395–1468) den **Buchdruck** mit beweglichen Lettern erfand: Buchstaben wurden als Typen aus Blei gegossen. Diese Metalltypen wurden zu Wörtern und Zeilen zusammengesetzt, die Zeilen zu einer Buchseite. Allerdings war alles spiegelverkehrt angeordnet. Die Seitenvorlage wurde mit Druckerschwärze bestrichen und auf Papier gepresst. Man konnte nun bis zu 1000-mal diese einzelne Seite kopieren. Dann kam die nächste Seite dran. Die Seiten wurden sortiert und zu Büchern zusammengebunden.

Die Handwerker, die die Seiten aus Metalltypen setzten, wurden **Setzer** genannt. Dieser Beruf löste den „Beruf" des Kopisten ab.

1 Kopist im Kloster

3.1 Stelle in einer Tabelle die Informationsübertragung bei Verwendung der *Sprache* und der *Schrift* gegenüber! Mache unter anderem Aussagen zu Informationsträgern und zur Speicherung von Informationen, zu Methoden der Informationsübertragung und zu Möglichkeiten der Vervielfältigung von Informationen.

Den klassischen Beruf des Setzers gibt es kaum noch. Heute entstehen Bücher im Allgemeinen folgendermaßen:
- Die Autoren schreiben ihr Manuskript meist am Computer und liefern es als Textdatei an einen Verlag.
- Ein **Redakteur** oder **Lektor** überprüft das Manuskript direkt am Computer auf Fehler (z. B. falsche Rechtschreibung) und reicht es an die Layouter weiter.
- Die **Layouter** erstellen daraus mit einem Textverarbeitungsprogramm durch Einfügen von Bildern und Grafiken und durch Gestaltung der Seiten eine veröffentlichungsreife Druckschrift am Bildschirm. Sie reichen eine Druckdatei an das Satzstudio weiter.
- Im **Satzstudio** werden mittels der Druckdatei Filme hergestellt. Meist ist heute das Satzstudio schon in den Verlag integriert und arbeitet mit den Layoutern eng zusammen.
- Die Filme werden an eine Druckerei weitergeleitet. Hier werden sie auf eine Druckmaschine montiert. Der Druck kann beginnen.

*Viele Druckereien bieten schon an, den Weg über das Satzstudio zu umgehen und gleich die Druckdateien an die Druckerei zu liefern. Filme werden nicht mehr hergestellt, sondern es erfolgt ein sogenannter **Digitaldruck** direkt aus den Druckdateien heraus. Damit wird es möglich, kleine Auflagen zu drucken, die bestimmten Kundenwünschen entsprechen (Druck auf Anforderung = **„book on demand"**).*

3.2 Schreiben am Computer

Es gibt verschiedene Textverarbeitungsprogramme. Die bekanntesten sind Word von der Firma Microsoft und StarWriter von Sun Microsystems. Sie sind fast gleich aufgebaut und haben eine ähnliche Menü- und Fenstertechnik (↗ auch Seite 20)

Heute werden Texte am Computer erstellt, bearbeitet und gespeichert, was man als **Textverarbeitung** bezeichnet.
Was muss derjenige wissen, der ein Textverarbeitungsprogramm benutzen möchte? Das wird im Folgenden kurz dargestellt.

Nachdem man auf das Symbol des entsprechenden Textverarbeitungsprogramms einen Doppelklick ausgeführt hat, erscheint ein Fenster mit der Oberfläche des Programms. Meist wird auch sofort ein leeres Dokument, also eine Textdatei, in die noch nichts geschrieben wurde, geöffnet. Im folgenden Bild ist die Oberfläche von *Word* zu sehen.

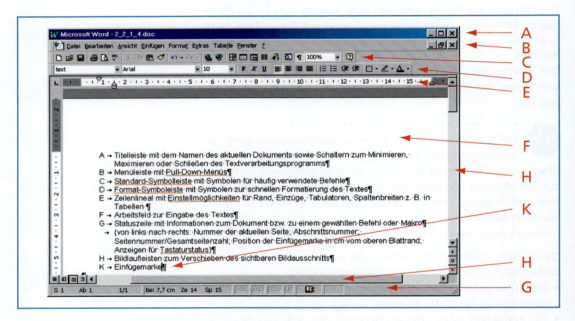

A **Titelleiste** mit dem Namen des aktuellen Dokuments
B **Menüleiste** mit Pull-Down-Menüs
C **Standard-Symbolleiste** (**Funktionsleiste** bei *StarWriter*) mit Symbolen für häufig verwendete Befehle
D **Format-Symbolleiste** (**Objektleiste** bei *StarWriter*) mit Symbolen zur schnellen Formatierung des Textes
E **Zeilenlineal**
F **Arbeitsfeld** zur Eingabe des Textes
G **Statuszeile** mit Informationen zum Dokument bzw. zu einem gewählten Befehl
H **Bildlaufleisten** zum Verschieben des sichtbaren Bildausschnitts
K **Einfügemarke** (senkrechter Strich)

Nach dem Starten des Textverarbeitungsprogramms kannst du sofort mit der Texteingabe beginnen.
Die **Einfügemarke** (der kleine blinkende Strich, auch **Cursor** genannt) kennzeichnet die Stelle, an der der nächste Buchstabe eingesetzt wird.
Die Position der Einfügemarke lässt sich mit den Tasten auf dem Bewegungsblock der Tastatur oder mit der Maus verändern – sofern schon Text vorhanden ist.

3.2 Starte dein Textverarbeitungsprogramm mit einem Doppelklick auf das Programmsymbol!
Geöffnet wird dabei ein unbeschriebenes Dokument, das so groß ist wie die Seite eines Schreibblocks (DIN A4).
Gib einen Text deiner Wahl ein! Probiere dabei aus, wie dein Textverarbeitungsprogramm reagiert und beachte die nach dieser Aufgabenstellung genannten Hinweise.

1 Programm-Icons von *Word* und *StarWriter* auf dem „Desktop" (der grafischen Benutzeroberfläche).

Wenn du das Folgende beim Schreiben beachtest, geht alles einfacher und schneller:
- Ein Textverarbeitungsprogramm ist keine Schreibmaschine: Zeilenumbrüche erfolgen automatisch. Nur wenn du einen Absatz beenden oder eine Leerzeile einfügen will, drückst du auf die <Enter>-Taste.
- Setze nie mehr als ein Leerzeichen hintereinander. Die Textausrichtung erfolgt durch Tabulatoren (was wir noch kennenlernen werden).
- Man unterscheidet folgende Schreibmöglichkeiten:
Im **Einfügemodus** werden an der Position der Einfügemarke Zeichen *zwischen* dem schon vorhandenen Text eingefügt.
Im **Überschreibmodus** werden bei der Eingabe die *nachfolgenden* Zeichen gelöscht („überschrieben").
Standardmäßig solltest du den Einfügemodus verwenden. Ein schneller Wechsel zwischen Überschreib- und Einfügemodus ist in den meisten Textverarbeitungsprogrammen durch Drücken der <Einfg>-Taste möglich.
- Sobald du mit dem Schreiben des Textes begonnen hast, solltest du dem Dokument einen Namen geben und es speichern.
- Das Bearbeiten von Texten wird erleichtert durch die Nutzung solcher Methoden wie Kopieren, Verschieben und Löschen (↗ Seite 48, 49). Bevor ein Textteil gelöscht, verschoben oder kopiert werden kann, muss er markiert werden.

i Es gibt zwei <Enter>-Tasten, eine auf dem Schreibmaschinenblock und eine auf dem Numerikblock.
Am besten du benutzt die auf dem Schreibmaschinenblock.

i Den Befehl „Speichern unter ..." findest du immer ganz links oben im Menü „Datei". Ist bereits ein Name vergeben, kann die Speicherung mit einem Klick auf den Schalter in der Standard-Symbolleiste erfolgen.
Speichern solltest du auch während des Schreibens in regelmäßigen Abständen, damit bei einem „Rechnerabsturz" nur wenig Arbeit verloren geht.

3.3 Objekte in einer Textdatei

Dateien, die vorwiegend Text enthalten, werden **„Textdokumente"** genannt. In einem Dokument lassen sich bestimmte Objekte erkennen: Zeichen setzen sich zu Wörtern zusammen, Wörter zu Sätzen oder Zeilen, diese wiederum zu Absätzen und Seiten. In den meisten Textverarbeitungsprogrammen können auch Tabellen erzeugt werden. All das sind Objekte, die bestimmte Eigenschaften (Attribute) besitzen.

Für die sinnvolle Arbeit mit Textverarbeitungsprogrammen reicht es aus, drei **Klassen von Objekten** zu betrachten:
- *Seite* (oder das gesamte Dokument selbst)
- *Absatz* und
- *Zeichen*.

In der folgenden Übersicht wird erläutert, woran du diese Objekte erkennen kannst und es werden einige Beispiele für Attribute gegeben:

1 Ein Dokument besteht aus Absätzen und Zeichen.

i Einen Seitenwechsel kann man auch erzwingen. Und zwar dadurch, dass man die Tastenkombination <Strg> + <Enter> drückt.

i Zeilen werden im Absatz automatisch umgebrochen. Man kann einen Zeilenwechsel aber auch erzwingen. Und zwar dadurch, dass man die Tastenkombination <Shift> + <Enter> drückt.

Objekt	Erzeugung und Attribute
Dokument (Seite)	Ein Dokument wird automatisch in Seiten eingeteilt. Fast immer ist folgender Standard vorgegeben: • Seitengröße: DIN A4 (21,0 cm breit; 29,7 cm hoch), • Seitenrand überall 2 cm. Ist eine Seite vollgeschrieben, wechselt das Textverarbeitungsprogramm automatisch zur nächsten.
Absatz	Absätze setzt man im Text, um gedankliche Einheiten zu veranschaulichen. Ein Absatzende wird durch die <Enter>-Taste erzeugt. Das Absatzende wird durch das Textverarbeitungsprogramm mit dem Steuerzeichen ¶ kenntlich gemacht. Alle Zeichen, die vor ¶ stehen, gehören zum Absatz. Das ¶ siehst du aber nur, wenn der Schalter ¶ in der Standard-Symbolleiste bei *Word* bzw. in der Werkzeugleiste bei *StarWriter* gedrückt ist. Absätze kann man beispielsweise durch folgende Attribute kennzeichnen: • Abstand vor oder nach einem Absatz, • Abstand zwischen den Zeilen eines Absatzes.
Zeichen	Ein Absatz besteht aus einzelnen Zeichen. Diese Zeichen sind entweder auf der Tastatur dargestellt oder man erhält sie, indem man den ANSI-Code nutzt (↗ Seite 27). Zeichen kann man beispielsweise durch folgende Attribute hervorheben: • Schriftgröße, • Schriftart.

2 Hier ist der Buchstabe A in verschiedenen Schriftarten, Größen und Farben dargestellt.

Die Attributwerte für die einzelnen Objekte musst du zuweisen. Man sagt auch, du musst den Text „formatieren". Dein Textverarbeitungsprogramm stellt ganz unterschiedliche Möglichkeiten zur Formatierung bereit:
- *Menü:* Im Menü „Format" findest du die Befehle „Zeichen", „Absatz" und „Seite". Unter *Word* muss man die Seite im Menü „Datei" einrichten.
- *Standard-Symbolleiste (Objektleiste):* Hier findest du Schalter für Zeichen- und Absatzformatierungen, die du mit der Maus nur anklicken musst.
- *Tastenkombinationen:* Auch damit kann man das Erscheinungsbild von markiertem Text in einem Dokument ändern. Beispiel: <Strg> +<r> setzt einen Absatz rechtsbündig, das heißt, er wird am rechten Rand ausgerichtet.

Bei Vektorgrafiken haben wir auch schon Objekte kennengelernt, die man spiegeln, drehen, kopieren oder gruppieren konnte. Gruppieren kann man in der Textverarbeitung nicht, denn im Grunde genommen sind die Objekte schon gruppiert – nämlich Zeichen zu einem Absatz, Absätze zu einer Seite bzw. zum gesamten Dokument.

Man kann sagen: Ein Dokument enthält Absätze, ein Absatz enthält Zeichen. Diese **Enthält-Beziehung** können wir sogar zur eindeutigen Kennzeichnung der einzelnen Objekte benutzen:

> Text, den du *formatieren* möchtest, musst du vorher immer **markieren**.
> **Zeichen** werden markiert, indem man sie bei gedrückter Maustaste überstreicht. Die Schrift sieht dann weiß aus (auf schwarzem Grund).
> **Absätze** werden markiert, indem man den Cursor einfach irgendwo in den Absatz setzt.

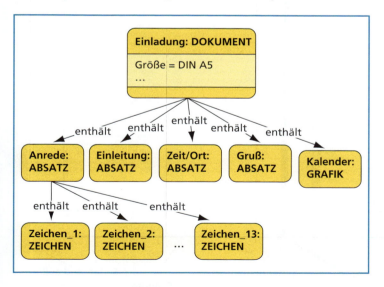

Lieber Peter,

hiermit lade ich dich ganz herzlich zu meiner Geburtstagsfeier ein.

Wann? 22. 2. 2005, 16.00 Uhr
Wo? Bei mir zu Hause.

Bis bald,
viele Grüße, Anne.

1 Das Dokument „Einladung zur Geburtstagsfeier" ist so aufgebaut wie nebenstehend dargestellt.

> Bei der Textverarbeitung unterscheidet man 3 Klassen: Dokument, Absatz und Zeichen. Ein Dokument enthält Absätze. Ein Absatz enthält Zeichen.

3.4 Wir richten ein Dokument ein

Wenn du ein Textverarbeitungsprogramm startest, wird fast immer ein leeres Dokument geöffnet. „Leer" heißt in diesem Falle „nicht beschrieben". Aber es ist hinsichtlich seiner Attribute schon eingerichtet: Die Seiten haben eine bestimmte Größe (meist 21,0 cm breit; 29,7 cm hoch), die Ränder eine bestimmte Breite usw.

Folgende **Attribute für Dokumente** sind im Allgemeinen möglich und schon mit bestimmten Werten belegt:

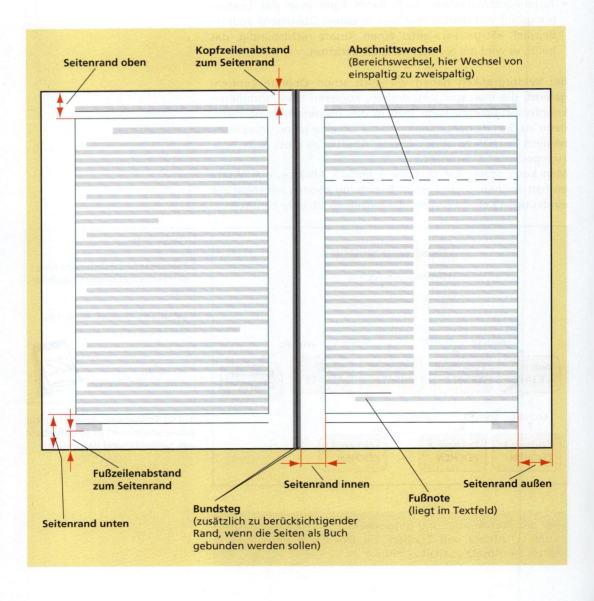

Die Attributwerte des Dokuments kannst du deinen Wünschen anpassen. So muss die Einladung zu deiner Geburtstagsfeier (↗ Seite 65) nicht unbedingt auf einer DIN-A4-Seite gedruckt werden, vielleicht reicht auch DIN A5 oder DIN A6 (Postkartengröße).
Das folgende Dialogfenster erreicht man unter *Word* über das Menü „Datei → Seite einrichten". In *StarWriter* gibt es ein ähnliches Fenster zum Ändern der Attributwerte unter dem Menü „Format → Seite ...".

> Das **D**eutsche **I**nstitut für **N**ormung **(DIN)** hat **Papierformate** festgelegt. Ausgegangen wird von einem sogenannten A0-Blatt, das die Maße 841 mm × 1189 mm besitzt. Das ist eine Fläche von 1 m². Wird dieses Blatt in der Mitte gefaltet und auseinandergeschnitten, dann erhält man zwei (gedrehte) DIN-A1-Blätter usw:

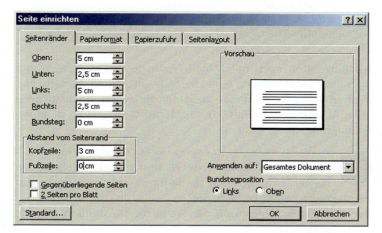

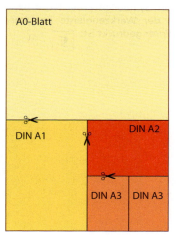

Auf diese Weise entstehen dann auch die folgenden Formate:
DIN A4: 210 mm × 297 mm,
DIN A5: 148 mm × 210 mm.

Die Seiten eines Dokuments besitzen insbesondere folgende Attribute:
- Seitenlänge und -breite (Papierformat) und
- Seitenränder, aber auch
- Seitennummerierung oder Spaltenanzahl.

Hierfür existieren in Textverarbeitungsprogrammen Voreinstellungen für Attributwerte, die man verändern kann.
Ein Textdokument enthält elementare Objekte wie Zeichen, Absätze, Tabellen und Grafiken, die ebenfalls bestimmte Attribute (Formate) besitzen.

3.3 Starte dein Textverarbeitungsprogramm! Geöffnet wird dabei ein unbeschriebenes DIN-A4-Dokument.
Du möchtest eine Einladung für ein Fest schreiben. Sie soll auf eine Postkarte (DIN A6) passen. Bedenke: Die Postkarte wird „quer" beschrieben bzw. bedruckt!
Ändere die Seiten-Attributwerte entsprechend!
Speichere das (immer noch leere) Dokument unter der Bezeichnung EINLADUNG.DOC!

> Den Befehl „Speichern unter" bzw. „Speichern" findest du im Menü „Datei". Den Dateinamen „EINLADUNG" musst *du* vergeben, die Endung „.DOC" hängt das Textverarbeitungsprogramm selbst an.

3.5 Ein Dokument besteht aus Absätzen

Mit „Absatz" wird eine Unterbrechung im Text bezeichnet. Solche Unterbrechungen sollen einen Text lesbarer gestalten und das zusammenhalten, was inhaltlich zusammengehört.

> **Steuerzeichen sichtbar machen:**
> Das ¶ siehst du nur, wenn der folgende Schalter in der Standard-Symbolleiste bei *Word* bzw. in der Werkzeugleiste bei *StarWriter* gedrückt ist: ¶

> **Absätze** sind gedankliche Einheiten in einem Text. Sie enden in Textverarbeitungsprogrammen mit einer **Absatzendemarke** (¶), die man nur dann sehen kann, wenn die Steuerzeichen am Bildschirm sichtbar sind.
> Für den Leser heben sich Absätze durch ihre Attributwerte voneinander ab.

Als Buchseiten noch mit Metall-Typen gesetzt wurden, fügte man nach einem Absatz eine Leerzeile, also einen *Abstand* ein. In alten Romanen sieht man auch manchmal, dass die erste Zeile eines Absatzes ein kleines Stück nach rechts eingerückt ist, einen *Einzug* bekommen hat.

> **3.4** Mit welchen Attributwerten sind die Absätze mit den Namen „Anrede" und „Einleitung" im Beispieldokument „Einladung" belegt (↗ Seite 65)?
> Benutze zur Beantwortung der Frage die Darstellung mithilfe einer Objektkarte (↗ Seite 33)!

In Textverarbeitungsprogrammen hat man sehr viele Möglichkeiten, Absätze hervorzuheben.

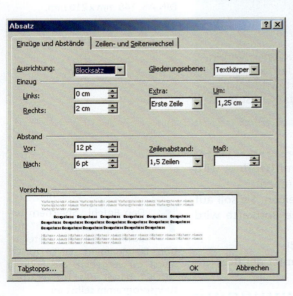

Das nebenstehende Absatzmenüfenster von *Word* zeigt Attribute wie
- Ausrichtung,
- Einzüge,
- Abstand vor und nach dem Absatz,
- Zeilenabstand und
- einen Schalter zur Einrichtung von sogenannten Tabstopps, mit denen man tabellarische Übersichten gestalten kann.

Diesen Attributen wurden schon Werte zugewiesen. Das Attribut „Ausrichtung" hat hier zum Beispiel den Wert „Blocksatz", das Attribut Zeilenabstand hat den Wert „1,5 Zeilen" und das Attribut „Absatzabstand" den Wert „12 pt vor / 6 pt nach dem Absatz".

Im Folgenden wollen wir uns mit den genannten Attributen etwas genauer beschäftigen.

Die **Absatzausrichtung** gibt an, wie die Zeilen eines Absatzes zueinander liegen. Es gibt 4 Werte für dieses Attribut:
- „**Linksbündig**" oder „**Links**" heißt, dass die Zeilen am linken Rand immer an derselben Stelle beginnen.  Auf der rechten Seite entsteht dann ein „Flatterrand", weil die Zeilen unterschiedlich enden („umbrechen").
- In jedem neuen Dokument gibt es immer genau einen Absatz, der leer ist, also kein Zeichen enthält. Dieser Absatz ist mit dem Attributwert „Linksbündig" belegt.
- „**Zentriert**" ist ein Absatz dann, wenn die Zeilen an einer Mittellinie ausgerichtet sind.  Von dieser (nicht sichtbaren) Mittellinie ausgehend hat jede Zeile eine gleich lange rechte und linke Seite.
- „**Rechtsbündig**" oder „**Rechts**" bedeutet, dass die Zeilen am rechten Rand ausgerichtet sind.  Der „Flatterrand" ist dann auf der linken Seite zu sehen.
- „**Blocksatz**" heißt, dass die Zeilen sowohl linksbündig als auch rechtsbündig sind.  Um das zu erreichen, werden vom Textverarbeitungsprogramm die Leerzeichen zwischen den Wörtern einer Zeile auseinandergezogen, was du an dem Absatz schön siehst, den du gerade liest.

Am einfachsten lässt sich die Ausrichtung eines Absatzes mit einem Mausklick auf die entsprechenden Schalter (↗ oben) bewerkstelligen. Der Absatz muss natürlich markiert sein. Hierzu wird der Cursor einfach in den Absatz gestellt.

Absätze kannst du auch dadurch hervorheben, dass du einen **Absatzeinzug** gegenüber dem Rand des Textfeldes vornimmst. Man unterscheidet folgende Einzüge:
- Einzug vom linken Rand des Textfeldes **(linker Einzug)**: Hierfür gibt es einen Schalter in der Formatleiste (Objektleiste bei *StarWriter*).
- Einzug vom rechten Rand des Textfeldes **(rechter Einzug)**: Dieser Einzug wird wie alle anderen Einzüge im Absatzmenüfenster meist in Zentimetern verlangt.
- **Erstzeileneinzug:** Nur die erste Zeile besitzt einen linken Einzug.
- **Negativer Erstzeileneinzug (hängender Einzug):** Der Absatz hat einen linken Einzug, die erste Zeile ist davon ausgenommen. Der Absatz, den du gerade liest, ist ein solcher Einzug. Das erste Zeichen (der Punkt) steht am Rand des Textfeldes, die restlichen Zeilen haben einen Einzug von 3 mm.

 Wann benutzt man welchen Attributwert?

Linksbündig solltest du Standard-Text ausrichten, insbesondere dann, wenn nur kurze Zeilen vorhanden sind.

Zentrieren kannst du Überschriften oder Gedichte.

Rechtsbündig werden oft Datumsangaben in Briefen gesetzt.

Blocksatz ist für Standard-Text geeignet, wenn die Zeilen recht lang sind.

1 Es ist natürlich auch möglich, dass Attribut „Ausrichtung" in dem Dialogfenster zuzuweisen, das man über das Menü „Format – Absatz" erreicht.

 Wann benutzt man welchen Absatzeinzug?

Linke und rechte Einzüge kannst du zur Hervorhebung von Zitaten benutzen.

Erstzeileneinzüge nutzt man zur Hervorhebung des Absatzbeginns (z. B. in Romanen).

Negative Erstzeileneinzüge helfen bei Aufzählungen und Gliederungen.

> **ℹ** Normaler Fließtext sollte einzeilig und mit geringem Abstand vor und nach einem Absatz (z. B. 3 pt) formatiert werden.
> Bei mehrzeiligen *Überschriften* ist der Zeilenabstand zu verringern.

Der **Abstand vor** bzw. **nach einem Absatz** wird meist in Punkten (pt) angegeben. Dabei sind 12 pt ungefähr 0,4 cm oder eine Zeile.

Attribute für den **Zeilenabstand (Durchschuss)** eines Absatzes können sein „Einzeilig" („Einfach", Standard), „1,5zeilig" („1,5 Zeilen") oder „Zweizeilig" („Doppelt").
Der Zeilenabstand richtet sich nach der Zeichengröße im Absatz. Beträgt beispielsweise die Größe der Standardschrift 8 pt, so wird in Textverarbeitungsprogrammen der Zeilenabstand automatisch mit 10 pt festgelegt und mit „Einzeilig" oder „Einfach" bezeichnet.

> **ℹ** Der eigenartige Ausdruck „**Durchschuss**" stammt aus der Zeit, als man dünne Metallstreifen aus Blei zwischen die Zeilen der Schriftzeichen zur Vergrößerung der Zeilenabstände einsetzte.

3.5 Öffne die Datei, welche dir dein Lehrer gibt, mit deinem Textverarbeitungsprogramm und nimm die Formatierungen vor, die dort verlangt werden!
Speichere deine Lösung unter „ABSATZ1.DOC" ab!

> **ℹ** Der Begriff **Tabulator** (Kolonnensteller) ist von der Schreibmaschine übernommen worden. Auch dort gibt es eine Einrichtung zum sprunghaften Bewegen und Anhalten des Wagens, um Textkolonnen untereinander zu schreiben.

Für tabellarische Übersichten werden mit der Tabulatortaste <—→> Steuerzeichen in den Text eingefügt, die man **Tabulatoren** nennt. Es muss allerdings festgelegt werden, wie weit jeweils ein Tabulator (ein solcher Schritt) reicht. Hierzu benutzt man Tabstopps.

> Der **Tabstopp** ist ein Absatzattribut zum Ausrichten von Text in tabellarischer Form. Mit dem Tabstopp wird die Position angegeben, bis wohin ein Sprung mit der Tabulatortaste erfolgen soll.
> Man unterscheidet vier Arten von Tabstopps:
> • Linksbündig   Der Text steht nach dem Tabstopp.
> • Zentriert   Der Text steht am Tabstopp mittig
> • Rechtsbündig Der Text steht vor dem Tabstopp.
> • Dezimal   Der Text wird am Komma ausgerichtet.

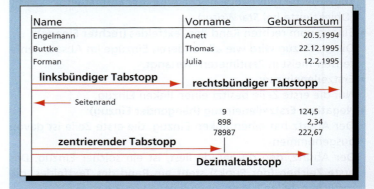

Tabstopps lassen sich am einfachsten über das Zeichenlineal setzen (im Bild ist das Zeilenlineal von *Word* dargestellt):

linksbündig   zentriert   rechtsbündig   dezimal: 2,456 kg

- Markiere die Absätze, denen du Tabstopps zuweisen willst.
- Danach klicke auf den linken Rand des Zeilenlineals so lange, bis die gewünschte Tabstoppart angezeigt wird.
- Klicke auf die Stelle im Lineal, an der du einen Tabstopp setzen willst.

Die Tabstopps kannst du jederzeit verschieben, indem du sie mit der Maus „anfasst" und an die gewünschte Position ziehst.
Tabstopps kannst du löschen, indem du sie aus dem Zeilenlineal „herausziehst".

i Willst du *einen* Absatz markieren, musst du mit dem Mauszeiger einfach in den Absatz klicken.
Mehrere Absätze musst du mit gedrückter Maustaste überstreichen.

3.6 Öffne die Übungsdatei, welche dir dein Lehrer bereitstellt! Prüfe, welche Tabstopps in der Titelzeile und der ersten blauen Tabellenzeile gesetzt sind!
Setze die gleichen Tabstopps für die drei restlichen Zeilen und speichere die Datei unter dem Namen TABSTOPP.DOC ab!

i Um für die Position eines Tabstopps genaue Maße festzulegen, nutzt du besser das Menü „Format" ⟶ Befehl „Absatz …"., da Tabstopps Attribute des Objekts *Absatz* sind.

Wo speichert das Textverarbeitungsprogramm eigentlich all die Werte, die wir den Absatzattributen zugewiesen haben? Das wollen wir mit dem folgenden Experiment herausbekommen:

3.7 Öffne die Datei ABSATZ1.DOC (↗ Aufgabe 3.5) mit deinem Textverarbeitungsprogramm (*Word* oder *StarWriter*) und belege den ersten Absatz mit möglichst vielen ungewöhnlichen Attributwerten!
Markiere dann die Absatzendemarke (sie ist nun weiß auf schwarzem Grund) und kopiere sie (<STRG> + <c>)!
Setze den Cursor an das Ende eines beliebigen anderen Absatzes und füge die gerade kopierte Absatzendemarke dort ein (<STRG> + <v>)! Was stellst du fest?
Wir gehen noch einen Schritt weiter: Öffne das Textverarbeitungsprogramm *WordPad* (↗ Randspalte), schreibe einen kurzen Absatz, aber über mehrere Zeilen, und füge die Absatzendemarke ein (<STRG> + <v>), die sich immer noch in der Zwischenablage von Windows befindet! Du wirst staunen!

i Um das kleine Textverarbeitungsprogramm *WordPad* unter *Windows* aufzurufen, geht man wie folgt vor:
Menü „Start" (Schalter in der Task-Leiste) ⟶ Menü „Programme" ⟶ Menü „Zubehör" ⟶ Befehl „WordPad".

Beim Kopieren der Absatzendemarke werden also auch alle Absatzattribute kopiert. Das kann man nutzen und all die vielen komplizierten Formatierungen, die man für einen Absatz vorgenommen hat, einfach auf andere Absätze übertragen.

3.6 Ein Absatz besteht aus Wörtern und Zeichen

Absätze sind durch Absatzendemarken voneinander abgegrenzt. Die Absätze in einem Dokument kannst du zählen, indem du die Absatzendemarken zählst.

Ein Absatz wiederum besteht aus Wörtern und Zeichen. Wörter sind durch Leerzeichen voneinander abgegrenzt. Aber was ist zum Beispiel mit den Satzzeichen? Gehört ein Komma zu dem Wort, an das es angehängt ist, oder nicht?

Besser ist es, wenn Zeichen unterschieden werden. Man kann dann zum Beispiel folgende Objektbeschreibung geben (↗ auch Bild 1): „Das 5. Zeichen im 3. Absatz ist ein Fragezeichen." oder „Das Zeichen 3_5 hat den ASCII-Wert 63."

Diese Beschreibung ist so eindeutig, dass sie auch ein Computer verstehen kann.

Im Beispiel wurde die Position des Zeichens (3. Absatz, 5. Zeichen) sowie das Aussehen des Zeichens, der Zeicheninhalt (?) angegeben. Es gibt aber noch weitere Attribute für das Objekt Zeichen:

Lieber Peter,

hiermit lade ich dich ganz herzlich zu meiner Geburtstagsfeier ein.

Wann? 22. 2. 2005, 16.00 Uhr
Wo? Bei mir zu Hause.

Bis bald,
viele Grüße, Anne.

1 Das Dokument „Einladung zur Geburtstagsfeier".

Zeichen_1_8: ZEICHEN

Attribute
Inhalt = P
Schriftgröße =
Schriftstil =
Schriftfarbe =
Schriftart =
…

Methoden
Kopieren()
Einfügen(Ziel)
Größe_zuweisen()
…

2 Das ist die **Objektkarte** für ein konkretes Zeichen.
Die ganz genaue Position des Zeichens kannst du schon im Namen angeben. Beispielsweise könnte „Zeichen_1_8" bedeuten: „8. Zeichen im 1. Absatz".
Nach dem Gleichheitszeichen bei den einzelnen Attributen wird der **Attributwert** angegeben.
Der Wert des Attributs „Inhalt" ist hier zum Beispiel „P".

Absätze enthalten Zeichen. Die Position von Zeichen in einem Dokument lässt sich eindeutig mit dieser Enthält-Beziehung beschreiben und im Zeichennamen angeben. **Zeichen** haben (neben ihrer Position) folgende **Attribute:**
- Inhalt (oder ASCII- bzw. ANSI-Wert),
- Schriftgröße (Schriftgrad),
- Schriftstil (Schriftschnitt),
- Schriftfarbe,
- Schriftart.

Die einzelnen **Attribute** werden nun durch ihre **Attributwerte** genauer beschrieben:

Wenn wir vom **Zeicheninhalt** sprechen, meinen wir hier das Aussehen des Zeichens: Ist es der Buchstabe „P", die Ziffer „9" oder das Satzzeichen „:"?

Übrigens: Auch das **Leerzeichen,** also der Wortzwischenraum, ist ein Zeichen.

Wir wissen, wie ein „P" aussieht, dem Computer müssen wir dies über den Zeichencode mitteilen. Wenn du auf die „P"-Taste dückst, dann wird der ASCII-Wert für ein kleines „p" (die Dezimalzahl 112 bzw. die Dualzahl 0111 0000) zur weiteren Bearbeitung an den Computer übermittelt. Drückst du zudem noch die Shift-Taste, weil du ein großes „P" haben möchtest, ist das der ASCII-Wert 80[10] oder 0101 0000[2].

Textobjekte, ihre Attribute und Methoden 73

Mit **Schriftgröße (Schriftgrad)** wird die senkrechte Ausdehnung der Zeichen ausgedrückt, also die Entfernung von der Unterkante eines Buchstabens mit Unterlänge wie j oder q bis zur Oberkante eines Buchstabens mit Oberlänge wie f oder t.
Die Schriftgröße 12 (Punkt, pt, Points, ↗ Randspalte) ist in einigen Textverarbeitungsprogrammen voreingestellt. Dies ist die Größe der Typen auf einer Schreibmaschine.

Für Schriftgrößen werden zwei Maßeinheiten genutzt:
Punkt (point, pt): 3 Punkt sind sehr grob betrachtet 1 mm.
Pica: Ein Pica sind 12 pt, also ungefähr 4 mm.
Beispiele:
– Schriftgröße 5
– Schriftgröße 8
– Schriftgröße 9
– Schriftgröße 10
– Schriftgröße 12

3.8 Nenne die Werte für das Attribut Schriftgröße für folgende Absatzklassen in diesem Lehrbuch:
- Haupttext,
- Überschrift der einzelnen Abschnitte,
- Text in der Randspalte.

Sogenannte **Schriftstile (Schriftschnitte)** kannst du zur Hervorhebung von Textteilen, Wörtern oder einzelnen Zeichen benutzen. Hier sind die wichtigsten Attributwerte genannt:
- Standard: Das ist die ganz normale Schrift.
- **Fett (Bold):** Die Zeichen wirken breiter.
- *Kursiv (Italic):* Die Zeichen haben eine leichte Neigung nach rechts (von unten nach oben gesehen).
- <u>Unterstrichen:</u> Die Zeichen werden mit einem Unterstrich versehen.
- ***Bold Italic:*** Auch solche „Mischwerte" sind möglich.

Für diese Attributwerte gibt es in jedem Textverarbeitungsprogramm Schalter in der Format-Symbolleiste (Objektleiste).

Zur „schönen" Gestaltung von Texten hat sich das Folgende durchgesetzt:
Fett kannst du Überschriften und wichtige Begriffe im Haupttext hervorheben.
Kursiv solltest du die Begriffe setzen, die du in der wörtlichen Rede betonen würdest.
Unterstreichen solltest du wichtige Textpassagen, aber nie Überschriften.

3.9 Mit welchen Buchstaben sind die Zeichen 1 bis 13 des ersten Absatzes im Beispieldokument „Einladung" belegt (↗ Seite 65)?
Nenne dazu auch den Dezimalwert des entsprechenden ASCII-Zeichens!
Nenne weitere Attribute und Attributwerte der Zeichen in der Anrede!

„Schwarz auf Weiß sehen" ist ein geflügeltes Wort dafür, dass man erst etwas glaubt, wenn man es schriftlich vor sich hat. Die herkömmliche **Schriftfarbe** ist also Schwarz.
Es ist aber heute ein Leichtes, in einem Textverarbeitungsprogramm die unterschiedlichsten Farben für die Schriftzeichen zu benutzen. „Bunt auf Weiß sehen" ist auch nicht mehr so schwer, weil Farbdrucker immer preiswerter werden.

Farbige Zeichen machen als Schmuck oder zur Hervorhebung einen Sinn. Es ist zu hoffen, dass du es nie so übertreibst wie im folgenden Beispiel:

<u>Lieber Peter,</u>

hiermit lade ich dich ganz

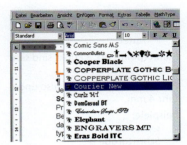

1 In der Symbolleiste deines Textverarbeitungsprogramms findest du ein Pull-Down-Feld für Schriftarten. Die Auswahl wird dir aufgrund der vielen Schriften schwerfallen.

Seit geschrieben wird, existieren verschiedene **Schriftarten**. Schon im römischen Reich hatte sich vor 2000 Jahren die Norm durchgesetzt, Schriftzeichen mit schönen Rundungen zu versehen. Diese antiken Schriften **(Antiqua-Schriften)** haben sich bis heute gehalten. Antiqua-Schriften lassen sich in 2 Gruppen unterteilen:

Serifenschriften	Serifenlose Schriften
Beim genauen Hinschauen erkennt man kleine Häkchen, sogenannte Serifen. Die berühmteste Serifenschrift ist **Times Roman**. „Times" verweist darauf, dass diese Schrift zuerst bei der englischen Tageszeitung Times verwendet wurde. „Roman" verweist auf den lateinischen (römischen) Ursprung.	Hier fehlen die „Füßchen" an den Enden der Zeichen. Das Buch, das du gerade liest, ist in Frutiger gesetzt. Bekannte (ungefähr 100 Jahre alte) Schriften ohne Serifen sind aber auch • **Helvetica** (unter Windows **Arial** genannt) und • **Univers**.

Es gibt noch eine andere Unterscheidung von Schriftarten:

Nichtproportionale Schriften	Proportionale Schriften
`ton` `omi` Alle Zeichen sind gleich breit. Schreibt man Wörter untereinander, so sind sie schön ausgerichtet. Die bekannteste Schriftart ist hier **Courier,** die zuerst für Schreibmaschinentypen verwendet wurde.	ton omi Jedes Zeichen besitzt nur die Breite, die es im Verhältnis zu seinem Schriftbild benötigt. Ein „m" ist eben breiter als ein „i". Alle auf dieser Seite genannten Schriftarten außer Courier sind proportionale Schriften: **Times Roman, Helvetica, Frutiger.**

i Nicht nur die Gestaltung (das Layout) ist wichtig. Noch mehr sieht derjenige, der einen Text liest, auf korrekte Rechtschreibung und Zeichensetzung!
Zum Glück gibt es im Textverarbeitungsprogramm eine **Rechtschreibhilfe,** die du unter *Word* mit Menü „Extras" → Befehl „Rechtschreibung und Grammatik" aufrufen kannst.
Bei *StarWriter* ist das ähnlich: Menü „Extras" → Menü „Rechtschreibung" → Befehl „Prüfen".

Bei aller Phantasie, die du bei der Gestaltung eines Textes, z.B. eines Briefes, zeigst – es gibt „Schreib- und Gestaltungsregeln für die Textverarbeitung". Diese Norm heißt **DIN 5008** und wird insbesondere bei Geschäftspost angewandt.

3.10 Dein Lehrer gibt dir eine Vorlage für einen normgerechten Brief. Setze als Absender deine Daten ein und „erfinde" einen Fantasietext unter „Betreff"! Beachte dabei die Regeln nach DIN 5008!
Speichere die Datei als FORMBRIEF.DOC!

Textobjekte, ihre Attribute und Methoden 75

3.7 Methoden: Wir formatieren Texte

Die Zuweisung von Attributwerten für bestimmte Objekte erfolgt im Textverarbeitungsprogramm meist über Dialogfenster. Manchmal sind auch Schalter vorhanden, nämlich dann, wenn man aus wenigen Werten auswählen kann – wie bei der Absatzausrichtung, wo es nur 4 Attributwerte gibt.
Das Zuweisen von Attributwerten erfolgt über **„Methoden"**. Diese Methoden sind nichts anderes als Algorithmen, die der Computer ausführen muss, um z. B. einen Absatz 2-zeilig zu gestalten. Das Besondere an den Methoden ist, dass wir gar nicht wissen müssen, was der Computer da im Einzelnen tut. Wir wissen nur, dass es sie gibt und dass sie vom genutzten Programm korrekt ausgeführt werden.

Und nun noch etwas für Profis: Dokumente machen vor allem dann einen geschlossenen, ästhetischen Eindruck, wenn sich die Formatierungen von Überschriften, Fließtext oder Absätzen mit Einzügen wie ein roter Faden durch das gesamte Schriftstück ziehen. Einmal vorgenommene Formatierungen können gespeichert und immer wieder neuen Absätzen zugewiesen werden.

> Unter einem Namen gespeicherte Formatierungen (für Absätze) heißen **Formatvorlagen (Druckformate)**.
> Wenn die Attributwerte einer Formatvorlage geändert werden, dann ändern sich automatisch die entsprechenden Formatierungen für alle auf dieser Formatvorlage basierenden Absätze im Dokument. Formatvorlagen helfen, Zeit zu sparen, sorgen für ein einheitliches Layout und erleichtern Layoutänderungen in einem Dokument.

Eine Auswahl solcher Vorlagen findest du in deinem Textverarbeitungsprogramm ganz rechts in der Objektleiste.
Unter *Word* kannst du ganz leicht neue Vorlagen erstellen: Du formatierst dir einen Musterabsatz mit gewünschten Attributen (z. B. Ausrichtung, Einzüge, Tabstopps), markierst ihn und tippst einen neuen Namen in das Listenfeld für Formatvorlagen ein. Wenn du dann <Enter> drückst, ist die Formatvorlage fertig.

Das Zuweisen von Formatvorlagen an Absätze ist eine Methode, mit der sogar neue Absatzklassen erzeugt werden können. So besteht dann ein sauber formatiertes Dokument nur aus Vorlagen wie „Haupttext", „Überschrift 1", …, „Hängender Einzug" usw.

1 In *StarWriter* findest du vorgefertigte Formatvorlagen wie folgt:
Menü „Format" ⟶ Menü „Vorlagen" ⟶ Befehl „Katalog …".
Die Vorlagen können hier auch geändert werden oder es können neue Vorlagen erstellt werden.
Im Unterschied zu *Word* gibt es unter *StarWriter* sogar Formatvorlagen für Zeichen.

Auf den Punkt gebracht

Objekte, Attribute und Attributwerte in der Textverarbeitung

Objekt	Attribut	Attributwerte (Beispiele)
Dokument (Seite)	• Seitenlänge- und Breite (Papierformat) • Seitenränder • Seitennummerierung • Spaltenanzahl	• DIN A4 (210 mm × 297 mm); DIN A5 (148 mm × 210 mm); 17 cm × 24 cm • überall 2 cm • oben außen arabisch • 1-spaltig; 2-spaltig
Absatz	• Ausrichtung • Einzug • Abstand vor bzw. nach dem Absatz • Zeilenabstand • Tabstopp	• (Ausrichtungssymbole) • links 2 cm; rechts 4 cm; hängender Einzug • 12 pt vor dem Absatz; 6 pt nach dem Absatz • Einfach; Doppelt; 1,5-zeilig • linksbündig bei 4 cm; rechtsbündig bei 16 cm; dezimal bei 5 cm
Zeichen	• Inhalt • Schriftgröße • Schriftstil • Schriftfarbe • Schriftart	• A; B; e; x; ×; 1; 2; 9; &; ? • 8 pt; 10 pt; 12 pt • F *K* U • Schwarz; Rot; Hellblau • Times Roman; Helvetica; Courier; serifenlose Schrift; Serifenschrift

(Diagramm links: Dokument1 enthält Absatz1, Absatz2, ...; Absatz1 enthält Zeichen1, Zeichen2, Zeichen3, ...)

Schritte beim Erstellen von längeren Textdokumenten

1. Layout festlegen:
   - Seitengröße (Papierformat)
   - Seitenränder
   - evtl. Spaltenanzahl und Spaltenbreite
   - evtl. Kopfzeilen oder Fußzeilen mit Seitennummern
   - Absatzklassen und Formatvorlagen
   - Schriftarten
2. Text in das aktuelle Dokument eingeben oder aus anderen Dokumenten hineinkopieren
3. Text prüfen und korrigieren
4. Text formatieren und evtl. Grafiken einbinden
5. Dokument speichern (auch schon zwischendurch)
6. Dokument drucken

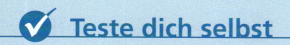

Teste dich selbst

3.11 Vergleiche die folgenden Berufe miteinander, die sich alle irgendwie mit der Vervielfältigung schriftlicher Informationen beschäftigen: Kopist, Setzer und Layouter!

3.12 Vergleiche das Schreiben von Texten mit verschiedenen Werkzeugen!

	Füller	Schreibmaschine	Computer
Vorteile			
Nachteile			

3.13 Schreibe den folgenden Text mit einem Textverarbeitungsprogramm!

 Gehe so effektiv wie möglich vor, indem du kopierst! Zur Erinnerung:
<Strg> + c
<Strg> + v

Onkel Paul wohnt auf dem Land

1. Onkel Paul wohnt auf dem Land, hia-hia-ho.
Sein Hund, der ist uns wohlbekannt, hia-hia-ho.
Und das „Wuff-wuff" hier, und das „Wuff-wuff" da,
hier „Wuff", da „Wuff", überall das „Wuff-wuff".
Onkel Paul wohnt auf dem Land, hia-hia-ho.

2. Onkel Paul wohnt auf dem Land, hia-hia-ho.
Sein Schwein, das ist uns wohlbekannt, hia-hia-ho.
Und das „Uik-uik" hier, und das „Uik-uik" da,
hier „Uik", da „Uik", überall das „Uik-uik",
hier „Wuff", da „Wuff", überall das „Wuff-wuff".
Onkel Paul wohnt auf dem Land, hia-hia-ho.

3. Onkel Paul wohnt auf dem Land, hia-hia-ho.
Seine Katze ist uns wohlbekannt, hia-hia-ho.
Und das „Miau-miau" hier, und das „Miau-miau" da,
hier „Miau", da „Miau", überall das „Miau-miau",
hier „Uik", da „Uik", überall das „Uik-uik",
hier „Wuff", da „Wuff", überall das „Wuff-wuff".
Onkel Paul wohnt auf dem Land, hia-hia-ho.

1 Auf dem Bauernhof

Speichere die Datei als PAUL.DOC ab! Erfinde weitere Strophen, es könnte beispielsweise noch Vogel, Frosch und Kuh auf dem Bauernhof geben.

Teste dich selbst

1 Und noch einmal auf dem Bauernhof.

3.14 Öffne das Dokument PAUL.DOC! Gestalte den Text wie folgt!

Onkel Paul wohnt auf dem Land

1. Onkel Paul wohnt auf dem Land, hia-hia-ho.
   Sein Hund, der ist uns wohlbekannt, hia-hia-ho.
   Und das „Uik-uik" hier, und das „Uik-uik" da,
   ...

2. Onkel Paul wohnt auf dem Land, hia-hia-ho.
   Sein Schwein, das ist uns wohlbekannt, hia-hia-ho.
   Und das „Uik-uik" hier, und das „Uik-uik" da,
   ...

---

i Zur Gestaltung von tabellarischen Übersichten lassen sich insbesondere Tabulatoren nutzen.

3.15 Erstelle eine Übersicht mit wichtigen Daten deiner Freunde nach folgendem Muster! Speichere die Datei unter der Bezeichnung FREUNDE.DOC ab!

Vorname	Name	Geburtsdatum	Telefonnummer
Franziska	Bauer	22. 08. 1993	56 71 15 8
Ricarda	Weise	12. 12. 1993	12 23 34 5
Julia	Herrmann	01. 02. 1994	55 66 77 8

2 Fotos in einem Kochbuch sagen oft mehr aus als der Text.

3.16 Du möchtest ein Kochbuch mit „Familienrezepten" produzieren.
a) Lege zuerst das Layout fest!
b) Gib die Rezepte ein und formatiere! Speichere die Datei unter der Bezeichnung KOCHBUCH.DOC!
c) Gestalte das Deckblatt gesondert! Binde hier Grafiken ein!
d) Drucke die Seiten aus und diskutiere es hinsichtlich Verbesserung der Gestaltung in deiner Klasse!
e) Korrigiere das Layout und binde das „Kochbuch"!

3 Schreibmaschine

3.17 Notiere Argumente, warum man mit Textverarbeitungsprogrammen am Computer weitaus effektiver arbeiten kann als mit herkömmlichen Methoden (handschriftliche Dokumente, Schreibmaschine)!

Objekte, Attribute und Methoden in Präsentationen

80 Objekte, Attribute und Methoden in Präsentationen

> **i** **Präsentieren** heißt so viel wie „vorzeigen" oder „vorlegen". Einen anschaulichen Vortrag kann man also auch als **Präsentation** bezeichnen.
> Heute gehören **Präsentationsprogramme** meist zu Softwarepaketen wie *Microsoft Office* oder *StarOffice*.
> Die in diesem Kapitel gezeigten Abbildungen und aufgeführten Menüfolgen beziehen sich auf *PowerPoint*, dem Präsentationsprogramm von *Microsoft Office*.

4.1 Klassen in Multimediadokumenten

Willst du einen Vortrag halten, kannst du deine Rede mit einer Präsentation unterstützen.
Mithilfe von **Präsentationsprogrammen** kannst du **Multimediadokumente** erstellen. Der Name sagt es schon: Ein Multimediadokument besteht aus verschiedenen Medien, wie zum Beispiel Text, Bild und Ton. Es ist relativ einfach, Filme und sogenannte **Animationen**, d. h. bewegte Bilder, einzubinden.

> Ein **Multimediadokument** enthält Folien. **Folien** sind einzelne abgeschlossene Seiten, auf denen insbesondere folgende Objekte positioniert werden können:
> • Textfelder,
> • Grafiken (Bilder, Linien, Rechtecke, Kreise),
> • Klänge (Töne, Melodien und Audios),
> • Filme (Videos und Animationen).
>
>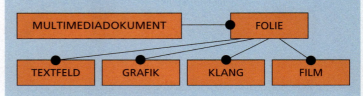

> **i** Folien können auch Diagramme enthalten, die beispielsweise mithilfe von Tabellenkalkulationsprogrammen erstellt wurden (↗ Abschnitt 9.5, S. 180, 181).

Wie solche Folien aussehen können, zeigt das folgende Bild:

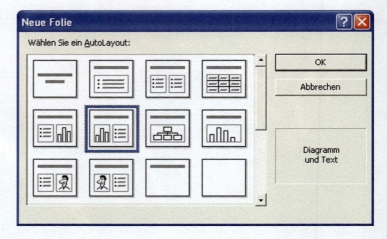

> **i** Hier sind Folienvorlagen abgebildet, die *PowerPoint* unter Menü „Einfügen" → Befehl „Neue Folie..." bereitstellt.
> *PowerPoint* ist das Präsentationsprogramm unter *Microsoft Office*. Natürlich ist es möglich, eine völlig leere Folie (im Bild ist das die Folie rechts unten) selbst mit Objekten zu „bestücken".
> Auch *StarOffice* enthält ein Präsentationsprogramm.
> Es heißt *StarOffice Impress*. Der „Autopilot" von *Impress* gibt ebenfalls Folien zur Auswahl vor (Menü „Datei" → „Neu" → „Präsentation").

An der Form der Folien erkennst du bestimmt, dass sie für den Monitor gedacht sind. Dein Vortrag wird eben durch die Bilder auf dem Monitor ergänzt, die dann mit einem sogenannten **Beamer** an eine Wand projiziert werden.

4.1 Vervollständige das Klassendiagramm für Präsentationen aus dem obigen Merktext!
Benutze zusätzlich die Klassen LINIE, RECHTECK, DIAGRAMM, ABSATZ, ZEICHEN, KREIS und BILD!

4.2 Objekte, Attribute und Methoden in Präsentationen

In Aufgabe 1.14 (↗ Seite 30) hast du einen Vortrag zum Thema „Wellensittich" erarbeitet. Diesen Vortrag wollen wir nun durch ein Multimediadokument unterstützen.
Wie wir dabei vorgehen, wird hier beispielhaft dargelegt.

> Mit verschiedenen Präsentationsprogrammen lässt sich ähnlich arbeiten:
> - Klassen wie FOLIE, TEXTFELD, GRAFIK, KLANG und FILM werden über das Menü „Einfügen" bereitgestellt.
> - Attributwerte für Objekte wie Folien, Textfelder (und die darin enthaltenen Absätze und Zeichen) oder selbst erstellte Vektorgrafiken kann man mit Methoden festlegen, die über das Menü „Format" aufgerufen werden können.

i Zum Zuweisen von Attributwerten stehen außerdem „Formatierungsleisten" für die schnelle Arbeit mit der Maus zur Verfügung.

Nach dem Start des Präsentationsprogramms kannst du ein leeres Multimediadokument öffnen oder aber eine vorgefertigte Vorlage auswählen.
Vorhandene Vorlagen tragen oft die Datei-Endung „.pot". Hiermit wird ein einheitlicher Hintergrund für alle Folien bereitgestellt – je nachdem, welches Thema die Präsentation haben soll. Die meisten der mit dem Präsentationsprogramm gelieferten Vorlagen sind für Büro- und Geschäftsanwendungen gedacht. Sie nutzen uns für das Thema „Wellensittich" nichts. Deshalb wählen wir eine leere Präsentation (und evtl. sogar eine leere Folie) und legen den Hintergrund selbst fest (↗ Bild 1).
Auch wenn du bisher nur eine einzige Folie vor dir hast – der ausgewählte Hintergrund sollte für alle weiteren Folien gelten. Also wirst du den Schalter „Allen zuweisen" auswählen.

1 So wird der Hintergrund aller Folien festgelegt:
Menü „Format" ⟶ Befehl „Hintergrund...".
Hier wurde als Hintergrund ein schlichtes Grün gewählt. Über „Fülleffekte..." kannst du Farbverläufe (Schattierungen, hier von links oben nach rechts unten), Strukturen und Muster auswählen.
Du kannst auch richtige Bilder einfügen, solltest dabei aber beachten, dass diese Bilder vorher bearbeitet wurden, sehr hell und kontrastarm sein müssen. Denn mit den Folien soll ja etwas präsentiert werden. Die Hintergrundinformation ist dabei eher unwichtig. Die Grafik dient als Schmuck.

4.2 Lege den Hintergrund eines Multimediadokuments fest, das deinen Vortrag zum Thema „Wellensittich" unterstützen soll!
Speichere dieses Dokument unter dem Namen „Wellensittich"!
(Die Datei-Endung vergibt dein Präsentationsprogramm automatisch.)

Nun kannst du die Objekte in deine eigentlich noch leere Folie einfügen, die du benötigst.
Dabei hilft dir ein kleines Fenster, welches standardmäßig immer da ist. Wenn du hier auf „Folienlayout..." klickst, kannst du aus mehreren Folienvorlagen diejenige auswählen, die dir

gerade am besten passt (↗ auch Bild auf Seite 80). Auf der ausgewählten Folienvorlage werden Rahmen vorgegeben, in die du die entsprechenden Objekte einfügen kannst.
Natürlich kannst du auf einer leeren Folie auch selbst Textfelder, Diagramme oder Grafiken platzieren. Was ist dabei alles möglich?

Im Folgenden werden die wichtigsten **Klassen,** ihre **Attribute** und **Methoden** (Formatierungsmöglichkeiten) vorgestellt.

Textfelder:

i Es kann sein, dass dein Vortrag schon „digital" vorliegt, du ihn zum Beispiel mit einem Textverarbeitungsprogramm geschrieben hast. Dann war diese Arbeit nicht umsonst. Gewünschte Textpassagen kannst du durch die Methode Kopieren übernehmen: Du öffnest das Textdokument im Textverarbeitungsprogramm, markierst den entsprechenden Text, kopierst ihn mit <Strg> + <c> in die Zwischenablage und holst ihn von dort mit <Strg> + <v> in dein Multimediadokument (vorher Cursor an die Stelle ins Textfeld setzen, wo der Text eingefügt werden soll).

Objekte der Klasse TEXTFELD werden mithilfe des Menüs „Einfügen" ⟶ „Textfeld" erzeugt.
Ein entsprechendes Symbol gibt es auch auf der Zeichnen-Leiste, die standardmäßig auf dem Bildschirm unten angeordnet ist.
Du klickst mit dem Cursor auf die Stelle auf der Folie, wo dein Text beginnen soll, und gibst den gewünschten Text ein.
Ein selbst eingefügtes Textfeld ist immer erst einmal so groß, dass der Text genau hineinpasst. Schreibst du weiter, wird es größer.
Textfelder enthalten Absätze, Absätze wiederum Zeichen. Die Methoden zum Zuweisen von Attributwerten für Absätze und Zeichen sind die gleichen wie in der Textverarbeitung.

Absätze werden wie immer mit <Enter> abgeschlossen. Methoden zum Ändern von Absatzattributen wie „Aufzählung", „Ausrichtung" und „Zeilenabstand" findest du im Menü „Format" oder als Schalter in der Format-Leiste.

Werte für Zeichenattribute kannst du im Menü „Format" ⟶ „Zeichen..." ändern. Auch gibt es wieder Schalter in der Format-Leiste.

Grafiken:
Über das Menü „Einfügen" ⟶ „Grafik" können Grafikdokumente importiert werden, die in Dateien gespeichert sind.

 Mithilfe des gleichen Menüs oder über einen entsprechenden Schalter in der Zeichnen-Leiste können ClipArts – das sind kleine Vektorgrafiken – auf die Folie geholt werden.

 Text, der mit WordArt gestaltet wurde, ist letztlich auch eine Grafik und kann wie eine Grafik behandelt werden. Das entsprechende Methodenfenster erreichst du über „Einfügen" ⟶ „Grafik" ⟶ „WordArt...".

1 In eine Folie wurde hier ein WordArt-Schriftzug und ein ClipArt eingefügt. Durch Ziehen an den quadratischen „Anfassern" der Grafik kann man sie vergrößern, verkleinern oder verzerren. Ziehst du an einem Eckpunkt bei gedrückter <Shift>-Taste, so wird die Grafik gleichmäßig skaliert.

Objekte, Attribute und Methoden in Präsentationen

AutoFormen:
Das sind spezielle Vektorgrafik-Objekte der Klassen LINIE, PFEIL, KREIS, RECHTECK, VIELECK usw.

Solche Objekte können über das Menü „Einfügen" ⟶ „Grafik" ⟶ „AutoFormen" erzeugt werden. Es erscheint eine kleine Leiste mit Schaltern zur Auswahl spezieller Formen. Die gleichen Objekte lassen sich auch mithilfe der Zeichnen-Leiste erstellen (↗ Bild 1).
Methoden zur Änderung der Werte von Attributen wie Linienart, Linienfarbe oder Füllfarbe der gewählten Objekte kannst du gleichfalls in der Zeichnen-Leiste aufrufen.

1 Hier sind einige AutoFormen dargestellt, die du in der Zeichnen-Leiste eines Präsentationsprogramms wie *PowerPoint* aufrufen kannst.

Diagramme:

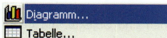

Über das Menü „Einfügen" ⟶ „Diagramm..." kann ein Diagramm zur anschaulichen Darstellung von Zahlen und Größen eingefügt werden. Es erscheint eine Tabelle, deren Inhalt durch andere Zeilen- und Spaltenüberschriften und Zahlenwerte ersetzt werden kann. Das zugehörige Diagramm wird automatisch erstellt und in die Folie eingefügt.

Klänge und Filme:

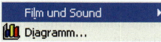

Mithilfe von „Einfügen" ⟶ „Film und Sound" ⟶ „Sound aus Datei..." kannst du Klänge und kleine Melodien auswählen und in die Folie einfügen.
Solche **Audio-Dateien** haben meist die Endung „wav" oder „mid". Nach dem Einfügen erscheint auf der Folie ein kleines Lautsprechersymbol, wobei du noch festlegen kannst, ob der Klang während der Präsentation automatisch abgespielt werden soll oder erst nach Klicken mit der Maus.
Filme werden über das ähnliche Menü „Einfügen" ⟶ „Film und Sound" ⟶ „Film aus Datei..." auf die Folie gebracht. Solche **Video-Dateien** können beispielsweise die Endung „avi" besitzen.

i Das Betriebssystem *Windows* stellt selbst Klänge bereit, die meist im Verzeichnis Windows\Media zu finden sind.

4.3 Starte dein Präsentationsprogramm und öffne das Multimediadokument Wellensittich.ppt (↗ auch Aufgabe 4.2, Seite 81)! Erstelle eine Folie zum Thema „Verhalten des Wellensittichs"! Es sollen mindestens Objekte der Klassen TEXTFELD, GRAFIK und AUTOFORM enthalten sein.
Speichere dein Multimediadokument unter dem gleichen Namen!

Objekte, Attribute und Methoden in Präsentationen

Deine Präsentation soll bestimmt aus mehreren Folien bestehen, die nacheinander gezeigt werden.

Folien einfügen, verschieben und löschen:

Eine neue Folie kannst du über das Menü „Einfügen" in dein Dokument holen. Schneller geht es über einen entsprechenden Schalter.

Hast du schon mehrere Folien erstellt, so kannst du dir in der Foliensortieransicht (Menü „Ansicht" ⟶ „Foliensortierung" oder Schalter am linken unteren Rand des Bildschirms) einen Überblick verschaffen. Hier kannst du auch leicht Folien löschen (markieren und <Entf>-Taste) oder deren Reihenfolge im Multimediadokument ändern (markieren und mit der Maus an die gewünschte Stelle ziehen).

> *i* Am linken Rand des Bildschirms wird ebenfalls die Reihenfolge der Folien (untereinander) angezeigt. Markierte Folien können mit <Entf> gelöscht oder durch Ziehen mit der Maus verschoben werden. Steht der Cursor „am Ende" einer Folie, so kann mit <Enter> eine neue Folie eingefügt werden.

Schaltflächen auf Folien:

Schaltflächen sind Objekte, mit deren Hilfe man innerhalb einer Präsentation vor- und zurückblättern, Klänge oder Filme einblenden und weitere Aktionen auslösen kann.

Diese Objekte der Klasse SCHALTER verweisen auf andere Objekte innerhalb des Multimediadokuments.

Interessant sind vor allem die Schaltflächen, die der Navigation innerhalb des Multimediadokuments dienen. Sie sind in der mittleren Zeile zu finden (im Bild orange umrahmt) und bedeuten in der Reihenfolge von links nach rechts:
- eine Folie zurück,
- eine Folie vor,
- zum Anfang des Dokuments,
- zum Ende des Dokuments.

> *i* Eine Übersicht über die Schaltflächen erhältst du, wenn du in der Zeichnen-Leiste auf „AutoFormen" ⟶ „Interaktive Schaltflächen" gehst.

Präsentation abspielen:
Um zu überprüfen, ob du auch alles richtig gemacht hast, gehst du in das Menü „Bildschirmpräsentation" ⟶ „Bildschirmpräsentation vorführen".

> *i* Du möchtest bestimmt, dass die Informationen, die du durch die Präsentation weitergeben willst, auch wirklich ankommen. Daher solltest du Folgendes beachten:
> 1. Benutze für alle Folien den gleichen Hintergrund (blasse Farben).
> 2. Wähle mindestens die Schriftgröße 24.
> 3. Wähle auch gut lesbare Schriftarten aus. Nachbildungen von Handschriften sind schwer lesbar.
>
> *Die Schriftart Script ist nicht zu empfehlen.*

 4.4 Öffne das Multimediadokument „Wellensittich" aus Aufgabe 4.3!
Gestalte eine Titelfolie und eine Folie mit dem Thema „Aussehen des Wellensittichs"!
Bringe die Folien in die richtige Reihenfolge und füge Schalter zum Vor- und Zurückblättern ein!
Speichere die Präsentation und schau sie dir an!

Objekte, Attribute und Methoden in Präsentationen   85

4.3 Animationen in Präsentationen

Es ist leicht möglich, bewegte Bilder wie Filme (Videos) oder animierte Grafiken über das Menü „Einfügen" direkt in einer Folie zu platzieren.
Das soll uns in diesem Lernabschnitt aber weniger interessieren. Stattdessen wollen wir unsere Präsentation dadurch „aufpeppen", dass wir statische Objekte wie Texte und Bilder in Bewegung versetzen, also **animieren**.

> Die in der Folie enthaltenen Objekte, insbesondere Grafiken und Textfelder, besitzen eine **Methode „Erscheinen"**, die sich auf das **Attribut „Effekt"** bezieht. Hiermit ist es möglich, die entsprechenden Objekte zu animieren.

Es ist zum Beispiel sinnvoll, bestimmte Textpassagen schrittweise einzublenden, um nicht vorwegzunehmen, was der Redner vorträgt. Das folgende Bild zeigt das Fenster zum Einstellen von Animationen für eine Folie zum Thema „Ernährung der Vögel – Fleischfresser".

 Dass der Eule beim Jagen und Fressen von Mäusen ihr Körperbau hilft (Krallen, gebogener Schnabel), will der Vortragende mit seinem Publikum in einem Frage-Antwort-Spiel erarbeiten. Daher wurde hier für das Textfeld 2 festgelegt, dass der Text (auf Mausklick) absatzweise von links ins Bild läuft.

Du kannst folgendermaßen vorgehen, um Texte oder Bilder zu animieren:
1. Wähle eine Folie aus.
2. Wähle das Menü „Bildschirmpräsentation" ⟶ „Benutzerdefinierte Animation…".
3. Wähle den Reiter für das Attribut „Effekt" aus.
4. Wähle links oben im Fenster das Objekt aus, das du bewegen willst.
5. Weise die Attributwerte zu, die du wünschst.
6. Lege im Reiter „Reihenfolge & zeitlicher Ablauf" fest, wann die einzelnen Objekte auf der Folie erscheinen sollen.
7. Kontrolliere die Animationen, indem du auf den Schalter „Vorschau" klickst.

Folgende Attributwerte sind für das **Attribut „Effekt"** zum Animieren von Objekten möglich (Beispiele):
- Text kann ins Bild fließen (von links, von oben, von links unten, …). Dies kann wortweise, zeichenweise, absatzweise oder gleichzeitig erfolgen.
- Objekte können unterschiedlich eingeblendet werden (langsam von links, streifenweise von oben, …) oder verschwinden.
- Objekte können rotieren, ins Bild rollen, blinken, …
- Dem Erscheinen oder Verschwinden von Objekten kann ein Klang (Sound) zugeordnet werden.

4.5 Animiere einige Objekte in dem Multimediadokument „Wellensittich"! Wähle dazu geeignete Folien aus!
a) Eine Überschrift soll wortweise rotieren.
b) Eine Grafik soll diagonal von links oben beginnend eingeblendet werden. Dabei soll das Geräusch einer quietschenden Bremse zu hören sein.
c) Eine Grafik soll „quer gedehnt", das heißt beim Erscheinen immer breiter werden.

Auch Folien kannst du animieren. Um animierte Folienübergänge zu schaffen, musst du in der Foliensortieransicht oder in der Folienauflistung im linken Bildschirmfenster alle diejenigen Folien markieren, zwischen denen ein animierter Übergang geschaffen werden soll. Dann rufst du das Menü „Bildschirmpräsentation" ⟶ „Folienübergang" auf.
Die gewünschten Einstellungen werden im folgenden Fenster vorgenommen:

 Und hier noch einige Tipps für die Erarbeitung von Multimediadokumenten:

Willst du mehrere Objekte auf einer Folie animieren, solltest du höchstens einmal einen Klang zuordnen.

Soll deine Präsentation einen Vortrag unterstützen, sollte der Ablauf durch Mausklick gesteuert werden (Standard). Damit kann das Tempo der Präsentation deinem Vortrag angepasst werden. (Eine laufende Präsentation kann jederzeit durch Drücken von <Esc> beendet werden.)

Zum Abspielen der Präsentation benötigt man normalerweise ein Präsentationsprogramm. Das muss nicht *PowerPoint* sein. Mit „.ppt" unter PowerPoint gespeicherte Multimediadokumente können auch mit *StarOffice Impress* gezeigt werden (und umgekehrt).

Wird eine *PowerPoint*-Präsentation als „Pack&Go-Präsentation" (mit der Datei-Endung „.pps") gespeichert, so muss auf dem Computer, mit dem die Präsentation vorgeführt wird, nicht einmal ein Präsentationsprogramm installiert sein.

4.6 Markiere in der Foliensortieransicht alle Folien des Dokuments „Wellensittich"! Weise dem Attribut „Effekt" den Wert „Horizontal blenden" zu (alle Folien erscheinen „streifenweise")!
Speichere die Präsentation wieder unter der Bezeichnung „Wellensittich" und führe sie vor!

Auf den Punkt gebracht

Objekte, Attribute und einige Attributwerte bei der Präsentation

Klasse	Wichtige Attribute (und Beispiele für Attributwerte der erzeugten Objekte)
MULTIMEDIA-DOKUMENT	• Hintergrund (weiß, hellgrün, Farbverlauf von oben nach unten, mit Grafik) • Name, wenn es in einer Datei gespeichert wird (Samenpflanzen.ppt)
FOLIE	• Position (Titelblatt, 5. Folie, letzte Folie) • Hintergrund (wie gesamtes Multimediadokument, helles Blau) • Grundlayout (zweispaltig mit Titel, dreispaltig) • Effekt (horizontal blenden)
TEXTFELD	• Position auf einer konkreten Folie (Überschrift, in der Mitte, rechts) • Größe (10 cm breit und 5 cm hoch, die Hälfte der Folie einnehmend) • Effekt (als 3. Objekt der Folie absatzweise von links ins Bild fließend, rotieren)
GRAFIK	• Position (4 cm vom rechten Rand und 3 cm von oben) / Größe • Effekt (langsam von rechts einblenden, ins Bild rollen, blinken, mit Klang)
AUTOFORM	• Position / Größe / Linienart / Linienfarbe / Linienstärke / Füllfarbe
DIAGRAMM	• Position / Größe / Hintergrundfarbe / Anzahl der Datenreihen / ...
KLANG	• Position der Schaltfläche / Wiedergabe automatisch oder nach Mausklick
FILM	• Position der Schaltfläche / Wiedergabe automatisch oder nach Mausklick
SCHALTFLÄCHE	• Position / Größe / Farbe / Verweis auf andere Folie, auf Klang, auf Film

Wesentliche Klassen in Multimediadokumenten und ihre Beziehungen zueinander

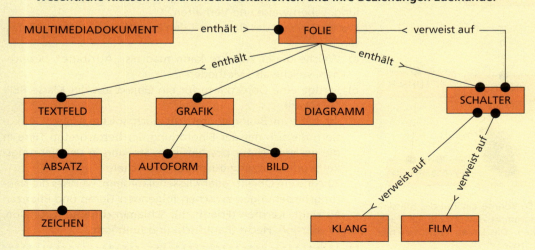

✓ Teste dich selbst

1 So könnte das Titelbild der Präsentation zum Thema „Vögel" aussehen.

4.7 Erarbeitet in der Klasse gemeinsam eine Präsentation zum Thema „Vögel – eine Wirbeltierklasse"!
a) Diskutiert in der Klasse, welche Aspekte ihr in der Präsentation vorstellen wollt! Beispiele:
  – Körperbau: Vögel als Eroberer der Luft
  – Ernährung der Vögel: Schnabelformen
  – Fortpflanzung und Entwicklung
  – Lebensweise im Jahreslauf
  – Gefährdung und Schutz der Vögel
  – Nutzung durch den Menschen
b) Teilt eure Klasse in Gruppen ein und verteilt die Aufgaben! Jede Gruppe erarbeitet eine „Teilpräsentation", also eine Folienfolge zu einem der ausgewählten Aspekte.
Eine Gruppe ist für das „Gesamtlayout" verantwortlich und führt alle „Teilpräsentationen" zusammen.
c) Führt die Präsentation „Vögel – eine Wirbeltierklasse" vor, diskutiert Stärken und Schwächen und verbessert sie!

4.8 Zeichne ein Objektdiagramm für zwei Folien aus der mit Aufgabe 4.7 erarbeiteten Präsentation!

4.9 Fische, Amphibien, Reptilien, Vögel und Säugetiere sind auch in der Begriffswelt der Biologen „Klassen".
Du hast im Biologieunterricht unterschiedliche Aspekte zu diesen Tieren kennengelernt: Körperbau, Körpertemperatur, Atmung, Fortbewegung, Ernährung, Fortpflanzung und Entwicklung, Lebensweise und Verhalten.
Wir wollen nun das Ganze mit den Begriffen der Informatik fassen.
a) Welche dieser Aspekte kann man als „Attribute" bezeichnen, welche als „Methoden"?
b) Fertige eine Objektkarte für ein Objekt aus der Klasse REPTILIEN an!
c) Ihr habt im Biologieunterricht auch solche Aspekte diskutiert, die sich mit der Einordnung der betrachteten Tiere in die gesamte Natur beschäftigen: Stellung in der Nahrungskette oder Nutzung durch den Menschen.
Zeichne ein Objekt- oder Klassendiagramm, welches die Nahrungsbeziehungen zwischen folgenden Tieren und Pflanzen aufzeigt: Karpfen (Friedfisch), Schlammschnecke, Grünalge, Wasserfloh, Hecht (Raubfisch) und Jungfisch.

2 So könnte ein Teil des Klassendiagramms zu Aufgabe 4.9 c aussehen. Die Linien bedeuten hier „... frisst ...".

Verwaltung von Dateien

1 „Ordnungsmittel": Ordner, Einhängeschnellhefter und Trennblätter.

5.1 Ordnung muss sein

Die Schülermitverwaltung (SMV) will eine Schulaufgabensammlung einrichten. Schüler geben Angaben zu ihren Schulaufgaben bei der SMV ab. Auf den Blättern ist die Klasse, die Nummer der Schulaufgabe und das Fach vermerkt. Nun sollen die vielen Papiere erst einmal geordnet werden, damit sie später sinnvoll für die Schulaufgabenvorbereitung eingesetzt werden können.
- Wie sollen die Angaben sortiert werden?
- In welcher Reihenfolge sollen die Sortierkriterien angewandt werden?

Entscheidet euch in eurer Gruppe für ein Ordnungsschema. Euch steht ein Ordnercontainer, mehrere Ordner, Einhängeschnellhefter und Trennblätter zur Verfügung (↗ Bild 1).
Überlegt euch gute Argumente für eure Wahl, damit ihr euch mit dem Ergebnis eurer Arbeit vor der Klasse gut behaupten könnt.

Sophie, Lucas, Gregor und Laura haben sich in einer Gruppe zusammengefunden. Sie machen sich gleich an die Arbeit:
„Zuerst trennen wir nach Fächern, dann nach Klassen und zuletzt nach Nummern", meint Gregor. „Nein wir sortieren zuerst nach Klassen, dann Fächern und zuletzt nach Nummern", widerspricht Sophie. „Als erstes Kriterium scheiden die Nummern sicher aus", stellt Laura fest. Lucas schlägt vor: „Lasst uns doch die beiden anderen Möglichkeiten skizzieren. Danach können wir uns sicher leichter entscheiden."
Lucas zeichnet folgende Baumdiagramme auf einen Flipchartbogen und ordnet sie gleich dem Ordnungsmittel (Ordnercontainer, Ordner, Einhängeschnellhefter und Trennblätter) zu.

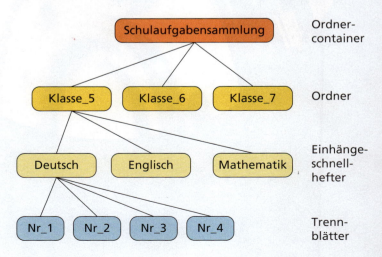

Verwaltung von Dateien 91

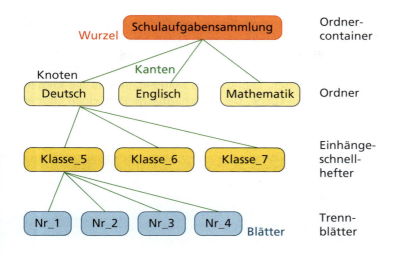

Ein **Baumdiagramm** besteht aus einer **Wurzel**, von der **Kanten** zu **Knoten** weisen. Ein Knoten ist wieder Ausgangspunkt für neue Kanten und Knoten. Auf einen Knoten können keine Kanten von verschiedenen Knoten zeigen. (Der Schnellhefter „Deutsch-5.Klasse" kann nicht gleichzeitig auch im Ordner Mathematik stehen.)
Knoten, von denen keine Kanten ausgehen, heißen **Blätter**.

Die Gruppe einigt sich auf das zweite Ordnungsschema:
Im Ordnercontainer stehen Ordner. Sie tragen die Beschriftung „Deutsch", „Englisch" und „Mathematik". In den Ordnern werden Einhängeschnellhefter eingesetzt. In jedem Schnellhefter werden zu einem Fach die Schulaufgaben einer Klasse nach Nummern einsortiert. Zwischen den Schulaufgaben unterschiedlicher Nummern liegt ein Trennblatt.

> Ein **Ordnungsmittel** kann wieder ein Ordnungsmittel enthalten.

Im Zeitalter der Informationstechnologie ist es natürlich vorteilhafter, die Schulaufgaben auf einem Rechner digital zu speichern. Lassen sich obige Ordnungsschemata auf einer Festplatte bzw. einer CD-ROM nachbilden? Ja, denn solche Massenspeicher haben ein **Dateisystem**, das durch das **Betriebssystem** verwaltet wird. Verbreitete Betriebssysteme für Computer sind **Windows** und **Linux**, für die wir im Folgenden immer Beispiele angeben werden.
Betriebssysteme enthalten einen **Dateimanager.** Wie lässt sich unser Ordnungsschema mit dem Dateimanager in einem Dateisystem verwirklichen? Im Dateisystem kann ebenfalls durch Ordner die Ablage der Dateien sinnvoll organisiert werden.

In *Windows* verbirgt sich der Dateimanager hinter dem Arbeitsplatz. Der Ordnerbaum ist sichtbar, wenn der Schalter „Ordner" aktiviert ist.

Unter *Linux* startet man den Dateimanager z. B. bei eingelegter CD-ROM mit dem CD-ROM-Symbol auf der Desktopfläche.

5.1 Öffne den Dateimanager auf deinem Rechner, dann kannst du im linken Teil des Fensters den Ordnerbaum des jeweiligen Datenträgers sehen.
Erkunde diesen Ordnerbaum!

Verwaltung von Dateien

1 So würde der Ordnerbaum für unser Beispiel aussehen, wenn wir davon eine CD-ROM brennen würden.

Die Hängeregister symbolisieren die Ordner (↗ Bild 1). Sie sind nicht wie beim Baumdiagramm in Zeilen, sondern in Spalten angeordnet.
In jeder Spalte befindet sich eine Ebene des Baumdiagramms. Die Fächer Deutsch, Englisch und Mathematik sind die Knoten einer Hierarchie-Ebene. Die (+)-Schaltfläche lässt einen Ordner aufspringen und gewährt einen Einblick in seinen Inhalt. Über die (–)-Schaltfläche kannst du ihn wieder schließen.

> Im **Ordnerbaum** kann ein Ordner wieder keinen, einen oder mehrere (*) Ordner enthalten. Umgekehrt ist ein Ordner in genau einem oder keinem (0,1) Ordner enthalten.
>
> Aus dieser Beziehung zwischen den einzelnen Objekten leitet sich die nebenstehende Klassenbeziehung ab.
> Der **Wurzelordner** (das **Wurzelverzeichnis**, engl.: **root**) ist in keinem Ordner enthalten.

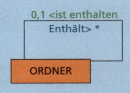

Die Zahlen 0,1 bzw. * beschreiben die **Kardinalität der Klassenbeziehung.** Diese Zahlen geben an, wie viele Objekte der einen Klasse mit einem Objekt der anderen Klasse in Beziehung stehen können (↗ auch Informationstext in der Randspalte unten).

Erstellung von Ordnern (Verzeichnissen): Im Dateimanager kannst du im aktuellen Ordner neue Ordner erstellen. Nach einem Klick mit der rechten Maustaste im leeren Bereich des rechten Fensters öffnet sich ein Menü.

 Windows: Hier kannst du aus dem Menü die Methode „Neu ⟶ Ordner()" auswählen. Alternativ erhältst du die Methode durch die Menüfolge „Datei ⟶ Neu ⟶ Ordner".

 Die folgende Tabelle gibt Beispiele für Kardinalitätsangaben und ihre Bedeutung.

Kardinalität	Bedeutung
3	genau 3
0,1	keiner oder einer
0..4	zwischen 0 und 4
1..*	größer oder gleich 1
0..4, 7	zwischen 0 und 4 oder 7

Verwaltung von Dateien 93

Linux: Hier kannst du aus dem Menü die Methode „Neu erstellen ⟶ Verzeichnis()" auswählen. Alternativ erhältst du die Methode über die Menüfolge „Bearbeiten ⟶ Neu erstellen... ⟶ Verzeichnis".

Die Navigation im Ordnerbaum kannst du in beiden Betriebssystemen auf zwei Arten schnell durchführen: Bei sichtbarem Ordnerbaum im linken Fenster genügt ein einfacher Mausklick mit der linken Taste auf das Ordnersymbol, um den Inhalt des Ordners im rechten Fenster anzeigen zu lassen.
Durch einen Doppelklick *(Windows)* bzw. Klick *(Linux)* auf das Ordnersysmbol im rechten Fenster wird der Ordner im gleichen Fenster geöffnet.

5.2
a) Die Tierwelt lässt sich in einen Ordnerbaum abbilden. Beginne als Wurzel mit dem Begriff „Tiere"! Sie werden unterteilt in in Säugetiere, Insekten, Vögel usw.
b) Erstelle die Wurzel eines neuen Ordnerbaumes mit Namen „Europa"! Strukturiere dann Europa nach seinen politischen Einheiten bis auf die Ebene deines Wohnortes!
c) Erstelle den Ordnerbaum zur Schulaufgabensammlung!

Hinweis zu Aufgabe 5.2 c:
Lösche den Ordnerbaum, den Du auf Basis des Bildes von S. 91 erstellt hast, nicht, da wir ihn später noch für weitere Aufgaben benötigen!

5.2 Beziehung der Klassen ORDNER und DATEI

Jetzt sollen in den Ordnern die Aufgabenblätter zu den Schulaufgaben in Dateien gespeichert werden.
Fertige mit einer Textverarbeitung ein Dokument an, das drei Absätze mit den Überschriften Klasse_5, Klasse_6 und Klasse_7 enthält. Hier soll später einmal ein Inhaltsverzeichnis aller Aufgaben zum Fach Deutsch entstehen. Speichere die Datei unter dem Namen „Inhalt.rtf" im Ordner „Deutsch" im Ordnerbaum von Aufgabe 5.2 c ab.
Öffne nun mit dem Dateimanager den Ordner „Deutsch", dann siehst du im rechten Fenster nebenstehende Ordner und eine Textdatei.

1 Ordner und Dateien im Ordner „Deutsch".

Verwaltung von Dateien

Dateien kannst du an Icons erkennen, die meist ein Symbol des zugehörigen Anwendungsprogramms enthalten.
Durch einen Doppelklick *(Windows)* bzw. Klick *(Linux)* auf die Datei „Inhalt.rtf", wird die Datei mit dem Anwendungsprogramm geöffnet. Sie enthält also keine weiteren Dateien oder Ordner.
Schließe die Textverarbeitung und wechsle in andere Ordner. Du wirst auf Ordner stoßen, die keine Datei, aber auch auf Ordner, die viele Dateien enthalten.

> Ein Ordner kann keine, eine oder mehrere (*) Dateien enthalten. Umgekehrt ist eine Datei in genau einem (1) Ordner enthalten.
> Dateien enthalten keine Ordner und Dateien.

Mit diesem Wissen erweitern wir das Klassendiagramm von Seite 92:

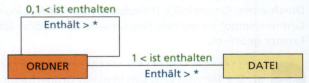

In einem Dateisystem kann man den Ort eines Ordners oder einer Datei durch die Pfadangabe beschreiben. Ergänzt man den Ordnerbaum um die Dateien, so erhält man den **Dateisystembaum.** Dateien sind im Dateisystembaum stets Blätter, da sie keine Ordner und Dateien enthalten:

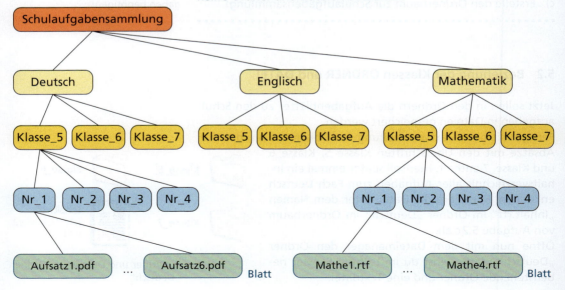

Absolute Pfadangabe: Die mit der Übersicht gegebene absolute Pfadangabe beginnt stets mit der Wurzel. Wir folgen den Kanten und schreiben alle Knoten längs des Weges auf.
Zwischen den Knoten steht ein Trennsymbol: „\" bzw. „/".

D:\Schulaufgabensammlung\
Deutsch\Klasse_5\Nr_1\Aufsatz1.pdf

/cdrom/Schulaufgabensammlung/
Deutsch/Klasse_5/Nr_1/Aufsatz1.pdf

> Unter *Windows* ist die Wurzel eines Dateisystems der Laufwerksname, auf dem sich die Dateien befinden (hier „D:"), gefolgt von „\".
> Unter *Linux* werden alle **Partitionen** (Teile eines Datenträgers mit einem eigenen Namen) als Ordner in genau einen Ordnerbaum eingebunden. Pfadangaben beginnen mit „/", dem Zeichen für die einzige Wurzel. In diesem Beispiel sehen wir noch den Ordner „cdrom" für das gleichnamige Laufwerk.

5.3 Beschreibe den Ort folgender Objekte durch die absolute Pfadangabe!
a) Datei „Mathe1.rtf" im Ordner „Mathematik" der 5. Klasse.
b) Ordner „Klasse_7" im Ordner „Englisch".

Relative Pfadangabe: In einem Dateisystembaum kann man den Ort einer Datei auch in Bezug zum aktuellen Ordner aufschreiben.
Wenn der aktuelle Ordner „Deutsch" ist, dann lautet der relative Pfad der Datei „Aufsatz1.pdf":

Klasse_5\Nr_1\Aufsatz1.pdf

Klasse_5/Nr_1/Aufsatz1.pdf

Mit dem Symbol „.." kann man in einem Dateisystembaum eine Ebene höher steigen. Vom Standpunkt des Ordners Mathematik lautet jetzt die relative Pfadangabe:

..\ Deutsch\Klasse_5\Nr_1\Aufsatz1.pdf

../ Deutsch/Klasse_5/Nr_1/Aufsatz1.pdf

5.4 Betrachte den Dateisystembaum auf Seite 94!
Schreibe die folgenden relativen Pfade auf:
a) „Mathe1.rtf" bez. der Ordner „Mathematik" und „Englisch".
b) „Klasse_7" im Ordner „Mathematik" bezüglich der Ordner „Schulaufgabensammlung" und „Deutsch".

5.3 Attribute und Methoden der Klassen ORDNER und DATEI

Wir wollen nun **Attribute und Methoden der beiden Klassen ORDNER und DATEI** zusammentragen.
So könnten entsprechende **Klassenkarten** aussehen:

1 Wenn sich die Maus über einem Objekt der Klasse DATEI oder ORDNER befindet, kannst du mit der rechten Maustaste das gezeigte Menü öffnen. Es gibt dir Zugang zu den Eigenschaften und Methoden der zugehörigen Klassen.

ORDNER	DATEI
Typ Ort Inhalt Erstellt am Attributgruppe Freigabe Attributgruppe Zugriffsrechte …	Dateityp Ort Größe Erstellt am Geändert am Attributgruppe Zugriffsrechte …
Öffnen() Kopieren() Ausschneiden() Löschen() Umbenennen() …	Öffnen() Kopieren() Ausschneiden() Löschen() Umbenennen() Drucken() …

Der Ordner „Deutsch" und die Datei „Aufsatz1.pdf" in unserem Beispiel haben folgende Attributwerte (dargestellt in den entsprechenden Objektkarten:

Deutsch: ORDNER	Aufsatz1.pdf: DATEI
Typ = Dateiordner Ort = 　D:\Schulaufgabensammlung\ 　Deutsch Inhalt = 1 Datei, 3 Ordner Erstellt am = Mittwoch, 　　　　　　7. Dez. 2005 …	Dateityp = Adobe Acrobat 　　　　　Dokument Ort = 　D:\Schulaufgabensammlung\ 　Deutsch\Klasse_5\Nr_1\ 　Aufsatz1.pdf Größe = 25 KB Erstellt am = Mittwoch, 　　　　　　7. Dez. 2005 Geändert am = Samstag, 　　　　　　10. Dez. 2005 …

In den folgenden Übungen wollen wir die Bedeutung der wichtigsten Attribute und Methoden erforschen.

Verwaltung von Dateien

5.5 Erstelle einen Ordner „Aufgabe_5_05" und kopiere den Ordner „Schulaufgabensammlung" von Aufgabe 5.2c (↗ S. 93) zusammen mit allen Unterordnern in diesen Ordner (Methoden „`Kopieren()`" und „`Einfügen()`")!

a) Jetzt kannst du in den Dateisystembaum auch noch die fehlenden Aufgabenblätter in den vorgegebenen Dateien speichern:
Erfinde eine Mathematikschulaufgabe und speichere sie als „Mathe1.rtf" in den Ordner Mathematik\Klasse_5\Nr_1!
Erfinde außerdem ein Thema für einen Deutschaufsatz, schreibe das Thema in ein Textdokument und speichere das Dokument an die entsprechende Stelle!

b) Erstelle die fehlenden „Nr-Ordner" im Fach Englisch und schreibe die verwendeten Methoden auf!
Zum Beispiel wird mit der Methode
`Klasse_5.NeuErstellen("Nr_1")`
im Ordner „Klasse_5" der Ordner „Nr_1" erzeugt.

c) *Bedeutung der Datei-Endung (Datei-Erweiterung):*
Ändere die Endung der Datei „Mathe1.rtf" um in „Mathe1.gif"!
Schreibe deine Beobachtung auf und versuche die Datei durch einen Doppelklick zu öffnen (Methode „`Öffnen()`")!
Welche Bedeutung hat folglich die Dateiendung?
Welcher Zusammenhang besteht zum Attribut „Typ"?

d) Aktiviere unter *Windows* bei einer Textdatei, die du nicht mehr benötigst, das Attribut „Schreibgeschützt" in der Attributgruppe „Zugriffsrechte"!
Öffne die Datei mit dem Anwendungsprogramm und versuche, sie nach einer Änderung zu speichern! Schließe das Anwendungsprogramm und versuche, die Datei im Dateimanager zu löschen (Methode „`Löschen()`")! Schreibe deine Beobachtungen auf!
Linux bietet in der Attributgruppe **„Zugriffsrechte"** folgende Möglichkeiten:
- Jeder Benutzer ist in mindestens einer Gruppe. Wenn ein Attribut gesetzt ist, erhalten der Benutzer, die Mitglieder der zugehörigen Gruppe und alle anderen Personen die entsprechenden Rechte.
In unserem Beispiel (↗ Bild 1) können alle Anwender die Datei lesen, aber nur der Benutzer „knoppix" schreibend Veränderungen vornehmen.
- Änderungen der Rechte können nur vom Benutzer oder Systemadministrator vorgenommen werden.
Vergleiche und bewerte die Attributgruppe „Zugriffsrechte" bei beiden Betriebssystemen!

 Zur Bedeutung von Datei-Endungen (Aufgabe 4.5c):

rtf:	**R**ich-**T**ext-**F**ormat
txt:	ASCII-Text ohne Formatierungen
doc	Word-Dokument
sxw	StarOffice-Dokument
xml	e**X**tended **M**arkup **L**anguage
gif	GIF-Bild
jpg	JPEG-Bild
png	PNG-Bild (Portable Graphics)
pdf	Adobe-Acrobat-Dokument

1 Das ist die Attributgruppe „Zugriffsrechte" unter *Linux*.

5.6 Löse die Aufgaben zum Sortieren und Suchen von Dateien!

a) *Anordnen von Dateien:*
Die Ordner und Dateien lassen sich im rechten Fenster auf verschiedene Arten anordnen.
Über die Menüfolge „Ansicht ⟶ Symbole anordnen nach" *(Windows)* bzw. „Ansicht ⟶ Sortieren" *(Linux)* kannst du die verschiedenen Methoden ausprobieren.
Welche Methode eignet sich, um eine Datei
– mit dem Namensanfang „Bild",
– mit dem Dateityp „pdf-Dokument"
zu finden?

b) *Dateisuche:*
Georg hat die Datei „baum.jpg" in der vergangenen Woche erstellt und den Speicherort vergessen.
Das Betriebssystem bietet eine Methode „Suchen() ⟶ Dateien und Ordner" *(Windows)* bzw. „Dateien suchen()" *(Linux)* an, die aus dem Startmenü ausgewählt werden kann. Welche Attribute kannst du als Suchkriterien verwenden (↗ Bild 1)?
Gib den Lösungsweg für Georgs Problem an!

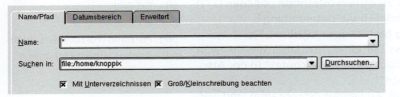

1 Fenster für die Dateisuche unter *Windows* (oben) und *Linux* (unten).

c) *Dateisuche mit Wildcards:*
Wenn du nur noch Namensbestandteile kennst, kannst du dir mit sogenannten **Wildcards** helfen:
* steht für beliebige und beliebig viele Zeichen,
? steht für genau ein beliebiges Zeichen.
Beispiel: Bild*.* steht für alle Dateien, die mit „Bild" beginnen und deren Dateiendung nicht bekannt ist.
Wie kannst du dir alle pdf-Dateien auf einer CD-Rom ausgeben lassen?
Wie findest du im Ordner „Eigene Dateien" *(Windows)* bzw. im Homeverzeichnis *(Linux)* unter Einsatz von Wildcards alle Dateien,
– die in den letzten drei Tagen geändert wurden und die Endung „rtf" haben?
– die mit „u" beginnen und die Endung „txt" haben?
– die den Namensbestandteil „alt" bei unbekannter Endung haben?

5.4 Datei und Dokument

Du hast bereits oft Text-Dateien geöffnet, Dokumente bearbeitet und das geänderte Dokument wieder in einer Datei abgespeichert. Wir wollen diesen Vorgang genauer betrachten:
Wähle z. B. die Datei „Mathe1.rtf" und schreibe die Werte der Attribute „Geändert am" und „Größe" auf. Öffne dann mit einem Textverarbeitungsprogramm die Datei.
Bei diesem Vorgang sendet das Textverarbeitungsprogramm an das Betriebssystem den Auftrag, die Datei zu öffnen. Mithilfe geeigneter Methoden wird der Speicherort der Datei auf dem Massenspeicher (z. B. Festplatte oder CD-ROM) gesucht. In der Datei befindet sich das Dokument, vergleichbar einem Brief in einem Briefumschlag. Sobald der Speicherort gefunden wurde, liest das Betriebssystem den Inhalt der Datei aus und schreibt eine Kopie des Dokuments in den Arbeitsspeicher. Die Kopie des Dokuments wird am Bildschirm angezeigt und kann dann mit dem Textverarbeitungsprogramm bearbeitet werden.
Füge Text hinzu und sichere dein Ergebnis wieder in der gleichen Datei mit der Methode „`Mathe1.rtf.Speichern()`". Da der Dateiname nicht geändert wurde, erhält das Betriebssystem den Auftrag, den alten Inhalt der Datei mit den Daten des geänderten Dokuments aus dem Arbeitsspeicher zu überschreiben.
Jetzt kannst du erneut die obigen Attributwerte auslesen und vergleichen. Beispiel:

Mathe1.rtf	vorher	nachher
Geändert am	12.10.08	17.10.08
Größe	7.600 Bytes	8.322 Bytes

a) Du öffnest mit einem Textverarbeitungsprogramm eine Datei und bearbeitest den Inhalt.
Als du abschließend noch die Schriftart ändern willst, stürzt der Rechner ab. Das Dokument wurde vorher nicht gespeichert.
In welchem Zustand befindet sich der Text, wenn du ihn nach dem Systemstart erneut öffnest? Was empfiehlst du folglich deinen Klassenkameraden, wenn sie an einem größeren Projekt arbeiten?

b) Anwendungsprogramme bieten oft die Möglichkeit, dass Dokumente, die zur Bearbeitung geöffnet sind, automatisch z. B. alle 10 Minuten in Dateien gespeichert werden. Suche in deiner Textverarbeitung unter „Optionen" bzw. „Einstellungen" die Methode, mit der du diese Einstellung vornehmen kannst!

Auf den Punkt gebracht

Klassenbeziehung ORDNER und DATEI

- Ordner können Ordner enthalten. Umgekehrt ist mit Ausnahme des Wurzelordners jeder Ordner in einem Ordner enthalten.
- Ein Ordner kann keine, eine oder mehrere Dateien enthalten. Umgekehrt ist eine Datei in genau einem Ordner enthalten.

Bedeutung der wichtigsten Methoden der Klassen ORDNER und DATEI

Methode	ORDNER	DATEI
Öffnen()	Der Ordner wird geöffnet und sein Inhalt angezeigt.	Eine Datei, wie ein Bild oder Textdokument, wird mit dem zugehörigen Anwendungsprogramm geöffnet. Ist die Datei ausführbar, so wird das Programm gestartet.
Drucken()		Falls der Inhalt einer Datei direkt auf dem Drucker ausgegeben werden kann, bietet das Menü diese Methode an.
Kopieren()	Ein Ordner wird mitsamt seinen Unterordnern und den enthaltenen Dateien für den Kopiervorgang erfasst. Nach dem Einfügen an einer anderen Stelle bleibt der Ordner an der ursprünglichen Stelle erhalten.	Eine Datei wird für den Kopiervorgang erfasst. Nach dem Einfügen an einer anderen Stelle bleibt die Datei an der ursprünglichen Stelle erhalten.
Ausschneiden()	Im Unterschied zum Kopieren wird der Ordner bzw. die Datei nach dem Einfügen an der ursprünglichen Stelle entfernt.	
Löschen()	Der Ordner wird mitsamt seinen Unterordnern und den enthaltenen Dateien gelöscht.	Die Datei wird entfernt.
Umbenennen()	Der Ordner bzw. die Datei können einen anderen Namen erhalten.	

Auf den Punkt gebracht

Bedeutung der wichtigsten Attribute der Klassen ORDNER und DATEI

Attribut	ORDNER	DATEI
Typ	Gibt den Ordnertyp an, z. B. • Dateiordner oder • Systemordner	Gibt den Dateityp an, z. B. • GIF-Bild, • JPG-Bild, • StarOffice.org • Text-Dokument, • RTF-Dokument, • MS-Word-Dokument.
Ort	Angabe des Ordnerpfades. • Beim Betriebssystem *Windows* beginnt er mit der Datenträgerbezeichnung und der Wurzel „\", • bei *Linux* mit der Wurzel „/". D:\Schulaufgabensammlung\Deutsch /cdrom/Deutsch	Angabe des Dateipfades. • Beim Betriebssystem *Windows* beginnt er mit der Datenträgerbezeichnung und der Wurzel „\", • bei *Linux* mit der Wurzel „/". D:\Schulaufgabensammlung\Deutsch\Aufsatz1.pdf /cdrom/Deutsch/Aufsatz1.pdf
Größe	Angabe der Ordnergröße einschließlich aller Unterordner und Dateien	Angabe der Dateigröße in MB (Megabyte), KB (Kilobyte) bzw. Bytes
Inhalt	Anzahl der Dateien und Unterordner	
Geändert am		Datum der letzten Änderung
Erstellt am	Datum, an dem der Ordner erzeugt wurde	Datum, an dem die Datei erzeugt wurde
Attributgruppe Freigabe	Hier können die Freigaberechte in einem Netzwerk eingestellt werden, z. B. ob Teilnehmer von außen Dateien im gewählten Ordner lesen bzw. verändern dürfen. Diese Einstellung erfordert unter *Linux* Administratorrechte.	
Attributgruppe Zugriffsrechte	Mit diesen Attributen kann man einen Ordner lokal vor einem Schreib- oder Lesezugriff schützen.	Mit diesen Attributen kann man eine Datei lokal vor einem Schreib- oder Lesezugriff schützen.

✓ Teste dich selbst

5.8 Deine Schule kannst du in einem Ordnerbaum hierarchisch anordnen. Die Wurzel ist dein Gymnasium. Die nächste Gliederungsebene sind Direktorat, Lehrerrat, Unter-, Mittel- und Kollegstufe.

Füge noch weitere Untergliederungen ein! Auch deine Klasse soll darin vorkommen.

Gib dann den Ort deiner Klasse mit einer absoluten Pfadangabe an!

Schreibe ihn auch mit einer relativen Pfadangabe bezüglich des Ordners „Kollegstufe"!

ℹ Beispiele
zu Aufgabe 5.9:

Methode:
Deutsch.Einfügen()
(Der Inhalt der Ablage wird in den Ordner **„Deutsch"** eingefügt.)

Methode:
Klasse_6.Umbenennen(„Englisch")
(Der Ordner **„Klasse_6"** wird in **„Englisch"** umbenannt.)

5.9 Kopiere den Ordner „Schulaufgabensammlung" von Aufgabe 5.2 c (↗ S. 93) mit allen Unterordnern in den Ordner „Aufgabe_5_09"!

Lucas hat in seinem ersten Entwurf einen anderen Ordnerbaum gezeichnet (↗ Seite 90). Stelle dieses Ordnungsschema mithilfe der Methoden `Ausschneiden()`, `Kopieren()`, `Einfügen()`, `Umbenennen()` im Ordner „Schulaufgabensammlung" her! Protokolliere deine Arbeitsschritte in der Objektschreibweise!

5.10 Kopiere den Ordner „Schulaufgabensammlung" von Aufgabe 5.2 c (↗ S. 93) mit allen Unterordnern in den Ordner „Aufgabe_5_10"!

Beschreibe die Datei „Aufsatz1.pdf" im Ordner „D:\Schulaufgabensammlung\Deutsch\Klasse_5\Nr_1" mit einer absoluten und mit einer relativen Pfadangabe bezüglich des Ordners „Deutsch"!

Verschiebe den Ordner „Deutsch" in den Ordner „D:\Schulaufgabensammlung\Mathematik" und nimm erneut die Ortsbeschreibung der Datei „Aufsatz1.pdf" vor!

Welchen Vorteil hat die relative Pfadangabe?

5.11 Löse die folgenden Aufgaben zur Dateisuche!

a) Lasse alle Dateien vom Typ „pdf-Dokument" auf einer CD-ROM anzeigen!

b) Gib alle Dateien auf den lokalen Festplatten an, die die Silbe „ra" enthalten und die Endung „dll" haben!

c) Suche im gesamten Arbeitsplatz alle Dateien, die in der letzten Woche erstellt oder verändert wurden!

Hypertextobjekte 6

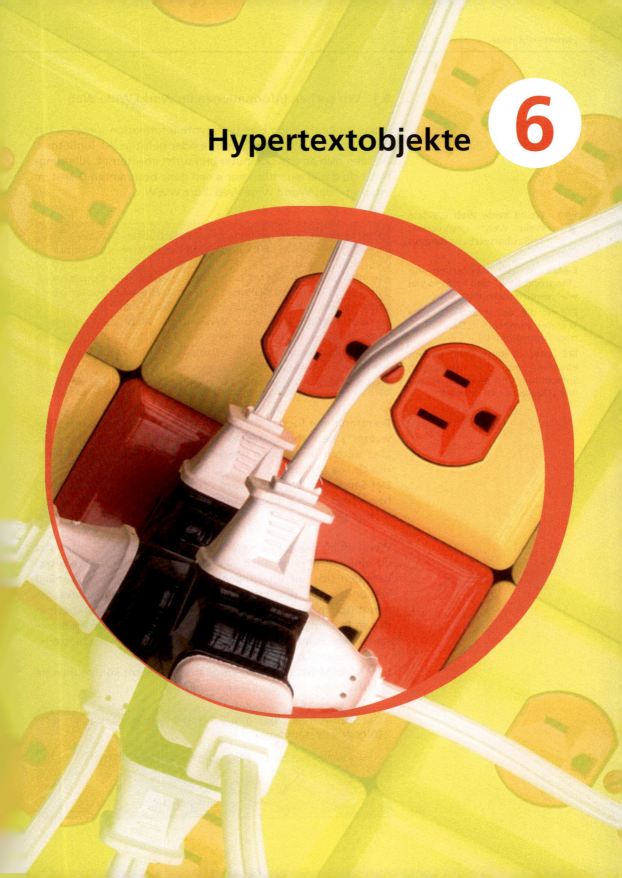

6.1 Wir suchen Informationen im World Wide Web

Wenn du heutzutage eine bestimmte Information suchst, wälzt du kaum noch Nachschlagewerke oder gehst in die Bibliothek. Du setzt dich an den Computer und surfst im Internet. Allerdings nutzt du dabei eigentlich nur einen ganz bestimmten Dienst im Internet – das World Wide Web, kurz WWW.

World Wide Web („Wörld Weid Web" gesprochen) heißt übersetzt „weltweites Netz".

E-Mail ist die Abkürzung für „Electronic **Mail**" und heißt so viel wie „elektronische Post".

FTP ist die Abkürzung für „File Transfer Protocol" („Datei-Übertragungsprotokoll")

IRC (Internet Relay Chat) kommt ebenfalls aus dem englischen Sprachraum und bedeutet so viel wie „Geplauder im Internet".

Das **Internet** ist ein weltweites, öffentliches Netzwerk, in dem Computer und kleinere Computernetze miteinander verbunden sind.
In diesem Netz gibt es Computer, die anderen Computer-(nutzer)n bestimmte Dienste anbieten. Diese Computer heißen **Server**. Die wichtigsten Internet-Dienste sind:
- **World Wide Web** (kurz **WWW** oder **Web**) zur Informationssuche und Präsentation,
- **E-Mail** (↗ ab Seite 126) als schneller Postverkehr,
- **FTP** zum Austausch von Dateien aller Formate,
- **IRC (Chat)** zur Kommunikation in Echtzeit.

Dienstanbieter für das Internet werden als **Provider** (sprich „Proweider") bezeichnet. Das können kleinere Unternehmen sein, aber auch große Firmen wie T-Online, CompuServe oder America Online (AOL).
Der Server von Providern wird oft auch als **Host** („Gastgeber") bezeichnet, dein privater Computer als **Client** (sprich „Kleient" = „Kunde").

Wenn du im World Wide Web nach Informationen suchst, nutzt du eine riesige Bibliothek. Die Bücher (Dokumente, **Websites**) befinden sich auf unzähligen Rechnern. Die Dokumente sind verbunden mit unsichtbaren Verknüpfungen, **Hyperlinks** genannt (sprich „Heiperlinks" oder kurz **„Links"**). Zum Blättern in diesen Dokumenten benötigst du ein Programm namens **Browser** (sprich „Brauser", vom englischen „to browse" = „blättern" oder „stöbern").
Jede Website hat eine eindeutige Adresse. Sonst könnte man sie ja nicht finden oder auf sie verweisen.

Die Web-Adresse, der **URL** (**U**niform **R**esource **L**ocator) hat folgende Bestandteile:

http://www.schuelerlexikon.de/index.html

Übertragungsart   Dienst   Kennung des Servers   Datei

Hypertextobjekte 105

„http" ist eine technische Vereinbarung, wie ein Web-Dokument im Internet übertragen wird. Man sagt zu einer solchen Vereinbarung auch **„Protokoll"**.
„www.schuelerlexikon.de" ist die eigentliche Adresse des Computers, auf dem das hiermit erreichbare Schülerlexikon liegt. Dabei bedeutet „www", dass der Internet-Dienst WWW genutzt wird, und „.de", dass dies eine deutsche Website ist.

Unter der Adresse „www.schuelerlexikon.de" findest du Artikel zu allen möglichen Unterrichtsthemen, sei es nun für das Fach Biologie, für Geschichte oder Deutsch usw. Du musst den URL nur oben in die Adressenleiste deines Browsers eingeben. Wenn du mit dem Internet verbunden, also **online** bist, dann kannst du auf der Hauptseite dieses Schülerlexikons z. B. das Fachlexikon „Physik" auswählen.

> Die Buchstabengruppe in einem URL, die am Ende steht, heißt **Top Level Domain**. Das können Länderkennungen sein:
> – .at steht für Österreich,
> – .ch für die Schweiz,
> – .de für Deutschland,
> – .uk für Großbritannien.
> Auch sogenannte Spartenkennzeichnungen sind möglich:
> – .com steht für Firmen,
> – .edu für Bildungseinrichtungen,
> – .org für Vereine.

6.1 Suche unter http://www.schuelerlexikon.de im Fachlexikon „Physik" nach Themen, die dich interessieren!

Hypertextobjekte

 Die Suchmaschinen arbeiten nach unterschiedlichen Prinzipien:

Es gibt Programme, die ständig automatisch das WWW nach neuen Websites durchsuchen. Deren Web-Adressen und die zugehörigen Textinformationen werden dann in einer Datenbank gespeichert. Die Informationen und zugehörigen URLs stehen allen Web-Nutzern zur Verfügung.

Es gibt auch solche Suchmaschinen, deren (geringerer) Datenbestand per Hand gepflegt wird. Die Daten sind hier meist in Kategorien eingeteilt (z. B. „Computer", „Freizeit") und gut sortiert. Auch können Inhalte, deren Verbreitung eigentlich strafbar ist, aussortiert werden.

Meist weiß man aber nicht, auf welcher Webseite man suchen soll. Daher gibt es sogenannte Suchmaschinen.

Eine **Suchmaschine** ist ein Programm auf einem speziellen Server, welches die Web-Seiten im WWW gezielt nach Informationen durchsucht.
Welche Suchmaschine du auch wählst – beachte, dass die Informationen, die du findest, nicht immer richtig sein müssen! Suche daher die gleiche Information zur Kontrolle auf verschiedenen Websites.

Deine Suche beginnst du mit einem charakteristischen Begriff, den du in das Suchkästchen einträgst.

Oft werden nun unzählige Websites angezeigt, auf denen du zum gesuchten Begriff etwas findest.
Die Suche kannst du verfeinern, indem du weitere Begriffe eingibst, die durch verschiedene Symbole miteinander verknüpft werden können:

Symbol	Bedeutung
+, &	Im gesuchten Text kommen beide Begriffe vor (Leerzeichen vor „+" bzw. „&" setzen).
-	Der folgende Begriff kommt im Text nicht vor.
„ "	Begrenzung einer vorkommenden Textpassage

1 Der Saturn hat einen Ring aus Staub und Steinen. Das sind aber keine Monde. Erst ab einer bestimmten Größe heißt ein um einen Planeten kreisender Gesteinsbrocken „Mond".

6.2 Suche im World Wide Web: Wie viele Monde hat der Planet Saturn? Wie heißen sie?
Denke dir selbst eine solche Suchaufgabe aus! Stelle die Aufgabe deinem Nachbarn! (Tipp: Finde vorher selbst die Lösung dieser Aufgabe.)

6.2 Vernetzte Daten

Die einzelnen Hypertextdokumente im World Wide Web sind untereinander auf vielfältige Weise verknüpft. Auch innerhalb einer einzelnen Seite kann man Verweise (Links) setzen.

Das Setzen von Verweisen ist so neu nicht: In jedem Buch gibt es Links. Schau dir dein Lehrbuch an, in dem du gerade liest. Es hat
- ein Inhaltsverzeichnis mit Seitenverweisen auf die einzelnen Kapitel und Abschnitte,
- Querverweise zwischen verschiedenen Seiten und
- ein Register mit allen wichtigen, im Buch vorkommenden Begriffen und Verweisen auf die Seiten, wo sie erklärt werden.

6.3 Stelle selbst ein solches Netz (wie in der Randspalte abgebildet) für den Begriff „Objektkarte" auf!

Bei der Gestaltung von Büchern mithilfe von Textverarbeitungs- oder DTP-Programmen werden solche Links von den Layoutern bzw. automatisch gesetzt. Dazu müssen zwei neue **Klassen** in den Hypertextdokumenten vorhanden sein:

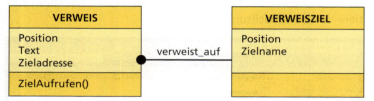

Meist wird ein Buch in mehrere Dokumente zerlegt, um *überschaubare* Teile zu bearbeiten. Man kann durch die entsprechenden Links auch von einem Dokument auf ein anderes verweisen.
Wie sehen die Verweis-Objekte in unserem „Buchbeispiel" aus? Ausgeführt ist dies hier für den Begriff „Nachricht":

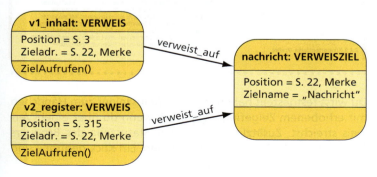

1 Hier ist dargestellt, wie einzelne Textteile zum Begriff „Nachricht" im Lehrbuch miteinander verbunden sind.

 DTP ist die Abkürzung für **D**esktop-**P**ublishing. Darunter versteht man Gestalten von Büchern, grafischen Drucksachen und Plakaten.
Die Gestaltung heißt auch **Layout**, der Gestalter **Layouter**.

 Die Zielnamen in den Verweiszielen sind unsichtbare Marken.
Der Text dieser Marke wird bei der automatischen Erstellung des Registers bzw. des Inhaltsverzeichnisses vom Textverarbeitungsprogramm hergenommen und dahinter die Seitennummer gesetzt, auf der die Marke gefunden wurde.

Auf ein Verweisziel verweist oft genau ein Verweis. Es können aber auch zwei (wie im nebenstehenden Beispiel) oder mehrere Verweise auf das gleiche Ziel erfolgen.
Umgekehrt hat jeder Verweis genau ein Verweisziel.

Hypertextobjekte

 Die englische Bezeichnung für „austauschbares Datenformat" ist **P**ortable **D**ata **F**ormat **(PDF)**.
Viele große Softwarefirmen arbeiteten an dieser Aufgabe, insbesondere die Firma Adobe entwickelte ein brauchbares PDF-Format. Ganz so elegant wie nebenstehend beschrieben funktioniert PDF jedoch nicht. Auch sind PDF-Dokumente vom Speicherbedarf meist größer als HTML-Dokumente. Trotzdem werden PDF-Dateien im Internet gern genutzt, denn fast alle großen Anwendungsprogramme besitzen die Möglichkeit, Dokumente im PDF-Format zu speichern.

Als das Internet aufkam, suchte man nach einem universellen Datenaustauschformat: Ein auf einem PC geschriebener und mit Bildern versehener Text sollte in diesem austauschbaren Datenformat abgespeichert werden, über das Internet verschickt und in einem ganz anderen Textverarbeitungsprogramm mit einem anderen Betriebssystem geöffnet und weiter bearbeitet werden.

Dieser hohe Anspruch wurde nicht erreicht. Als „Internetformat" zum Austausch von Dokumenten hat sich schließlich **HTML** (**H**yper**t**ext **M**arkup **L**anguage, ↗ auch Seite 117 und Seite 118) durchgesetzt – vor allem aus folgenden Gründen:
- HTML benötigt wenig Speicherplatz und kann dadurch schnell übertragen werden.
- Es können leicht Bilder eingebunden werden.
- HTML-Dokumente können ansprechend gestaltet werden, auch wenn nicht alle Formatierungsmöglichkeiten für Seiten, Absätze und Zeichen zur Verfügung stehen, die man aus der Textverarbeitung kennt.

6.4 Rufe im Internet das Lexikon „Basiswissen Schule Computer" auf (www.schuelerlexikon.de)!
Suche im Lexikon den Artikel „Animation"!
Überstreiche mit der Maus Texte und Bilder der Webseite! Notiere deine Beobachtungen!

1 Im Artikel „Animation" findest du auch Bilder, die sich bewegen. Diese sind wie beim „Daumenkino" oder im Zeichentrickfilm eigentlich mehrere Bilder mit kleinen Veränderungen, die hintereinander abgespielt werden.
Solche Bilder werden meist im Grafikformat **GIF** erstellt.

Du wirst festgestellt haben, dass der Mauszeiger zum Händchen mit erhobenem Zeigefinger wird, wenn du über einen Verweis streichst. Zusätzlich wird in der Statuszeile des Browsers (ganz unten) die Zieladresse angegeben. Ein Klick genügt – und es erfolgt ein Sprung zum Verweisziel.

Die Zieladresse kann unterschiedlich angegeben werden:

absolute Zieladresse	relative Zieladresse
Der vollständige Pfad (beginnend mit dem Wurzelverzeichnis) wird angegeben.	Der Pfad wird vom aktuellen Ordner aus bis zur Zieldatei angegeben. Ein übergeordneter Ordner wird mit ../ gekennzeichnet.
Beispiel: E:/cont0242/full.htm#gif87a (Das Wort „gif87a" nach der Raute „#" ist eine Zielmarke im Dokument „full.htm".)	Beispiel: ../../media/start/media.htm

i Vergleiche auch, was im Kapitel 5 zur absoluten und relativen Adressierung von Ordnern zu lesen ist (↗ Seite 95).

6.5 Im Artikel „Animation" des Schülerlexikons „Computer" (↗ auch Aufgabe 6.4) kannst du über die Randleiste ein „Daumenkino" und ein „Video" aufrufen. Ermittle jeweils die Zieladresse! Ist sie absolut oder relativ?
Diskutiere Vor- und Nachteile von absoluter und relativer Adressierung!

Es gibt Links, die für den Nutzer unsichtbar sind, wenn Objekte wie Bilder in das Hypertextdokument eingebunden sind. Du kannst die Zieladressen sehen, wenn du im Browser mit der rechten Maustaste auf das Bild klickst. Dann erscheint ein Menü am Mauszeiger und im Menüpunkt „Eigenschaften" erfährst du auch den Zielpfad der Grafikdatei.

1 Daumenkino (Bild 1) und Video im Artikel „Animation".
Das Kennwert zum Zugang zu den Medien im Fachlexikon „Computer" lautet „Datum".

6.6 Zeichne für den Artikel „Algorithmusbegriff, vager" im Schülerlexikon „Computer" (↗ Aufgabe 6.4 oder 6.5) ein Netz aller Dateien, die zu diesem Artikel gehören und durch Hyperlinks miteinander verbunden sind!

> Im Internet sind die Webseiten durch **Hyperlinks** miteinander verbunden.
> Sie werden dann kenntlich gemacht (oft durch blaue Farbe oder Unterstreichung), wenn man mit der Maus darauf klicken soll, um zu einem anderen **Hypertextdokument** zu gelangen.
> Bild- und andere Dateien werden über „unsichtbare" Hyperlinks in die Webseite eingebunden.

6.3 Von Webseiten und Links

Im zurückliegenden Abschnitt hast du kennengelernt, wie man sich im weltweiten Netz, dem Internet, bewegt. Du weißt nun, wie man Informationen gezielt suchen und letztendlich finden kann. Wie aber gelangen diese Informationen ins Internet? Was ist notwendig, um selbst Hypertexte zu erstellen?

Ein **Hypertext** ist eine Möglichkeit, um Informationen und ihre Zusammenhänge untereinander darzustellen. Dabei handelt es sich um ein System von verschiedenartigen Informationen, die einen schnellen Zugriff aufeinander ermöglichen. Diese Zugriffe werden über Verknüpfungen realisiert.
Der Begriff „Hypertext" wurde bereits in den 60er-Jahren des 20. Jahrhunderts verwendet. Damit wurden Strukturen von Dokumenten beschrieben, deren Verknüpfungen untereinander nicht linear dargestellt werden konnten.

Zunächst wollen wir uns Hypertextdokumente noch einmal genauer ansehen.

6.7 Suche im World Wide Web Seiten zu verschiedenen Sachgebieten!
Nutze dazu zum Beispiel die Homepage deiner Schule oder auch www.schuelerlexikon.de.
Versuche diese Seiten zu beschreiben!
Welche wesentlichen Attribute kannst du erkennen?
Welche Methoden kannst du auf diese Seiten anwenden?

Du hast sicherlich festgestellt, dass Websites selbst aus einzelnen Dokumenten bestehen.
Jede Seite eines Hypertextes lässt sich als Objekt der Klasse DOKUMENT beschreiben. Dokumente selbst enthalten zum Beispiel wiederum Objekte der Klassen ABSATZ, ZEICHEN oder TABELLE.

Ähnlich wie bei den bereits kennengelernten Objekten der Klasse DOKUMENT besitzen auch diese Dokumente typische Eigenschaften.
Man kann diese Seiten anzeigen, aktualisieren oder zum Beispiel ausdrucken.
Solche Dokumente lassen sich in die Klassenstruktur von Hypertexten einbinden:

DOKUMENT	
	Attribute
Titel	
Hintergrund	
	Methoden
Anzeigen()	
Aktualisieren()	
Drucken()	

Bei Betrachtung des nebenstehenden Klassendiagramms solltest du beachten, dass oft auch Verweise von einem Dokument auf ein anderes Dokument erfolgen können.

Klassenstruktur von Hypertexten:

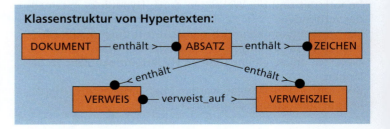

Nachdem du den Aufbau einer Web-Seite analysiert hast, steht nun deren Entwicklung im Mittelpunkt.

Auch für das Erstellen von Webseiten gibt es Werkzeuge, die uns helfen, Hypertexte zu erstellen:
- Es gibt kostenpflichtige Programme zum Erstellen von Web-Seiten.
- Daneben gibt es auch freie Software. Diese Werkzeuge sind zwar in ihrer Funktionalität nicht so umfangreich, aber sie ermöglichen ebenfalls das Entwickeln anspruchsvoller Seiten. Solche Programme werden oft im Paket mit Internetbrowsern angeboten.
- Aber auch viele Textverarbeitungsprogramme ermöglichen das Speichern von Dokumenten als Hypertextdokument.

6.8 Welche Software zur Erstellung von Hypertexten steht dir auf deinem Arbeitsplatz zur Verfügung?

Hinweis: Du erkennst dies, indem du beim Speichern den Dateityp „*.html" auswählen kannst. In manchen Programmen wird dieser auch zum Beispiel beschrieben als Typ „Website" oder „HTML-Dateien".

Nun wollen wir uns ein solches Werkzeug (einen HTML-Editor) etwas näher betrachten und kennenlernen, wie man damit Webseiten gestalten kann.

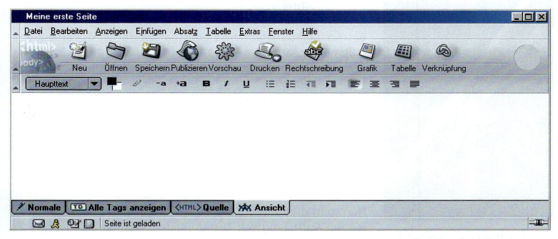

Nachdem du den Editor gestartet hast, erkennst du sicherlich den dir bekannten typischen Aufbau von Programmen zum Gestalten von Dokumenten.

1 Editor (hier: *Netscape Composer*) zum Erstellen von Web-Seiten.

Hypertextobjekte

i Eine **Homepage** ist ein Dokument, welches als Ausgangspunkt für ein Hypertextsystem gesehen werden kann. Es dient insbesondere als Startseite bzw. Ausgangspunkt für die Arbeit im World Wide Web.

6.9 Gestalte mit den dir zur Verfügung stehenden Mitteln eine Startseite (Homepage) zu optischen Geräten!
Nutze zur Gestaltung verschiedene Texteigenschaften!

Optische Geräte

Physikalische Grundlagen
Lichtquellen und Lichtstrahl
Reflexion und Spiegelbilder
Brechung und Abbildung durch Linsen

Optische Geräte und Apparate
Das menschliche Auge
Lupe, Brille und Kontaktlinsen
Mikroskop
Fernrohr und Fernglas

i Die Homepage, also die Startseite eines Hypertextes für das WWW, nennt man meist **index.html** oder **index.htm**. Das deshalb, weil bei der Angabe einer Internetadresse oft eine Seite mit diesem Namen gesucht und anschließend geöffnet wird.

Nun kannst du das neue Dokument unter dem Namen „index" speichern. Dabei wirst du aufgefordert, den Titel der aktuellen Seite einzugeben. Wähle den Titel dieser Seite selbst oder beschreibe ihn als „Meine erste Homepage".

Sicherlich bist du schon gespannt, ob man diese Seite auch in einem Webbrowser wie alle anderen Internetseiten betrachten kann.

6.10 Starte einen Browser!
Lade die Seite „index.html"!
Beschreibe die Eigenschaften dieser Seite als Hypertextdokument!
Etwa so: SeiteIndex: DOKUMENT
            Titel =
            Hintergrund =
Beschreibe außerdem die Eigenschaften der im Dokument enthaltenen Absätze!
Etwa so: Überschrift: ABSATZ
            Farbe =
            Ausrichtung =

1 In die Homepage könnte beispielsweise ein Bild eines Linsenfernrohrs, welches schon GALILEO GALILEI (1564–1642) benutzte, eingebunden werden.

Mit entscheidend, ob eine Webseite von vielen Usern gelesen wird, ist neben dem Inhalt natürlich auch das Erscheinungsbild dieser Seite.

Nun sollst du erfahren, wie du zum Beispiel mit Hilfe von Tabellen die Aufteilung von Texten, Bildern oder anderen Objekten gestalten kannst.
Betrachten wir dazu nochmals die eben entwickelte Homepage im Browser und stellen uns diese mit einigen Bildern vor, was auf der nächsten Seite dargestellt ist.

Hypertextobjekte

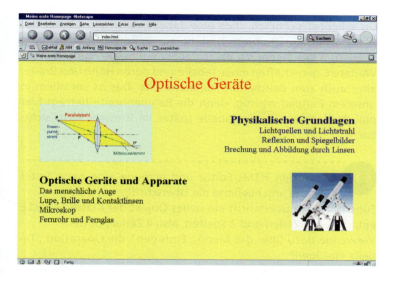

Jeder, der eine Website erstellt und diese anschließend zum Beispiel im Internet veröffentlichen will, muss auch entsprechende Gesetze beachten.

Der Umgang mit „personenbezogenen Daten" wird durch die **Datenschutzgesetze** geregelt.

Auch Aspekte des **Urheberrechts** müssen beachtet werden. Also: Wer ist der Autor eines Textes oder einer Übersicht?

Verhaltensregeln für die Kommunikation werden durch die **Netiquette** beschrieben.

Die gleiche Abbildung (jedoch hier in einem Editor dargestellt) lässt erkennen, dass die jeweiligen Grafiken und Absätze in eine Tabelle eingearbeitet wurden:

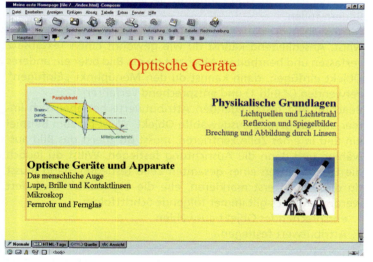

Nicht nur bei der Gestaltung von Internetseiten lassen sich Tabellen als Werkzeug zur Gestaltung von Dokumenten nutzen. Auch in Textverarbeitungssystemen kann man unter Verwendung von Tabellen verschiedene Objekte günstig anordnen.

Die in dieser Seite enthaltenen Klassen lassen sich in einem **Klassendiagramm** darstellen:

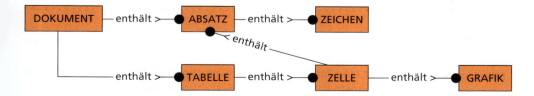

Du erkennst sicherlich, dass eine Tabelle selbst ein Objekt der Klasse TABELLE ist. Diese besteht aus Zellen, in denen dann wiederum der eigentlich darzustellende Inhalt eingefügt wird. Weitere Eigenschaften einer Tabelle sind deren Höhe und Breite, aber auch zum Beispiel die Rahmenbreite. Das ist vor allem in unserem Beispiel wichtig, denn die Rahmenbreite beträgt hier null Pixel. Somit ist die Tabelle später im Browser nicht sichtbar.

6.11 Starte den HTML-Editor und erzeuge eine neue Seite! Gestalte anschließend die Überschrift!
Füge unter die Überschrift ein neues Objekt der Klasse TABELLE ein, die aus 2 Zeilen und 2 Spalten, also 4 Zellen, besteht!
Verwende dazu über das Menü „Einfügen" die Operation „Tabelle einfügen".
Welche Eigenschaften der Tabelle kannst du bereits festlegen?

Du hast damit ein Grundgerüst für das Erscheinungsbild deiner Homepage erstellt. Nun kannst du die Seite auch mit Texten und Bildern füllen.
Dazu wählst du die Zelle der Tabelle aus, die du bearbeiten willst. Anschließend kannst du wie gewohnt einen Textabsatz verfassen und bearbeiten. Möchtest du ein Bild oder ein anderes Objekt einfügen, dann kannst du den Menüpunkt „Einfügen" verwenden (↗ Bild 1) und entsprechend verfahren.
Beachte: Alle festzulegenden Attributwerte beziehen sich immer auf das gerade ausgewählte Objekt. Willst du zum Beispiel ein Bild in einer Zelle zentrieren, musst du zuerst das Bild auswählen und dann die Ausrichtung festlegen. Willst du jedoch die Eigenschaften einer gesamten Zelle festlegen, dann musst du diese auch erst markieren, ehe die Eigenschaft verändert werden kann. Es gilt immer folgende Schrittfolge:
1. entsprechendes Objekt auswählen
2. Attributwert festlegen

6.12 Füge in die in Aufgabe 6.11 erstellte Tabelle Bilder und Texte ein! Verwende dazu ggf. die Inhalte, die du bereits in der Seite index.html verwendet hast (↗ Aufgabe 6.9)!

Nachdem die Seite inhaltlich bearbeitet ist, soll nun noch einmal deren Gestaltung etwas genauer betrachtet werden:
Für eine Tabelle und die entsprechenden Zellen gibt es mehrere Eigenschaften, die für die Gestaltung eines Dokumentes von Be-

1 Das Menü „Einfügen".

2 Der Menüpunkt „Bearbeiten ⟶ Tabellenzelle Eigenschaften…".

deutung sind. Nachdem du eine Zelle der Tabelle ausgewählt hast, kannst du mithilfe der rechten Maustaste und der Auswahl des entsprechenden Menüpunktes (↗ Bild 2, Seite 114) diese Eigenschaften festlegen.

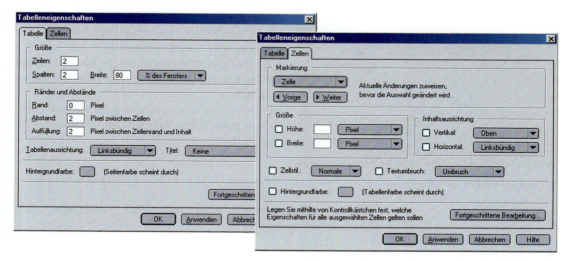

1 Eigenschaften für die gesamte Tabelle (links) und für ausgewählte, also markierte Zellen (rechts).

6.13 Gestalte deine Internetseite, die du in Aufgabe 6.12 bearbeitet hast! Verwende dazu geeignete Attributwerte für die verschiedenen, in der Seite enthaltenen Objekte!
Überprüfe das Ergebnis deiner Arbeit, indem du die Seite in einem Browser lädst und nach Veränderungen ggf. aktualisierst!

Du hast bisher gelernt, wie Hypertexte aufgebaut sind, was ihre Struktur kennzeichnet. Du hast selbst eine Homepage, also eine Startseite für einen Hypertext, erstellt.
Du erinnerst dich: Mit Hilfe von Verweisen werden Verknüpfungen realisiert, die Hypertexte entstehen lassen (↗ Seite 107). Solche Verknüpfungen nennt man auch **Hyperlinks.** Sie verweisen auf genau ein Objekt der Klasse VERWEISZIEL:

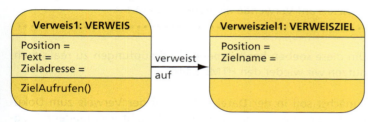
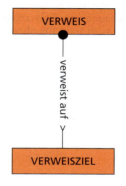

Auch in deiner Homepage kannst du derartige Verknüpfungen nutzen, um einen Hypertext zu erstellen.

1 Klassendiagramm

Hypertextobjekte

6.14 Erstelle mithilfe eines HTML-Editors ein neues Dokument!

Gestalte diese Seite zu einem optischen Gerät, welches in deiner Startseite index.html mit genannt wurde! Du kannst dich auch der Gestaltung einer Seite zu den physikalischen Grundlagen optischer Geräte widmen.

Auch hier kannst du verschiedene Möglichkeiten zur Gestaltung verwenden, wie Tabellen, Bilder und Text.

Speichere das so entstandene Dokument unter einem geeigneten Namen ab, beispielsweise „lupe.html"!

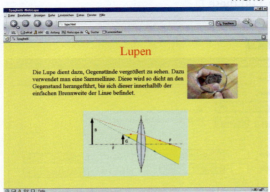

1 Browser-Ansicht von lupe.html

Die bisher entstandenen zwei Dokumente „index.html" und „lupe.html" sollen nun durch Hyperlinks verknüpft werden.

Wir betrachten zunächst noch einmal, was dazu alles notwendig ist.

In der Seite index.html soll ein Verweis auf die Seite lupe.html erfolgen.

Dies kann man auch mithilfe der Punktnotation formulieren:

```
Verweis1: VERWEIS
Verweis1.Text="Lupe"
Verweis1.Zieladresse="lupe.html"
Verweisziel1:VERWEISZIEL
Verweisziel1.Zielname=""
```

i Achtung! Ob im Zusammenhang mit Hypertexten Buchstaben in Dateinamen groß oder klein geschrieben sind, ist durchaus von Bedeutung.

i Wenn hier lupe.html als Verweisziel-Zieladresse angegeben ist, so wird an den Anfang dieses Dokuments gesprungen. Man kann aber auch eine andere Position (Zielmarke) innerhalb des Dokuments angeben. Das Objekt „Verweisziel1" ist also in lupe.html enthalten.

Zur Nutzung von Zielmarken vergleiche auch Seite 109 oben.

6.15 Natürlich soll auch die Seite lupe.html einen Verweis zurück zur Startseite index.html enthalten. Oft fügt man dazu zum Beispiel das Wort „Zurück" am Ende des Textes ein und nutzt dieses als Verweistext.

Gib für diesen Fall die Eigenschaften des Verweises und des Verweisziels an! Verwende die Punktnotation!

Um diese soeben beschriebenen Verknüpfungen zu realisieren, nutzen wir wieder den HTML-Editor.

Zunächst soll in der Datei index.html der Verweis zum Dokument lupe.html festgelegt werden. Es gibt verschiedene Möglichkeiten, dies zu tun. Da du deinen Verweistext schon hast, soll dieser auch genutzt werden.

6.16 Wähle deinen Verweistext (zum Beispiel „Lupe") aus, indem du ihn markierst! Lege nun die Attributwerte für deinen Verweis fest!
Speichere anschließend die Datei index.html und überprüfe im Browser, ob alle Eigenschaften (Attributwerte) richtig festgelegt wurden!

Du kannst die Attribute und Attributwerte festlegen, indem du nach dem Markieren mittels rechter Maustaste „Verknüpfungen erstellen…" auswählst.

Du hast sicherlich festgestellt, dass der Verweistext als solcher in der dargestellten Seite erkennbar wird. Oft stehen diese Texte in einer anderen Farbe als der eigentliche Text und sind unterstrichen. Diese Eigenschaften kann man bei der Gestaltung des Verweises ebenfalls festlegen.

Auch Grafiken oder andere Objekte lassen sich als „Verweistext" verwenden. Ähnlich wie eben dargestellt, musst du in diesem Fall zunächst das Objekt auswählen und anschließend die Eigenschaften für den Verweis festlegen.

6.17 Setze im zweiten Dokument deines Hypertextes (das ist „lupe.html") einen Verweis auf deine Startseite!
Nutze dazu das Wort „Zurück" am Ende der Seite oder eine Grafik. Teste die Funktionalität der so erzeugten Verknüpfung!

1 Ein Verweis von lupe.html auf index.html wird erstellt.

Durch die Verknüpfungen der Seiten mittels Hyperlinks ist ein einfacher Hypertext entstanden. Das **Klassendiagramm** von Seite 110 bzw. Seite 113 kann nun ergänzt werden:

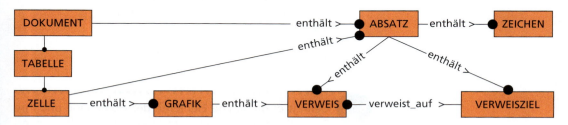

Wie du festgestellt hast, kannst du deine Webseiten mithilfe eines Browsers auf dem Computer ansehen. Das ist deshalb möglich, weil diese Seiten in einer Seitenbeschreibungssprache für das Internet formuliert sind. Diese Sprache heißt **HTML** (**H**yper**T**ext **M**arkup **L**anguage).

Auch die Seiten, die zum Beispiel mit dem *Netscape Composer* oder anderen Werkzeugen entwickelt wurden, werden im HTML-Format gespeichert.

118 Hypertextobjekte

i Als „Quelltext" werden Anweisungen bezeichnet, die in einer Programmiersprache oder in einer Seitenbeschreibungssprache wie HTML formuliert sind. Sie können von einem Menschen für den Computer geschrieben worden sein. Oft übernehmen aber auch Programme die Übersetzung von Anweisungen in den Quelltext, sodass der Entwickler diese Sprache mitunter gar nicht kennen muss.

Für die im zurückliegenden Abschnitt betrachtete Homepage kann der *HTML-Quelltext* so aussehen:

```html
<html>
<head>
<title>Meine erste Homepage</title>
</head>
<body bgcolor="#ffff66">
<div align="center">
<font color="#ff0000"><h1>Optische Geräte</h1>
</font>
<table border="0" align="center" width="90%">
  <tr>
    <td valign="top" align="left">
    <img src="linse.gif"></td>
    <td valign="middle" align="right">
      <font color="#000099">
      <h3>Physikalische Grundlagen</h3>
      Lichtquellen und Lichtstrahl<br>
      Reflexion und Spiegelbilder<br>
      Brechung und Abbildung durch Linsen<br>
      </font></td>
  </tr>
  <tr>
    <td valign="middle" align="left">
      <font color="#000000">
      <h3>Optische Geräte und Apparate</h3>
      Das menschliche Auge<br>
      Lupe, Brille und Kontaktlinsen<br>
      Mikroskop<br>
      Fernrohr und Fernglas<br>
      </font></td>
    <td valign="top" align="right">
    <img src="mikroskop.jpg"></td>
  </tr>
</table>
</body>
</html>
```

6.18 Gelingt es dir, einige Elemente der Homepage und ihre Darstellungsbeschreibung im Quelltext der Seite wiederzuerkennen? Erkläre diese Elemente!

Was passiert eigentlich, wenn eine Webseite, also ein HTML-Dokument, im Browser geladen wird?
Der Browser interpretiert die in der Seite angegebenen HTML-Anweisungen. Anschließend stellt er den Inhalt des Dokuments wie beschrieben dar.
Vielleicht hast du erkannt, dass zum Beispiel mit dem Attribut „align" die horizontale Ausrichtung eines darzustellenden Ele-

ments angegeben wird. Die dazugehörigen Attributwerte können sein: „left", „center" oder „right".
Es gibt natürlich sehr viele Elemente der Sprache HTML, die man in Büchern oder auch im Internet nachlesen kann.
Wie gelangen jedoch die Webseiten auf deinen Computer und wo kommen sie eigentlich her?
Um diese Frage zu beantworten, soll die Struktur des Internet betrachtet werden:

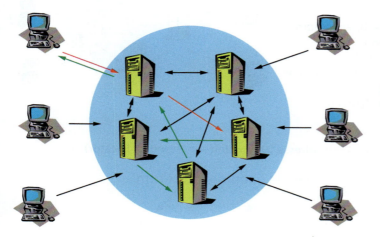

 Im Internet findest du eine seit Jahren gut geführte Webseite zum Lernen und Benutzen von **HTML**. Dazu musst du nur in eine beliebige Suchmaschine (↗ Seite 106) das Wort „selfhtml" eingeben. Oder du benutzt die folgende aktuelle Internetadresse:
http://selfhtml.teamone.de/

Die Pfeilfarben in der Grafik zum Internet bedeuten Folgendes:
— Anfrage
— Antwort / angefordertes Dokument

Jeder User, der das Internet nutzen will, nimmt Dienste eines Providers in Anspruch. Ein solcher Dienst ist zum Beispiel das WWW (World Wide Web). Diese Provider ermöglichen dir den Zugriff auf Webserver.
Das heißt, es werden von den verschiedenen Webservern sehr viele verschiedene Internetseiten, also auch ganze Hypertextsysteme, bereitgestellt. Dein Provider ermöglicht dir den Zugriff auf diese Webserver. Somit kann jeder Teilnehmer unzählige Informationen aus dem Internet erhalten.
Zum fehlerfreien Übertragen von Informationen dienen Protokolle (↗ Seite 124). Das Protokoll zur Übertragung von Hypertexten ist das **HTTP-Protokoll** (**H**yper**T**ext **T**ransfer **P**rotokoll).
Fassen wir zusammen:

Provider sind Dienstanbieter. Das heißt, sie ermöglichen die Nutzung verschiedener Angebote. Solche Dienste im Internet können zum Beispiel WWW, Chat oder E-Mail sein.

Als **Webserver** (auch **HTTP-Server**) bezeichnet man eine Maschine, die durch Softwarelösungen unter Verwendung des HTTP-Protokolls dafür sorgt, dass von Clients angeforderte HTML-Dokumente geliefert werden.

Als **Protokoll** bezeichnet man ein System von Regeln, die den Vorgang der Informationsübertragung beschreiben.
Für verschiedene Dienste gibt es verschiedene Protokolle.

> Wenn du eine Webseite aufrufen willst, dann gibst du die Adresse in deinem Browser ein. Es wird nun der Webserver im Internet gesucht, der die gewünschten Informationen gespeichert hat.
> Wenn die entsprechende Webseite gefunden wurde, wird diese unter Verwendung des HTTP-Protokolls auf deinen Rechner übertragen. Dort wiederum ist der Browser dafür verantwortlich, den formulierten HTML-Quelltext zu interpretieren und die Seite, wie gewünscht, darzustellen.

Auf den Punkt gebracht

Das Internet und seine Struktur

Das **Internet** ist ein weltweites, öffentliches Netzwerk, in dem Computer und kleinere Computernetze miteinander verbunden sind. In diesem Netz gibt es Computer, die anderen Computer(nutzer)n bestimmte Dienste anbieten. Diese Computer heißen **Server**. Die wichtigsten Internet-Dienste sind:

- **World Wide Web** (kurz **Web**) zur Informationssuche und Präsentation,
- **E-Mail** als schneller Postverkehr,
- **FTP** zum Austausch von Dateien aller Formate,
- **IRC** zur Kommunikation in Echtzeit.

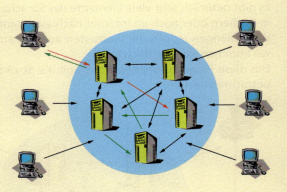

Bestandteile einer Web-Adresse (URL = Uniform Resource Locator)

http://**www**.**schuelerlexikon.de**/**index.html**

- http → Übertragungsart
- www → Dienst
- schuelerlexikon.de → Kennung des Servers
- index.html → Datei

Vernetzte Strukturen in Hypertexten (Beipiel)

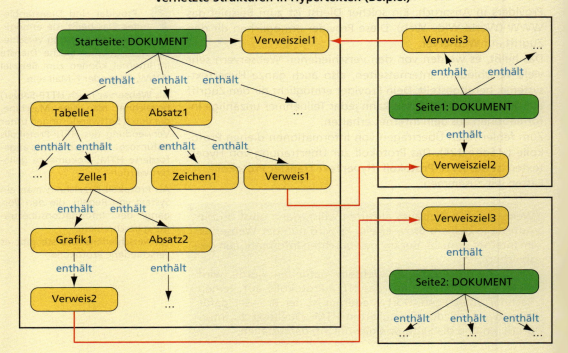

Teste dich selbst

6.19 Suche im World Wide Web nach Informationen zur Beantwortung der folgenden Fragen:
a) Was ist eine „Zikade"?
b) Wie nennen die Zauberer bei „Harry Potter" jene Leute, die nicht zu den Magiern gehören?
c) Wie viele Wochenstunden Unterricht hat ein Gymnasiast der Klasse 7 in Nordrhein-Westfalen?
Wie viele Wochenstunden hat ein Gymnasiast der Klasse 7 in Bayern?
d) Stelle eine Übersicht zu verschiedenen Hunderassen zusammen (Name, Bild, ...)!

1 Die Hündin Ronja ist ein Labrador Retriever.

6.20 Der mit Aufgabe 6.17 entstandene Hypertext soll erweitert werden.

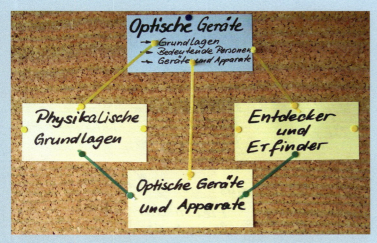

a) Beschreibe die Struktur des dargestellten Hypertextes! Welche Verweise und welche zugehörigen Verweisziele kannst du erkennen? Formuliere dies unter Verwendung der Punktnotation!
b) Entwirf eine geeignete Struktur für einen Hypertext, verwende dafür zum Beispiel als Startseite die Datei index.html! Welche Informationen sollen auf den neuen Dokumenten dargestellt werden? Wie willst du diese auf der jeweiligen Seite anordnen?
c) Gestalte die im entworfenen Hypertext enthaltenen Seiten jeweils als Dokument und speichere diese! Realisiere anschließend alle Verweise als Hyperlinks in deinen Dokumenten!
d) Stelle deine Website der Klasse vor!

Teste dich selbst

6.21 Starte dein Textverarbeitungsprogramm! Gestalte einen „Steckbrief" zu einem Physiker mit Bezug auf den Bereich Optik.
Dieser „Steckbrief" kann zum Beispiel neben den typischen Angaben zu Lebensdaten und Leistungen auch ein Bild oder eine interessante Story enthalten. Hilfe findest du bestimmt auf den Physik-Seiten von www.schuelerlexikon.de.
Speichere das so entstandene Dokument als HTML-Datei! Überprüfe, ob dieses Dokument mit einem Browser angesehen werden kann!

6.22 Entwerft in der Klasse eine Hypertextstruktur für ein Projekt „Physik in Klasse 7"! Welche Informationen soll es enthalten? Wie werden die verschiedenen Seiten miteinander verknüpft?

a) Welche VERWEIS-Objekte müsst ihr in die Webseite einbauen?
Auf welche Ziele verweisen diese jeweils? Notiert unter Verwendung der Punktnotation!
Erstellt nun die Webseite!
b) Überprüft die Funktionalität der Webseite. Hat alles geklappt? Tauscht euch untereinander aus, wie euch die einzelnen Dokumente des Projekts gefallen. Bearbeitet anschließend noch einmal eure Webseite, um vielleicht den einen oder anderen Hinweis, den ihr erhalten habt, noch mit zu berücksichtigen.
c) Welche Fragen müssen berücksichtigt werden, bevor man ein solches Projekt im Internet veröffentlicht?

*Bildet Gruppen von 2 bis 4 Schülern, die verschiedene Aufgaben zur Erstellung des Projekts „Physik in Klasse 7" übernehmen.
Diese Aufgaben können die Gestaltung der im obigen Bild festgelegten Dokumente des Hypertextes sein.
Jede Gruppe bearbeitet nun ihre Aufgabe. Speichert eure Ergebnisse ggf. in einem gemeinsamen Ordner im Netzwerk.*

Nachrichtenobjekte 7

Nachrichtenobjekte

1 Wer schreibt nicht ab und zu einen Zettel im Unterricht?

7.1 Die Post im Klassenzimmer

Wer schreibt nicht gern auch einmal kleine Zettel an seine Mitschüler während der Unterrichtsstunde? Heute sollt ihr dies gemeinsam tun.

7.1 Wählt 2 Schüler eurer Klasse aus, die die Rolle der „Postangestellten" übernehmen. Diese Schüler basteln aus einem Karton einen „Briefkasten".
Die anderen Schüler der Klasse schreiben währenddessen eine kurze Nachricht an einen Mitschüler ihrer Wahl auf einen kleinen Zettel. Anschließend gebt ihr die „Briefe" in den „Briefkasten".
Nun können die „Postangestellten" die Post verteilen.

Sind alle Briefe richtig angekommen? Weißt du, wer dir deine Nachricht geschrieben hat?

Das kleine Spiel zeigt, dass eine Menge von Angaben notwendig sind, um Nachrichten erfolgreich zu versenden.
Betrachten wir diesen Sachverhalt näher:

2 Nicht immer erfolgt der Versand so schnell wie bei unserer Post im Klassenzimmer. Dargestellt ist hier eine Eilpostkutsche.

Eine solche **Nachricht** enthält im Allgemeinen einen Text. Wichtig für den Versand sind die Angaben zur **Empfängeradresse**, aber auch zur **Absenderadresse**.
Eine Nachricht kann man schreiben, versenden, beantworten oder zum Beispiel nach Erhalt an einen anderen weiterleiten.

Für die Post im Klassenzimmer lassen sich so alle Briefe als Objekte der Klasse NACHRICHT beschreiben.
In der folgenden Tabelle sind **Attribute der Klasse NACHRICHT** angegeben:

 Zum Begriff „Nachricht" ↗ auch Seite 22.

Attribut	Attributwert (Beispiel)	Bedeutung
Absender	Nicole	Absenderadresse
Empfänger	Steve	Empfängeradresse
Text	Hallo Steve …	Inhalt der Nachricht

Man kann das auch mithilfe der „Punktnotation" angeben:
```
NeueNachricht: NACHRICHT
NeueNachricht.Absender="Nicole"
NeueNachricht.Empfänger="Steve"
NeueNachricht.Text="Hallo Steve, …"
```

Es gibt auch **Methoden der Klasse NACHRICHT:**

Methode	Bedeutung
Senden()	Die Nachricht wird versandt.
Antworten(Text)	Eine neue Nachricht wird erzeugt. Dabei gilt: `NeueNachricht.Empfänger= AlteNachricht.Absender` Ein Antworttext wird hinzugefügt
Weiterleiten(Empfänger)	Eine neue Nachricht wird erzeugt. Diese enthält den gleichen Nachrichtentext. Es wird die neue Empfängeradresse angegeben.

1 Das Verschicken von Post hat schon eine sehr lange Tradition. Dargestellt ist hier eine Postsäule mit Entfernungsangaben für die Postkutsche.

7.2 Gib an, welche Methode jeweils eine neue Nachricht erzeugt hat! Wie werden diese jeweils bezeichnet?
Wie viele Objekte der Klasse NACHRICHT sind es insgesamt? Begründe! Wer erhält welche Nachricht?
Nicole:
```
Nachricht1.Absender="Nicole"
Nachricht1.Empfänger="Steve"
Nachricht1.Text="Kommst du am Sonntag mit ins Kino?"
Nachricht1.Senden()
```
Steve:
```
Nachricht1.Antworten("Ja")
Nachricht2.Senden()
Nachricht1.Weiterleiten("Philip")
Nachricht3.Senden()
```
Philip:
```
Nachricht3.Antworten("Kann leider nicht mitkommen.")
Nachricht4.Senden()
```

7.3 Nenne weitere, dir bekannte Möglichkeiten, um Nachrichten zu versenden. Vergleiche diese mit der „Post im Klassenzimmer". Was stellst du fest?

7.2 Elektronische Post ersetzt den Brief

Eine vielgenutzte Möglichkeit, Nachrichten bequem zu versenden, ist der Internetdienst **E-Mail**. Dieser Dienst ermöglicht eine weltweite Kommunikation in Sekundenschnelle.

> **E-Mail** ist die Abkürzung für **E**lectronic-**M**ail.
> Dieser „Postdienst" dient dem Austausch von Nachrichten in Netzwerken. Während der Austausch in einem Netzwerk, zum Beispiel dem in deiner Schule, direkt erfolgt, geschieht dies im Internet über mehrere Stationen.

Betrachten wir zunächst eine E-Mail von Nicole an Steve:

Von: „Nicole" <Nicole@t-online.de>
An: „Steve" <Steve@gmx.de>
Gesendet: Montag, 15. Dezember 2008 12:07
Betreff: Kinobesuch

Hallo Steve,
kommst du am Sonntag mit uns ins Kino?
Tschüss, Nicole

Auch diese Nachricht und ihre Eigenschaften können wir mittels „Punktnotation" notieren:

```
NeueNachricht: NACHRICHT
NeueNachricht.Absender="Nicole@t-online.de"
NeueNachricht.Empfänger="Steve@gmx.de"
NeueNachricht.Text="Hallo Steve, …"
```

Um elektronische Post versenden und empfangen zu können, benötigst du spezielle Werkzeuge. Diese nennt man E-Mail-Programme. Mit ihnen bist du in der Lage, E-Mails zu senden, zu empfangen, zu beantworten oder weiterzuleiten.
Auch diese Methoden können wir mithilfe der Punktnotation formulieren:

```
NeueNachricht.Senden()
NeueNachricht.Antworten(Text)
NeueNachricht.Weiterleiten(Empfänger)
```

7.4 Starte dein E-Mail Programm.
Mithilfe welcher Schaltfläche kannst du die Methoden der Klasse NACHRICHT aufrufen?

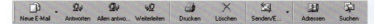

7.5 Dein Lehrer hat dir eine E-Mail gesandt. Antworte ihm auf diese E-Mail! Verwende dazu die Schaltfläche für die Methode `Antworten("meineAntwort")`.

Was passiert eigentlich, wenn du eine E-Mail sendest oder empfängst?
Du erinnerst dich, bei unserer Post im Klassenzimmer wurden die Briefe in den Briefkasten eingeworfen. Das geschieht auch bei der richtigen Briefpost so. Anschließend wird der Briefkasten geleert, die Briefe werden sortiert und die Post transportiert sie an die Zielorte. Schließlich trägt der Postbote die Briefe aus. Der Empfänger kann die Post lesen, wenn er den eigenen Briefkasten vorm Haus geleert hat.
Ähnlich geht es per E-Mail.

1 Elektronisches Postfach und Briefkasten der „normalen" Post funktionieren ähnlich.

> Über das **Internet** sind sehr viele Rechner weltweit miteinander verbunden.
> Um das Internet nutzen zu können, nimmt man *Dienste* in Anspruch, die von *Providern* angeboten werden. Ein solcher Dienst ist auch die **E-Mail**.

Anhand der E-Mail-Adressen kann man erkennen, wer der Dienstanbieter der jeweiligen Person ist.
Das sieht man am **Domain-Namen.** Betrachten wir dazu nochmals unser Beispiel (↗ auch die Information in der Randspalte):

    Nicole@t-online.de   Dienstanbieter: t-online
    Steve@gmx.de   Dienstanbieter: gmx

Die Dienstanbieter betreiben große **Mail-Server.** Das sind Computer, die Nachrichten weiterleiten und zwischenspeichern. Somit koordinieren und realisieren diese Server einerseits den Postvertrieb und andererseits den Postempfang für die Nutzer.
Unterstützt werden die Mail-Server von sogenannten Vermittlungsrechnern. Deren Aufgabe ist es, die Nachrichten an den richtigen Mailserver weiterzuleiten.

i **Provider** sind Dienstanbieter. Das heißt, sie ermöglichen die Nutzung verschiedener Angebote. Solche Dienste im Internet sind zum Beispiel WWW, Chat oder E-Mail.

i In der Regel steht die **Top Level Domain** am Ende der Adresse. Sie kennzeichnet zum Beispiel Länder oder Organisationen.
Beispiele für Top Level Domains:
  .de   Deutschland
  .at   Österreich
  .ch   Schweiz
  .cz   Tschechien
  .edu Bildungseinrichtungen
  .com Unternehmen
  .org   Organisationen

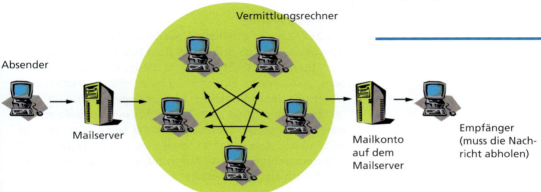

> Als **Protokoll** bezeichnet man ein System von Regeln, die den Vorgang der Informationsübertragung beschreiben. Für verschiedene Dienste gibt es verschiedene Protokolle.
>
> **SMTP** ist die Abkürzung für **S**imple **M**ail **T**ransfer **P**rotocol.
>
> **POP** ist die Abkürzung für **P**ost **O**ffice **P**rotocol.
>
> **IMAP** ist die Abkürzung für **I**nternet **M**ail **A**ccess **P**rotocol. Bei IMAP bleibt die Nachricht auf dem Server.

Zum Versenden und Empfangen elektronischer Post im Internet sind konkrete Vereinbarungen notwendig, die den Transport realisieren. Solche Vereinbarungen nennt man **Protokolle**.
Für den E-Mail-Versand heißt ein solches **Übertragungsprotokoll SMTP**. Es sorgt dafür, dass die E-Mail vom eigenen Computer über den Mail-Server des Absenders zum Mail-Server des Empfängers gelangt. Dort wird die Nachricht in einer Art Briefkasten, der Mailbox des Empfängers, aufbewahrt. Die Post liegt solange in dieser Mailbox, bis sie vom Empfänger abgeholt wird. Das heißt, die E-Mail wird von der Mailbox auf den eigenen Computer übertragen. Dabei wird oft das **POP-Protokoll** aber auch zunehmend das **IMAP-Protokoll** verwendet.

7.6 Wähle eine beliebige E-Mail aus deinem Posteingangsordner aus. Betrachte die Detail-Eigenschaften. Welche Informationen zum Weg der E-Mail kannst du erkennen?

> In einigen E-Mail-Programmen kannst du die Detail-Eigenschaften ansehen, wenn du nach Auswahl der entsprechenden E-Mail die Eigenschaften über die rechte Maustaste aufrufst. Anschließend wähle die Option „Details".

Für die richtige Zustellung elektronischer Post ist die vollkommen korrekte Schreibweise der E-Mail-Adresse wichtig.

> Eine **E-Mail-Adresse** besteht immer aus zwei Teilen die durch das Zeichen „@" voneinander getrennt sind.
> Der erste Teil enthält Angaben zum Benutzer. Der zweite Teil der Adresse enthält Angaben zum Mailserver, zu dem die Nachricht transportiert werden soll.
>
> Nicole@t-online.de

Empfängername — „at" — Domainname

Der Klammeraffe
Das Zeichen „@" erhältst du, wenn du die Tastenkombination <Alt Gr> + <q> drückst. Es steht heute für das englische „at" (gesprochen „ät"), das ins Deutsche übersetzt „an" oder „bei" heißt. Eigentlich gibt es dieses Zeichen aber schon seit dem Mittelalter: In Drucktypen wurde „a" und „d" zum lateinischen „ad" („nach") zusammengefasst. Und Händler benutzten dieses Zeichen im Sinne von „pro Einheit" so oft, dass es später sogar eine eigene Taste auf der Schreibmaschine erhielt. Aufgrund seines Aussehens wird das @ auch als **„Klammeraffe"** bezeichnet.

Nachrichtenobjekte

7.3 Wir verfassen, senden und empfangen E-Mails

Möchtest du Nachrichten per E-Mail schreiben und versenden, dann gibt es keine wesentlichen Unterschiede zur Benutzung anderer Anwendungsprogramme. Zunächst musst du auch hier das entsprechende Programm öffnen:

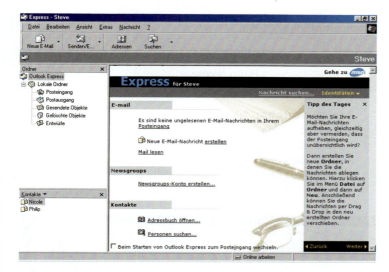

> Einige Internet-Provider bieten für ihre Nutzer eigene Programme für die verschiedenen Internetdienste an, so auch für den E-Mail-Dienst.

Anschließend erzeuge eine neue Nachricht.

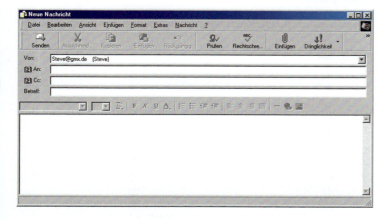

Du kannst jetzt die notwendigen Attributwerte zum Verfassen deiner E-Mail eintragen. Neu dabei sind zwei Attribute. Möchtest du die Nachricht einer weiteren Person zur Kenntnis zusenden, kannst du die Adresse des Kopieempfängers angeben. In der Zeile „Betreff" solltest du den Inhalt deiner E-Mail kurz durch einen Hinweis charakterisieren.

Die **Klasse NACHRICHT** hat folgende Attribute:

Attribut	Attributwert (Beispiel)	Bezeichnung im E-Mail-Programm
Absender	Steve@gmx.de	Von
Empfänger	Nicole@t-online.de	An
Kopieempfänger	Philip@web.de	Cc
Betreff	Kinobesuch	Betreff
Text	Hallo Nicole, …	

```
NeueNachricht: NACHRICHT
NeueNachricht.Absender="Steve@gmx.de"
NeueNachricht.Empfänger="Nicole@t-online.de"
NeueNachricht.Kopieempfänger="Philip@web.de"
NeueNachricht.Betreff="Kinobesuch"
NeueNachricht.Text="Hallo Nicole, …"
```

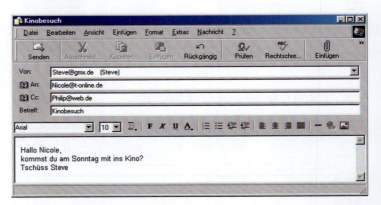

Nachdem die E-Mail erstellt wurde, soll sie natürlich auch an den Empfänger gesendet werden. Du erinnerst dich:

> Mithilfe der **Methode Senden()** wird deine E-Mail über den Mail-Server deines Providers mit Unterstützung von Verbindungsrechnern in die Mailbox des Empfängers transportiert. Diese Mailbox befindet sich auf dem Mail-Server des Empfängers. Von dort aus muss die Nachricht dann nur noch abgeholt werden. Das passiert oft automatisch, wenn eine E-Mail versandt wird.

So heißt die Schaltfläche im E-Mail-Programm zum Beispiel auch „Senden/Empfangen".

```
NeueNachricht.Senden()
```

1 Schüler einer 7. Klasse am Computer

Die erhaltenen E-Mails kannst du in einem speziellen Ordner deines E-Mail-Programmes sehen. Dieser heißt z. B. „Posteingang". Wählst du dort den Absender und den Betreff der empfangenen E-Mail aus, so kannst du den gesamten Text lesen.

> Nicht jede E-Mail, die man erhält, ist erwünscht. Die vielen und kostengünstigen Möglichkeiten, die durch den E-Mail-Dienst zur Verfügung stehen, werden auch von verschiedenen Nutzern zum Beispiel für Werbezwecke verwendet.
> Als **Spam** bezeichnet man eine E-Mail-Nachricht, die unaufgefordert an viele Empfänger auf einmal versandt wird. Man kann eine solche Nachricht auch mit einer Postwurfsendung vergleichen. Da diese Nachrichten oftmals nicht die Interessen der Empfänger betreffen und unerwünscht und unaufgefordert versandt werden, stellen Spam-Nachrichten einen Missbrauch des Internets dar.

7.7 Teilt eure Klasse in Gruppen von vier bis sechs Schülern! Anschließend legt fest, in welcher Reihenfolge ihr euch in diesen Gruppen eine E-Mail ringförmig zusendet! Das heißt, der Schüler, der die erste E-Mail versendet, erhält die zuletzt gesendete. Dabei gelten folgende Regeln für das Erstellen der Mail: Der erste Schüler schreibt einen beliebigen Satz. Zum Beispiel: „Das rote Auto ist besonders schön." Der zweite Schüler ändert in diesem Satz genau zwei Wörter und sendet den neuen Satz an Schüler drei usw. Wichtig bei den Änderungen ist, dass ein Verb ein Verb oder ein Attribut ein Attribut usw. bleibt. Beispiel: „Das rote *Pferd* ist besonders *schnell.*"
Spielt das Spiel zwei Runden und tauscht euch anschließend über die so entstandenen Sätze aus!

E-Mail-Programme unterstützen auch das Antworten und Weiterleiten von E-Mails.
Du erinnerst dich: **Antworten** auf eine Nachricht heißt, dass eine neue Nachricht erstellt wird. Die ursprüngliche Absenderadresse wird zur neuen Empfängeradresse und umgekehrt. Nun kannst du noch einen Antworttext hinzufügen.
Es ist auch möglich, eine erhaltene E-Mail an eine dritte Person **weiterzuleiten.** Dabei werden die Angaben zum ursprünglichen Absender und Empfänger genauso mit übertragen, wie der Originaltext der E-Mail.
Anschließend musst du jeweils diese neue Nachricht noch versenden.

1 Ja, da kommt man schon ins Grübeln …

7.8 Schreibe deinem Banknachbarn eine E-Mail mit einer (schwierigen) Frage zur Informatik oder einem anderen Unterrichtsfach und bitte um eine Antwort! Wenn dein Nachbar dir geantwortet hat, schreibe ihm wiederum, ob die Antwort richtig oder falsch ist!

7.9 Antworte nun auf die Frage deines Nachbarn, die er dir gestellt hat! Benötigst du bei der Beantwortung der Frage Unterstützung, dann leite die E-Mail an einen Mitschüler weiter und bitte ihn um Hilfe.

2 … bis man die Lösung gefunden hat.

132 Nachrichtenobjekte

7.4 Von Nachrichten mit Anhängen

Oft möchte man mit einer Nachricht nicht nur einfachen Text übermitteln. Manchmal sollen es auch komplexere Textdokumente sein, die man zum Beispiel bereits mit einem Textverarbeitungssystem bearbeitet und gestaltet hat. Aber auch Tabellen, Grafiken oder andere Dokumente können einer Nachricht beigefügt werden. Wir stellen fest:

> Um weitere Informationen in Form von Dokumenten mit einer E-Mail versenden zu können, werden an ein Objekt der Klasse NACHRICHT ein oder mehrere Objekte der Klasse ANHANG angefügt.
> Ein Objekt der **Klasse ANHANG** ist charakterisiert durch dessen Typ und durch seine Größe. Dabei gibt der Typ an, welche Art von Dokument (Textdatei, Vektorgrafikdatei, Pixelgrafikdatei, ...) mit der E-Mail übertragen werden soll.

i Eine Datei, die als Anhang an eine E-Mail verschickt wird, nennt man **Attachment**.

Durch das Anhängen von Dateien an eine E-Mail werden diese zu einem Teil der Nachricht. Ähnlich wie bei Spams (↗ Seite 131) wird diese Möglichkeit leider auch genutzt, um Anhänge zu versenden, die beispielsweise **Viren, Trojaner** oder **Würmer** enthalten. Das sind gefährliche Programme, die sich auf verschiedenen Wegen auf einen Computer einschleichen können, so eben auch als Anhang einer E-Mail.

Die Wirkung solcher Programme ist vielfältig. Sie reicht vom Ausfall einzelner Programmfunktionen über das Ausspionieren von Passwörtern bis hin zum kompletten Datenverlust auf einem Datenträger (↗ auch Seite 242).

Achtung! Öffne nur die Anhänge von E-Mails, bei denen du dir sicher bist, dass keine Gefahren drohen. Lösche zweifelhafte Nachrichten und ihre Anhänge umgehend!

Die **Klasse ANHANG** besitzt alle Attribute einer Datei:

Attribut	Attributwert (Beispiel)	Bedeutung
Typ	doc, jpg, txt, ...	Typ des Anhangs
Größe	960 KByte	Größe des Anhangs

Die **Klasse ANHANG** hat folgende Methoden:

Methode	Bedeutung
`Öffnen()`	öffnet das Dokument im Anhang
`Kopieren(Zielordner)`	speichert das Dokument

Natürlich unterstützen die E-Mail-Programme auch die Arbeit mit Anhängen.

7.10 Öffne in deinem E-Mail-Programm den Posteingangsordner! Dein Lehrer hat dir eine E-Mail mit Anhang gesandt. Speichere diesen Anhang und bearbeite ihn! Sende den bearbeiteten Anhang an deinen Lehrer zurück!

Du hast erkannt, dass ein Anhang an eine E-Mail mit dem Symbol einer Büroklammer gekennzeichnet ist. In den verschiedenen E-Mail-Programmen gibt es unterschiedliche Möglichkeiten, um den Anhang zu bearbeiten. Im E-Mail-Programm wählst du zunächst die Nachricht aus. Anschließend kannst du

Nachrichtenobjekte

mit dem Büroklammersymbol zum Beispiel entscheiden, ob du das Dokument im Anhang öffnen möchtest. Nach dem Öffnen kannst du die Methoden des Dokumentes nutzen.

1 Büro-
klammer

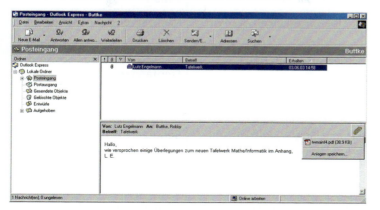

Wenn du E-Mails mit Anhang empfängst, kannst du natürlich auch solche E-Mails versenden. Nachdem du eine Nachricht verfasst hast, wird an die E-Mail ein Anhang eingefügt. Dabei musst du das entsprechende Dokument auswählen. Du erkennst das erfolgreiche Anhängen eines Dokumentes, wenn du vor dem Versenden der E-Mail im Postausgangsordner nachsiehst. Auch hier erscheint das Symbol der Büroklammer.

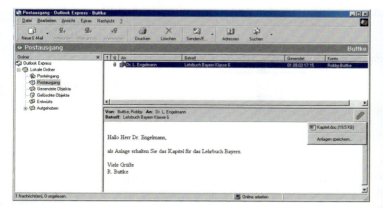

7.11 Gestalte einen kurzen, lustigen Text, in dem du auch ein Clip-Art einbaust und speichere dieses Dokument ab!
Schreibe nun eine E-Mail an deinen Banknachbarn und füge dieser E-Mail dieses Dokument als Anhang bei.
Öffne den Anhang der selbst erhaltenen E-Mail! Gib dem Absender dieser Nachricht eine kurze Antwort per E-Mail, wie dir der Anhang gefallen hat!

2 Man kann recht unterschiedliche Arten von Dokumenten als Anhang an eine E-Mail versenden. Oft sind dies formatierte Textdokumente, Tabellen oder Bilder.

Auf den Punkt gebracht

Vergleich herkömmliche Post und elektronische Post

Merkmal	Gelbe Post	E-Mail
Wo kannst du die Post „einwerfen"?	gelber Briefkasten der Post	Mail-Server des Absenders
Wo kannst du die Post „abholen"?	Briefkasten am Haus	Mailbox beim Mail-Server des Empfängers
Wie erfolgt das „Abholen" der Post?	Briefkasten öffnen und Post herausnehmen	Abrufen der E-Mail
Wie ist eine Adresse aufgebaut?	Name, Straße, Postleitzahl und Ort	Benutzer@Domain
Wer kümmert sich um den richtigen Weg der Post?	Verteilungszentren der Post	Vermittlungsrechner
Wer übernimmt den Transport der Post?	Flugzeug, Bahn, LKW, Briefträger	Datenleitungen
Wie lange dauert die Zustellung der Post?	ab 1 Tag	wenige Sekunden
Was kostet das Versenden der Post?	Brief 55 Ct, Postkarte 45 Ct	meist weniger als 3 Ct jeweils für Sender und Empfänger

Für die elektronische Post können alle beteiligten Objektklassen in einem **Klassendiagramm** zusammengefasst werden:

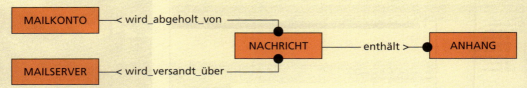

Von einem Mailkonto können keine, eine oder mehrere Nachrichten abgeholt werden. Über einen Mailserver werden keine, eine oder viele Nachrichten versandt. Eine Nachricht kann mehrere Anhänge enthalten.
Die Objekte sind durch ihre **Attributwerte und Methoden** charakterisiert:

Objekt_1: NACHRICHT

Attribute
Absender =
Empfänger =
Kopieempfänger =
Betreff =
Text =

Methoden
Senden()
Antworten(Text)
Weiterleiten(Empfänger)
AnhangEinfügen(Dateiname)

Objekt_2: ANHANG

Attribute
Typ =
Größe =

Methoden
Öffnen()
Kopieren(Zielordner)
Löschen()

✓ Teste dich selbst

Steve ist mit seinen Eltern in den Sommerurlaub nach Mallorca geflogen. Als er angekommen ist, erkundet er den Urlaubsort und vor allem den Strand und das Meer.
Nun möchte Steve seiner Oma Urlaubsgrüße senden.

7.12 Welche Möglichkeiten hat Steve, seiner Oma eine Nachricht zu schicken. Was benötigt er dazu?

7.13 Steve schreibt aus dem Urlaub eine Postkarte an seine Oma.

Liebe Oma,

wir sind gut auf Mallorca angekommen. Das Wetter ist super und das Meer wunderschön.

Viele Grüße
Steve

Gisela Kretzschmar

Osnabrücker Str. 12

D - 80997 München

1 Mallorca: Meeresbuchten laden zum Baden ein.

Diese Postkarte können wir als Objekt der Klasse NACHRICHT betrachten.
Gib für diese Nachricht die Attribute und die dazugehörigen Werte an. Verwende dazu die Objektkarte (↗ rechts unten) und die Punktnotation:

```
Postkarte: NACHRICHT
Postkarte.Absender=
Postkarte.Empfänger=
Postkarte.Text=
```

Postkarte: NACHRICHT

Absender =
Empfänger =
Text =

Teste dich selbst

7.14 Wie müsstest du die Objektkarte und die dazugehörige Punktnotation ändern, wenn Steve seine Urlaubsgrüße per E-Mail an seine Oma schickt?

> Von: „Steve" <Steve@gmx.de>
> An: „Oma Gisela" <Kretzschmar@freenet.de>
> Gesendet: Montag, 18. August 2008 17:03
> Betreff: Urlaubsgrüße
> --
> Liebe Oma,
> wir sind gut auf Mallorca angekommen. Das Wetter ist super und das Meer wunderschön.
> Viele Grüße
> Steve

7.15 In den Aufgaben 7.13 und 7.14 haben wir die Möglichkeiten betrachtet, Urlaubsgrüße mit einer Postkarte oder per E-Mail zu versenden.
Beschreibe dafür jeweils den Weg, den die Nachricht bis zum Empfänger zurücklegt! Gehe auch auf Gemeinsamkeiten und Unterschiede ein!

7.16 Steve fügt der E-Mail an seine Oma einen Anhang bei. Welche Attribute besitzt das Objekt der Klasse Anhang?

7.17 Zunehmend wird auch die sogenannte Web-Mail genutzt.
Informiere dich über diese Möglichkeit, Nachrichten als E-Mail zu versenden!
Vergleiche diese Art des E-Mail-Versandes mit der im zurückliegenden Kapitel betrachteten Variante!
Welche Vorteile und welche Nachteile kannst du erkennen?

Algorithmenstrukturen

8

Algorithmenstrukturen

1 SIM-Karte mit Speicherchip.
Die **SIM-Karte** (**S**ubscriber **I**dentity **M**odul) enthält einen Speicherchip, auf dem u. a. die Telefonnummer, Daten für den Netzzugang und das Telefonbuch verwaltet werden.

8.1 Algorithmen helfen Abläufe zu beschreiben

Sophie hat zu ihrem Geburtstag ein Handy geschenkt bekommen. Sie kann es kaum erwarten, das Gerät in Betrieb zu nehmen.

Schnell öffnet sie die Verpackung. Obenauf liegt ein Benutzerhandbuch, darunter das neue Handy, der Akku und das Akku-Ladekabel sowie die SIM-Karte im Scheckkartenformat. „Lies zuerst die Gebrauchsanweisung, bevor du etwas kaputt machst!", mahnt Mutter.

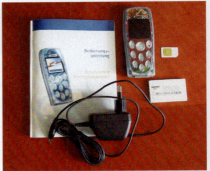

Unter „Erste Schritte" findet sie folgende Anweisungen:
1. Lösen Sie den kleineren Abschnitt aus der SIM-Karte heraus und entfernen Sie überstehende Kunststoffreste.
2. Öffnen Sie auf der Rückseite die Abdeckung, indem Sie den Deckel in Pfeilrichtung schieben.
3. Legen Sie die SIM-Karte mit der Kontaktfläche nach unten in die Aufnahmeöffnung ein. Achten Sie dabei auf die richtige Lage der abgeschrägten Ecke.
4. Setzen Sie jetzt den Akku mit leichtem Druck so ein, dass die Kontakte zueinander weisen.
5. Schieben Sie jetzt den Deckel wieder auf das Gehäuse, bis er merkbar einrastet.
6. Der Akku ist im Lieferzustand nicht vollständig geladen. Verbinden Sie das Ladekabel am Blitzsymbol mit dem Telefon. Der Ladevorgang kann bis zu drei Stunden dauern. Er ist beendet, wenn das Symbol auf dem Display einen vollständig geladenen Akku anzeigt.

Sophie führt alle Anweisungen nacheinander gewissenhaft aus. Sie hat keine Schwierigkeiten, da der Ablauf durch die sechs Schritte korrekt, eindeutig und in der richtigen Reihenfolge beschrieben wird. Jetzt muss sie sich nur noch etwas gedulden, bis der Akku ganz geladen ist.

Vergleichbare Handlungsanweisungen findest du in vielen Bereichen:
- Gebrauchsanweisungen,
- Bastelanleitungen,
- Spielregeln,
- Kochrezepte,
- mathematische Lösungsverfahren,
- Beschreibung physikalischer Versuchsabläufe.

In der Informatik heißen solche Verarbeitungsvorschriften **Algorithmen**.
Sie müssen u. a. folgenden Anforderungen genügen:

Endlichkeit:
Ein Algorithmus besteht aus endlich vielen Anweisungen. In der Praxis soll ein Algorithmus nach endlich vielen Schritten ein Resultat liefern.
 (Sophie möchte z. B. in absehbarer Zeit ein gebrauchsfertiges Handy haben.)

Eindeutigkeit:
Mit jeder Anweisung ist auch die nächstfolgende festgelegt. Wird der Algorithmus mit den gleichen Voraussetzungen gestartet, so liefert die Ausführung stets gleiche Ergebnisse.
 (Außer Sophie sollen beispielsweise auch andere Anwender mit der Anweisungsfolge im Kapitel „Erste Schritte" ihr neu erworbenes Handy erfolgreich in Betrieb nehmen können.)

Ausführbarkeit:
Jede einzelne Anweisung muss für den Ausführenden des Algorithmus verständlich und eindeutig ausführbar sein.
 (Zum Beispiel will Sophie bei einer Anweisung nicht überlegen müssen, wie sie richtig ausgeführt wird.)

 Viele Rechenmeister des Mittelalters versuchten ihre Schüler von der Richtigkeit des Gelernten mit den Worten „So sagt AL-CHWARIZMI!" zu überzeugen.
AL-CHWARIZMI (787 – um 850) hatte in seinem Werk „Hisab al'schabr wal mukábala" („Das Buch vom Hinüberschaffen und vom Zusammenfassen") das schriftliche Addieren und Subtrahieren von Dezimalzahlen und viele andere Verfahren beschrieben.

> Ein **Algorithmus** ist eine Verarbeitungsvorschrift, die aus einer endlichen Folge von eindeutig ausführbaren Anweisungen besteht.
> Unter gleichen Voraussetzungen liefert die Ausführung eines Algorithmus stets gleiche Ergebnisse.

8.1 Welche der folgenden Abläufe können nicht durch einen Algorithmus beschrieben werden?
Begründe deine Antwort, indem du Eigenschaften eines Algorithmus nennst, die nicht erfüllt sind.
a) Wechseln eines Autoreifens (Radwechsel)
b) Schreiben eines Liebesbriefes
c) Konstruieren einer zur Geraden g parallelen Geraden h durch einen Punkt P, der nicht auf g liegt (↗ Bild 1)
d) Addition zweier Brüche
e) Benoten eines Aufsatzes
f) Schießen eines Tores beim Handball
g) Stricken eines Pullovers
h) Aufschreiben aller geraden natürlichen Zahlen

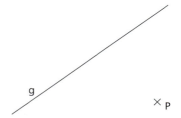
1 Gerade g und Punkt P

Betrachten wir nun noch zwei Beispiele aus der Mathematik und Physik:

Rundungsregel für natürliche Zahlen:
„Für das Runden einer natürlichen Zahl ist die Ziffer von besonderer Bedeutung, die der Stelle, auf die gerundet wird, unmittelbar folgt. Die Ziffer auf der Rundungsstelle bleibt unverändert, wenn ihr eine 0, 1, 2, 3 oder 4 folgt. Sie wird um 1 erhöht, wenn ihr eine 5, 6, 7, 8 oder 9 folgt. Alle auf die Rundungsstelle folgenden Ziffern werden durch Nullen ersetzt."
So könnte die Regel in einem Mathematikbuch stehen. Die Beschreibung mithilfe der Umgangssprache hat Nachteile: Die genaue Anweisungsfolge ist nicht deutlich zu sehen. Jede einzelne Anweisung könnte man noch auf die wesentlichen Bestandteile reduzieren. Bei Ablaufbeschreibungen in Gebrauchsanweisungen werden hier oft Verben im Infinitiv, vergleichbar der Bezeichnung von Methoden „Datei speichern()", verwendet:
In einer formalisierten Beschreibung unter Verwendung von Infinitiven könnte obiges Beispiel dann so aussehen:
1. Zahl und Rundungsstelle festlegen.
2. Wenn auf die Rundungsstelle eine 0, 1, 2, 3 oder 4 folgt, dann bleibt diese Stelle unverändert, sonst wird sie um 1 erhöht.
3. Alle Ziffern, die auf die Rundungsstelle folgen, durch Nullen ersetzen.
4. Gerundete Zahl ausgeben.

Strahlenverlauf beim ebenen Spiegel:
Folgende Grundaufgabe hast du sicher in Physik schon gelöst:
„Ein Lichtstrahl trifft auf einen ebenen Spiegel. Konstruiere seinen weiteren Verlauf!"
Ein Lösungsvorschlag könnte so aussehen:
„Wir wählen einen beliebigen Punkt des einfallenden Lichtstrahls und konstruieren sein Spiegelbild. Danach zeichnen wir die Gerade durch das Spiegelbild und den Punkt P, in dem der Lichtstrahl auf den Spiegel auftrifft. Der gesuchte reflektierte Strahl liegt auf der Geraden. Er beginnt im Punkt P und verläuft nicht durch den Bildpunkt."
In diesem Beispiel werden wir wichtige Punkte mit Buchstaben bezeichnen, durch die wir die Geraden und Halbgeraden präziser mit den Mitteln der Geometrie beschreiben können.
Formalisiert lautet obige Beschreibung dann so:
1. Sei P der Punkt, in dem der Lichtstrahl auf den Spiegel trifft.
2. Wähle einen beliebigen Punkt S des einfallenden Lichtstrahls.
3. Konstruiere den Bildpunkt S' zu S am ebenen Spiegel.
4. Zeichne die Gerade S'P.
5. Der gesuchte reflektierte Strahl liegt auf der Geraden g. Er beginnt im Punkt P und verläuft nicht durch S'.

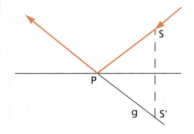

1 Bild des Konstruktionsverlaufs

Algorithmenstrukturen

Algorithmen sollten möglichst kurz, aber sehr präzise, verständlich und eindeutig für den Anwender aufgeschrieben werden.
Die genaue Anweisungsfolge soll deutlich zu erkennen sein.
Die Darstellung eines Algorithmus in einer für den Computer verständlichen Form heißt **Programm**.

8.2 Wähle aus den folgenden Tätigkeiten zwei aus! Beschreibe sie möglichst kurz durch einen Algorithmus!
a) Zähne putzen
b) Nachschlagen im Lexikon
c) Schultasche packen
d) Überqueren einer Straße
e) Telefonieren mit einem Handy (↗ auch Bild 1)
f) Konstruieren eines virtuellen Bildpunktes am ebenen Spiegel

1 Im Auto darf der Fahrer mit einem Handy nur dann telefonieren, wenn eine zugelassene Freisprecheinrichtung vorhanden ist. Das Handy muss dadurch nicht in die Hand genommen werden.

Mit der Entwicklung von Rechneranlagen entstanden seit 1940 künstliche formale Sprachen, sogenannte **Programmiersprachen,** mit denen Algorithmen für Rechner beschrieben und zur Ausführung gebracht werden können. Im Unterschied zu natürlichen Sprachen wie Deutsch und Englisch besitzen Programmiersprachen einen wesentlich kleineren festen Wortschatz und nur wenige feste Regeln.

Die Anweisungen einer Programmiersprache sind noch nicht für den Computer ausführbar. Leider können Computer nur seltsame Kommandos ausführen:

```
ADD AX FFh, INC AX, JMP 0A3 …
```

Zu allem Überfluss müssen solche Anweisungen noch in Binärcode – er besteht aus lauter Nullen und Einsen – übertragen werden:

```
10001010 10100111 11010101 10010110 11010110 …
```

Obige Kommandos sind für Menschen schwer zu erfassen und der Binärcode ist fast nicht mehr lesbar. Gott sei Dank, haben Fachleute **Programmierumgebungen** entwickelt, die eine formale, aber trotzdem noch verständliche Sprache zur Verfügung stellen und uns deren Übersetzung in maschinenlesbaren Code abnehmen.

In den folgenden Kapiteln wirst du eine einfache Programmierumgebung kennenlernen.

8.2 Auf Entdeckungsreise in einer virtuellen Welt

Als Programmierumgebung wählen wir das einfache Robotersystem „Robot Karol":
- Ein programmierbarer *Roboter* lebt in einer Welt, in der er sich mit wenigen Befehlen bewegen lässt.
- Er kann *Marken* und *Ziegelsteine* setzen und entfernen.
- In der Welt gibt es *Quadersteine* und *Wände*, die er nicht überwinden kann.
- Mithilfe von *Sensoren* kann er seine Umgebung erkennen. Er kann wahrnehmen, ob vor ihm eine Wand oder ein Ziegelstein steht oder ob er sich auf einer Marke befindet.

Nun wollen wir mit dem **Roboter Karol** einige Abenteuer bestehen.

Unser System kennt einen Direktmodus. Nun wirst du kennenlernen, wie du die Objekte *Roboter* und *Welt* in diesem Modus beeinflussen kannst.

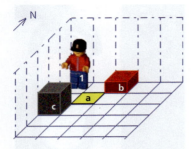

1 Karol
a Marke
b Ziegelstein
c Quader

Roboter: Mithilfe nebenstehender Befehlsschaltflächen lässt sich das Wesen in seiner Welt steuern. Ein Mausklick auf eine solche Fläche bringt die zugehörige **Methode** der Programmiersprache des Roboters zur Ausführung:

2 Befehlsschaltflächen von Karol (Steuerung im Direktmodus):
a Links um!
b Gehe geradeaus!
c Rechts um!
d Hinlegen!
e Aufheben

Schreibweise der Methode (Syntax)	Bedeutung der Methode (Semantik)
a `LinksDrehen`	Der Roboter dreht sich auf der Stelle nach links.
b `Schritt`	Er geht einen Schritt vorwärts.
c `RechtsDrehen`	Er dreht sich auf der Stelle nach rechts.
d `Hinlegen`	Er legt auf das Feld vor sich einen Ziegelstein.
e `Aufheben`	Er hebt vom Feld vor sich einen Ziegelstein auf.

Diese Hinweise genügen, damit du die anderen Schaltflächen M, Q und E selbst erforschen kannst (↗ Bild 2).

Eigenschaften **(Attribute)** des Roboters wie die x- und y-Koordinaten oder die Blickrichtung kann man unten in der Fensterleiste sehen (Position X, Position Y, Blickrichtung).

Doch jetzt wollen wir den Roboter in seiner Welt herumflitzen lassen. Wer kann folgende Übungen am schnellsten fertigstellen?

Algorithmenstrukturen 143

| 8.3 | Öffne deine Programmierumgebung und erzeuge im Direktmodus |

a) ein Schachbrettmuster mit Marken,
b) eine Spirale mit Ziegeln.

> Robot Karol kann ein Randfeld seiner Welt nicht überschreiten. Er stößt am Rand an einer Wand an.

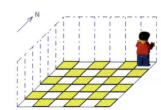
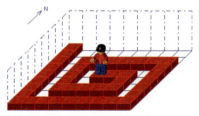

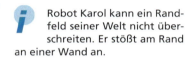

Im Programmiersystem kann man eine **Welt** mithilfe von Werkzeugen direkt gestalten.
Wählt man in der Menüleiste den Eintrag „Welt", so öffnet sich das nebenstehende Menü (↗ Bild 1), das bekannte Methoden wie „Neue Welt", „Öffnen Welt …", „Welt speichern", „Welt speichern unter …" sowie „Welt löschen" anbietet.

1 Methoden der Welt im Menü

Wenn du eine Welt mit der Methode „Als Grafik speichern" speicherst, erhältst du eine Datei mit einer Pixelgrafik der Welt im BMP-Format.
Der Menüeintrag „Welt direkt festlegen" ist inaktiv, wenn sich die Darstellung im 3D-Modus befindet. Um die Welt direkt gestalten zu können, musst du zuvor über den Menüeintrag „2D Darstellung" in eine zweidimensionale Wiedergabe der Welt wechseln.
Über die Menüfolge „Welt ⟶ Welt direkt festlegen" öffnet sich ein Werkzeugkasten, mit dem man die Objekte (Ziegelstein, Marke und Quader) in der Welt setzen und entfernen kann.
Über die Befehlsschaltflächen aus der unteren Leiste des Weltfensters werden die Methoden
- „Welt löschen" (L – alle Ziegel, Marken und Quader werden entfernt),
- „Welt wieder herstellen" (W – Die Welt vor der Ausführung eines Programms wird wieder hergestellt),
- „2D-Darstellung" (2D)

zur Verfügung gestellt (↗ Bild 3).

2 Über die Menüfolge „Welt ⟶ Neue Welt" kannst du die Größe der Welt verändern.

3 Methoden über Schaltflächen

| 8.4 | Entwirf noch einmal mit dem vom System gegebenen Werkzeugen der Welt ein Schachbrettmuster beziehungsweise eine Spirale, speichere die Welt und exportiere sie als Bild! |

Aus objektorientierter Sicht ist Karol ein Objekt der Klasse ROBOTER und Welt ein Objekt der Klasse WELT. Beide Klassen lassen sich durch ihre Attribute und Methoden beschreiben:

ROBOTER	WELT
Attribute	**Attribute**
Position X	Breite
Position Y	Länge
Blickrichtung	Höhe
Ziegel	
Methoden	**Methoden**
LinksDrehen()	NeueWeltErstellen()
Gehen()	Öffnen()
RechtsDrehen()	Speichern()
MarkeSetzen()	Löschen()
MarkeLöschen()	AlsGrafikSpeichern()
IstMarke()	MarkeSetzen()
IstWand()	MarkeLöschen()
HatZiegel()	QuaderSetzen()
	QuaderLöschen()
	BreiteSetzen()
	LängeSetzen()
	HöheSetzen()

Bei den Klassenkarten verwenden wir die bekannte Schreibweise der Methoden mit Klammern und einem Verb im Infinitiv.

Die speziellen Methoden `IstMarke()`, `IstWand()` beziehungsweise `HatZiegel()` wirst du bald genauer kennenlernen. Mit ihrer Hilfe und den „Sensoren" kann der Roboter feststellen, ob er sich auf einer Marke befindet, vor einer Wand oder einem Quader steht bzw. noch Ziegel mit sich trägt.

8.5 Vervollständige das folgende Klassendiagramm und füge Beziehungen zwischen weiteren Klassen des Robotersystems ein!

8.3 Die Programmiersprache „Robot Karol"

Mithilfe der Befehlsschaltflächen kannst du den Roboter durch seine Welt laufen und schöne Muster erstellen lassen. Dieses Verfahren ist aufwändig und macht keinen rechten Spaß. Es wäre besser, wenn wir dem System mit einer geeigneten Sprache mitteilen könnten, wie der Roboter Aufgaben erledigen soll.

Unser Programmiersystem stellt uns eine solche künstliche Sprache zur Verfügung, die wir leicht verstehen und mit der wir dem Rechner unmissverständliche Anweisungen geben können.

Beispiel: Der Roboter soll einen Schritt zurück gehen.
Im Direktmodus hätten wir folgende Aktionen ausgelöst:
- Karol dreht sich zuerst zweimal rechts um 90°.
- Er geht einen Schritt vorwärts.
- Zuletzt dreht er sich wieder zweimal rechts um 90°.

Die Abfolge der Anweisungen können wir auch durch die Reihenfolge der Befehlsschaltflächen darstellen:

Für die Aufgabe hast du zwei Schaltflächen verwendet. Mit den zugehörigen Methoden „RechtsDrehen" und „Schritt" können wir die Anweisungsfolge in der Programmiersprache Robot Karol aufschreiben. Aus Gründen der Übersichtlichkeit trennen wir die einzelnen Anweisungen durch einen Zeilenumbruch.

```
RechtsDrehen
RechtsDrehen
Schritt
RechtsDrehen
RechtsDrehen
```

> Die Darstellung eines Algorithmus in einer Programmiersprache heißt **Programm**.
> Eine Folge von Anweisungen, die hintereinander ausgeführt werden, heißt **Sequenz (Folge)**. Im Spezialfall kann eine Sequenz aus keiner oder einer Anweisung bestehen.

Programme lassen sich in Struktogrammen grafisch darstellen. Anweisungen stehen in einem Rechteck. Die Rechtecke zu Anweisungen einer Sequenz werden einfach aneinander gereiht. Du erhältst das Struktogramm über die Menüfolge „Struktogramm ⟶ Anzeigen".
Im Bild 1 ist das Struktogramm für unser Beispiel dargestellt.

| RechtsDrehen |
| RechtsDrehen |
| Schritt |
| RechtsDrehen |
| RechtsDrehen |

1 Struktogramm für die Sequenz „Schritt zurück"

Algorithmenstrukturen

1 Wenn du bei Robot Karol mit der rechten Maustaste in das linke Fenster klickst, erscheint diese Programmierhilfe.

a Programmstart
b Pause
c Abbruch

Schnelldurchlauf und Einzelschritt

2 Symbole für den Programmlauf

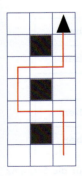

3 Welt von Aufgabe 8.6 b

Im **Editor,** einem einfachen Textprogramm, kannst du nun das Programm erstellen. Im Unterschied zu einem normalen Textprogramm erkennt der Editor Schlüsselwörter der Sprache und stellt sie farbig dar. Zudem bietet er grafische Hilfsmittel, die dem Autor die Schreibarbeit erleichtern.

Klickst du mit der rechten Maustaste an eine Stelle im Editorfenster, an der du eine Anweisung einfügen willst, so erhältst du eine Liste, aus der du die geeignete Anweisung aussuchen und per linkem Mausklick in das Editorfenster übertragen kannst.

Sobald der Editor einen Schlüsselbegriff, hier z. B. den Methodennamen „RechtsDrehen" (↗ Bild 1), erkannt hat, wird der Text blau eingefärbt. Auf diese Weise kannst du Fehler schon beim Schreiben erkennen.

> **Übersetzung des Programms**
> Abschließend muss der Quellcode in Maschinensprache übersetzt werden.
> Hier werden zwei Verfahren unterschieden:
> - Ein **Compiler** überträgt zuerst den ganzen Quellcode der Hochsprache in ein Maschinenprogramm. Erst nach Beendigung der ganzen Übersetzung kann das Programm ausgeführt werden.
> - Ein **Interpreter** ist ein Übersetzer, der den Quellcode schrittweise abarbeitet, jede Anweisung aus dem Quellcode in die Zielsprache übersetzt und sofort ausführt. Robot Karol wird interpretierend abgearbeitet.

In der Programmierumgebung kannst du die Ausführung des Programms wie bei einem Videorecorder steuern. Nebenstehend (Bild 2) siehst du die typischen Symbole für Programmstart, Pause und Abbruch.
In einem eigenen Fenster werden unten die Systemmeldungen angezeigt. Hier kannst du auch die Fehlermeldungen zu deinem Programm lesen.

8.6 Verfasse zu folgenden Problemstellungen jeweils ein Programm!
a) Der Roboter geht einen Schritt schräg nach rechts vorwärts.
b) Erstelle nebenstehende Welt (Bild 3) und lasse den Roboter um Quadersteine Slalom laufen! Der Roboter soll nicht an einem Quader anstoßen. In diesem Fall würde das Programm mit einer Fehlermeldung beendet.

8.4 Das Leben besteht aus Wiederholungen

Gezählte Wiederholung

Jeden Morgen stehst du auf, gehst fünfmal in der Woche in die Schule und legst dich abends wieder schlafen. Aber auch bei anderen Tätigkeiten begegnen dir Wiederholungen.

Erinnerst du dich noch an Sophie und deren neues Handy? Beim Einschalten ihres Handys muss Sophie die vierstellige **PIN** (**P**ersonal **I**dentity **N**umber) eingeben.
Den Ablauf der Eingabe wollen wir gleich als Algorithmus aufschreiben:

```
Stelle die PIN-Nummer fest.
Gib die nächste Ziffer ein.
Gib die nächste Ziffer ein.
Gib die nächste Ziffer ein.
Gib die nächste Ziffer ein.
Drücke die OK-Taste.
```

1 Display des Handys für die Eingabe der PIN

Insgesamt 4-mal geben wir die nächste Ziffer ein. Ein neuer Baustein für die Beschreibung von Algorithmen erleichtert uns hier die Schreibarbeit – *die Wiederholung mit fester Anzahl.*
Wir führen sie hier gleich so ein, wie sie später in der Programmiersprache von Robot Karol eingesetzt wird:

```
Stelle die PIN-Nummer fest.
wiederhole 4 mal
    Gib die nächste Ziffer ein.
*wiederhole
Drücke die OK-Taste.
```

Anfang und Ende der Wiederholung mit fester Anzahl werden durch die Schlüsselwörter „wiederhole .. mal" und „*wiederhole" gekennzeichnet. Aus Gründen der Übersichtlichkeit rücken wir die Anweisungsfolge, die wiederholt ausgeführt werden soll, ein. Auf diese Weise können wir mit einem Blick Anfang und Ende der Wiederholung erkennen.
Nebenstehend ist ein Struktogramm für die Wiederholung mit fester Anzahl dargestellt.

 Die Wiederholung mit fester Anzahl wird auch **Zählschleife** genannt.
So sieht unser Beispiel als Struktogramm der Zählschleife aus:

Das Schlüsselwort „*wiederhole" entfällt, da die Wiederholung durch die grafische Gestaltung klar eingegrenzt ist.

> **Wiederholung mit fester Anzahl:**
> ```
>     wiederhole n mal
>         Anweisungsfolge
>     *wiederhole
> ```
> Die Anweisungsfolge innerhalb der Wiederholung wird so oft ausgeführt, wie die Zahl **n** vorgibt.

Algorithmenstrukturen

In unserem Programmiersystem Robot Karol können wir diesen Baustein ebenfalls verwenden: Unser Roboter soll einen Quader umrunden.
Mit folgender Anweisungssequenz läuft er jeweils eine Seite entlang und dreht sich zur nächsten Seite hin.

1 Der Roboter Karol soll einen Quader umrunden.

Startposition

```
        Schritt
        Schritt
        LinksDrehen
```

```
        Schritt
        Schritt
        LinksDrehen
```

```
        Schritt
        Schritt
        LinksDrehen
```

```
        Schritt
        Schritt
        LinksDrehen
```

Nach viermaliger Ausführung der Anweisungsfolge erreicht Karol wieder die Ausgangsposition.
Mit der gezählten Wiederholung lässt sich dieser Algorithmus schnell im Editor aufschreiben:

```
wiederhole 4 mal
    Schritt
    Schritt
    LinksDrehen
*wiederhole
```

Über die Menüfolge „Struktogramm ⟶ Anzeigen" kannst du dir das zugehörige Struktogramm (↗ Bild 2) anschauen, das das Programmiersystem automatisch erzeugt.

2 Struktogramm

8.7 Auf einem Rechteck von 9×5 Feldern soll der Roboter unter Einsatz von gezählten Wiederholungen eine Mauer aus Ziegelsteinen bauen.

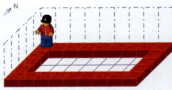

Nun können wir unser Beispiel noch schwieriger gestalten: Der Roboter soll jetzt Quader umrunden, die auf einem Quadrat von 2×2 Feldern angeordnet sind.

Startposition
```
Schritt
Schritt
Schritt
LinksDrehen
```

Jetzt musst du nur die Anweisungsfolge in der gezählten Wiederholung vom ersten Beispiel durch obige Sequenz ersetzen und der Roboter erfüllt brav seine Aufgabe.

```
wiederhole 4 mal
    Schritt
    Schritt
    Schritt
    LinksDrehen
*wiederhole
```

1 Karol soll Quader umrunden, die auf einem Quadrat von 2×2 Feldern angeordnet sind.

Die Methode „Schritt" kommt bei 2×2-Feldern genau 3-mal zur Anwendung. Für diese Methodenfolge lohnt es sich, die gezählte Wiederholung erneut einzusetzen:

```
wiederhole 4 mal
    wiederhole 3 mal
        Schritt
    *wiederhole
    LinksDrehen
*wiederhole
```

Das Struktogramm zeigt schön, dass die innere Wiederholung ganz in der Anweisungsfolge der äußeren Wiederholung liegt.

| Wiederhole 4 mal |
| Wiederhole 3 mal |
| Schritt |
| Links drehen |

2 Struktogramm

> Wiederholungen lassen sich „schachteln". Die innere Wiederholung muss ganz in der Anweisungsfolge der äußeren liegen.

8.8 a) Karol soll Quader ähnlich wie im Bild 1 umrunden. Wie oft muss die Methode „Schritt" in der inneren Zählschleife ausgeführt werden, damit der Roboter ein Quadrat aus 3×3, 4×4, 5×5, ... Feldern umrunden kann? Nutze diesen Zusammenhang und lasse den Roboter ein 7×7-Feld umrunden!
b) Karol soll ein Schwimmbad mit einem Grundriss von 9×5 Feldern bauen. Die Ziegelsteinmauer soll eine Höhe von 3 Ziegeln haben. Verwende beim Programmentwurf geschachtelte Wiederholungen!

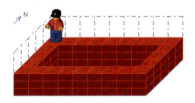

3 Schwimmbad (Aufgabe 8.8 b)

Wiederholung mit Eingangsbedingung

Oft weiß man zu Beginn einer Wiederholung nicht, wie oft man die Anweisungsfolge ausführen muss. Sicher hast du einen ähnlichen Satz schon einmal von deinen Eltern gehört:
„Solange du das Gedicht nicht ohne Fehler aufsagen kannst, musst du es auswendig lernen."
Die Wiederholung der Anweisung „Gedicht auswendig lernen" ist an eine Bedingung geknüpft. Zuerst prüfen deine Eltern, ob du das Gedicht aufsagen kannst. Wenn der Vortrag fehlerfrei ist, bist du erlöst. Im anderen Fall musst du es stets erneut auswendig lernen. Letztlich entscheiden die Eltern bei der Abfrage mit ihren Augen und Ohren, wie oft die Anweisung ausgeführt wird.

Bei diesem Baustein zur Beschreibung von Algorithmen hängt die Wiederholung von einer Bedingung am Anfang ab. Aus diesem Grund heißt sie **Wiederholung mit Eingangsbedingung.**

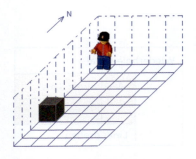

1 Karol geht geradeaus.

Mit diesem neuen Baustein können wir im Programmiersystem Robot Karol folgende Aufgabe lösen:
    Der Roboter soll bis an den Rand einer beliebigen Welt immer geradeaus gehen.

Wenn du den Satz unter Verwendung des Schlüsselworts „solange" umformulierst, erkennst du sofort die Wiederholung mit Eingangsbedingung:
    Solange der Roboter nicht am Rand der Welt angekommen ist, soll er einen Schritt vorwärts gehen.

Allerdings gilt es noch ein Problem zu lösen: Wie kann Karol erkennen, dass er am Rand seiner Welt angekommen ist?
Mit Sensoren kann der Roboter seine Umgebung wahrnehmen. Mit ihrer Hilfe kann er z. B. entscheiden, ob folgende Aussage zutrifft: „Der Roboter steht vor einer Wand oder einem Quader."
Der Sensor meldet „wahr", wenn die zugehörige Frage: „Steht der Roboter vor einer Wand oder einem Quader?", mit „Ja!" beantwortet wird, bzw. „falsch", wenn die Antwort „Nein!" lautet.

> Methoden und Ausdrücke, die nach ihrer Ausführung den Wahrheitswert „wahr" oder „falsch" annehmen, heißen **Bedingungen** oder **Prädikate**.

Im Programmiersystem Robot Karol verwenden wir nachfolgende Bedingungen.

Die Syntax der Bedingung deutet die zugehörige Frage an.

Syntax	Bedeutung (Semantik)
IstWand	Steht Karol vor einer Wand oder einem Quader?
NichtIstWand	Steht Karol nicht vor einer Wand oder einem Quader? (↗ Randbemerkung)
IstMarke	Steht der Roboter auf einem Feld mit einer Marke?
NichtIstMarke	Steht der Roboter nicht auf einem Feld mit einer Marke?
IstZiegel	Steht Karol vor einem Feld mit einem Ziegel?
NichtIstZiegel	Steht Karol nicht vor einem Feld mit einem Ziegel?

i NichtIstWand ist wahr, wenn Karol nicht vor einer Wand (und auch nicht vor einem Quader) steht.

Steht der Bedingung ein „Nicht" voran, entscheidet der Sensor mit „wahr", falls er vor dem Roboter keine Wand, keinen Quader oder keinen Ziegel erkennt.

In Abhängigkeit von solchen Bedingungen kannst du eine Folge von Anweisungen wiederholen lassen.

Wiederholung mit Eingangsbedingung

solange Bedingung tue
    Anweisungsfolge
  *solange

Zuerst wird die Bedingung überprüft. Ist sie erfüllt, wird die Anweisungsfolge ausgeführt. Solange die Eingangsbedingung wahr ist, wird dieser Vorgang wiederholt.
Die Anweisungsfolge, die wiederholt werden soll, steht eingerückt zwischen den Schlüsselwörtern „solange ... tue" und „*solange".

i Die Wiederholung mit Eingangsbedingung wird auch **Solange-Schleife** genannt.
So sieht das Struktogramm aus:

solange Bedingung
Anweisungsfolge

Ist die Eingangsbedingung beim ersten Aufruf nicht erfüllt, so wird die Anweisungsbedingung überhaupt nicht ausgeführt.

Jetzt können wir unser Problem lösen. Unter Verwendung der neuen Schlüsselwörter lautet es wie folgt:
    Solange der Roboter nicht vor einer Wand steht, tue:
        Gehe vorwärts.
    *Solange

Diese Darstellung können wir gleich in den Programmcode übersetzen:
    solange NichtIstWand tue
        Schritt
    *solange

solange NichtIstWand
Schritt

1 Struktogramm

Algorithmenstrukturen

1 Welt zu Aufgabe 8.9 b

| Nummer: _ _ _ _ _ _ _ _ _ |
| Name: _ _ _ _ _ _ _ _ _ |
| Löschen   Speichern |

2 Display des Handys für die Eingabe eines neuen Eintrags

1	2 abc	3 def
4 ghi	5 jkl	6 mno
7 pqrs	8 tuv	9 wxyz
*	0	#

3 Ziffernblock

ℹ Von der Eingabe der Nummer kannst du mit der Steuerungstaste „Unten" zu der des Namens wechseln. Der Eintrag wird mit der Methode „Speichern" im Telefonbuch gesichert.

8.9 Erstelle zu folgenden Aufgaben den Programmcode! Achte auf die übersichtliche Einrückung.
a) Der Roboter startet auf einem Feld mit Marke. Er soll so lange vorwärts gehen, bis er ein Feld betritt, auf dem sich keine Marke mehr befindet. Am Schluss soll er auf dem letzten Feld mit Marke stehen.
b) Karol steht mitten in seiner Welt (↗ Bild 1). Lucas schlägt folgendes Programm vor:

```
solange NichtIstWand tue
   LinksDrehen
*solange
```

Beschreibe den Ablauf der Programmausführung!
Welchen Ratschlag wirst du nach dieser Erfahrung deinen Mitschülerinnen und Mitschülern beim Gebrauch der bedingten Wiederholung geben?

Texteingabe am Handy: Sophie will die Rufnummern ihrer Freundin Laura ins Telefonbuch des Handys eintragen. Zur Rufnummer kann sie auch den Namen der Person eingeben.
Für die Eingabe des Namens wechselt die Handytastatur automatisch in den Zeichenmodus. Der Ziffernblock der Tastatur besteht wie beim normalen Telefon aus 12 Tasten. Um die Buchstaben unseres Alphabets und Sonderzeichen eingeben zu können, müssen die Tasten mehrfach belegt werden. Zum Beispiel kannst du mit der Taste 2 folgende Zeichen erreichen, indem du die Taste schnell hintereinander 9-mal drückst: a b c 2 ä á æ å ç
Auf dem Layout der Tastatur sind die ersten Zeichen der Belegung abgebildet. Ein Leerzeichen wird durch einen Tastendruck auf die Zifferntaste 1 erzeugt (↗ Bild 3).
Unter *Texteingabe* findet Sophie im Handbuch folgenden Hinweis: „Drücken Sie die zugehörige Zifferntaste mehrfach, bis das gewünschte Zeichen erscheint. Das aktuelle Zeichen wird übernommen, falls Sie eine Pause einlegen oder zu einer anderen Taste wechseln." Dieser Hinweis lässt sich mit der bedingten Wiederholung formalisieren:
   Wähle die Zifferntaste, die zum gewünschten Zeichen gehört.
   Solange nicht der richtige Buchstabe erscheint,
      drücke die Zifferntaste.
   Lege eine Pause ein.

8.10 Beschreibe den Ablauf der vollständigen Eingabe eines neuen Eintrags im Telefonbuch (↗ Bild 2)! Die Telefonnummer muss mit der Vorwahlnummer eingetragen werden.

Algorithmenstrukturen **153**

8.5 Entscheidungen haben Folgen

Sophie will ihrer Freundin Laura eine Kurznachricht per **SMS** (**S**hort **M**essage **S**ervice) schreiben. Mit diesem Dienst kann sie eine Nachricht, die aus maximal 160 Zeichen oder Sonderzeichen besteht, mit dem Handy versenden. Sie verwendet für die Texteingabe das T9-Verfahren.

Nach Abschluss der Eingabe schlägt T9 ein Wort vor, das zu der Tastenfolge passt. Trifft es zu, so wählt es Sophie mit der Taste 1 aus. Andernfalls lässt sie sich mit der entsprechenden Steuertaste den nächsten Wortvorschlag anzeigen.

Nach der Eingabe des Wortes „Tor" mit der Ziffernfolge 8-6-7 erhält Sophie eine Wortliste, die mit „Vor" beginnt.

Sophie lässt sich das nächste Wort anzeigen: „Uns". Wieder kein Treffer!

Doch beim dritten Versuch bietet das Handy „Tor" an. Sophie übernimmt das Wort mit der Taste 1, die gleichzeitig ein Leerzeichen nach „Tor" einfügt.

1	2 abc	3 def
4 ghi	5 jkl	6 mno
7 pqrs	8 tuv	9 wxyz
*	0	#

> **i** **T9-Verfahren:** Bei der Texteingabe mit dem T9-Verfahren wird die Taste, mit der der gesuchte Buchstabe nach dem Standardverfahren erreicht wird, nur einmal getippt (↗ Seite 152), ohne auf die Anzeige im Display zu achten. Mit einer bestimmten Tastenfolge können so viele Worte geschrieben werden. Mit der Ziffernfolge 8-6-7 werden zum Beispiel die Worte „Tor" oder „Uns" eingegeben. T9 bietet nach jedem Tastendruck mögliche Wörter in der Reihenfolge ihres Vorkommens in der deutschen Sprache zur Auswahl an.

1	2 abc	3 def
4 ghi	5 jkl	6 mno
7 pqrs	8 tuv	9 wxyz
*	0	#

Als letzte Wahlmöglichkeit hätte das T9-Verfahren die Eingabe des Worts im Standardverfahren angeboten. Danach beginnt die Liste der Wortvorschläge wieder von vorne.

Betrachten wir jetzt den Ablauf *einer* Wortauswahl genauer:

> Wenn das Wort zutrifft, wählt Sophie es aus, sonst fordert sie den nächsten Vorschlag an.

Wenn wir diesen Vorgang in einem Algorithmus darstellen wollen, benötigen wir als neuen Baustein eine Anweisung, die in Abhängigkeit von einer Bedingung eine von zwei Anweisungen ausführt. Mit den neuen Schlüsselwörtern „Wenn – dann – sonst – *Wenn" gelingt die Beschreibung, wie sie später auch in der Programmiersprache von Robot Karol eingesetzt wird:

```
Wenn das Wort zutrifft, dann
    wähle es aus,
sonst
    lasse den nächsten Vorschlag anzeigen.
*Wenn
```

Diese Anweisung ist von der Bedingung mit der zugehörigen Frage: „Trifft das Wort zu?", abhängig. Aus diesem Grund heißt sie *bedingte Anweisung*.

Algorithmenstrukturen

i Das Struktogramm der zweiseitigen Auswahl zeigt die beiden Alternativen nebeneinander:

Bedingung	
wahr	falsch
Anweisungs-folge 1	Anweisungs-folge 2

Bedingte Anweisung
   wenn Bedingung dann
       Anweisungsfolge1
   sonst
       Anweisungsfolge2
   *wenn

Wenn die Bedingung „wahr" ist, wird die Anweisungsfolge1, die im Dann-Teil steht, ausgeführt, sonst wird das Programm mit der Anweisungsfolge2 fortgesetzt.
In Abhängigkeit von der Bedingung wird eine der beiden Anweisungsfolgen ausgeführt **(zweiseitige Auswahl).**

Eine bedingte Anweisung heißt **einseitig,** wenn der Sonst-Teil fehlt.
   wenn Bedingung dann
       Anweisungsfolge1
   *wenn

Falls die Bedingung „falsch" ist, wird die Anweisungsfolge1 im Programmablauf übergangen.
Man sagt zu einer solchen bedingten Anweisung auch **einseitige Auswahl.**

Schließen wir noch unser Problem der SMS-Eingabe ab. Solange sich Sophie für kein Wort entschieden hat, muss sie die bedingte Anweisung stets erneut ausführen. Die bedingte Anweisung muss also noch in eine bedingte Wiederholung eingebettet werden:
   Solange keine Auswahl getroffen ist, tue:
      Wenn das Wort zutrifft, dann
          wähle es aus,
      sonst
          lasse den nächsten Vorschlag anzeigen.
      *Wenn
   *Solange

Nun stellen wir den Roboter Karol vor eine Entscheidung:
   Der Roboter soll so lange geradeaus laufen, bis er auf eine Wand oder einen Quader trifft.
   Der Weg ist teilweise markiert. Falls er auf einem Feld mit einer Marke steht, soll er sie entfernen. Andernfalls soll er eine Marke setzen (↗ Bild 1).

Das Vorwärtslaufen des Roboters bis zur Wand haben wir schon in Kapitel 8.4 gelöst:
```
solange NichtIstWand tue
    Schritt
*solange
```

1 Karol zu Beginn der Aufgabe (oben) und danach (unten).

Bevor er jedoch vorwärts auf das nächste Feld geht, muss er eine Entscheidung treffen, ob er auf dem aktuellen Feld eine Marke entweder entfernen oder setzen soll. Die bedingte Markierungsaktion kannst du mit einer bedingten Anweisung verwirklichen.

Karol entscheidet mithilfe seiner Sensoren, ob er auf einer Marke steht. Wenn die Bedingung „IstMarke" „wahr" ist, dann führt er die Methode „MarkeLöschen" aus, sonst die Methode „MarkeSetzen".

Dies ist eine zweiseitige bedingte Anweisung. Gleich kannst du sie vor der Methode „Schritt" in die Wiederholung einfügen:

```
solange NichtIstWand tue
    wenn IstMarke dann
        MarkeLöschen
    sonst
        MarkeSetzen
    *wenn
    Schritt
*solange
```

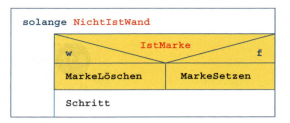

1 Struktogramm

8.11 In der Aufgabe des Beispiels führt der Roboter auf dem Feld vor dem Quader keine Markierungsaktion aus. Erweitere das Programm so, dass Karol auch hier eine Marke setzt bzw. entfernt!

Eigene Bedingungen: Das Robotersystem bietet auch die Möglichkeit, eigene Bedingungen zu schreiben. Auf diese Weise kannst du die Fähigkeiten des Roboters erweitern.

Jetzt soll Karol mit seinen Sensoren erkennen lernen, ob sich rechts von ihm eine Wand befindet.

Der Roboter muss sich nur nach rechts drehen, dann kann er das Problem mit dem Prädikat „IstWand" und der bedingten Anweisung entscheiden:
- Wenn sich vor ihm eine Wand befindet, dann soll er „wahr" zurückgeben, sonst „falsch".
- Abschließend muss er sich nur noch nach links zurückdrehen.

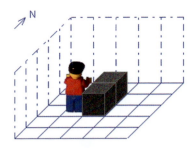

2 Karol steht neben Quadern.

Eigene Prädikate werden mit dem Schlüsselwort „Bedingung" und einer Bezeichnung, z. B. „IstRechtsWand", eingeleitet und mit „*Bedingung" beendet.

Mit der selbst gewählten Bezeichnung wird die eigene Bedingung in einem Programm wie ein vom System vorgegebenes Prädikat aufgerufen. Die Rückgabewerte lauten einfach „wahr" bzw. „falsch".

Die Definition der eigenen Bedingung steht vor dem Hauptprogramm.
Programmcode:
```
Bedingung IstRechtsWand
    RechtsDrehen
    wenn IstWand dann
        wahr
    sonst
        falsch
    *wenn
    LinksDrehen
*Bedingung
```

8.12 Schreibe eigene Bedingungen!
Karol soll entscheiden,
1) ob sich rechts keine Wand befindet,
2) ob er auf einem Ziegelstein steht.

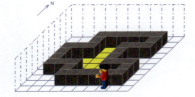

1 Der Roboter soll ein beliebiges Grundstück umrunden.

Was ist, wenn der Roboter auf mehrere Bedingungen achten soll? *Beispiel:* Der Roboter soll ein beliebiges Grundstück umrunden, das mit Quadern eingezäunt ist. Die Felder der Quader haben eine Seite gemeinsam (Bild 1).

Bei den bisherigen Aufgaben dieser Art waren die Größe und die Form des Grundstücks bekannt. Jetzt müssen wir eine Strategie entwickeln, wie wir den Roboter dazu bringen, bei einem beliebigen Grundstück am Zaun entlang zu laufen.
Lasse den Roboter einmal im Direktmodus im Uhrzeigersinn um das Grundstück laufen. Beobachte dabei, wann er vorwärts geht, wann er sich nach rechts und wann nach links drehen muss.
Auf seinem Weg können drei verschiedene Situationen auftreten:

(1)	(2)	(3)
Wenn rechts kein Quader steht, dann dreht sich der Roboter nach rechts und geht vorwärts.	Wenn rechts ein Quader steht und der Weg frei ist, dann geht der Roboter vorwärts.	Wenn rechts ein Quader steht und der Weg versperrt ist, dann dreht sich der Roboter nach links.

Algorithmenstrukturen 157

Der Roboter muss unterwegs stets nacheinander auf zwei Bedingungen achten, wie der nachfolgende Entscheidungsbaum zeigt:

Wenn die erste Bedingung „Rechts ist kein Quader" „wahr" ist, dann dreht er sich nach rechts und geht vorwärts (1).
Wenn die erste Bedingung „falsch" ist, muss noch die zweite Bedingung „Vor ihm ist kein Quader" geprüft werden.
Wenn die zweite Bedingung „wahr" ist, dann geht er einen Schritt vorwärts (2). Sonst dreht er sich nach links (3).
Der Programmcode enthält also zwei geschachtelte bedingte Anweisungen:

```
wenn NichtIstRechtsWand dann
    RechtsDrehen
    Schritt
sonst
    wenn NichtIstWand dann
        Schritt
    sonst
        LinksDrehen
    *wenn
*wenn
```

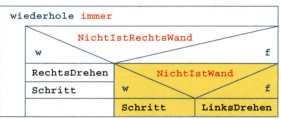

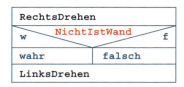

1 Struktogramm

Vergleichbar der Wiederholung lassen sich **bedingte Anweisungen schachteln.**
Beachte: Die zweite bedingte Anweisung steht allgemein *ganz* in der Anweisungsfolge des Dann- bzw. Sonst-Teils der äußeren bedingten Anweisung.

Diese beiden bedingten Anweisungen wollen wir in eine **„Endlosschleife"** einbetten:

```
wiederhole immer
    Anweisungsfolge
*wiederhole
```

Mit der Befehlsschaltfläche „Abbruch" musst du die Ausführung des Programms selbst beenden, damit Karol nicht ewig am Quaderzaun entlang läuft. Vergiss nicht, beim Programmieren die eigene Bedingung „NichtIstRechtsWand" zu schreiben!

8.13 Nun wollen wir ein Spiel programmieren. Der Roboter bewegt sich in einer Endlosschleife auf einem Spielfeld, das von Wänden umgeben ist. Dabei soll er möglichst viele Marken setzen. Ein Quader erzwingt nach folgenden Regeln eine Richtungsänderung:
1) Wenn Karol vor einer Wand bzw. einem Quader und auf einer Marke steht, dann dreht er sich nach links.
2) Wenn er vor einer Wand bzw. einem Quader und auf keiner Marke steht, dann wendet er sich nach rechts.
3) In allen anderen Situationen legt er eine Marke, falls auf dem Feld noch keine ist, und geht einen Schritt vorwärts.

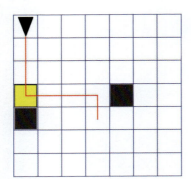

1 Welt zu Aufgabe 8.13

8.6 Teile und herrsche

Aus einer alten Geschichte können wir viel über Algorithmik lernen:

Ein König wollte sein Reich an einen seiner vier Söhne übergeben. Er verschnürte vier Stöcke zu einem Bündel, rief seine Söhne und sagte: „Derjenige, der dieses Bündel durchbricht, soll mein Nachfolger sein." Nacheinander versuchte jedes seiner Kinder, die Stöcke zu brechen. Doch wie sie sich auch anstrengten, sie hatten keinen Erfolg. Da löste der König die Schnur und gab jedem der Söhne einen Stock. Sie hatten keine Mühe und sofort waren die Stöcke zerbrochen. Also übergab er allen Vieren die Macht und ermahnte sie, einig zu sein.

> **Teile und herrsche:**
> Probleme lassen sich leichter lösen, wenn wir sie in Teilprobleme zerlegen. Mithilfe der Algorithmen der Teilprobleme stellen wir dann das Programm zusammen. Das Zusammenspiel der Teilprogramme muss gut überlegt sein.

Eine Aufgabe: In einer beliebigen rechteckigen Welt soll Karol ein Schachbrettmuster mithilfe von Marken erstellen.

Nachdem du weder die Breite noch die Länge kennst, scheidet eine gezählte Wiederholung aus. Wir wollen das Problem mit

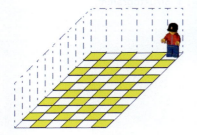

2 Karol erzeugt mithilfe von Marken ein Schachbrettmuster.

der Strategie „Teile und herrsche" lösen und beobachten den Roboter, wie er in den ersten beiden Spalten das Muster legt.
1. Der Roboter startet oben links.
2. Lege in der ersten Spalte ein Schachbrettmuster mit einer Marke im ersten Feld.
3. Drehe um und laufe zurück.
4. Wechsle in die nächste Spalte. Am Rand muss das Programm beendet werden.
5. Lege in der zweiten Spalte ein Schachbrettmuster mit einer Marke im zweiten Feld.
6. Drehe um und laufe zurück.
7. Wechsle in die nächste Spalte. Am Rand muss das Programm beendet werden.

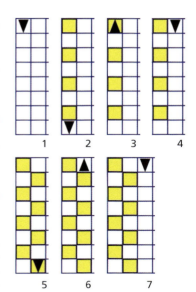

1 Karol erzeugt ein Schachbrettmuster.

Das Zurücklaufen macht Sinn. Würde der Roboter nach Position 2 gleich in die zweite Spalte wechseln, so müsstest du dir merken, ob er das letzte Feld markiert hat oder nicht. Wenn er die Muster immer von oben setzt, beginnt die erste Reihe mit einer Marke und die zweite mit einem Schritt, die dritte wieder mit einer Marke usw. Auf diese Weise kannst du nicht so viele Fehler machen.
In Position 4 und 7 musst du beachten, dass der Roboter beim Wechsel in die nächste Reihe am Rand anstoßen kann. In diesem Fall muss das Programm vorher beendet werden. Nach der Position 7 wird das Programm wieder an Position 2 fortgesetzt. Den Anschluss stellen wir später mit einer Wiederholung her.
Betrachten wir noch einmal den Ablauf des Algorithmus in den ersten beiden Spalten, dann ergeben sich folgende 4 Teilprobleme, die wir leicht einzeln lösen können:
1. `SpalteLegen1` – Marke im ersten Feld
2. `SpalteLegen2` – Marke im zweiten Feld
3. `ZurückLaufen`
4. `SpalteWechseln`
   Achtung: Am Rand wird das Programm beendet!

Die Teilprobleme lösen wir mit selbst geschriebenen Methoden, mit denen wir die Fähigkeiten des Roboters erweitern können.

> **Eigene Methoden** werden wie folgt notiert:
>   `Anweisung Bezeichnung`
>   `Anweisungsfolge`
>   `*Anweisung`
> Eigene Methoden stehen wie die eigenen Bedingungen vor dem Hauptprogramm und werden mit ihrer Bezeichnung aufgerufen.

1. SpalteLegen1

Karol setzt im ersten Feld eine Marke.
Solange er nicht vor einer Wand steht, führt er folgende Anweisungen aus:

1. Er geht vorwärts.
2. Wenn er nicht vor einer Wand steht,
   dann geht er vorwärts und setzt eine Marke.

Beim zweiten „Schritt" müssen wir noch einmal überprüfen, ob er an einer Wand anstößt. Wir wissen ja nicht, ob er nach dem ersten Schritt schon die Wand erreicht hat.

Programmcode:

```
Anweisung SpalteLegen1
    MarkeSetzen
    solange NichtIstWand tue
        Schritt
        wenn NichtIstWand dann
            Schritt
            MarkeSetzen
        *wenn
    *solange
*Anweisung
```

2. SpalteLegen2

Im Unterschied zur vorhergehenden Methode legt Karol erst im zweiten Feld eine Marke.
Sicher kannst du jetzt schon den Algorithmus allein aufschreiben und in einen ablauffähigen Code übersetzen. Beachte auch hier, dass der Roboter nach dem ersten Schritt bereits vor einer Wand stehen kann.

3. ZurückLaufen

Diese Methode ist dir schon von Abschnitt 8.3 her vertraut (↗ Seite 145).

4. SpalteWechseln

Den Einsatz der Anweisung „Beenden" wollen wir dir noch zeigen. Mit ihr kann der Ablauf des gesamten Programms an jeder Stelle beendet werden.

Karol dreht sich nach rechts.
Wenn er nicht an einer Wand anstößt,
    dann geht er vorwärts und dreht sich wieder nach rechts,
    sonst wird das Programm beendet.

Der *Programmcode* ist auf der folgenden Seite dargestellt:

```
Anweisung SpalteWechseln
    RechtsDrehen
    wenn NichtIstWand dann
        Schritt
        RechtsDrehen
    sonst
        Beenden
    *wenn
*Anweisung
```

Nun musst du nur noch alle Teillösungen in das Hauptprogramm einfügen. Das Hauptprogramm besteht aus einer Endlosschleife, die mit der Anweisung „Beenden" unterbrochen wird, falls in der Methode „SpalteWechseln" ein Wechsel in die nächste Spalte nicht möglich ist.

Nach dieser Vorarbeit sieht das **Hauptprogramm** denkbar einfach und übersichtlich aus:

```
wiederhole immer
    SpalteLegen1
    ZurückGehen
    SpalteWechseln
    SpalteLegen2
    ZurückGehen
    SpalteWechseln
*wiederhole
```

Mit den eigenen Methoden können wir ein Programm klarer darstellen und unnötige Schreibarbeit vermeiden. Zum Beispiel kommen die Methoden „ZurückLaufen" und „SpalteWechseln" im Hauptprogramm zweimal vor. Ihr Code wird in der Definition nur einmal festgelegt und kann durch den Aufruf mit ihrer Bezeichnung mehrmals ausgeführt werden.

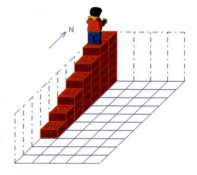

1 Karol baut eine Treppe.

8.14 Zerlege folgende Probleme in Teilprobleme, die du durch eigene Methoden leichter lösen kannst!

a) Karol baut eine Treppe aus Ziegelsteinen der Höhe 6 in einer Welt mit einer Länge von mindestens 7 Feldern und einer Höhe von 6 Ziegelsteinen (↗ Bild 1).

b) Der Roboter soll ein „Negativbild" einer beliebigen zweidimensionalen Welt erstellen.
Wo eine Marke liegt, soll er sie aufnehmen, und wo keine liegt, soll er eine hinlegen. Er startet immer oben links in der Ecke. Reihe für Reihe soll er die Marken setzen bzw. löschen.
Teste dein Programm mit verschiedenen Welten (↗ Bild 2)!

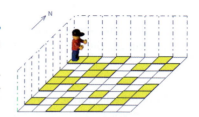
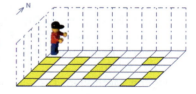

2 Welten zu Aufgabe 8.14 b

Auf den Punkt gebracht

Algorithmus

Ein *Algorithmus* ist eine *endliche* Folge von *eindeutigen, ausführbaren* Anweisungen.

Bausteine von Algorithmen

Baustein	Beschreibung	Struktogramm
Sequenz	Eine *Sequenz* ist eine Folge von Anweisungen, die in der gegebenen Reihenfolge nacheinander ausgeführt werden. Eine Sequenz kann auch aus einer oder gar keiner Anweisung bestehen.	Anweisung1 Anweisung2 ...
Wiederholung mit fester Anzahl	Die Anweisungsfolge innerhalb der Wiederholung wird so oft ausgeführt, wie die Zahl n vorgibt.	wiederhole n-mal Anweisungsfolge
Wiederholung mit Eingangsbedingung	Die enthaltene Anweisungsfolge wird in Abhängigkeit von der Eingangsbedingung gar nicht, einmal oder mehrmals ausgeführt. Bei entsprechender Bedingung kann die Wiederholung auch nie enden **(Endlosschleife).**	solange Bedingung Anweisungsfolge
bedingte Anweisung	In Abhängigkeit von der Bedingung wird eine der beiden Anweisungsfolgen ausgeführt. Wenn das Prädikat „wahr" ist, wird die Anweisungsfolge 1, die im Dann-Teil steht, ausgeführt, sonst wird das Programm mit der Anweisungsfolge 2 im Sonst-Teil fortgesetzt **(zweiseitige Auswahl).** Eine bedingte Anweisung heißt **einseitig,** wenn der Sonst-Teil fehlt. Falls die Bedingung „falsch" ist, wird die Anweisungsfolge im Programmablauf übergangen.	Bedingung wahr / falsch Anweisungsfolge 1 / Anweisungsfolge 2 Bedingung wahr / falsch Anweisungsfolge

Verfahren zum Lösen größerer Probleme: Teile und herrsche

Probleme lassen sich leichter lösen, wenn sie in Teilprobleme zerlegt werden. Mithilfe der Algorithmen, die die Teilprobleme lösen, wird das Hauptprogramm zusammengestellt.

Eigene Programmbausteine

Eigene Bedingungen und Methoden erweitern die Fähigkeiten des Programmiersystems. Sie stehen vor dem Hauptprogramm und werden vergleichbar den systemeigenen Bedingungen und Methoden im Programm mit der selbst gewählten Bezeichnung aufgerufen.

Eigene Bedingungen: Die eigene Bedingung wird in der Programmiersprache Robot Karol durch die Schlüsselwörter „Bedingung" und „*Bedingung" eingeschlossen. Nach dem Schlüsselwort „Bedingung" steht ihre Bezeichnung. Sie hat als Rückgabewerte entweder „wahr" oder „falsch".

Eigene Methoden: Die eigene Methode wird durch die Schlüsselwörter „Anweisung" und „*Anweisung" eingeschlossen. Im Methodenkopf steht ihr Name.

Teste dich selbst

8.15 Der Roboter steht in der Welt in Bild 1. Gib den Rückgabewert folgender Prädikate an:
a) `IstZiegel`
b) `IstMarke`
c) `IstLinksZiegel`
Nun geht Karol einen Schritt vorwärts. Werte jetzt das folgende Prädikat aus:
d) `IstWand`

1 Welt zu Aufgabe 8.15

8.16 Im folgenden Programm sind Wörter unleserlich geworden.
a) Ergänze das Programm so, dass es lauffähig wird!

```
Schritt
solange ... IstWand tue
    wenn IstMarke dann
        LinksDrehen
        Schritt
    .....
        Schritt
    .....
.....
```

b) Welchen Weg läuft der Roboter? Beschreibe den Ablauf des Programms in der Welt von Bild 2!
c) Wie ändert sich der Ablauf, wenn du in der Welt den Quader durch eine Marke ersetzt?

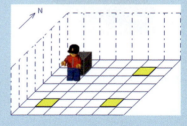

2 Welt zu Aufgabe 8.16

8.17 Das folgende Programm ist fehlerhaft. Korrigiere den Code und begründe deine Änderungen!

```
wiederhole 4 mal
    solange NichtIstWand tue
        MarkeSetzen
        Schritt
    *wiederhole
    LinksDrehen
*solange
```

8.18 Der Roboter soll mithilfe gezählter Wiederholungen eine X-Figur in einer Welt von 9 × 9 Feldern legen.

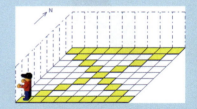

3 X-Figur zu Aufgabe 8.18

✓ Teste dich selbst

1 Messung der Stromstärke

2 Welt zu Aufgabe 8.21

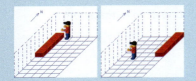

3 Welt zu Aufgabe 8.22 a

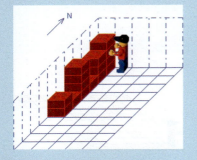

4 Welt zu Aufgabe 8.22 b

8.19 *Stromstärkemessung:* Ein einfacher Stromkreis besteht aus einer Glühlampe, einer Stromquelle und einem Schalter.
a) Beschreibe mit einem Algorithmus, wie du den Stromkreis aufbaust!
b) In Abhängigkeit von der Schalterstellung kann im Stromkreis Strom fließen. Zeichne einen Entscheidungsbaum und übersetze ihn in eine bedingte Anweisung!
c) Nun soll im Stromkreis die Stromstärke gemessen werden. Beschreibe mit einem Algorithmus, wie du das Messgerät im Stromkreis anschließt!
d) Danach werden zehn Messungen durchgeführt, indem die Spannung schrittweise um 1,0 V erhöht wird. Beschreibe diesen Vorgang unter Einsatz einer Wiederholung!

8.20 Sophie will mit dem Handy telefonieren. Beschreibe den Ablauf der vollständigen Eingabe einer beliebigen Telefonnummer! Die Eingabe wird mit der „Verbindungstaste" abgeschlossen. Denke bei der Wahl der Wiederholung daran, dass Telefonnummern unterschiedliche Längen haben.

8.21 Karol will einen Quader aus Ziegeln errichten (↗ Bild 2). Er soll eine Breite von vier, eine Länge von fünf und eine Höhe von drei Ziegelsteinen haben. Schreibe den Algorithmus unter der Verwendung von gezählten Wiederholungen!

8.22 Der Roboter soll Ziegel von der einen auf die andere Seite transportieren. Zerlege das Problem unter der Verwendung des Prinzips „Teile und herrsche" in Teilprobleme, die du durch eigene Methoden leichter lösen kannst!
a) An der Wand der Welt liegen nur einzelne Ziegelsteine (↗ Bild 3).
b) Jetzt dürfen die Ziegel auch gestapelt werden (↗ Bild 4). Unter der Menüfolge „Einstellungen ⟶ Karol" kannst

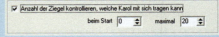

du die Anzahl der Ziegel kontrollieren lassen, die Karol mit sich tragen kann. Wenn Karol Ziegel aufgenommen hat, nimmt das Prädikat „hatZiegel" solange den Wert „wahr" an, bis er den letzten wieder abgelegt hat.

Datenflüsse und Objekte in Kalkulationsprogrammen

9.1 Objekte in Kalkulationsprogrammen

Beim Umgang mit dem Taschenrechner wirst du die Erfahrung gemacht haben, dass es sinnvoll ist, bei längeren Rechnungen Zwischenergebnisse zu notieren. Denn oft vertippt man sich, kommt mit den Löschtasten nicht klar und all die mühevolle Arbeit ist umsonst getan.
Wenn Berechnungen wiederholt werden müssen, weil die Eingabewerte der aktuellen Situation anzupassen sind, ist ein Taschenrechner denkbar ungeeignet. Auch für die Präsentation der Ergebnisse in Form von Tabellen und Grafiken müsste ein geeignetes Hilfsmittel zur Verfügung stehen.
Ein solches Hilfsmittel sind Kalkulationsprogramme.

> *i* Die derzeit verbreitetsten Kalkulationsprogramme sind:
> *Microsoft Excel,*
> *StarOffice,*
> *Lotus 1-2-3,*
> wobei die letzten beiden Programme eigentlich Office-Pakete sind, die ein Kalkulationsmodul beinhalten.

Unter **Tabellenkalkulation** verstehen wir die Erstellung und Verwaltung von Planungsübersichten, Rechnungen, Kostenschätzungen u. Ä. in Form von Tabellen.
Die Software für Tabellenkalkulationen heißt **Tabellenkalkulationsprogramm**, kurz **Kalkulationsprogramm**.

9.1 Nenne mindestens fünf konkrete Beispiele für die Verwendung von Kalkulationsprogrammen!

Die Oberfläche von Kalkulationsprogrammen ist wie die von anderen Anwendungsprogrammen aufgebaut – mit Titelleiste und dem Namen des aktuellen Kalkulationsdokuments, Menüleiste, verschiedenen Symbolleisten, Bildlaufleisten und der Statuszeile:

Das Arbeitsfeld ist eine Tabelle mit Spalten- und Zeilenköpfen, die der Orientierung dienen. Außerdem gibt es eine Bearbeitungsleiste (A) zum Eingeben bzw. Bearbeiten von Formeln und anderen Zellinhalten.

Zahlen oder Werte für gegebene Größen werden in einzelne Zellen der Tabelle eingetragen. Es ist nun möglich, andere Zellen so mit Formeln zu versehen, dass die dortigen Zellinhalte aus den Werten der Ausgangszellen errechnet werden (B).
In der auf Seite 166 dargestellten Tabelle wurde die Zelle B7 aus den Werten der Zellen B3, B4, B5 und B6 errechnet. Jede Änderung eines Eingabewertes führt automatisch zur Neuberechnung der davon abhängigen Werte in anderen Zellen: Wird in der Tabelle der Wert für „Sonstige" um 5 000 erhöht, ändert sich „Gesamt" auf 695 000.

Schauen wir uns nun ein Kalkulationsprogramm genauer an:

> Komplexe Objekte in Kalkulationsprogrammen sind *Tabellen*, die – wenn notwendig – miteinander verknüpft werden können. Tabellen enthalten *Zeilen, Spalten* und *Zellen*.
> Als wesentliche weitere Objekte können *Diagramme* zur Kalkulationstabelle erstellt und formatiert werden.

i Die eingegebenen und errechneten Daten können auch grafisch in Form von Diagrammen veranschaulicht werden.

9.2 Zeichne ein Klassendiagramm, das die Beziehungen zwischen TABELLE, ZEILE, SPALTE und ZELLE aufzeigt!

Jede **Zeile** hat einen eindeutigen Bezeichner (Namen) in Form einer Nummer. Die **Zeilenhöhe** bestimmt die Höhe aller Zellen in einer Zeile und passt sich automatisch an die Zelle mit der größten Schrift an, kann aber verändert werden.

Auch jede **Spalte** hat einen eindeutigen Bezeichner. Meist sind es Buchstaben: A, ..., Z, AA, AB, AC, ...
Die **Spaltenbreite** bestimmt die Breite aller Zellen in dieser Spalte. Die Spaltenbreite passt sich im Allgemeinen *nicht* automatisch an die Zellinhalte an, was dazu führen kann, dass Text abgeschnitten und zu lange Zahlen nicht dargestellt werden können (es erscheint dann „#######" oder „****** "). Das Abschneiden von Zellinhalten kannst du verhindern, indem du alle gewünschten Spalten markierst (Überstreichen der entsprechenden Spaltenköpfe mit der Maus) und ihnen den Attributwert „optimale Breite" zuweist.

Spalten und Zeilen lassen sich auch einfügen, löschen oder verbergen.

i Am einfachsten lassen sich Spaltenbreite und Zeilenhöhe mit der Maus ändern:

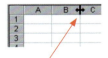

mit gedrückter Maustaste ziehen

i Die Attributwerte für das Attribut „Breite" findest du beispielsweise bei *Excel* wie folgt: Menü „Format" ⟶ Befehl „Spalte".

Datenflüsse und Objekte in Kalkulationsprogrammen

i Anhand der eingegebenen Zeichenfolge erkennt das Kalkulationsprogramm automatisch, von welcher Klasse das Objekt ist, das erzeugt werden soll.
Bei Zellen mit Formeln wird auf dem Tabellenblatt nur der Wert angezeigt. Das ist meist eine Zahl, kann aber auch ein Wahrheitswert oder sogar Text sein.

i Die Attributwerte für Zellen kannst du über das Menü „Format" ⟼ „Zellen…" festlegen.
Du kannst aber auch mit gedrückter rechter Maustaste auf die entsprechende Zelle klicken, und es erscheint ein Pull-Down-Menü, in dem alle Methoden aufgelistet sind, die man auf die Zelle anwenden kann.

Zellen ergeben sich aus dem Schnitt von Zeilen und Spalten. Jede **Zelle** hat damit einen eindeutigen Bezeichner, der sich aus Spaltenbezeichner und Zeilennummer ergibt (z. B. D19).
Zellinhalte können Objekte folgender Klassen sein:
- ZAHL (standardmäßig rechtsbündig ausgerichtet)
- TEXT (standardmäßig linksbündig ausgerichtet)
- FORMEL (Objekte beginnen mit einem Gleichheitszeichen)

Jede Zelle kann gesondert formatiert werden. Gängige **Zellattribute** sind:
- **Zahlenformate** wie negative oder rationale Zahlen mit Dezimalkomma und Tausenderpunkt, auch mit Währungseinheiten und anderen benutzerdefinierten Einheiten; unterschiedliche Datums- und Uhrzeitangaben sind möglich usw.
- **Zeichenformatierungen**, wie Schriftart, -größe und -farbe
- **Ausrichtung** der Zellinhalte, wie links, zentriert, rechts, oben, mittig, unten
- **Rahmen**, Hintergrundfarben und -muster
- **Zellschutz** (Sperrung einzelner Zellen gegen unbefugte Eingabe)

9.3 Gib die folgende Übersicht zur Verwendung von Taschengeld selbst in dein Kalkulationssystem ein – genauso formatiert wie hier dargestellt!

	A	B	C	D
1	**Verwendung des Taschengeldes**			
2				
3	**Mai**		**Betrag:**	30,00 €
4				
5	Kinoeintritt, …		5,00 €	
6	Bücher/Zeitschriften		1,50 €	
7	Süßigkeiten/Snacks		5,89 €	
8	Getränke		5,99 €	
9	Handy/SMS		12,20 €	
10	Geschenke		0,00 €	
11		**Gesamt:**		

Speichere die Tabelle in einer Datei „Taschengeld"!

Nachdem wir die Kalkulationstabelle vorbereitet haben, wollen wir nun natürlich auch „kalkulieren", d. h. rechnen.
Wir könnten zum Beispiel den Gesamtbetrag errechnen, der im Mai an Taschengeld ausgegeben wurde. Man kann auch die einzelnen Posten schrittweise vom zur Verfügung stehenden Taschengeld subtrahieren und sehen, was übrig bleibt.

Hierzu benötigen wir Formeln. Jede **Formeleingabe** beginnt mit einem Gleichheitszeichen. Dann folgt ein mathematisch korrekter Term, der aus Zahlen, Rechenoperatoren und Variablen besteht. Die Formeleingabe wird immer mit <Enter> abgeschlossen.

Auf dem Tabellenblatt wird der errechnete Wert angezeigt, die Formel selbst kann in der Bearbeitungsleiste verändert werden. Es gibt allerdings Besonderheiten gegenüber den aus dem Mathematikunterricht bekannten Formeln:

- Zum einen sind die Rechenoperatoren gewöhnungsbedürftig: Das Multiplikationszeichen beispielsweise ist nicht der Punkt, sondern „*". Statt eines Bruchstrichs steht „/". Für „hoch" steht „^". Zähler und Nenner müssen eingeklammert werden, wenn sie aus mehr als einer Zahl oder Variablen bestehen.
- Zum anderen sind die Variablen hier Zellbezeichner.
  Um das Taschengeld zu errechnen, das übrig bleibt, nachdem das Kinoeintrittsgeld vom Gesamtbetrag abgezogen wurde (↗ Aufgabe 9.3, Seite 168), muss in die Zelle C5 nicht „a – b" eingegeben werden, sondern folgende Formel: `=C3-B5`

 Es gibt noch mehr Besonderheiten:
Formeln können Vergleichsoperatoren enthalten. Sie finden dann Anwendung, wenn der Wert von Zellen verglichen werden soll. Beispiel: `=A6<B6` ergibt den Wert WAHR, wenn in A6 ein Zahlenwert steht, der kleiner ist als der von B6.
Man kann sogar Zeichenketten vergleichen.

Auch mathematische Funktionen, logische Funktionen und Zeichenkettenfunktionen sind möglich. Darauf gehen wir in den Abschnitten 9.3 und 9.4 genauer ein.

> Mit einem **Zellbezug** werden in einer Formel Werte aus anderen Zellen oder Zellbereichen in Beziehung zueinander gebracht.
> Ein Zellbezug steht für eine **Variable (Platzhalter)**.

Bei der Formeleingabe kann man die gewünschten Zellbezeichner per Tastatur eingeben, aber auch einfach die gewünschten Zellen mit der Maus markieren.

9.4 Vervollständige die Tabelle zur Verwendung des Taschengeldes (Aufgabe 9.3)! In Zelle B11 steht der Gesamtbetrag. In den Zellen C5 bis C10 sollen die einzelnen Posten schrittweise vom zur Verfügung stehenden Taschengeld subtrahiert werden.

Man kann Zellinhalte leicht kopieren. Kalkulationsprogramme sind so intelligent programmiert, dass auch Zellbezüge in Formeln angepasst werden.

9.5 Lösche in der Kalkulationstabelle „Taschengeld" die Inhalte der Zellen C7 bis C10. Kopiere dann den Inhalt der Zelle C6 in die gelöschten Zellen. Was stellst du fest?
Lösche nun die Zellen C6 bis C10 und kopiere den Inhalt der Zelle C5 in die Zellen C6 bis C10. Was passiert?

Es gibt etliche Möglichkeiten zum Kopieren von Zellinhalten. Dazu muss immer zuerst die gewünschte Zelle markiert werden (einfach mit der Maus auf die Zelle klicken).
Mit <Strg> + c wird die gesamte Zelle in den Zwischenspeicher kopiert. Die „Zielzelle" wird angeklickt und mit <Strg> + v wird die Zelle ersetzt.
Das erreichst du auch über Schalter oder über die entsprechenden Methoden „Kopieren" und „Einfügen" aus dem Menü „Bearbeiten". Meist existiert auch eine Methode „Inhalte einfügen…", die ein Dialogfenster öffnet, wo du ganz gezielt auswählen kannst, was du wirklich kopieren möchtest – evtl. nur die Formel und sonst nichts.

Datenflüsse und Objekte in Kalkulationsprogrammen

Wenn in einer Formel die örtliche Beziehung einer Zelle in Bezug auf die Zelle angegeben wird, in der die Formel steht, spricht man von einem **relativen Zellbezug.** Relative Zellbezüge werden beim Kopieren von Zellen der neuen Situation angepasst.

Eine Formel wie =A1*B2 nutzt relative Bezüge, auch wenn dies in der standardmäßig vorgegebenen **A1-Bezugsart** nicht sofort zu sehen ist.

	A	B
1	40	
2		8
3		=A1*B2

Die **Z1S1-Bezugsart** verdeutlicht die Zusammenhänge besser.

Die Formel =A1*B2 in der Zelle B3 heißt in der Z1S1-Bezugsart =Z(-2)S(-1)*Z(-1)S, was bedeutet: „Gehe von hier aus zwei Zeilen nach oben und eine Spalte nach links. Multipliziere den Wert, den du dort siehst, mit dem Wert der Zelle, die du von B3 aus findest, wenn du eine Zeile nach oben gehst und dabei in der gleichen Spalte bleibst."

Wenn in einer Formel der einmal festgelegte Ort einer Zelle auf dem Arbeitsblatt angegeben wird, spricht man von einem **absoluten Zellbezug.** Absolute Zellbezüge verweisen auch nach dem Kopieren zu der ursprünglich angegebenen Zelle.

Wie wichtig die Unterscheidung von absoluten und relativen Zellbezügen ist, soll folgendes Beispiel zeigen:

Die Tabelle mit den Erwerbstätigen im Medienbereich (↗ Seite 166) soll um eine Spalte mit den prozentualen Anteilen ergänzt werden:

> *In früheren Kalkulationsprogrammen wurde ausschließlich die Z1S1-Bezugsart verwendet. Es hat sich aber die A1-Bezugsart durchgesetzt.*
> *Bei Excel kann die Bezugsart wie folgt umgeschaltet werden:*
> *Menü „Extras" ⟶ Befehl „Optionen" ⟶ Registerkarte „Allgemein" ⟶ Option „Z1S1-Bezugsart".*

> *Achtung!*
> *Eigentlich müsste man entsprechend der korrekten Formel zur Berechnung des Prozentsatzes noch mit 100 multiplizieren. Dies ist aber durch die %-Formatierung in Spalte C automatisch passiert. Das Prozentzeichen ist also gleichzeitig Zellattribut (Zahlenformat) und Operator (der Wert der Zelle wird mit 100 multipliziert).*
> *Man kann Prozentsätze auch als eigene Klasse (PROZENT) auffassen. Das Prozentzeichen signalisiert, dass auf alle Objekte dieser Klasse automatisch die Methode „*100" angewendet wird.*

C3 ▼ = =B3/$B$7

	A	B	C	D
1	Erwerbstätige im Bereich Medien in Deutschland			
2				
3	Druckgewerbe	284000	41,16%	
4	Verlagsgewerbe	210000	30,43%	
5	Hörfunk, TV	65000	9,42%	
6	Sonstige	131000	18,99%	
7	Gesamt	690000	100,00%	

Formeln in Spalte C:

=B3/$B$7
=B4/$B$7
=B5/$B$7
=B6/$B$7
=C3+C4+C5+C6

Der Prozentsatz in C3 errechnet sich als Verhältnis von Anzahl der Beschäftigten im Druckgewerbe (B3) zur Gesamtzahl der im Medienbereich Beschäftigten (B7), also =B3/B7 (↗ auch Infotext).

Die Formel in C3 lässt sich nach C4, C5 und C6 kopieren. Dabei wird der Zellbezug angepasst. Nach dem Kopieren würde in C4 die Formel =B4/B8 stehen, was zur korrekten Fehlermeldung #DIV/0! führt. Der Grundwert steht *immer* in B7. Es ist also in der Formel ein *absoluter Zellbezug* anzugeben, der in *Excel* durch Dollarzeichen beschrieben wird.

9.6 Erarbeite eine Kalkulationstabelle „Erwerbstätige im Bereich Medien" entsprechend der Abbildung auf Seite 170 und speichere sie als Datei unter dem Namen „Medien"!

9.7 Erstelle eine „Spartabelle" nach dem folgenden Bild! Die Spareinlage betrage 300 €, der Zinsatz 3,5 %. Die Zinsen werden am Jahresende gutgeschrieben, d. h. nicht ausgezahlt, sondern mit auf das Konte „gepackt". Die Werte in der Spalte „Sparguthaben" sollen errechnet werden!

Einige Tipps zum Lösen der Aufgabe 9.7:

Die Sparguthaben sollen sich letztlich mit den Werten aus F3 und F4 errechnen lassen, damit wir bei anderen Einlagen oder Zinssätzen nicht jeweils die gesamte Tabelle neu erarbeiten müssen.

Es bietet sich zwar an, dem Zinssatz in F4 das Format „Prozent" zuzuweisen, aber da dann gleichzeitig der Zellwert mit 100 multipliziert wird, kommt man recht schnell beim Aufstellen der korrekten Formeln in der Spalte „Sparguthaben" durcheinander. Also: Besser ist, wir denken uns das %-Zeichen nur.

Das „Verschönern" der Tabelle (Schriftgröße, Schriftstil, Rahmen) sollte erst am Ende erfolgen.

	A	B	C	D	E	F	G
1		Sparguthaben mit Zinseszinsen					
2							
3		nach ... Jahren	Sparguthaben		Einlage:	300,00 €	
4		1	310,50 €		Zinssatz:	3,5	
5		2	321,37 €				
6		3	332,62 €				
7		4	344,26 €				
8		5	356,31 €				
9		6	368,78 €				
10		7	381,68 €				
11		8	395,04 €				
12		9	408,87 €				
13		10	423,18 €				

Speichere die Tabelle in einer Datei „Sparen1"!
Experimentiere mit verschiedenen Zinssätzen und Spareinlagen!

Für das Erstellen von Wertetabellen wie in Aufgabe 9.7 gibt es in Kalkulationsprogrammen effektive Methoden. Sie werden meist unter dem Menü „Bearbeiten" ⟶ „Ausfüllen" aufgerufen. Wie man diese nutzen kann, soll am Beispiel obiger Spartabelle verdeutlicht werden:
- Du kannst, nachdem du die richtige Formel in C5 eingetragen hast, die Zellen C5 bis C13 markieren und die Methode „Ausfüllen – Unten" anwenden, die Formel in C5 wird „intelligent" kopiert (wenn du sie intelligent notiert hast).
- Du kannst, nachdem du den Wert „1" in B4 eingetragen hast, die Zelle B4 zusammen mit beliebig vielen darunter liegenden Zellen markieren und die Methode „Ausfüllen – Reihe (Option *Spalte*, Option *Linear*, Inkrement *1*, Endwert *10*)" ausführen lassen und die Spalte „nach ... Jahren" wird korrekt ausgefüllt.

9.8 a) Warum kannst du beim Ausfüllen der Spalte „Sparguthaben" nicht die Zellen C4 bis C13 markieren?
b) Ändere die Tabelle so ab, dass in Spalte B jeweils ein Datum eingetragen wird (z. B. 01.01.2006, 01.01.2007, ...)!

Bei der Methode „Ausfüllen Reihe" können u. a. arithmetische oder geometrische Zahlenfolgen erzeugt werden.
Bei einer **arithmetischen Zahlenfolge** ist der Abstand zwischen zwei benachbarten Gliedern immer gleich ($a_{n+1} = a_n + d$). In unserem Fall ist das eine solche Folge. Das erste Glied steht in Zelle B4, das letzte Glied ist 10, das Inkrement d ist 1.
Bei einer **geometrischen Zahlenfolge** wird von einem Glied zum nächsten jeweils mit dem gleichen Faktor multipliziert ($a_{n+1} = a_n \cdot q$).

9.2 Funktionen und Datenflüsse

Wie arbeitet ein Kalkulationsprogramm?
Um beispielsweise die Summe zweier Zahlen a und b zu ermitteln, werden in die Zellen C2 und F2 vom Nutzer entsprechende Werte für a und b eingegeben, in Zelle D4 wird dann die Summe (im folgenden Beispiel 11) errechnet und ausgegeben:

	A	B	C	D	E	F
1	**SUMME(a;b)**					
2		Eingabewert a:	4		Eingabewert b:	7
3						
4		Ausgabewert:	11			
5						

Eine solche Wertzuordnung heißt „Funktion".

> Eine **Funktion** ermittelt aus *Eingabedaten* nach einer festgelegten *Zuordnungsvorschrift* genau einen *Ausgabewert*. Sie ist eine *informationsverarbeitende Einheit,* die eine klar umrissene Aufgabe innerhalb der Lösung eines Problems beschreibt.

Eine Funktion wird hier also – wie in der Mathematik auch – als eindeutige Abbildung (aus einer Menge von Eingabedaten in eine Menge von Ausgabedaten) definiert.
Man kann Funktionen als Grafik oder Text darstellen:

Grafik	Term
a b PLUS	PLUS(a;b)

Sobald in einer Kalkulationstabelle ein Eingabewert verändert wird, wird die Funktion vom Kalkulationsprogramm aufgerufen und hiermit der neue Ausgabewert bestimmt:

Grafik	Term
4 7 a b PLUS 11	PLUS(4;7) $\longmapsto$ 11

Die Funktion PLUS(a;b) wird vom Kalkulationsprogramm als Formel dargestellt: =C2+F2 oder auch =SUMME(C2;F2)

---

i Eine Kalkulationstabelle kann man als Programm auffassen. Wie wir noch sehen werden, sind sogar Algorithmenstrukturen, insbesondere Entscheidungen möglich.
Das Neue im Vergleich zur imperativen Programmierung ist:
Die Ausgabedaten werden nicht durch eine Folge von Anweisungen aus den Eingabedaten ermittelt, sondern durch eine Anzahl aufeinander bezogener Funktionen. Das ist dann ein **funktionales Programm,** diese „Programmierphilosophie" heißt **funktionale Programmierung.**

i Der umrandete Bereich in der Kalkulationstabelle zur Berechnung der Summe von a und b oben auf dieser Seite ist ebenfalls eine Darstellungsmöglichkeit für eine Funktion.
Wenn für a und b noch keine Werte eingetragen wurden, sind sie vom Kalkulationsprogramm standardmäßig auf 0 gesetzt worden.

Datenflüsse und Objekte in Kalkulationsprogrammen   **173**

Es kann mehr als zwei Eingabewerte geben, z. B. 15 Summanden, die sich in 15 verschiedenen Zellen befinden. Es gibt aber immer nur einen einzigen Ausgabewert (hier die Summe), der in der Zelle angezeigt wird, in die wir auch die Zuordnungsvorschrift eingetragen haben.

9.9 Stelle mit deinem Kalkulationsprogramm die Funktionen MINUS(a;b), MAL(a;b), VERDOPPELN(a) sowie HALBIE-REN(a) so dar wie die Summenfunktion, die auf Seite 172 oben abgebildet ist!

Oft sind die Ausgabewerte von Funktionen gleichzeitig Einga-bewerte für weitere Funktionen. Ein Beispiel:
Beim Kauf von Waren wird dem Kunden oft ein **Rabatt,** d. h. ein Preisnachlass, gewährt, wenn die Ware nicht ganz einwandfrei ist, das Lager geräumt werden soll oder die Konkurrenz eindeu-tig preiswerter ist. Der Rabatt wird in Prozent angegeben, z. B. 5 % oder 30 %. Der Rabatt wird vom Ladenpreis subtrahiert und man erhält den Endpreis.
Manchmal gibt es außerdem einen ganz speziellen Preisnachlass für Barzahlung. Dieser sogenannte **Skonto** beträgt meist 3 %.
Im folgenden Bild ist dieser Sachverhalt mit einem Kalkulations-programm modelliert worden:

i Die Funktion RABATT(p;r) errechnet nicht nur den Ra-batt, sondern zieht diesen gleich vom Ladenpreis ab.
Ähnliches gilt für die Funktion SKONTO3(p).

i Es mag verwundern, dass im Beispiel immer mit der Variablen p operiert wurde – Ladenpreis, Zwischenwerte und Endpreis: Überall taucht p auf.
Dies ist in der Programmierung so üblich: Einer einmal definierten Variablen wird im Programmlauf immer wieder ein neuer Wert zu-gewiesen. Für „p := p − p*3/100" sagen wir deshalb „p ergibt sich zu …" und nicht „p ist gleich …".

Hier wurden zwei Funktionen vereinbart:
- RABATT(p;r) $\longmapsto$ p   Wertzuweisung: p := p − p*r/100
- SKONTO3(p) $\longmapsto$ p   Wertzuweisung: p := p − p*3/100

Mit dem Aufrufen der Funktion RABATT werden die formalen Parameter für „Ladenpreis" (p) und „Rabatt" (r) durch kon-krete Eingabewerte ersetzt. Der Ausgabewert dieser Funktion p

ist Eingabewert für die Funktion SKONTO3. Letztlich wird die Funktion SKONTO3 auf die Funktion RABATT angewandt.
Als **zusammengesetzte Funktion** – im Bild auf Seite 173 schwarz umrandet – ergibt sich:

- ENDPREIS(p;r) $\longmapsto$ SKONTO3(RABATT(p;r)) $\longmapsto$ p

9.10 Gegeben sind folgende zusammengesetzte Funktionen:
- SKONTO3(RABATT(p;7)) $\longmapsto$ x
- RABATT(SKONTO3(p);7) $\longmapsto$ y

Welcher Ausgabewert ist größer: x oder y? Was ist also für den Kunden günstiger: erst Rabattieren und dann Skontieren oder umgekehrt?
Erarbeite eine Kalkulationstabelle, mit der du diesen Sachverhalt leicht überprüfen kannst. Wie viele Eingabewerte hat nun die Funktion ENDPREIS?

Für die schematische Darstellung zusammengesetzter Funktionen werden **Datenflussdiagramme** (die Daten „fließen" von einer Funktion zur nächsten) genutzt. Dies sei hier an einer Funktion DOSU(a;b) verdeutlicht, mit der man die doppelte Summe zweier Zahlen, also 2(a+b), ermitteln kann.

Datenfluss-diagramm	Term-notation	Kalkulations-programm
a　　b SUMME c VERDOPPELN	DOSU(a;b) $\longmapsto$ VERDOPPELN(SUMME(a;b))	=2*(a+b) oder =2*SUMME(a;b) (hier stehen a und b für Zell-namen)

i In Aufgabe 9.9 hast du die Funktionen MINUS, MAL, VERDOPPELN und HALBIEREN vereinbart. Möglicherweise kannst du zwei dieser Funktionen zur Lösung der Aufgabe 9.11 heranziehen.

9.11 Zeichne ein Datenflussdiagramm für eine zusammengesetzte Funktion, mit der du den Flächeninhalt eines beliebigen Dreiecks ermitteln kannst!
Nenne diese Funktion z. B. DREIECK(g;h) und gib ihre Termnotation an! Setze die Termnotation in eine Formel für dein Kalkulationsprogramm um!

Oft werden aktuelle Parameter (Werte, die einer bestimmten Variablen zugeordnet sind) für mehrere Funktionen benötigt. Ein solcher Fall tritt zum Beispiel auf, wenn man die Oberfläche eines Quaders berechnen soll. Die Eingabewerte für Länge (a), Breite (b) und Höhe (c) des Quaders werden für mehrere Funktionen gleichzeitig benötigt. Das sieht als Datenflussdiagramm so aus:

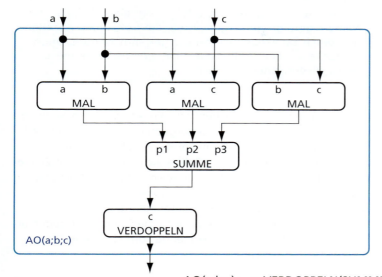

Termnotation
AO(a;b;c) ⟼ VERDOPPELN(SUMME(MAL(a;b);MAL(a;c);MAL(b;c)))

Der Datenfluss muss aufgespalten werden. Man setzt dazu im Datenflussdiagramm einen dicken Punkt an die Verzweigungsstelle.
Die vereinbarte Funktion AO errechnet die Oberfläche eines beliebigen Quaders aus den Werten a, b und c.

9.12 a) Die auf Seite 174 vereinbarte Funktion DOSU möge mehr als zwei Summanden zulassen. Wie sieht dann das Datenflussdiagramm zur Berechnung von AO unter Verwendung von DOSU aus?
b) Neben der Oberfläche soll auch das Volumen von Quadern berechnet werden. Vervollständige obiges Datenflussdiagramm oder das, welches du bei a) erarbeitet hast!

9.13 Vereinbare eine Funktion, die bei Eingabe der Kathetenlängen eines rechtwinkligen Dreiecks die Hypotenuse ausgibt!
Zeichne zuerst ein Datenflussdiagramm, gib dann die Termnotation für die Funktion HYPOTENUSE an und „übersetze" das Ganze in die Sprache deines Tabellenkalkulationsprogramms!

Tipp: In Kalkulationsprogrammen gibt es meist eine schon vordefinierte Funktion WURZEL(), die du beim Lösen der Aufgabe 9.13 möglicherweise benötigen wirst.

9.3 Vordefinierte Funktionen und Datentypen

> Kalkulationsprogramme stellen vordefinierte Funktionen bereit.
> Der Aufruf von **Funktionen** erfolgt über einen festgelegten Namen, gefolgt von Argumenten, die in Klammern stehen und durch Semikola voneinander getrennt werden. Die Argumente können Zellbezüge, mathematische Terme oder selbst wieder Funktionen sein.

i Unter *Excel* kann eine Funktion folgendermaßen in eine Formel eingefügt werden: Menü „Einfügen" → Befehl „Funktion".

i Die **Summenfunktion** ist so bedeutsam, dass sie einen eigenen Schalter besitzt.

Die Zelle, in der die Summe eingetragen werden soll, wird markiert und zum Aufruf der Funktion SUMME() wird auf den entsprechenden Schalter in der Symbolleiste geklickt. *Excel* schlägt nun einen Zellbereich vor, auf den die Summenfunktion angewendet werden soll. Steht die markierte Zelle beispielsweise am Ende einer Tabellenspalte, wird der gesamte Zellbereich über der markierten Zelle vorgeschlagen, sofern er Zahlen enthält. Der Vorschlag kann korrigiert oder ergänzt werden.

Σ Eine sehr häufig benutzte Funktion ist die Summenfunktion. Als Funktionsargumente können hier beliebig viele Parameter in Form von Zellnamen stehen.

Zur Vereinfachung kannst du Zellbereiche angeben. Ein **Zellbereich** umfasst mehrere Zellen. Als Zeichen für das Wort „bis" in „Zelle x bis Zelle y" wird der Doppelpunkt verwendet.
Bei Aufzählungen wird das Semikolon genutzt.
Im folgenden Beispiel wird in Zelle F5 die Summe der gelb markierten Zellwerte berechnet. Folgende Formel steht in F5:
`=SUMME(A5;B1;C3:D5)`

	A	B	C	D	E	F
1		3				
2						
3			6	8		
4			7	9		
5	4		14	7		58

Die folgenden Aufgaben führen dich in weitere interessante vordefinierte Funktionen ein:

9.14 Zur Auswertung von Messergebnissen und vielen statistischen Berechnungen wird die Funktion MITTELWERT() benötigt. Dabei gilt: MITTELWERT() ⟼ SUMME()/ANZAHL().
Stelle zwei verschiedene Formeln zur Berechnung des Mittels von sechs Zahlenwerten auf!

9.15 Wir wollen das Würfeln simulieren. Hierzu implementieren wir eine eigene Funktion WÜRFELN() mit dem Kalkulationsprogramm. Dabei nutzen wir die vorhandenen Funktionen ZUFALLSZAHL (liefert eine Zufallszahl z mit $0 < z < 1$) und GANZZAHL (rundet eine Zahl auf die nächstkleinere ganze Zahl ab). Erstelle eine korrekte Formel (↗ auch Bild 1)!

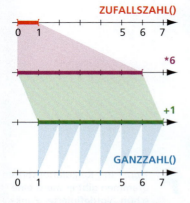

1 So kann man sich die jeweiligen Wertzuweisungen bei einer Funktion WÜRFELN() vorstellen.

Die folgende Tabelle gibt eine Übersicht über einige weitere in Kalkulationsprogrammen vordefinierte Funktionen:

Funktion	Beispiele
ABS(zahl)	`=ABS(-345,328)` ⟼ 345,328
MAX(zahl1;zahl2; ...)	`=MAX(3;11,4;103;-4)` ⟼ 103
MIN(zahl1;zahl2; ...)	`=MIN(3;11,4;103;-4)` ⟼ -4
POTENZ(basis;exponent)	`=POTENZ(3;4)` ⟼ 81 `=POTENZ(3,5;4)` ⟼ 150,0625 `=POTENZ(27;1/3)` ⟼ 3
REST(dividend; divisor)	`=REST(23;6)` ⟼ 5
ZEICHEN(ascii-wert)	`=ZEICHEN(163)` ⟼ £ `=ZEICHEN(256)` ⟼ #WERT!
JETZT()	`=JETZT()` ⟼ 11.11.2008 11:11 `=JETZT()-1` ⟼ 10.11.2008 11:11
ISTLEER(zellname)	`=ISTLEER(B5)` ⟼ WAHR
ISTTEXT(zellname)	`=ISTTEXT(B5)` ⟼ FALSCH

Wir sehen, dass die Ausgabewerte (genau wie die Eingabewerte) Zahlen, Texte, Datumsangaben oder Wahrheitswerte sein können.

> Mit der POTENZ-Funktion können auch beliebige Wurzeln gezogen werden, weil Folgendes gilt:
> $$\sqrt[k]{a} = a^{\frac{1}{k}}$$
> Der Text bei ZEICHEN(256) ist eine Fehlermeldung: Es gibt nur 256 ASCII-Zeichen (von 0 bis 255). Funktionen zur Zeichen- und Zeichenkettenverarbeitung gibt es viele. Da wir aber vor allem „rechnen" wollen, soll hier das eine Beispiel genügen.
> Die JETZT-Funktion kann genutzt werden, um das aktuelle Datum (und die Uhrzeit) anzuzeigen. Sie ist auch für den Vergleich mit zurückliegenden Terminen geeignet.
> Funktionen wie ISTLEER oder ISTTEXT werden wir nutzen, um Tabellen übersichtlicher zu gestalten.

> In den Zellen einer Kalkulationstabelle sind Objekte verschiedener Klassen wie TEXT, ZAHL, DATUM, FORMEL und WAHRHEITSWERT enthalten.
> Zu diesen Klassen, die letztlich die Art der Daten beschreiben, sagt man auch **Datentyp**.

9.16 LEONARDO VON PISA (1170–1240), genannt FIBONACCI, stellte u. a. folgende Zahlenfolge auf: Das erste Glied a_1 dieser Folge ist 1, das zweite ebenfalls. Alle nachfolgenden Folgenglieder ergeben sich als Summe der beiden jeweils vorangegangenen: $a_k = a_{k-1} + a_{k-2}$
a) Stelle eine Kalkulationstabelle mit den ersten 30 Gliedern dieser sogenannten **Fibonacci-Folge** auf!
b) Überprüfe mithilfe einer Formel, welche Folgenglieder durch 3 teilbar sind!
c) Beschreibe den Datentyp aller ausgefüllten Zellen deiner Kalkulationstabelle! Bei Zellen mit Objekten des Typs FORMEL gib den Datentyp des Ausgabewertes an!

1 FIBONACCI wollte mit seiner Folge die Vermehrung von Kaninchen beschreiben.

> Die Funktion FIB(k), welche Fibonacci-Zahlen ausgibt, kann folgendermaßen definiert werden:
> $$FIB(k) = \begin{cases} FIB(1) = 1 \\ FIB(2) = 1 \\ FIB(k) = FIB(k-1) + FIB(k-2) \end{cases}$$
> Beim letzten Fall steht k für alle natürlichen Zahlen größer als 2.

9.4 Funktionen mit Bedingungen

Nicht selten sind die Ausgabewerte der Funktionen abhängig von Bedingungen. Beispielsweise bezahlt der Versandhandel meist ab einem bestimmten Bestellwert die Versandkosten oder gewährt ab einem bestimmten Einkaufswert Rabatt.

> So könnte das Datenflussdiagramm für die Rabattregel aussehen.

Eine Versandfirma habe folgende Rabattregel: Ist der Einkaufswert größer oder gleich 500 €, dann erhält der Kunde 15 % Rabatt, ansonsten begleicht er den vollen Einkaufspreis.
Die Daten fließen in Abhängigkeit von einer Bedingung (↗ auch Infotext). Die Bedingung (hier p ≥ 500) ist für das Kalkulationsprogramm eine Funktion, die einen Wahrheitswert liefert. Vergleichsoperatoren in Bedingungen können sein: <, >, <= (kleiner oder gleich), >=, <> (ungleich).
Für solche Entscheidungsstrukturen gibt es die WENN-Funktion:

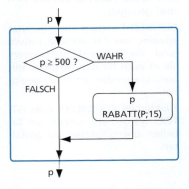

> Mithilfe der **WENN-Funktion** kann eine Entscheidung in Abhängigkeit von einer Bedingung gefällt werden.
> **Wenn** die Bedingung a den Wahrheitswert WAHR liefert, **dann** wird der Wert b ausgegeben, **sonst** der Wert c.
> Notation im Kalkulationsprogramm: WENN(a;b;c)

Wir haben hier die Rabattfunktion genutzt, die wir auf Seite 173 definiert haben. Natürlich können wir auch eine neue Funktion RABATT15 „basteln", die nur den Preis p als Eingabewert besitzt. Letztlich geben wir einen Term wie `p-p*15/100` zur Berechnung des Rabatts ein.

Für unser Beispiel würde die WENN-Funktion so aussehen:
`=WENN(p>=500;p-p*15/100;p)` oder
`=WENN(p>=500;p*85/100;p)`
„p" steht hier für die Zelle, in die der Einkaufswert eingetragen wird.

9.17 Vervollständige eine Rechnung über Büroartikel! Dein Lehrer gibt dir hierzu eine Datei RECHNUNG.XLS!
In allen auf dem Blatt gelb markierten Zellen sollen Formeln stehen.
Insbesondere soll in Zelle E27 der Wert „5 %" eingetragen werden, wenn der Kaufwert größer oder gleich 200 € ist. Ansonsten wird als Wert „ohne" ausgegeben.
In Zelle F27 wird der Rabatt berechnet, in Zelle F28 wird der Endbetrag ausgegeben, den der Kunde zahlen muss.

> Willst du über eine Formel einer Zelle einen Textwert zuweisen, so muss dieser in Hochkommata gesetzt werden:
> `="ohne"` ↦ ohne
> `="a ="` ↦ a =
> `="=Rabatt"` ↦ =Rabatt

In Bedingungen können logische Operatoren enthalten sein: NICHT verneint eine Aussage, ODER und UND verknüpfen Aussagen. Auch diese logischen Operatoren werden wie Funktionen behandelt. Ihre Verwendung soll an folgenden Beispielen gezeigt werden:

- `=WENN(ODER(JETZT()-A8>4*365+1;B5>=500);B5*0,9;B5)`
„Übersetzung": Wenn seit dem erstmaligen Auftreten als Kunde (das Datum steht in Zelle A8) mehr als vier Jahre vergangen sind ODER mit der laufenden Bestellung Waren im Wert von mehr als 500 € gekauft werden (B5), dann wird auf den Warenwert 10 % Rabatt gewährt, sonst nicht.
Bei ODER muss nur eine der beiden Bedingungen gelten, damit WAHR ausgegeben wird (↗ auch Infotext).
- `=WENN(UND(JETZT()-A8>4*365+1;B5>=500);B5*0,9;B5)`
Bei UND müssen beide Bedingungen gelten, damit für die Verknüpfung WAHR ausgegeben, also Rabatt gewährt wird.

Entscheidungen können geschachtelt werden: Bei einem Kaufwert (F9) größer 500 € soll ein Rabatt von 10 % gewährt werden, ab einem Kaufwert von 200 € ein Rabatt von 5 %:
`=WENN(F9>500;F9*0,9;WENN(F9>=200;F9*0,95;F9))`

Man kann die WENN-Funktion immer tiefer schachteln. Das wird aber für mehr als drei Fälle recht unhandlich. Für derart komplexe Bedingungen gibt es die VERWEIS-Funktion:

> Mithilfe der **VERWEIS-Funktion** können Fallunterscheidungen realisiert werden. Dabei wird auf einen Zellbereich verwiesen, der tabellenförmig angelegt ist.
> `=SVERWEIS(Suchkriterium;Suchbereich;`
>   `Spaltenindex)`

Ein Beispiel:
`=SVERWEIS(B15;Tabelle2!A1:C583;3)`
In eine Rechnung soll ein Artikelpreis eingetragen werden. In Zelle B15 steht die Artikelnummer. Dies ist das Suchkriterium. Das Kalkulationsprogramm sucht nun in einer gesonderten Tabelle 2 im Zellbereich A1 bis C583, wo in der Spalte A alle Artikelnummern, in Spalte B ihre Kurzbezeichnung und in Spalte C der aktuelle Preis aufgeführt sind. Es findet in der 1. Spalte die entsprechende Artikelnummer, entnimmt der 3. Spalte den Preis und übernimmt diesen als Ausgabewert für die aktuelle Zelle.

9.18 Dein Lehrer stellt dir die Datei VERWEIS.XLS zur Verfügung. Alle gelb hinterlegten Zellen sollen mit Formeln versehen werden. Die Zellen C15 bis C24 werden mit einem Verweis ausgefüllt (Tabelle2!A1:C11). Dabei sollen die Zellen leer bleiben, wenn keine Artikelnummer in Spalte B eingetragen ist. Ähnlich soll mit den Zellen E15 bis E24 verfahren werden!

So sieht die **Wahrheitswerttabelle** *für die ODER-Verknüpfung zweier Aussagen A und B aus:*

A	B	A ODER B
WAHR	WAHR	WAHR
WAHR	FALSCH	WAHR
FALSCH	WAHR	WAHR
FALSCH	FALSCH	FALSCH

Und so für die UND-Verknüpfung:

A	B	A UND B
WAHR	WAHR	WAHR
WAHR	FALSCH	FALSCH
FALSCH	WAHR	FALSCH
FALSCH	FALSCH	FALSCH

In modernen Kalkulationsprogrammen kann man den Suchbereich in einer gesonderten Tabelle anlegen, die aber zur Kalkulationsdatei gehört.
Unter Excel *gibt es auch noch eine Verweisfunktion WVERWEIS, wo die Suchbegriffe in der ersten Zeile (und nicht in der ersten Spalte) stehen.*

Achtung! Wenn Formeln kopiert werden sollen, ist ein absoluter *Verweis auf den Suchbereich angebracht!*

Datenflüsse und Objekte in Kalkulationsprogrammen

9.5 Präsentation von Kalkulationsdaten durch Diagramme

i *Markieren:* Alle Werte und Beschriftungen sollten zusammenhängen. Wenn es leere Zeilen oder Spalten gibt, also bestimmte Daten nicht in das Diagramm aufgenommen werden sollen, können auch einzelne Bereiche nacheinander markiert werden (dabei <Strg>-Taste gedrückt halten).
Wenn sich um alle markierten Teile ein Rechteck legen lässt, ist die Wahrscheinlichkeit sehr groß, das Richtige markiert zu haben.

Zusammenhänge, Trends und Zahlenverhältnisse lassen sich am einfachsten über grafische Darstellungen erkennen.
Alle Daten, die du veranschaulichen willst, musst du zuerst markieren. Dazu gehören neben den Datenreihen insbesondere die Rubrikenbezeichnungen, die meist in den Tabellenköpfen (links oder oben) zu finden sind.

Nach dem Markieren rufst du den Diagrammassistenten auf, mit dessen Hilfe du ein passgerechtes Diagramm erstellst.
Tabellenkalkulationsprogramme bieten unterschiedliche Diagrammtypen an:

i Beispiel für ein Tortendiagramm:

Erwerbstätige im Bereich Medien

- ■ Druckgewerbe
- ■ Verlagsgewerbe
- □ Hörfunk, TV
- □ Sonstige

Achtung! Je nach Lage des Diagramms können die Daten verfälscht werden:
So scheint es hier mehr Beschäftigte im Verlags- als im Druckgewerbe zu geben, was aber nicht stimmt (vgl. Seite 166 f.).

	A	B	C	D
1	Umsatzübersicht 1. Quartal			
2				
3	Vertreter	Januar	Februar	März
4	Schulze	7.350	6.940	8.210
5	Meyer	15.280	14.280	13.240
6	Müller	13.680	14.179	15.819
7	Lehmann	11.890	10.627	11.047
8				

1 Auswertung des Umsatzes von Vertretern einer Firma

Typ	Verwendung
Kreisdiagramm	Kreisdiagramme eignen sich insbesondere für den anschaulichen Vergleich von Teilen eines Ganzen. Grundsätzlich können mit einem Kreisdiagramm also nur Zahlen aus *einer* Datenreihe dargestellt werden. Dies gilt auch für die räumliche Variante, das **3D-Kreisdiagramm (Tortendiagramm).**
Liniendiagramm	Liniendiagramme eignen sich insbesondere zur Darstellung von Datenreihen mit jeweils sehr vielen Daten. Das können z.B. Prognosen für Zinsentwicklungen oder Messreihen sein. Graphen mathematischer Funktionen können über **Punktdiagramme** mit interpolierten Linien gezeichnet werden (↗ Beispiel, Seite 181).
Säulendiagramm	Säulendiagramme eignen sich zur Darstellung mehrerer Datenreihen im Vergleich. Die markierte Tabelle hat dann meist zwei Köpfe (links und oben, ↗ Bild 1). Aus dem Zahlenmaterial lassen sich nun Säulendiagramme mit ganz unterschiedlichen Aussagen gewinnen: Zum einen könnten die Monate als Rubriken genommen werden und die Aufmerksamkeit wird auf die *Entwicklung* der Umsätze der einzelnen Vertreter gelenkt (↗ Bild 1, Seite 181). Zum anderen könnten die Namen der Vertreter in der Rubrikenachse stehen und man erhält eher *vergleichende Aussagen über die Umsatzhöhe der Vertreter* (↗ Bild 2, Seite 181). Eine Variante der Säulendiagramme sind **Streifendiagramme.** Hier liegen die Säulen bzw. Balken waagerecht.

Datenflüsse und Objekte in Kalkulationsprogrammen | 181

Typ	Verwendung
Stapel-diagramm	Stapeldiagramme werden zu einem *Gesamtvergleich* genutzt. Im Beispiel (↗ Bild 2) kann nicht nur die Höhe der Umsätze zwischen den Vertretern in den einzelnen Monaten verglichen werden, sondern auch der Gesamtumsatz im 1. Quartal. Nur hier sieht man, dass Herr Müller besser abschneidet als Herr Meyer.

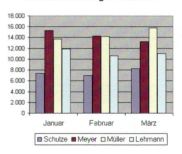

1 Säulendiagramm zur Entwicklung der Umsätze der Vertreter

9.19 Suche – z. B. im Internet – nach Ergebnissen der Bundestagswahlen seit 1990!
Erstelle zu den gefundenen Sachverhalten unterschiedliche Diagramme! Nenne jeweils den Diagrammtyp, den du gewählt hast, und gib Gründe hierfür an!

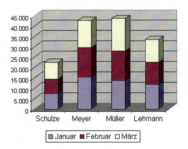

Die Diagrammfunktion kannst du sogar als Plotter für Funktionen benutzen, die du aus dem Mathematik- oder Physikunterricht kennst. Ein *Beispiel:*
Die Graphen der Funktionen $y = 2x - 1$ und $y = \frac{1}{2} x^3$ sollen im Intervall $-2 \leq x \leq 2$ dargestellt werden.
Zuerst lässt du vom Kalkulationsprogramm eine Wertetabelle für diese Funktionen berechnen (Schrittweite 0,2 reicht aus). Danach markierst du diese Tabelle und wählst den Typ „Punktdiagramm (mit interpolierten Linien)" aus. Jetzt musst du nur noch die Punkte aus den Funktionsgraphen entfernen (Graph markieren und Doppelklick ⟶ Registerkarte „Muster" ⟶ Option „Markierung" auf „Ohne" setzen).

2 Stapeldiagramm zum Gesamtvergleich der Umsätze der Vertreter

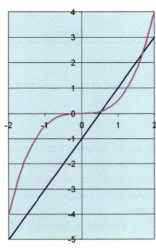

	A	B	C
1	x	y=2*x-1	y=POTENZ(x;3)/2
2	-2	-5	-4
3	-1,8	-4,6	-2,916
4	-1,6	-4,2	-2,048
5	-1,4	-3,8	-1,372
6	-1,2	-3,4	-0,864
7	-1	-3	-0,5
8	-0,8	-2,6	-0,256
9	-0,6	-2,2	-0,108
10	-0,4	-1,8	-0,032
11	-0,2	-1,4	-0,004
12	0	-1	0
13	0,2	-0,6	0,004
14	0,4	-0,2	0,032
15	0,6	0,2	0,108
16	0,8	0,6	0,256
17	1	1	0,5
18	1,2	1,4	0,864
19	1,4	1,8	1,372
20	1,6	2,2	2,048
21	1,8	2,6	2,916
22	2	3	4

i Die aus dem Unterricht bekannten mathematischen Funktionen wie $y = x^2$ oder $y = 3x + 4$ ermitteln aus Eingabedaten (x) nach einer festgelegten Zuordnungsvorschrift genau einen Ausgabewert (y), sind also auch Funktionen im Sinne der Definition auf Seite 172. Sie sind allerdings ganz spezielle Funktionen: Es gibt nur einen veränderlichen Eingabewert. Die meisten der kennen gelernten „Kalkulationsfunktionen" wie MITTELWERT(), SUMME(), MAX() usw. besitzen mehrere Veränderliche.

Auf den Punkt gebracht

Objekte in Kalkulationsprogrammen

Klasse	Hinweise
TABELLE	• wird als Datei unter einem bestimmten Namen gespeichert • enthält meist mehrere Blätter (Tabelle1, Tabelle2, …), diese sind in Zeilen bzw. Spalten unterteilt
ZEILE	• hat einen Namen (1, 2, 3, …), der ihre Position verdeutlicht • weiteres Attribut: Zeilenhöhe
SPALTE	• hat einen Namen (A, B, …, Y, Z, AA, AB, …), der ihre Position verdeutlicht • weiteres Attribut: Spaltenbreite
ZELLE	• besitzt einen Namen (A1, A2, … B7, … AB24, …) • enthält Objekte der Klassen TEXT, ZAHL, DATUM, FORMEL und WAHRHEITSWERT; diese Klassen heißen **„Datentypen"**
TEXT (Datentyp)	• wird standardmäßig linksbündig ausgerichtet
ZAHL (Datentyp)	• wird standardmäßig rechtsbündig ausgerichtet • „Unterklassen" sind möglich: ganze Zahlen, Dezimalzahlen, Währung, …
FORMEL (Datentyp)	• beginnt mit einem Gleichheitszeichen, gefolgt von einem Term • Term kann Funktionen und Zellverweise (Variablen) enthalten
WAHRHEITSWERT (Datentyp)	• zwei Werte sind möglich: WAHR und FALSCH • Voraussetzung zur Nutzung der WENN- und der VERWEIS-Funktion
DIAGRAMM	• zur Veranschaulichung von Zahlenverhältnissen und Zusammenhängen, die den Zellen entnommen werden • besitzt Attribute wie Typ, Position, Größe, Anzahl der Datenreihen, … • eine Tabelle kann mehrere Diagramme enthalten

Funktionen in Kalkulationsprogrammen

Eine **Funktion** ist eine informationsverarbeitende Einheit, die aus *Eingabedaten* nach einer festgelegten *Zuordnungsvorschrift* genau einen *Ausgabewert* ermittelt.

Datenflussdiagramm	Term	Formelbeispiel
$\downarrow$6 $\quad\downarrow$8 $\quad\downarrow$−2 a $\quad$ b $\quad$ c SUMME $\downarrow$12	SUMME(6;8;−2) $\longmapsto$ 12	=A5+B7+D9 oder =SUMME(A5;B7;D9)

Kalkulationsprogramme stellen vordefinierte Funktionen bereit. Der Aufruf von **Funktionen** erfolgt über einen festgelegten Namen, gefolgt von Argumenten, die in Klammern stehen und durch Semikola voneinander getrennt werden. Die Argumente können Zellbezüge, mathematische Terme oder selbst wieder Funktionen sein.

Wichtige **Entscheidungsfunktionen:**

=WENN(a;b;c) $\longmapsto$ b (wenn a WAHR), c (wenn a FALSCH)

=SVERWEIS(Suchkriterium;Suchbereich;Spaltenindex) $\longmapsto$ Wert der gefundenen Zelle

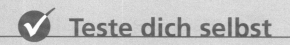

9.20 Eine Klassenarbeit wurde geschrieben. Vom Lehrer wurde (auch aus Datenschutzgründen) nur eine Zensurentabelle angegeben (↗ Randspalte).
Ermittle mit einem Kalkulationsprogramm das sogenannte **gewogene arithmetische Mittel** zur Berechnung des Notendurchschnitts! Hierzu wird die Anzahl der Noten jeweils mit dem Notenwert multipliziert (z. B. 6·2 bzw. 11·3), alles addiert und die Summe durch die Anzahl der Schüler geteilt.

So sieht die Zensurentabelle der Klassenarbeit aus (Aufgabe 9.20):

1	2	3	4	5	6
4	6	11	5	3	1

9.21 Gegeben seien die folgenden Funktionen:
$f(x) = x^2$ und $g(x) = 2x$.
a) Stelle für beide Funktionen eine Wertetabelle auf!
Der Definitionsbereich sei $-2 \leq x \leq 2$, das Inkrement 0,2.
b) Erweitere die Wertetabelle mit den zusammengesetzten Funktionen $f(g(x))$ und $g(f(x))$!
Wann ist die Ungleichung $f(g(x)) > g(f(x))$ wahr? Nutze zur Beantwortung dieser Frage die schon erstellte Tabelle!
c) Erstelle ein Diagramm, das alle vier Funktionen in ein- und demselben Koordinatensystem anzeigt!
d) In Aufgabe 9.10 (↗ Seite 174) hast du einen ähnlichen Sachverhalt (SKONTO3(RABATT(p)) ≦ RABATT(SKONTO3(p)) überprüft. Was hattest du dort festgestellt? Gilt das Kommutativgesetz für das Aufeinanderanwenden von Funktionen immer?

9.22 Erkläre folgende Formeln, indem du Vermutungen über die modellierten praktischen Sachverhalte anstellst!
a) `=WENN(ODER(C2=10;C2=20;C2=30);"Jubiläum";"")`
b) `=WENN(JETZT()-D3<183;"Warten";"Aktien verkaufen")`
c) `=WENN(UND(ISTLEER(C9);ISTLEER(D9));"";E8+C9-D9)`

Modelliere die folgenden Sachverhalte als Formeln in einem Kalkulationsprogramm!
d) Wenn die Norm übererfüllt wurde (in D8 steht „Ja"), dann soll „500" ausgegeben werden, sonst „keine Prämie".
e) Die Länge einer Strecke, die im ersten Quadranten eines kartesischen x,y-Koordinatensystems liegt, soll ermittelt werden. Die Koordinaten des Anfangspunktes stehen in den Zellen B2 und B3, die des Endpunktes in den Zellen C2 und C3.
f) In einer Tabelle sind in Spalte A Leistungskennziffern (1 bis 5) eingetragen, in Spalte B Prämien zugeordnet.
Es soll die Prämienhöhe auf Basis der Leistungskennziffer ausgegeben werden, die in Zelle D6 steht.

Teste dich selbst

9.23 Auf Seite 177 wurden die Fibonacci-Zahlen über folgende Formel definiert: $FIB(k) = FIB(k-1) + FIB(k-2)$

Solch eine Funktion nennt man „rekursiv" (zurückgehend bis zu bekannten Werten). Es gibt auch die folgende Formel:

$$FIB(k) = \frac{\left(\frac{\sqrt{5}+1}{2}\right)^k \pm \left(\frac{\sqrt{5}-1}{2}\right)^k}{\sqrt{5}}$$
Das „+" gilt für ungerade k, das „−" für gerade.

a) Ergänze die Tabelle aus Aufgabe 9.16 durch eine Spalte, in der die Fibonacci-Zahlen mit dieser Formel berechnet werden!

Diskutiere Vor- und Nachteile der beiden Verfahren!

b) Für Profis:

Es seien vier beliebige aufeinanderfolgende Fibonacci-Zahlen gegeben. Das Produkt der äußeren Glieder und das doppelte Produkt der inneren Glieder seien die Maßzahlen für die Längen der Katheten eines rechtwinkligen Dreiecks. Dann ist die Länge seiner Hypotenuse auch ein Glied der Fibonacci-Folge:

$(FIB(k) \cdot FIB(k+3))^2 + (2 \cdot FIB(k+1) \cdot FIB(k+2))^2 = (FIB(x))^2$

Überprüfe diesen Sachverhalt für die ersten 30 Folgenglieder!

Die Fibonacci-Folge spielt in der Mathematik und auch in der Informatik eine große Rolle, weil sie viele interessante Eigenschaften besitzt.

9.24 Eine Bank hat u. a. folgende Sparangebote:

A 3 % Zinsen, Zinsen werden jährlich ausgezahlt

B 2,75 % Zinsen, Zinsen werden mitverzinst

C 2,5 % Zinsen bei (Vorjahres-)Einlagen bis 500 €, darüber 3 % Zinsen, Zinsen werden mitverzinst

a) Im ersten Jahr werden jeweils 400 € angelegt. Nach wie viel Jahren wurden jeweils 300 € gespart?

Stelle entsprechende Berechnungstabellen auf!

b) Nach wie viel Jahren hat sich eine Einlage bei B bzw. bei C verdoppelt?

c) Wie hoch muss der Zinssatz bei B sein, damit sich eine Spareinlage nach 20 Jahren verdreifacht hat?

d) Vergleiche die Angebote auch grafisch!

Hinweis: Die Lösung der Aufgabe 9.24 kann auch in Gruppenarbeit erfolgen.

9.25 Teilt die Klasse in Gruppen zu je 4 Schülern!

Sucht verschiedene Geldinstitute auf und holt Informationen zu Sparanlagen ein! Vergleicht die Angaben, indem ihr sie rechnerisch auswertet!

Stellt die Vergleiche grafisch dar und präsentiert sie in der Klasse!

Datenmodellierung und Datenbanksysteme 10

1 Auch Schulen besitzen oft eigene Bibliotheken.

10.1 Große Datenmengen – ein Problem?

In vielen Bereichen sind sehr große Datenmengen zu verwalten – so beispielsweise auch in Bibliotheken. Der Gesamtbestand an Büchern und sonstigen Medien beträgt oftmals weit mehr als 1 Million Exemplare. Die Verwaltung solch großer Datenbestände ist nicht unproblematisch, es gibt ein ganze Menge zu berücksichtigen.

10.1 Nenne weitere Bereiche, in denen große Datenmengen zu verwalten sind. Welche Daten sind dort zu erfassen?

Sicherlich hast du festgestellt, dass nicht nur in Bibliotheken sehr viele Daten erfasst und einheitlich verwaltet werden. Das betrifft alle Bereiche unseres Lebens: ob beispielsweise in der Schule die Verwaltung aller Schülerdaten, ob im Versandhaus die Daten für die verschiedenen Artikel und die Kunden des Hauses. Auch im Reisebüro muss eine Menge koordiniert werden: Daten der Reisenden, Daten zur Reise selbst, wie Anreise, Abreise, Urlaubsort, gebuchte Kategorie ... – überall Daten, Daten und nochmals Daten.

10.2 Warum ist deiner Meinung nach in diesen Bereichen bei der Verwaltung der Datenbestände ein Einsatz von unterstützender Computertechnik unerlässlich?

Allein das Aufbewahren, also das Speichern, dieser enormen Datenmengen ohne Computer würde ein Problem darstellen. Auch ist ein schneller und gezielter Zugriff auf die Daten bzw. auf verschiedene Teile dieser mithilfe der Rechentechnik besser möglich. Interessiert sich beispielsweise ein Nutzer einer Bibliothek für ein bestimmtes Buch, sollte er bei seiner Recherche nicht unbedingt erfahren, wer eines der vorhandenen Bücher gerade ausgeliehen hat. Für den Nutzer ist nur interessant, ob das gesuchte Buch verfügbar ist.

Aber, wie werden die Daten auf dem Computer abgebildet?
Um das zu klären, soll das Beispiel Bibliothek etwas spezieller betrachtet werden:
In eurer Klasse oder eurer Klassenstufe könnt ihr eine Bibliothek simulieren, eine CD-Bibliothek.
Dabei existiert eine angebotene CD-Sammlung. Es gibt somit CD-Besitzer, also die Verleiher. Und es existieren die Nutzer oder auch Kunden, die Mitschüler, die eine CD aus dem vorhandenen Bestand ausleihen. Hinzu kommen Einträge über die Ausleihe

2 Beispiele für Musik-CDs aus der CD-Bibliothek einer Schule selbst, also beispielsweise: Wer hat gerade welche CD ausgeliehen? Wem gehört diese CD?

10.3 Bildet Gruppen von 3 bis 5 Schülern!
Betrachtet das eben beschriebene Beispiel der CD-Bibliothek unter dem Aspekt, es mit einer bereits bekannten Anwendung umzusetzen – beispielsweise mit einer Textverarbeitung oder einer Tabellenkalkulation!
Diskutiert in der Gruppe, wie ihr die Daten mithilfe der gewählten Anwendung erfassen würdet und wie insbesondere der Ausleihvorgang dann verwaltet werden könnte!
Entscheidet, ob die gewählte Applikation zur Bearbeitung des Problems geeignet ist! Welche Probleme können evtl. mit der Nutzung dieser Anwendung auftreten?

Sicherlich kannst du mit bereits bekannten Anwendungen wie der Textverarbeitung und der Tabellenkalkulation arbeiten und die Daten abbilden. Aber in Bezug auf ein wesentliches Merkmal unseres Beispiels sind diese Applikationen nicht geeignet:

Unsere Daten stehen in Beziehung miteinander, es existieren Zusammenhänge. So leiht z. B. ein Nutzer der CD-Bibliothek eine konkrete CD aus. Diese CD wiederum hat einen Besitzer. Es existiert also ein konkreter Zusammenhang zwischen den CDs, den Besitzern, den Nutzern und dem Ausleihvorgang. Insbesondere die Abbildung dieser Zusammenhänge ist bei einer Umsetzung mit den bisher bekannten Anwendungen problematisch, die zusammengehörigen Daten können nicht automatisch zusammengeführt werden.

Für die Erfassung und Verarbeitung großer Datenmengen werden Datenbanken genutzt.

 Zu den bekannten (relationalen) Datenbankmanagementsystemen gehören:

Oracle
(plattformübergreifend, für UNIX mit PC-Clients)

MySQL
(plattformübergreifend, für alle gängigen Betriebssystme)

MS Access
(für Windows, Komponente von Microsoft Office)

OpenOffice
(enthält als Komponente auch ein DBMS)

Ein Datenbanksystem ist eine systematische und strukturierte Zusammenfassung von Daten eines Problembereichs **(Datenbasis)** einschließlich der zur Eingabe, Verwaltung, Auswertung und Ausgabe erforderlichen Software **(Datenbankmanagementsystem, DBMS).**

Datenbanksystem = Datenbasis + DBMS

Nach der Organisation der verwalteten Daten unterscheidet man folgende Datenbankmodelle:
- relationale Datenbanken,
- hierarchische Datenbanken und
- Netzwerk-Datenbanken.

Datenmodellierung und Datenbanksysteme

Bei der Arbeit mit Datenbanken ergeben sich zwei Schwerpunktfelder:

Das ist zum einen die Planung und praktische Umsetzung einer Datenbank. Um eine neue Datenbank zu entwerfen, benötigt man ein Denkmodell, das es erlaubt, die Objekte der realen Welt mit dem Computer sinnvoll abzubilden. Mit der oft verwendeten „objektrelationalen Datenmodellierung" und der anschließenden Übertragung dieses Modells in eine Datenbank werden wir uns in den Abschnitten 10.4 und 10.5 ausführlich beschäftigen.

Den zweiten Schwerpunkt bildet die Arbeit mit den Daten. Insbesondere geht es um die Auswertung der in der Datenbank gespeicherten Daten – also der Datenbasis – unter Nutzung eines Datenbankmanagementsystems (Abschnitte 10.2, 10.3, 10.6 und 10.7).

> **Aufgaben eines Datenbankmanagementsystems**
> * zentrale Speicherung und einheitliche Verwaltung von Daten eines Problembereichs
> * Dienstleistung des Datenzugriffs unter Verwendung von Datenbanksprachen
> * Mechanismen der Datensicherheit (Kontrolle der Legalität des Zugriffs auf die Datenbasis, Schutz vor Bedienfehlern, Organisation des Zugriffs durch mehrere Nutzer, …)

i Beispiele für Informationsquellen im Internet, die auf Datenbanken beruhen:

Die Bayerische Staatsbibliothek in München besitzt einen Gesamtbestand von mehr als 9 Millionen Exemplaren.
http://www.bsb-muenchen.de/

Kraftfahrtbundesamt
http://www.kba.de/

Digitale CD-Datenbank
http://www.freedb.org/
  freedb_search.php

Schülerlexikon
http://www.schuelerlexikon.de/

Auch du kannst ohne Probleme auf große Datenbestände, also auf Datenbanken, zurückgreifen – beispielsweise über das Internet. Dabei nutzt du Datenbankmanagementsysteme.
In der Randspalte sind mehrere Beispiele für Internet-Datenbanken angegeben.

10.4 Wähle einen Problembereich, indem eine große Datenmenge verwaltet wird und auf den du über das Internet Zugriff hast! Nutze dazu ggf. deine Ergebnisse aus Aufgabe 10.1 oder ein Beispiel aus der Marginalspalte.
a) Über welche Gegenstände, Personen oder Ereignisse wurden die Daten in dieser Datenbank erfasst?
b) Für wen ist diese Zusammenstellung der Daten erstellt worden, wer nutzt diese Datenbank?
c) Wie hat man deiner Meinung nach früher – ohne Computer und ohne Datenbanksystem – diese Daten erfasst und verwaltet?

10.2 Relationale Datenbanksysteme

Die ersten Datenbanksysteme waren relationale Systeme. Es werden auch heute noch in der Praxis vor allem relationale Datenbanksysteme genutzt und wir werden deshalb im Folgenden hiermit arbeiten.

 Zur genaueren Beschreibung relationaler Datenbanksysteme ↗ auch S. 197.

Betrachten wir noch einmal das Beispiel der CD-Bibliothek deiner Klasse bzw. deiner Klassenstufe:
Es ist naheliegend, beispielsweise eine Tabelle CD und eine Tabelle NUTZER, in denen zum einen die zur Ausleihe bereit stehenden CDs und zum anderen die Nutzer der Bibliothek erfasst werden, anzulegen.

Für diese Tabellen gilt:
- In jeder Tabellenzeile stehen die Attributwerte für genau eine CD, also für einen Datensatz. Ein **Datensatz** besteht aus einzelnen **Datenfeldern** (das sind die Tabellenzellen).
- Im Tabellenkopf stehen die Attributnamen. Jede Spalte (auch Feld genannt) beschreibt genau ein **Attribut** (über alle Datensätze).
- In jeder Zelle (in jedem Datenfeld) steht der Wert genau eines Attributs, also der **Attributwert**.

Relationale Datenbanken organisieren den Datenbestand in einer Menge von Tabellen. Jede Tabelle wird durch ein Schema charakterisiert:
- Name der Tabelle
- Liste der Attribute
- Typen der Attributwerte

Formale Darstellung:
- *Tabellenname (Attribut_1:Typ_1, ..., Attribut_n:Typ_m)*

Datenmodellierung und Datenbanksysteme

Das Schema gibt Auskunft über die Struktur der Daten, das heißt, über die Art und Weise, wie der Datenbestand zur Verfügung gestellt wird. Gleichartige Datenobjekte werden durch ein gemeinsames Schema beschrieben. Dabei enthält das Schema selbst keine Aussagen über die konkreten Attributwerte der einzelnen gespeicherten Datenobjekte. Diese Werte sind dann in den Tabellen enthalten.

Bereits zu Beginn der Arbeit ist es sinnvoll, ein ausgezeichnetes Attribut festzulegen, welches jedes einzelne Datenobjekt eindeutig identifiziert – den Primärschlüssel.

> Ein **(Primär-)Schlüssel** setzt sich aus einer (minimalen) Menge von Attributen eines Datenobjektes zusammen und dient u. a. der eindeutigen Identifikation.

Als Primärschlüssel nutzen wir im Beispiel der Tabellen CD und NUTZER jeweils ein Attribut, das zweckmäßigerweise durch numerische Werte – einfach durchnummeriert – festgelegt wird. Es sind die Attribute CDNr (CD-Nummer) und NNr (Nutzernummer).

Eine Kombination verschiedener Attribute als Primärschlüssel, die eine eindeutige Identifikation eines jeden Datenobjektes sicher stellen, ist ebenfalls möglich.

10.5 Begründe, warum es nicht möglich ist, beispielsweise den Namen des Interpreten bzw. der Band in der Tabelle CD oder den Namen des Nutzers in der Tabelle NUTZER als Primärschlüssel zu verwenden!

Finde weitere, mögliche Primärschlüssel für die jeweilige Tabelle!

Bei der Darstellung des Schemas einer Tabelle werden Schlüssel durch Unterstreichung gekennzeichnet:

- *Tabellenname (Primärschlüssel:Typ_1, ..., Attribut_n:Typ_m)*

Ein zweites wesentliches Merkmal, welches im Schema festgelegt wird, sind die Datentypen der verschiedenen Attribute, auch **Felddatentypen** genannt. Es ist sehr wichtig, diese zu vereinbaren. Bereits im Abschnitt 9.3 (↗ S. 177) hast du Klassen von Datentypen kennen gelernt.

Wie in Kalkulationstabellen werden auch bei Datenbanken vordergründig Objekte der Klassen TEXT, ZAHL, DATUM oder WAHRHEITSWERT unterschieden. Mitunter findet man andere Bezeichnungen, wie beispielsweise in manchen DBMS den Begriff „logisch" für Wahrheitswert.

---

i Es ist zweckmäßig, für die CD-Bibliothek jedem Nutzer eine Nutzernummer zuzuordnen. Damit wird es möglich, alle Nutzer auch eindeutig zu identifizieren (↗ auch Abbildung auf S. 189). Dies wird vor allem dann notwendig, wenn es Nutzer der CD-Bibliothek gibt, die den gleichen Namen besitzen und auch in dieselbe Klasse gehen.

Im objektorientierten Datenmodell wird jedes Objekt durch die Gesamtheit seiner Attributwerte beschrieben und kann durch den Objektbezeichner eindeutig identifiziert werden. Werden die Daten in einer relationalen Datenbank gespeichert, müssen diese Merkmale erhalten bleiben. Die konkreten Werte in den Datenfeldern einer Zeile bilden den jeweiligen Datensatz. Darin enthalten ist ein Feld, welches sich für die eindeutige Identifikation verantwortlich zeichnet – der Primärschlüssel. Es kann in natürliche und künstliche Schlüssel unterschieden werden.

Natürliche Schlüssel sind solche, die auf Attribute zurückgreifen, die auch in der realen Welt von Bedeutung sind. Beispielsweise hat jeder Bürger ab seinem 16. Lebensjahr einen Personalausweis, damit verbunden eine Personalausweisnummer. Diese Nummer ist einmalig vergeben.

Künstliche Schlüssel werden häufig genutzt, wenn in der Datenmenge keine Attribute enthalten sind, die den Datensatz bereits eindeutig identifizieren. Oftmals wird in solchen Fällen ein künstliches Attribut erzeugt, zum Beispiel eine Nutzernummer (NNr), welches dann als Primärschlüssel dient.

Datenmodellierung und Datenbanksysteme **191**

Auch die dir von Tabellenkalkulationssystemen bekannte Möglichkeit, die Datentypen zu spezifizieren, ist im Umgang mit Datenbanken nutzbar. So kannst du z.B. die Textlänge oder ein bestimmtes Zahlenformat selbst definieren.

Mit der Auswahl des Felddatentyps kannst du weitere Eigenschaften für den Datentyp festlegen. Diese Vereinbarung hat dann direkten Einfluss, in welchem Format der eigentliche Wert des Attributs gespeichert wird.

Aus dem Mathematikunterricht kennst du verschiedene Zahlenbereiche, zum Beispiel den Bereich der natürlichen Zahlen, den Bereich der rationalen Zahlen oder den Bereich der reellen Zahlen.
Jeder der genannten Zahlenbereiche wird mit einer charakteristischen Darstellung seiner Elemente verbunden. Eine rationale Zahl beispielsweise kann in jedem Falle als gemeiner Bruch geschrieben werden. Dies wiederum gelingt dir nicht bei jeder reellen Zahl, zum Beispiel der Zahl π. In diesem Fall musst du eine Darstellung als Dezimalbruch wählen. Aber auch das gelingt dir nur in gewissen Grenzen, denn π ist eine unendliche, nichtperiodische Dezimalzahl.

Allein im Bereich der Klasse ZAHL kannst du eine Vielzahl von Unterscheidungen treffen.
Ganze Zahlen können beispielsweise durch BYTE (0 .. 255), INTEGER (–32 768 .. 32 767) oder LONG INTEGER (–2 147 483 648 .. 2 147 483 647) festgelegt werden.

i Pi (π) steht nicht nur für den 16. Buchstaben im griechischen Alphabet. Pi steht auch für das Verhältnis des Umfangs eines Kreises zu seinem Durchmesser. Die Zahl Pi ist somit eine Naturkonstante.
Bereits der griechische Mathematiker ARCHIMEDES stellte fest, dass der Wert zwischen $3\frac{10}{70}$ und $3\frac{10}{71}$ liegen muss.
In China wurde die Zahl 190 n.Chr. auf fünf Dezimalstellen berechnet: 3,14159.
Obwohl Pi eine irrationale Zahl ist, also ein unendlicher, nichtperiodischer Dezimalbruch, kann sie heute beliebig genau durch mathematische Operationen angenähert werden:
$\pi = 3{,}141\,592\,653\,589\,793\,238\,46...$

10.6 Informiere dich im Hilfesystem bzw. in der Beschreibung deines DBMS über die zur Verfügung stehende Festlegung von Datentypen, zum Beispiel für die Klasse ZAHL oder die Klasse TEXT!
Erarbeite eine Übersicht, die auch die Eigenschaften (wie den konkreten Wertebereich) der verschiedenen Darstellungen zusammenfasst!

Numerische Werte werden in verschiedenen Datentypen gespeichert. Für diese Bereiche existieren Genauigkeitsgrenzen. Da beispielsweise Dezimalzahlen nur mit einer bestimmten Anzahl von Stellen im Computer abgebildet werden, gibt es keine Zwischenwerte. Die Abbildung von Zahlenbereichen erfolgt immer *diskret*.
Jeder Zahlenbereich wird bei seiner Darstellung im Computer durch eine größte und eine kleinste darstellbare Zahl charakterisiert.

Datenmodellierung und Datenbanksysteme

i Ein Datentyp (engl. *data type*) beschreibt für eine Menge von Daten einen möglichen Wertebereich. Die Festlegung eines Datentyps ist notwendig, um die Daten auf der Maschine ver- bzw. bearbeiten zu können. Es gibt elementare Datentypen.

Oftmals ist es möglich und notwendig, auf der Grundlage dieser elementaren Datentypen komplexere Datenstrukturen zu erzeugen.

Im Folgenden sind **häufig verwendete Datentypen** aufgelistet:

Text/ alphanumerisch	Zeichen und Text (Kombinationen von Zeichen, also Zahlen, Buchstaben, Sonderzeichen, die keine Berechnungen erfordern)
Zahl/numerisch	numerische Daten, die für Berechnungen genutzt werden können
Datum/Zeit	Datums- und Zeitwerte in verschiedenen Darstellungsformaten
Währung	Währungswerte und numerische Daten, die für Berechnungen genutzt werden können
Zähler/ AutoWert	beim Anlegen eines neuen Datensatzes wird eine eindeutige Zahl (fortlaufend oder zufällig) zugeordnet)
logisch	Wahrheitswert (true/false, ja/nein, wahr/ falsch, ein/aus)
OLE-Objekt	ein eingebettetes Objekt, das mit einer anderen Anwendung erstellt wurde (Kalkulationstabelle, Textdokument, Grafik, Klang, …)
Memo	Text, Kombination aus Text und Zahlen

Somit lässt sich nun beispielsweise die Tabelle CD auch als Schema darstellen:

• *CD (CDNr:Zahl; CDTitel:Text(30); Interpret:Text(30); Jahr:Zahl)*

10.7 Entscheide, welche Attribute zusätzlich in der Tabelle CD erfasst werden sollen! Ergänze das Schema um die jeweiligen Attributnamen und die dazugehörigen Datentypen!

Das gleiche Vorgehen ist anzuwenden für den Entwurf des Schemas der Tabelle NUTZER.

10.8 Gib für die Tabelle NUTZER notwendige Attribute und den Primärschlüssel an! Lege anschließend die entsprechenden Datentypen fest und stelle die Tabelle NUTZER als Schema dar!

Nachdem die Tabelle als Schema festgelegt ist, muss sie im DBMS erstellt werden. Dafür kannst du verschiedene Werkzeuge nutzen. Einige Datenbanksysteme stelle dafür einen Assistenten zur Verfügung.

Es soll nun konkret die Tabelle
- CD (*CDNr:Zahl*; *CDTitel:Text(30)*; *Interpret:Text(30)*; *Jahr:Zahl*)
mithilfe eines DBMS erstellt werden (↗ Bild 1 und Bild 2).

In einer so genannten **Entwurfsansicht** kannst du die Feldnamen (Attribute) angeben und die dazugehörigen Felddatentypen (TEXT, ZAHL, WÄHRUNG, …) auswählen. Die Festlegung weiterer Bedingungen, z. B. dass für jeden CD-Titel ein entsprechender Wert eingegeben werden muss, ist möglich.

Der Benutzer eines Datenbankmanagementsystems verwendet in der Regel spezielle Sprachen des jeweiligen Softwareanbieters oder den durch das DBMS zur Verfügung gestellten Assistenten. Die speziellen Sprachen wiederum beruhen auf der vorherrschend eingesetzten Datenbanksprache SQL.

1 Anlegen der Tabelle CD mithilfe eines Assistenten am Beispiel von Open Office

> **SQL** ist eine Datenbanksprache, die als Standard zur Kommunikation mit relationalen Datenbanksystemen gilt.
> SQL besitzt verschiedene Sprachgruppen.

Zum Erstellen einer Datenbank und der entsprechenden Tabellen verwendet man Elemente der Sprachgruppe **DDL** – **D**ata **D**efinition **L**anguage (Datendefinitionssprache).
Wesentliche Befehle zur Datendefinition sind `CREATE`, `ALTER` und `DROP`. Diese Befehle sind anwendbar auf die gesamte Datenbank, auf einzelne Tabellen, Indexe und Sichten.

Mit der Anweisung `CREATE DATABASE datenbankname` wird eine neue Datenbank angelegt. Dabei gibt der Parameter `datenbankname` der Datenbank ihren Namen.

2 Anlegen der Tabelle CD mithilfe eines Assistenten am Beispiel von MS Access

Anschließend kann mit der Datenbank gearbeitet werden. Den nächsten Schritt bildet die Erzeugung der konkreten Tabellen. Die Anweisung `CREATE TABLE tablename` erzeugt eine Tabelle. Neben dem Namen dieser Tabelle werden die Attributnamen und deren Datentypen sowie weitere Eigenschaften festgelegt.

```
Datendefinition:
Datenbank:    CREATE DATABASE datenbankname
Tabelle:      CREATE TABLE tablename
                  ( attribut_1 datentyp_1,
                    attribut_2 datentyp_2,
                    …
                    attribut_n datentyp_m);
```

SQL stellt die Standardsprache zur Kommunikation mit relationalen DBMS dar.
1974 entwickelte Donald Chamberlin zusammen mit seinem Team für IBM die Prototyp-Sprache **SEQUEL** (**S**tructured **E**nglish **Que**ry **L**anguage).
1976 und 1977 wurden diese Entwicklungen überarbeitet und vollkommen neu geschrieben. Im Ergebnis entstand SEQUEL/2, was später in SQL umbenannt werden musste (juristische Gründe).
Die erste Standardisierung von SQL erfolgte 1987, 1989 kamen verschiedene Zusätze hinzu.
Es folgten 1992 SQL2 bzw. SQL-92 und 1999 SQL3 bzw. SQL-99.

SQL besitzt die Sprachgruppen DDL, DML, QL, DCL. Die Abkürzungen kommen aus dem Englischen und bedeuten Folgendes:
- **SQL** **S**tructured **Q**uery **L**anguage (strukturierte Anfragesprache)
- **DDL** **D**ata **D**efinition **L**anguage (Datendefinitionssprache; Definition und Veränderung von Tabellen, Schlüsseln und Indexen)
- **DML** **D**ata **M**anipulation **L**anguage (Datenmanipulationssprache; Erfassung und Pflege der Daten)
- **QL** **Q**uery **L**anguage (Anfragesprache; zur Auswertung der Datenbasis)
- **DCL** **D**ata **C**ontrol **L**anguage (Datenkontrollsprache; Vergabe und Organisation von Zugriffsrechten)

Die folgende Übersicht zeigt Datentypen in SQL auf:

`SMALLINT`	ganze Zahl (–32 768 bis 32 767)
`INTEGER`	ganze Zahl (–2 147 483 648 bis 2 147 483 647)
`DECIMAL (m, n)`	Dezimalzahl mit mindestens m Ziffern, davon n Dezimalstellen
`NUMERIC (m, n)`	Dezimalzahl mit genau m Ziffern, davon n Dezimalstellen
`FLOAT (n)`	Gleitkommazahl mit n Stellen
`CHAR (n)`	Zeichenkette mit fester Länge n bis zu 32 767 Zeichen
`VARCHAR (n)`	Zeichenkette mit variabler Länge, maximal n bis zu 32 767 Zeichen
`DATE`	Datumsangaben, enthält mindestens Jahr, Monat, Tag

Betrachten wir noch einmal das Schema der Tabelle CD, das mithilfe von SQL abzubilden ist:
- CD (<u>CDNr:Zahl</u>; CDTitel:Text(30); Interpret:Text(30); Jahr:Zahl)

Du erzeugst die Tabelle durch folgende SQL-Anweisung:
```
CREATE TABLE cd
       ( CDNr     INTEGER,
         CDTitel  CHAR(30),
         Interpret CHAR(30),
         Jahr     INTEGER,
         PRIMARY KEY (CDNr) );
```

10.9 Erzeuge die Tabelle CD auf der Grundlage des in Aufgabe 10.7 erstellten Schemas!
Nutze dafür einen Assistenten oder definiere die Tabelle direkt unter Verwendung von SQL.

Nun können weitere Tabellen einer Datenbank auf gleiche Weise erzeugt werden.

10.10 Erstelle analog zur Aufgabe 10.9 die Tabelle NUTZER mithilfe eines Assistenten oder unter Verwendung von SQL-Befehlen!

Die Tabellen sind erzeugt. Nun gilt es, die Daten einzufügen.

Ein wichtiges Hilfsmittel zur Eingabe der Daten ist beispielsweise ein **FORMULAR**. Mit einem Formular kannst du insbesondere die Dateneingabe für den Nutzer übersichtlich gestalten.

Wie auch bei der Erzeugung von Tabellen, stellt dir dein DBMS für den Entwurf von Formularen zwei Herangehensweisen zur Verfügung:
- Zum einen ist es möglich, einen Assistenten zu nutzen.
- Zum anderen besteht für dich die Möglichkeit, die Elemente und die Struktur eines Formulars selbst zu definieren. Dafür solltest du jedoch schon etwas Übung und Erfahrung im Umgang mit Datenbanken besitzen.

1 Formular zur Eingabe der Daten in die Tabelle NUTZER am Beispiel von MS Access

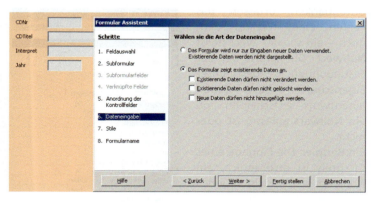

2 Festlegung der Art der Dateneingabe bei der Erstellung eines Formulars für die Tabelle CD am Beispiel von OpenOffice

Für unsere CD-Bibliothek kannst du nun neue Nutzer mittels Formular eintragen oder die Daten bearbeiten. Dabei kannst du oftmals selbst bei der Erstellung eines Formulars festlegen, welche Bearbeitungsmöglichkeiten der jeweilige Nutzer der Datenbank aus seiner Sicht realisieren darf.

Zum Einfügen, Ändern und Löschen von Datensätzen existieren natürlich auch SQL-Befehle. Hierauf wird im Abschnitt 10.7 genauer eingegangen.

i Wie du sicherlich feststellen konntest, ist die Erzeugung und die Arbeit mit Tabellen, Abfragen und Formularen in einem DBMS ähnlich.
Oft kannst du im Menü „Ansicht" bei allen Objekten zwischen Entwurfsansicht und Datenblattansicht wechseln.
Die **Entwurfsansicht** zeigt die Struktur des jeweiligen Objekts. Hiermit wird das Objekt erzeugt und man kann auch später Korrekturen an dieser Struktur vornehmen.
Die **Datenblattansicht** zeigt alle eingegebenen Daten in tabellarischer Form.

10.11 Öffne deine CD-Bibliothek und wähle eine Tabelle aus, für deren Dateneingabe du ein Formular nutzen möchtest! Gestalte unter Verwendung eines Assistenten oder der Entwurfsansicht ein geeignetes Formular! Nutze das erstellte Formular zur Eingabe von Datensätzen.

10.12 Nutze das Formular nun, um bestimmte Attributwerte einzelner Datensätze zu ändern!

10.13 Versuche folgende Änderungen:
• Löschen des Primärschlüsselwertes für einen Datensatz
• Vergabe eines Primärschlüsselwertes, der bereits vergeben ist

Begründe, warum die beschriebenen Änderungen durch das DBMS nicht realisiert werden!

Manchmal sind nicht alle Attributwerte bekannt, wenn man die Daten zu einem Objekt eingibt. Beispielsweise hast du nicht gerade das Erscheinungsjahr einer CD nicht zur Hand, wenn du diese erfasst. Du kannst dieses Datum später nachtragen.

Datenbanken erfassen das Fehlen eines Wertes dennoch – ein solcher Wert heißt **Nullwert.** Du kannst bei der Festlegungen bestimmter Eigenschaften beim Tabellenentwurf entscheiden, ob ein Nullwert zulässig ist oder nicht.
Ein Beispiel: Die Eingabe eines CD-Titels ist erforderlich, ein Nullwert somit nicht möglich (↗ nebenstehendes Bild).

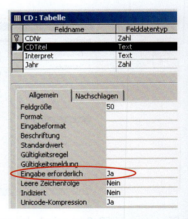

10.14 Entscheide, welche Eingaben in den Tabellen CD und NUTZER zwingend erforderlich sind, wenn ein jeweiliger Datensatz angelegt wird! Entscheide auch, für welche Attributwerte ein Nullwert möglich ist!
Überprüfe nun beide Tabellen, ob die entsprechenden Festlegungen getroffen wurden! Korrigiere gegebenenfalls die Struktur der entsprechenden Tabelle!

10.3 Einfache Datenbankabfragen

Deine Datenbank CD-Bibliothek hast du erzeugt. Es existieren auch schon die Tabellen CD und NUTZER. Notwendige Daten hast du bereits eingetragen.

10.15 Welche Informationen könnte man aus den Tabellen der Datenbank CD-Bibliothek gewinnen?
Formuliere mindestens 5 Fragen!

Datenbanken werden als große Sammlung von zum Teil riesigen Datenbeständen erstellt. Dabei ist nicht nur von Bedeutung, die Daten zu erfassen. Wichtig ist auch, Informationen aus dem Datenbestand zu gewinnen.

Du hast für deine Datenbank CD-Bibliothek solche Fragen an die Datenbasis verbal in Aufgabe 10.15 formuliert. Im folgenden Abschnitt sollst du schließlich kennenlernen, wie man mit den Daten einer Datenbank arbeitet, wie man die Datenbasis unter Verwendung des DBMS auswertet. Auch dafür gibt es Grundlagen und Regeln. Zunächst greifen wir den Begriff der „Relation" auf.

> Datensätze werden in **Relationen** zusammengefast. Dabei stammen die jeweiligen Attributwerte der verschiedenen Datensätze aus einem festgelegten Grundbereich.
> Relationen werden in relationalen Datenbanksystemen als Tabellen gespeichert.

i „Relation" heißt eigentlich „Beziehung". Hier beschreibt aber der Begriff Relation *nicht* den Zusammenhang zwischen den verschiedenen Tabellen, das wird in einer Datenbank durch Fremdschlüssel realisiert (↗ S. 212).
Bei relationalen Datenbanken wird unter einer **Relation** die mathematische Beschreibung einer Tabelle verstanden. Sie fasst eine Menge von zusammengehörigen Attributwerten zeilenweise zusammen.

Relationen sind somit vereinfacht unsere Tabellen in der Datenbank. Relationale Datenbanken sind tabellenorientierte Datenbanken, der Begriff der relationalen Datenbank ist vom Begriff der Relation abgeleitet.

Wenn nun die Datenbasis einer Datenbank ausgewertet werden soll, dann verstehen wir darunter die systematische Zusammenstellung von uns interessierenden Daten aus den verschiedenen Tabellen des Problembereiches unserer Datenbank.

Den wichtigsten Befehl zur Auswertung der Datenbasis bildet in SQL die SELECT-Anweisung. Üblicherweise wird die Nutzung des SELECT-Befehls auch als **Anfrage** bezeichnet.

Alle Befehle zur Auswertung der Datenbasis zusammen werden als **QL** – **Q**uery **L**anguage **(Anfragesprache)** – bezeichnet.

> Grundlegende Syntax der `SELECT`-Anweisung:
> ```
> SELECT  attribut_1 [, attribut_2, …, attribut_n]
> FROM    table_1 [, table_2, …, table_m]
> WHERE   bedingung;
> ```

Für die `SELECT`-Anweisung gilt folgender prinzipielle Aufbau: Nach `SELECT` werden die für die Anfrage relevanten Attribute, also eine sogenannte Attributliste, angegeben. Anschließend werden durch `FROM` die Tabellen/Relationen beschrieben, auf die sich diese Anfrage bezieht. Derzeit geben wir nur eine Tabelle an. In Abschnitt 10.6 werden wir kennenlernen, wie eine solche Abfrage über mehrere zusammengehörige Tabellen realisiert wird. Schließlich werden nach `WHERE` Bedingungen für die Anfrage angegeben.

Die SELECT-Anweisung ist die Grundlage für die Auswertung einer Datenbasis. Eine solche Auswertung stellt letzendlich eine Operation dar, eine **Anfrage** bzw. **Abfrage** an die Datenbasis. Zum einen ist es möglich, eine solche Anfrage mittels SQL direkt zu formulieren.

Zum anderen bildet diese Anweisung auch die Grundlage für die in den verschiedenen DBMS zur Auswertung der Datenbasis zur Verfügung gestellten Abfrageassistenten.

1 Möglichkeiten, eine Abfrage zu erstellen, hier bei Verwendung von OpenOffice

Eine typische Operation bei der Arbeit mit Tabellen ist die Projektion.
Wenn du dir beispielsweise eine Übersicht über die verschiedenen CDs verschaffen willst, dann benötigst du in einer solchen Zusammenstellung nicht unbedingt die CD-Nummer oder das Erscheinungsjahr. Aus der Tabelle CD werden also nur bestimmte Attribute ausgewählt, wie beispielsweise der CD-Titel oder der Interpret bzw. die Band.
Eine solche Operation, die die Auswahl von Spalten bzw. Feldern darstellt, wird **Projektion** genannt.

Auch bei der Angabe dieser Operationen ist es sinnvoll und notwendig, sie zunächst formal zu formulieren.

Projektion: Auswahl von Attributen (Attributliste L) aus einer Relation (Tabelle) R
Formale Schreibweise: $P [L] R$
Das Ergebnis dieser Operation ist eine Tabelle, die zwar alle Datensätze jedoch nicht alle Attribute enthält

Unsere Aufgabe formal formuliert lautet:
ProjektionCD = P [CDTitel, Interpret] CD

P kennzeichnet die Operation *Projektion*, die ausgeführt wird. Anschließend folgt in Klammern die Attributliste, die angezeigt werden soll. Schließlich wird noch die Relation angegeben, auf die diese Projektion angewandt werden soll.

> Realisierung einer **Projektion** (bezogen auf eine Tabelle) mittels SQL:
> ```
> SELECT attribut_1 [, attribut_2, ..., attribut_n]
> FROM   tabelle;
> ```

Formale Beschreibung der Beispielabfrage:
   ProjektionCD = P [CDTitel, Interpret] CD

Abfrage in SQL:
```
SELECT CDTitel, Interpret
FROM   CD;
```

Abfrage unter Verwendung eines Assistenten bzw. einer grafischen Bedienoberfläche und Ergebnistabelle:

> Im DBMS von OpenOffice kannst du zu Beginn entscheiden, ob du eine Abfrage mit SQL formulieren möchtest.
> Unter MS Access musst du, wenn du mit SQL arbeiten möchtest, zuerst eine neue Abfrage in der Entwurfsansicht aufrufen und eine Tabelle auswählen. Erst dann kannst du in die SQL-Ansicht wechseln und dort die gewünschten Befehlszeilen eingeben oder ändern.

10.16 Gegeben sei die folgende Projektion: Übersicht über das Erscheinungsjahr der erfassten CDs.
Beschreibe die Operation in formaler Schreibweise!
Gib anschließend die dazugehörige SQL-Anweisung an! Führe schließlich die Projektion aus! (↗ auch Informationstext)

10.17 Beschreibe den Inhalt folgender Operation:
ProjektionNutzer = P [Name, Vorname, Klasse] NUTZER
Gib das Ergebnis dieser Operation bezogen auf deine Beispieldatenbank als Tabelle an, gegebenenfalls auch auszugsweise!
Formuliere diese Anfrage als SQL-Anweisung!
Realisiere nun die Operation mittels DBMS und vergleiche dein Ergebnis im Heft mit dem Ergebnis am Computer! Alles richtig?

10.18 Entscheide dich für eine weitere Projektion bezogen auf deine Beispieldatenbank!
Formuliere die gewählte Anfrage an die Datenbank in formaler Schreibweise!
Führe anschließend die Operation unter Nutzung des DBMS aus!
Entspricht das Ergebnis deinen Erwartungen?

Eine weitere Operation, die auf eine Tabelle anwendbar ist, ist die Selektion. Wie der Begriff schon aussagt, kannst du mithilfe dieser Operationen Datensätze nach bestimmten Kriterien auswählen.

Selektion: Auswahl derjenigen Datensätze aus einer Relation R, die einer bestimmten Bedingung B genügen.
Formale Schreibweise: *S [B] R*
Das Ergebnis dieser Operation ist eine Tabelle, die alle Attribute enthält jedoch nur die Datensätze, die der Bedingung genügen.

Es soll nun folgende Operation betrachtet werden:
SelektionJahr2002 = S [Jahr=2002] CD

Auch hier steht das *S* wieder für die Operation, die *Selektion*. Die formulierte Bedingung gibt an, dass nur die Datensätze ausgewählt werden sollen, die für das Attribut Jahr den Attributwert „gleich 2002" besitzen. Diese beschriebene Operation bezieht sich auf die Tabelle CD.

Realisierung einer **Selektion** (bezogen auf eine Tabelle) in SQL:
```
SELECT  *
FROM    tabelle
WHERE   bedingung;
```

Der „*" in der Anweisung steht für die Angabe aller Attribute der Tabelle. Eine formale Selektion beschreibt die Auswahl von Datensätzen bei gleichzeitiger Angabe aller Felder.
Die angegebene Bedingung legt fest, ob der jeweilige Datensatz in die Ergebnistabelle mit aufgenommen wird oder nicht.

In SQL werden die Bedingungen in der WHERE-Klausel formuliert. Der in diesem Teil der SELECT-Anweisung angegebene Ausdruck definiert das zu erfüllende Kriterium. Für die Struktur der Bedingung gilt:

	Attribut	Vergleichsoperator	Attributwert
Beispiel:	Jahr	=	2002

Formale Beschreibung der Abfrage:
    SelektionJahr2002= S [Jahr=2002] CD

Abfrage in SQL:
```
SELECT  *
FROM    CD
WHERE   Jahr=2002;
```

SelektionJahr2002 : Auswahlabfrage

	CDNr	CDTitel	Interpret	Jahr
▶	5	Mensch	Herbert Grönemeyer	2002
	8	Portrait	Heinz Rudolf Kunze	2002
	9	Auswärtsspiel	Die Toten Hosen	2002

Datensatz: 1 von 3

Feld:	CDNr	CDTitel	Interpret	Jahr
Tabelle:	CD	CD	CD	CD
Sortierung:				
Anzeigen:	☑	☑	☑	☑
Kriterien:				2002

1 Abfrage unter Verwendung eines Assistenten bzw. einer grafischen Bedienoberfläche (Bild links) und Ergebnistabelle der Abfrage (Bild rechts)

Für die Angabe von Bedingungen (beziehungsweise Kriterien) gibt es Regeln:
Alphanumerische Werte werden in sogenannten Hochkommas angegeben, beispielsweise CDTitel = "Mensch". Das Gleichheitszeichen erhält dann die Bedeutung einer Identitätsprüfung. Nutzt du hingegen für die Formulierung von Bedingungen numerische Datenfelder wie in obigen Beispiel, so werden diese Werte einfach angegeben. Auch ist dann die Nutzung der üblichen Relationszeichen möglich.
Für die Angabe von Bedingungenen sind auch die boolschen Operatoren AND, OR und NOT nutzbar.

Es gibt weitere Festlegungen und Möglichkeiten für die Angabe von Bedingungen. Du kannst auch mehrere Bedingungen formulieren.

10.19 Informiere dich im Hilfesystem deines DBMS bzw. in der Dokumentation des verwendeten Systems über weitere Möglichkeiten der Angabe von Bedingungen!
Erarbeite eine Übersicht, welche Regeln für die verschiedenen Datentypen gelten!

Datentypen ⁄ Tabelle auf S. 194

10.20 Führe folgende Selektionen unter Verwendung der gefundenen Regeln aus Aufgabe 3.19 durch!
Gib die jeweilige Operation in formaler Schreibweise und als SQL-Anweisung an!
a) „Auswahl aller Nutzer der CD-Bibliothek der Klasse 9b"
b) „Auswahl aller erfassten CDs, die vor dem Jahr 2000 erschienen sind"

Natürlich kannst du die Projektion und die Selektion auch kombinieren. Ein Beispiel dafür wäre die Auswahl von Namen und Vornamen aller eingetragenen Nutzer der CD-Bibliothek deiner Klasse, beispielsweise der Klasse 9a.
Diese Operation wird in zwei Schritten realisiert.

Formale Beschreibung der Abfrage:
  SelektionKl9a = S [Klasse = "9a"] Nutzer
  AuswahlNutzer = P [Name, Vorname] SelektionKl9a

Du kannst sie auch zusammengefasst angeben.
  AuswahlNutzer =
    P [Name, Vorname] {S [Klasse = "9a"] Nutzer}

Feld:	Name	Vorname	Klasse
Tabelle:	Nutzer	Nutzer	Nutzer
Sortierung:			
Anzeigen:	✓	✓	
Kriterien:			"9a"

Abfrage in SQL:
```
SELECT  Name, Vorname
FROM    CD
WHERE   Klasse="9a";
```

10.21 In den Aufgabe 10.15 hast du mögliche Anfragen an die Datenbasis verbal formuliert.
Beschreibe diese Anfragen nun als Selektion, Projektion oder als Kombination beider!
Stelle diese Anfrage in formaler Schreibweise dar!

Datenmodellierung und Datenbanksysteme 203

10.22 Entscheide dich für einen Partner in deiner Klasse! Tauscht nun die Arbeitsplätze! Informiere dich über die Datensatzstruktur der Tabellen, die dein Mitschüler in seiner Datenbank erfasst hat!
Konkretisiere mindestens zwei deiner in Aufgabe 10.21 angegebenen Operationen so, dass sie sich auf die Datenbank deines Partners beziehen!
Formuliere diese Anweisungen nun als SELECT-Anweisungen!
Tauscht dann wieder die Plätze! Führe die Operation aus, die dein Partner für dich angegeben hat! Notiere das Ergebnis!
Wertet nun gemeinsam die Aufgabe aus! Bist du zurecht gekommen? Hat dein Partner deine Aufgabenstellung realisieren können? Entsprechen die Ergebnisse dem, was ihr mit der Aufgabe erreichen wolltet?

Mit den bisherigen Abfragen, also der Realisierung von Projektion und Selektion, konntest du gezielt Informationen aus den jeweiligen Tabellen auswählen.
Oftmals ist es darüber hinaus sinnvoll, die erhaltenen Informationen geordnet nach einem bestimmten Merkmal in der Ergebnistabelle darzustellen.

Realisierung einer **Sortierung** durch den Zusatz
`ORDER BY attribut`   aufsteigende Sortierung
`ORDER BY attribut DESC` absteigende Sortierung

Die Sortierung erfolgt auf der Grundlage einer definierten Ordnung – dem ASCII-Code. Danach gilt für die aufsteigende Sortierung beispielsweise:
```
0 < 1 < ... < 8 < 9
A < B < ... < Y < Z
a < b < ... < y < z
```
aber auch
```
9 < A
```
oder
```
Z < a
```

Für eine Übersicht über CD-Titel und Interpreten aller in der CD-Bibliothek erfassten CDs, aufsteigend sortiert nach dem Titel, gilt dann:

Abfrage in SQL:
```
SELECT    CDTitel, Interpret
FROM      CD
ORDER BY  CDTitel;
```

10.23 Führe folgende Sortierungen aus:
a) Übersicht aller Nutzer der CD-Bibliothek sortiert nach dem Namen aufsteigend
b) Übersicht aller CDs sortiert nach dem Erscheinungsjahr absteigend

Auch eine Sortierung nach mehreren Kriterien ist möglich. So kannst du beispielsweise die CDs entsprechend dem Erscheinungsjahr absteigend sortieren, wie eben in der Aufgabe realisiert. Bei gleichem Erscheinungsjahr jedoch, sollen dann die CD-Titel in alphabetisch aufsteigender Reihenfolge angegeben werden.

Abfrage in SQL:
```
SELECT   CDTitel, Interpret, Jahr
FROM     CD
ORDER BY Jahr DESC, CDTitel;
```

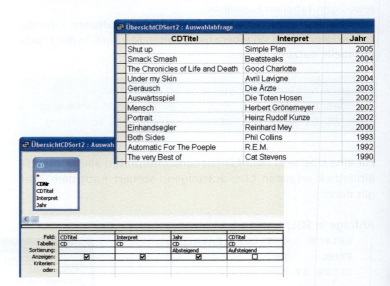

10.24 Führe folgende Sortierung aus:
Übersicht aller Nutzer der CD-Bibliothek sortiert nach der Klasse, anschließend nach Namen und Vornamen jeweils aufsteigend.

Es gibt noch weitere Möglichkeiten, Informationen aus der Datenbasis zu gewinnen. Eine solche ist die Nutzung von Aggregatfunktionen.

Mithilfe von **Aggregatfunktionen** können Datenbestände ausgewertet werden (links steht jeweils der SQL-Befehl, rechts die Bedeutung):

`COUNT(*)`	Anzahl der Datensätze
`SUM(attribut)`	Summe der Attributwerte
`MAX(attribut)`	maximaler Attributwert
`MIN(attribut)`	minimaler Attributwert
`AVG(attribut)`	Durchschnitt der Attributwerte

Mit einem Datenflussdiagramm (↗ S. 174) kann eine Abfrage wie folgt beschrieben werden:

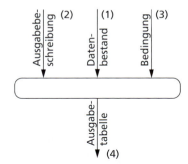

Beispiel: .
Aus welchem Jahr ist die älteste CD unserer Sammlung?

Abfrage in SQL:
```
SELECT MIN(Jahr)
FROM   CD;
```

In den Prozess fließen 3 Parameter ein: (1) die verwendete Tabellen als Datenbestand, (2) eine Beschreibung der auszugebenden Daten und (3) die Selektionsbedingung. Die Ausgabetabelle (4) kann weiter verarbeitet werden.

10.25 Ermittle unter Nutzung von Aggregatfunktionen die Anzahl der in der CD-Bibliothek erfassten CDs!

Insbesondere bei der Arbeit mit numerischen Werten finden Aggregatfunktionen ihre Anwendung. Diese Problematik wird noch einmal vertiefend im Abschnitt 10.6 aufgegriffen.

10.26 Bei der Formulierung von SQL-Anfragen können sich so einige Fehler einschleichen. Finde sie!

a) ```
SELECT Name, Vorname
FROM Nutzer
WHERE Name=Müller;
```
b) ```
SELECT CDTitel, Interpret, Jahr
FROM Nutzer;
```
c) ```
SELECT SUM(Jahr)
FROM CD;
```
```

10.4. Objektrelationales Datenmodell

In den vorangegangenen Abschnitten haben wir unsere Betrachtungen immer auf eine Tabelle bezogen. Einmal waren es die CDs, zum anderen die Nutzer.
Was passiert jedoch, wenn der Ausleihvorgang mit betrachtet werden soll? Jede CD ist in der Datenbank erfasst. Es besteht somit die Möglichkeit, die jeweilig notwendigen Daten der Person, die die entsprechende CD ausgeliehen hat, darin ebenfalls anzugeben.
Aber welche Daten sind die „jeweils notwendigen"?

CDNr	CDTitel	Interpret	Jahr	NNr	Name	Vorname	Klasse
4	Einhandsegler	Reinhard Mey	2000	3	Löser	Birgit	9c
5	Mensch	Herbert Grönemeyer	2002	3	Löser	Birgit	9c
6	The very Best of	Cat Stevens	1990	3	Löser	Birgit	9c
9	Auswärtsspiel	Die Toten Hosen	2002	1	Adam	Josephine	9a
12	Under my Skin	Avril Lavigne	2004	5	Nagel	Steve	9b
1	Automatic For The Poeple	R.E.M.	1992	2	Breidel	Michel	9a
3	The Chronicles of Life and Death	Good Charlotte	2004	2	Breidel	Michel	9a
2	Shut up	Simple Plan	2005	4	Menge	Horst	9c
7	Both Sides	Phil Collins	1993	4	Menge	Horst	9c
8	Portrait	Heinz Rudolf Kunze	2002	4	Menge	Horst	9c

1 Tabelle, in der sowohl Daten zu den CDs, als auch Nutzerdaten enthalten sind

Werden alle Daten zum entsprechenden Nutzer eingetragen, erhält man schnell eine sehr umfangreiche Tabelle. Es kann leicht die Übersicht verloren gehen. Nicht zuletzt deshalb, weil nun auch Daten zu zwei verschiedenen Objektmengen – zu den CDs und zu den Nutzern – in der Tabelle enthalten sind.

Nehmen wir jedoch weniger Daten zum Nutzer mit in der Tabelle CD auf, kann es erforderlich werden, dass zwischen beiden Tabellen, CD und Nutzer, ständig hin und her gewechselt werden muss, um notwendige Informationen zum Vorgang zu erhalten.
Auch ist dir sicherlich aufgefallen, dass in einer solchen großen Tabelle einige Daten mehrfach auftreten.
All diese Probleme haben wir schon in Abschnitt 10.1 angesprochen.
Doch, wie modelliert man eine Datenbank, die dann den verschiedenen Ansprüchen gerecht werden kann?

Im Prozess der Datenmodellierung gibt es verschiedene Möglichkeiten, ein Modell zweckmäßig zu formulieren, um es anschließend zu implementieren.

i Das relationale Modell für Datenbanksysteme geht auf E. F. CODD zurück. Er beschrieb es 1970 in „The Relational Model of Data for Large Shared Data Banks".

Im Bereich der Datenbanken hat sich eine für diese Problematik spezifische Modellierungsmethode etabliert – die **relationale Datenmodellierung.** Darauf aufbauend setzt sich zunehmend die **objektrelationale Datenmodellierung** durch.

Es ist oft zweckmäßig, Daten eines Problembereichs systematisch zusammenzufassen und zentral zu verwalten. Im Folgenden soll ein solcher Problembereich, ein kleiner Versandhandel, etwas näher betrachtet werden.

10.27 Bildet Gruppen von 3 bis 5 Schülern!
Einigt euch auf eine Produktgruppe, z. B. Oberbekleidung, mit der ihr euer Versandhaus aufbauen wollt!
Diskutiert anschließend, welche Daten für das Betreiben eines solchen Geschäfts eurer Meinung nach erfasst und verwaltet werden müssen! Fasst das Ergebnis eurer Diskussion zusammen und veranschaulicht es unter Nutzung eines Flipcharts übersichtlich.
Stellt das Ergebnis eurer Arbeit in der Klasse vor!
Welche Gemeinsamkeiten und welche Unterschiede haben die Entwürfe der verschiedenen Gruppen?

1 Kataloge für Oberbekleidung

Sicherlich hast du festgestellt, dass neben weiteren möglichen Daten auf jeden Fall Informationen zu den angebotenen Artikeln erfasst werden müssen. Diese Artikel werden von einem Lieferanten bezogen und letztendlich von Kunden erworben.
Alle konkreten Artikel werden durch die Attribute Bezeichnung, Farbe, Größe, Preis und Artikelnummer erfasst. Ein T-Shirt z. B. hat die Farbe Blau, die Größe M, den Preis 5,50 € und die Artikelnummer 125602. Alle Artikel, die durch denselben Satz von Attributen beschrieben werden, werden als Menge zusammengefasst und bilden formal die Objektmenge Artikel. Gleiches gilt für die Lieferanten und die Kunden.

Es ist bereits an dieser Stelle zweckmäßig, zum Beispiel jedem Kunden eine Kundennummer zuzuordnen. Damit wird es möglich, alle Kunden auch eindeutig zu identifizieren. Dies ist insbesondere dann notwendig, wenn Personen den gleichen Namen besitzen oder dann selbst noch in der gleichen Straße wohnen.

Für unseren Versandhandel ergibt sich somit folgende Zusammenfassung:

Objektmenge	Eigenschaften
Kunde	Name, PLZ, Wohnort, Straße, Kundennummer
Artikel	Bezeichnung, Farbe, Größe, Preis, Artikelnummer
Lieferant	Name, PLZ, Ort, Straße, Telefon, Ansprechpartner, Lieferantennummer

Übersichtlich ist die Darstellung in einem Diagramm. Dafür verwenden wir die objektorientierte Modellierung. Hier findest du zunächst eine Darstellung jeweils als Klassenkarte:

KUNDE	ARTIKEL	LIEFERANT
KNr	*ANr*	*LNr*
Name	Bezeichnung	Name
Vorname	Größe	Telefon
Straße	Farbe	Straße
PLZ	Preis	PLZ
Ort		Ort

Allgemein werden folgende Begriffe verwendet:

> In der **Objektmenge** werden Objekte, die logisch zusammengehören und gleiche Attribute haben, zusammengefasst.
> Der Bauplan einer Objektmenge lässt sich durch eine **Klasse** beschreiben, die durch den Namen in Großbuchstaben und den Satz der Attribute definiert wird.
> Eigenschaften einer Klasse bezeichnet man als **Attribut**. Den konkreten zugeordneten Wert eines Objekts zu einem Attribut nennt man **Attributwert**.
> Ein **(Primär-)Schlüssel** setzt sich aus einer (minimalen) Menge von Attributen eines Objektes zusammen und dient zu seiner eindeutigen Identifikation.

10.28 Stellt das in eurer Gruppe entstandene Modell (↗ Aufgabe 10.27) unter Verwendung von Klassenkarten dar! Gebt die Attribute an und kennzeichnet das Schlüsselattribut!

Bereits jetzt lässt sich das betrachtete Beispiel implementieren und auch punktuell bearbeiten oder auswerten. Jedoch wurde ein wesentlicher Aspekt noch nicht betrachtet: Zwischen den verschiedenen Objektmengen und den damit verbundenen konkreten Objekten existieren Beziehungen.

Beispielsweise bestellen Kunden Artikel. Diese Artikel wiederum werden von bestimmten Lieferanten geliefert.
Diese Artikel-wird_geliefert_von-Lieferant-Beziehung könnte man folgendermaßen darstellen:

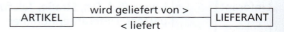

> Beziehungen zwischen Klassen heißen **Assoziationen**. Diese werden durch Verben angegeben. Eigenschaften von Beziehungen bezeichnet man ebenfalls als **Attribute**.

Beziehungen zwischen Klassen sind durch eine weitere wesentliche Eigenschaft charakterisiert – durch die Kardinalität:

Kardinalität	Beschreibung und Darstellung im Diagramm
1:1-Beziehung	Jedem Objekt der Klasse A wird genau ein Objekt der Klasse B zugeordnet und umgekehrt.
	KLASSE A —— Beziehungsverb1 > 1 / 1 < Beziehungsverb2 —— KLASSE B
1:n-Beziehung	Jedem Objekt der Klasse A können mehrere Objekte der Klasse B zugeordnet werden. Umgekehrt kann jedoch jedem Objekt der Klasse B nur genau eine Objekt der Klasse A zugeordnet werden.
	KLASSE A —— Beziehungsverb1 > n / 1 < Beziehungsverb2 —— KLASSE B
m:n-Beziehung	Jedem Objekt der Klasse A können mehrere Objekte der Klasse B zugeordnet werden und umgekehrt.
	KLASSE A —— Beziehungsverb1 > n / m < Beziehungsverb2 —— KLASSE B

In unserem Beispiel bestellt ein Kunde einen oder mehrere Artikel. Somit gibt es eine **Kunde-bestellt-Artikel-Beziehung.** Diese Beziehung ist durch ein weiteres Attribut charakterisiert: Mit der Bestellung wird auch die Anzahl (wie viel Stück des Artikels erworben werden sollen) mit angegeben. Abgebildet wird diese Eigenschaft einer Beziehung durch eine **Assoziationsklasse.**

Jedoch nicht jede Beziehung fordert in ihrer Beschreibung weitere Attribute. Im betrachteten Modell sind beispielsweise für die **Artikel-wird_geliefert_von-Lieferant-Beziehung** keine weiteren Angaben notwendig.

Alle im Zusammenhang mit der Beschreibung der Beziehungen betrachteten Eigenschaften können auch in die grafische Darstellung des Modells mit aufgenommen werden. Die grafische Darstellung eines objektrelationalen Modells erfolgt als Klassendiagramm unter Angabe der Assoziationen und Kardinalitäten (↗ folgende Seite).

i Besitzen auch Beziehungen selbst Eigenschaften, dann werden diese im Diagramm als eigenständige Klasse abgebildet (↗ Klasse BESTELLUNG in der Abbildung auf der folgenden Seite). Dieses Modellelement heißt dann **Assoziationsklasse.**

10.29 Ergänzt euer in Aufgabe 10.28 entstandenes Diagramm! Tragt insbesondere die Beziehungen, gegebenenfalls deren Attribute sowie die Kardinalitäten ein!

Eine alternative Form der Darstellung des Datenmodells ist das **Entity-Relationship-Diagramm (ER-Diagramm).**
Allgemein verwendet man folgende Begriffe und in einer solchen Darstellung die dazugehörigen Symbole:

Entitymenge
(Entitätenmenge, Entityklasse)

Attribut   Schlüsselattribut

Relationship

1 Symbole im ER-Diagramm

Eine **Entität (Entity)** ist ein konkretes, eindeutig identifizierbares Datenobjekt (Individuum, Begriff, Ereignis, ...).
In einer **Entitymenge (Entityklasse)** werden Entitäten mit gleichen Eigenschaften zusammengefasst.
Eigenschaften einer Entitymenge bezeichnet man als **Attribut.** Den konkreten zugeordneten Wert einer Entität zu einem Attribut nennt man **Attributwert.**
Eine Beziehung zwischen Entitymengen und somit den konkreten Entitäten heißt **Relationship.** Relationships werden durch Verben angegeben. Eigenschaften von Relationships im ER-Modell bezeichnet man ebenfalls als Attribute.

Für unser Beispiel Versandhandel ergibt sich somit ein zum Klassendiagramm analoges Entity-Relationship-Diagramm:

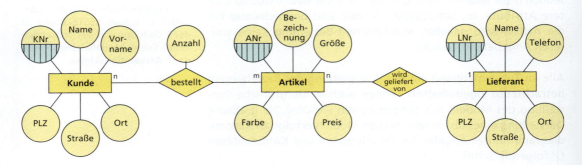

10.5 Übertragung des Datenmodells in die Datenbank

Nachdem unser Entwurf für einen kleinen Versandhandel als objektorientiertes Datenmodell vorliegt, soll es auf die Maschine übertragen werden. Dieser Schritt kann jedoch nicht direkt erfolgen. Das objektorientierte Datenmodell muss zunächst in einem weiteren Schritt in ein relationales Modell (Datenbankschema) transformiert werden. Dieses relationale Modell ist dann direkt abbildbar.

Wie du in Abschnitt 10.2 bereits kennengelernt hast, erfolgt diese Abbildung unter Nutzung eines Datenbankmanagementsystems (DBMS). Im Ergebnis entstehen Tabellen, die letztendlich die konkreten Datensätze, also die Daten, enthalten.

Die Darstellung des objektorientierten Datenmodells als Menge von Tabellen/Relationen, die jeweils eine Menge von Datensätzen mit gemeinsamen Eigenschaften enthalten, wird als **relationales Modell** oder auch als **Datenbankschema** bezeichnet. Diese Tabellen stehen über Schlüsselattribute in Beziehung.

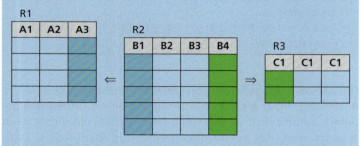

- **Tabelle/Relation:** zweidimensionale Anordnung von Elementen gleicher Struktur
- **Attribut/Feld:** Spalte einer Tabelle/Relation
- **Wertebereich/Wertemenge:** mögliche Werte eines Attributs aus einem vorgegebenen Grundbereich
- **Datensatz:** Zeile einer Tabelle/Relation

Für die Überführung eines objektorientierten Datenmodells in ein relationales Modell gelten Regeln. Solche Regeln bezeichnet man auch als **Transformationsregeln**.

> **Regel 1**
> Jede Klasse, die im Modell enthalten ist, wird im relationalen Modell zu einer eigenständigen Tabelle.
> - Tabellenname (*Primärschlüssel*, Attribut_1, ..., Attribut_n)

i Hier steht die Angabe der konkreten Datentypen (↗ S. 189 ff.) noch nicht im Vordergrund. Meist verwendet man ein Datenbankschema, welches lediglich den Tabellennamen, die Attribute und die Kennzeichnung der Schlüsselattribute beschreibt. Die Festlegung der Datentypen erfolgt in einem weiteren Schritt.

Somit ergeben sich für unseren Versandhandel bereits drei Tabellen:
- Kunde (KNr, Name, Vorname, PLZ, Straße, Ort)
- Artikel (ANr, Bezeichnung, Größe, Farbe, Preis)
- Lieferant (LNr, Name, Telefon, PLZ, Straße, Ort)

Im nächsten Schritt werden die Beziehungen zwischen den Klassen berücksichtigt und in das relationale Modell eingearbeitet. Grundlage dafür bildet die jeweilige Kardinalität.

1 **1:1-Beziehung:** Jeder Daumenabdruck gehört zu genau einer Person.

> **Regel 2**
> Zwei Klassen, deren Assoziation durch die Kardinalität 1:1 charakterisiert ist, werden zu einer Tabelle zusammengefasst.

In unserem Beispiel gibt es einen solchen Fall nicht.

1 **1:n-Beziehung:** Ein Lieferant kann mehrere Artikel liefern. Jeder Artikel hat genau einen Lieferanten.

> **Regel 3**
> Wenn zwei Klassen durch einen Beziehungstyp der Kardinalität 1:n charakterisiert sind, wird der Primärschlüssel der ersten Klasse (**1**:n) als **Fremdschlüssel** in der zweiten Klasse (1:**n**) eingefügt.
> - Tabellenname (Primärschlüssel, Attribut_1, ..., Attribut_n, Fremdschlüssel)

Die **Artikel-wird_geliefert_von-Lieferant-Beziehung** ist eine 1:n-Beziehung. Jeder Artikel wird genau von einem Lieferanten geliefert. Somit reicht es aus, wenn jeder Artikel um ein Attribut ergänzt wird, das genau diesen eindeutig identifiziert. Dazu nutzt man den Primärschlüssel des jeweiligen Lieferanten.
- Artikel (ANr, Bezeichnung, Größe, Farbe, Preis, LNr)

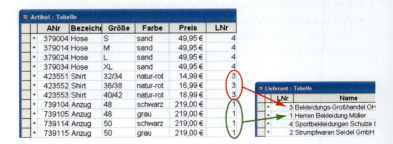

Unser Modell für einen Versandhandel enthält eine Beziehung vom Typ m:n, es ist die **Kunde-bestellt-Artikel-Beziehung.** Das heißt, ein Kunde kann durchaus mehrere Artikel bestellen, andererseits wird auch von mehreren Kunden bestellt.

Wir wollen prüfen, ob sich diese Beziehung durch Anwendung von Regel 3 umsetzen lässt. Sowohl die Artikelnummer (ANr) als auch die Kundennummer (KNr) könnten in diesem Fall als Fremdschlüssel dienen. Betrachten wir zunächst als Fremdschlüssel die Kundennummer in der Tabelle Artikel: Es müssten zu jedem Artikel alle diejenigen Kundennummern eingetragen werden, die diesen Artikel bestellt haben. Das wiederum bedeutet, dass mehrere Attributwerte unter einem Attribut erfasst werden müssten. Nur, wie soll das geschehen? Wie sollen anschließend die korrekten Zuordnungen realisiert werden?

10.30 Entscheide, ob die Verwendung eines Fremdschlüssels Artikelnummer (ANr) in der Tabelle Kunde eine Umsetzung der Kunde-bestellt-Artikel-Beziehung ermöglicht! Begründe!

Regel 4
Wenn zwei Klassen durch einen Beziehungstyp der Kardinalität n:m charakterisiert sind, entsteht eine neue Tabelle. Diese Tabelle enthält beide Primärschlüssel der jeweiligen Klasse als Fremdschlüssel (FS). Falls die Beziehung durch weitere Attribute charakterisiert ist, werden diese mit in die Tabelle aufgenommen.
- Tabellenname (<u>Primärschlüssel</u>, Attribut_1, ..., Attribut_n, <u>FS1</u>, <u>FS2</u>)

1 m:n-Beziehung: Jeder Kunde kann mehrere Artikel bestellen. Jeder Artikel kann von vielen Kunden bestellt werden.

Für die n:m-Beziehung „Kunde-bestellt-Artikel" wird also eine neue Tabelle „Bestellung" notwendig. Als Fremdschlüssel enthält diese die Primärschlüsselattribute KNr und ANr. Als Primärschlüssel nutzen wir ein Attribut BNr (Bestellnummer). Auch das Attribut „Anzahl" kann mit in diese Tabelle aufgenommen werden.
- Bestellung (<u>BNr</u>, <u>ANr</u>, <u>KNr</u>, Anzahl)

i Eine Kombination der beiden Fremdschlüssel als Primärschlüssel wäre auch möglich.

Im Ergebnis einer solchen Transformation erhältst du ein vollständiges relationales Modell, das anschließend direkt auf den Computer übertragen werden kann. Für den betrachteten Versandhandel ergibt sich somit folgendes Datenbankschema:
- Kunde (<u>KNr</u>, Name, Vorname, PLZ, Straße, Ort)
- Bestellung (<u>BNr</u>, <u>ANr</u>, <u>KNr</u>, Anzahl)
- Artikel (<u>ANr</u>, Bezeichnung, Größe, Farbe, Preis, <u>LNr</u>)
- Lieferant (<u>LNr</u>, Name, Telefon, PLZ, Straße, Ort)

i Das nebenstehende relationale Modell ist direkt implementierbar. Vorher musst du es lediglich um die Angabe der Datentypen für die jeweiligen Attribute ergänzen (↗ 189 ff.).

10.31 Übertrage das in Aufgabe 10.29 entstandene Klassendiagramm in ein relationales Modell! Nutze dazu die notwendigen Regeln und gib die so entstandenen Tabellen an!

10.6 Abfragen über mehrere Tabellen

In Abschnitt 10.3 hast du kennengelernt, wie man die Informationen aus den verschiedenen Tabellen einer Datenbank auswerten kann. Neben den Operationen Selektion und Projektion hast du Aggregatfunktionen genutzt. Natürlich sind all diese Auswertungen auch auf unsere Datenbank Versandhandel anwendbar.

10.32 Führe die im Folgenden beschriebenen Anfragen an die Datenbank Versandhandel aus:
a) Übersicht der Daten aller Kunden aus einem bestimmten Ort
b) Ausgabe von Name, Vorname und Wohnort aller Kunden aufsteigend sortiert nach dem Namen (anschließendes Kriterium: Vornamen)
c) Ermitteln der Anzahl der angebotenen Artikel
d) Ausgabe des Preises vom teuersten T-Shirt

Wie die behandelten Abfragen in Abschnitt 10.3 bezogen sich auch die eben betrachteten Abfragen jeweils nur auf eine einzige Tabelle. In unserer Datenbank Versandhandel existieren aber auch Zusammenhänge zwischen den Tabellen. So kann beispielsweise der entsprechende Lieferant jedem einzelnen Artikel zugeordnet werden.

10.33 Gegeben sei folgende SQL-Anweisung:
```
SELECT  Artikel.ANr, Artikel.Bezeichnung,
        Lieferant.LNr, Lieferant.Name
FROM    Artikel, Lieferant;
```
a) Interpretiere diese Anweisung!
b) Führe diese Anfrage an die Datenbasis aus und deute das Ergebnis!

> *i* Der Aufgabe und der Abbildung unten kannst du entnehmen, dass bei der Formulierung der SQL-Anweisung für jedes Attribut die dazugehörige Tabelle mit angegeben ist.
> Das wird insbesondere dann notwendig, wenn du dich bei der Formulierung einer Anfrage auf Attribute aus mehreren Tabellen beziehst, die die gleiche Bezeichnung tragen. In unserem Beispiel ist es das Attribut LNr, dass sowohl in der Tabelle Artikel als Fremdschlüssel und in der Tabelle Lieferant als Primärschlüssel festgelegt ist.

> *i* Die nebenstehende Abbildung zeigt die Entwurfsansicht („blaues Fenster") nach Eingabe der SQL-Anweisung aus Aufgabe 10.33 in der SQL-Ansicht (hier grün dargestellt).
> Zur Eingabe von Abfragen in SQL ↗ auch Randspalte auf S. 199.

Schauen wir uns das Ergebnis etwas genauer an: Es entsteht eine Ergebnistabelle, in der jeder Artikel mit jedem Lieferanten kombiniert wurde.

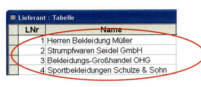

Nicht alle Datensätze, die diese Tabelle enthält, sind sinnvoll, sind korrekt.
Betrachten wir noch einmal die zugrunde liegende Abfrage:
```
SELECT  Artikel.ANr, Artikel.Bezeichnung,
        Lieferant.LNr, Lieferant.Name
FROM    Artikel, Lieferant;
```

In dieser Abfrage sind zwar die notwendigen Attribute und die entsprechenden Tabellen angegeben, aber es fehlt jegliche Information darüber, mittels welcher Attribute die Beziehung zwischen den Tabellen realisiert wird – das heißt konkret, die „Verbindung" zwischen dem Fremdschlüssel und dem Primärschlüssel fehlt.

Du erinnerst dich, jedem Artikel kann eindeutig ein Lieferant zugeordnet werden. Der jeweilige Lieferant wird durch seinen Primärschlüssel „LNr" eindeutig bestimmt. Dieser Primärschlüssel wird aufgrund der Tatsache, dass es sich um eine 1:n-Beziehung handelt, als Fremdschlüssel in die Tabelle Artikel eingefügt. Dieser wesentliche Zusammenhang muss in eine Abfrage über mehrere Tabellen unbedingt einfließen.

Allgemein kann festgehalten werden:
Eine Datenbank fasst Daten zu einem gesamten Problembereich zusammen. Diese Daten werden in verschiedenen Tabellen gespeichert. Diese Tabellen stehen wiederum miteinander in

*Mathematische Grundlage für die Realisierung der Operation Verbund/Join ist das **kartesische Produkt**, auch **Kreuzprodukt** genannt. Dieses Produkt kombiniert jeden Datensatz aus einer Relation R1 mit jedem Datensatz einer Relation R2. Die Anzahl der Zeilen in der sich so ergebenden Relation ist gleich dem Produkt aus der Anzahl der Zeilen aus Relation R1 und der Relation R2.
Nicht jede so entstandene Kombination ist für uns sinnvoll in Bezug auf die Auswertung der Datenbasis. Deshalb werden bei der Realisierung von Joins verschiedene Arten dieser Operationen definiert. Grundlage einer solchen Operation ist das kartesische Produkt. Anschließend folgen oftmals Select-Operationen, die die für unsere Join-Operation sinnvollen Kombinationen von Datensätzen herausfiltern.*

Beziehungen. Eine Auswertung der Datenbasis über die unterschiedlichen Tabellen hinweg wird als Verbund/Join bezeichnet.

> **Verbund/Join:** Verknüpfung zweier Relationen mit gleichen Wertemengen.
> Formale Schreibweise: $R1\ [A\Theta B]\ R2$
> Sei A ein Attribut mit dem Wert a_i einer Relation R1 und B ein Attribut der Relation R2 mit dem Wert b_k, so ist das Ergebnis des Verbunds/Joins die Menge aller Datensätze für die gilt: $a_i = b_k$.

Eine Zuordnung des entsprechenden Lieferanten zum jeweiligen Artikel stellt einen solchen Verbund/Join dar. Durch die Auswahl einzelner Attribute aus der Ergebnistabelle wird eine anschließende Projektion realisiert.

Formale Beschreibung der Abfrage:
　　Verbund = Artikel $[LNr \Theta LNr]$ Lieferant
　　ArtikelLieferant = P [Artikel.Anr, Artikel.Bezeichnung,
　　　　　　　　　　　Lieferant.LNr, Lieferant.Name] CD

Abfrage in SQL:
```
SELECT  Artikel.ANr, Artikel.Bezeichnung,
        Lieferant.LNr, Lieferant.Name
FROM    Artikel, Lieferant
WHERE   Artikel.LNr=Lieferant.LNr;
```

Im folgenden Bild ist die Abfrage unter Verwendung einer grafischen Bedieneroberfläche (links) und als Ergebnistabelle (rechts) dargestellt.

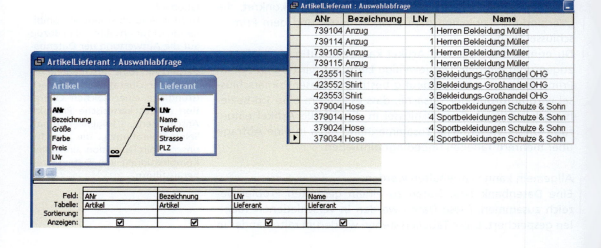

Das formale Ergebnis eines Verbundes ist eine große Tabelle, die alle Attribute sämtlicher Ausgangstabellen enthält und alle Datensätze, die durch die realisierten Verknüpfungen entstanden sind. Normalerweise benötigt man nur einzelne Ausschnitte aus dieser so entstandenen Tabelle. Diese Ausschnitte sind dann letztendlich das Ergebnis der aufeinanderfolgenden Anwendung der verschiedenen Operationen – Verbund, Selektion und Projektion.

Du kannst beispielsweise eine Übersicht erstellen, welcher Kunde welchen Artikel bestellt hat.
Grundlage für die Abfrage über drei Tabellen ist die Realisierung des Verbundes von Kunde, Bestellung und Artikel. Anschließend werden die für die Übersicht erforderlichen Attribute mithilfe einer Projektion ausgewählt.

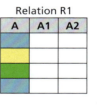
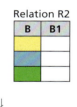

Formale Beschreibung der Abfrage:
    T1 = Kunde [KNr ⊖ KNr] Bestellung
    T2 = T1 [ANr ⊖ ANr] Artikel
    T3 = P [Name, Vorname, Bezeichnung, Größe, Farbe, Preis] T2

Abfrage in SQL:
```
SELECT  Name, Vorname, Bezeichnung, Größe,
        Farbe, Preis
FROM    Kunde, Bestellung, Artikel
WHERE   Kunde.KNr=Bestellung.KNr
        AND Bestellung.Anr=Artikel.Anr;
```

10.34 Die soeben betrachtete Abfrage an die Datenbasis soll so erweitert werden, dass nur alle Datensätze aus T3 angezeigt werden, in denen der Kunde ein Shirt bestellt hat.
Welche Operation müsste noch durchgeführt werden? Formuliere diesen Schritt in formaler Schreibweise und als SQL-Anweisung. Gib das Ergebnis der gesamte Operation als Tabelle an! Realisiere schließlich diese Operation an der Datenbank!

10.35 Lösche gegebenenfalls deine durch die Bearbeitung von Aufgabe 10.34 gespeicherte Anfrage!
Suche dir nun einen Partner aus deiner Klasse und tauscht die Arbeitsplätze! Führe anschließend die Operation deines Partners auf der Grundlage seiner formalen Anweisungen an seiner Datenbank aus!
Bist du zurechtgekommen? Hat dein Partner seine Aufgabe erfüllen können? Tauscht euch gemeinsam zum Ergebnis der Aufgabe aus!

Mitunter ist es sinnvoll, Daten mit dem Ziel der statistischen Auswertung zusammen zu fassen. Auch diese Möglichkeit bietet die Auswertung einer Datenbasis.

> Die GROUP-Klausel ermöglicht das Zusammenfassen von Datensätzen für die Auswertung durch statistische Funktionen, durch Aggregatfunktionen.

Aggregatfunktionen
↗ S. 205

So soll beispielsweise eine Übersicht erstellt werden, die den jeweiligen Kunden den aktuellen Bestellwert ihrer Bestellung zuordnet.

Abfrage in SQL:
```
SELECT   Name, SUM(Preis) AS SummePreis
FROM     Kunde, Bestellung, Artikel
WHERE    Kunde.KNr=Bestellung.KNr
         AND Bestellung.Anr=Artikel.Anr
GROUP BY Name;
```

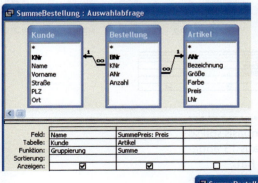

10.7 Datenpflege in Datenbanken

In Abschnitt 10.2 hast du kennengelernt, wie man die Daten in eine Datenbank aufnimmt, also Datem erfasst.
Aber, nachdem eine Datenbank einmal erstellt und mit Daten gefüllt ist, steht nicht nur die Auswertung der Datenbasis als Aufgabe. Der gesamte Datenbestand muss gepflegt werden. Das heißt, es müssen Daten eingefügt, gelöscht, korrigiert, aktualisiert werden ...

Neben der Benutzung grafischer Oberflächen für die verschiedenen Aufgabenbereiche zur Datenpflege ist auch hier die Datenbanksprache SQL anwendbar.
Dafür steht dir in SQL die Sprachgruppe **DML** – **D**ata **M**anipulation Language **(Datenmanipulationssprache)** zur Verfügung.

Zum Einfügen konkreter Daten in die Tabellen dient die Anweisung `INSERT INTO`. Es folgt die Angabe der Relation, in die der Datensatz eingefügt werden soll sowie die Liste der Attribute und der Attributwerte.

> **Datensatz einfügen:**
> `INSERT INTO tablename (attribut_1, ..., attribut_n)`
> `VALUES (wert_1, wert_2, ..., wert_n);`

In die bereits vorhandene Tabelle Kunde unserer Datenbank Versandhandel soll beispielsweise eine weitere konkrete Kundin aufgenommen werden. Die Struktur der Tabelle ist durch das Schema festgelegt:
- Kunde (<u>KNr</u>, Name, Vorname, Straße, PLZ, Ort)

1 Bearbeiten eines Datenstzes unter Verwendung einer grafischen Bedienoberfläche, eines Formulars.

Die Attributwerte des neu aufzunehmenden Objektes der Klasse Kunde lauten:

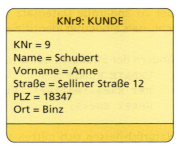

i Beim Einfügen weiterer Datensätze in die Datenbank interessiert der SQL-Befehl sich wenig für die Datentypen. Wichtig ist die formale Struktur des jeweiligen Datensatzes.

Einfügen eines Datensatzes in SQL:
`INSERT INTO Kunde (KNr, Name, Vorname, Straße, PLZ, Ort)`
`VALUES ('Schubert', 'Anne', 'Sellinger Straße 12', '18347' ,'Binz');`

10.36 Wähle eine Tabelle deiner Datenbank CD-Bibliothek, beispielsweise die Tabelle CD! Füge weitere Datensätze in diese Tabelle ein!

10.37 Dein Versandhandel möchte seine Produktpalette erweitern und gewinnt dafür einen neuen Lieferanten.
a) Überlege, auf welche Tabellen deiner Datenbank dieser Sachverhalt direkten Einfluss hat! Begründe!
b) Finde geeignete Beispiele von Objekten, die als Datensatz in der jeweiligen Tabelle eingefügt werden sollen! Stelle diese Objekte mit Objektkarten dar!
c) Füge diese Datensätze in die verschiedenen Tabellen deiner Datenbank ein!
Nutze dazu eine grafische Oberfläche oder realisiere es unter Nutzung von SQL!

Mitunter müssen in existierenden Datensätzen einzelne Attributwerte geändert werden. Dafür wird die Änderungsanweisung UPDATE genutzt.

> **Datensatz ändern:**
> ```
> UPDATE tablename
> SET attribut1=wert1_neu [, ..., attributn=wert_neu]
> [WHERE bedingung];
> ```

i Die Angabe einer WHERE-Klausel unter UPDATE ist nicht zwingend notwendig. Aber Achtung! Ohne WHERE-Klausel wird in allen Datensätzen der Tabelle der Wert des angegebenen Attributs geändert.

Kurz nachdem die Kundin Anne Schubert in die Datenbank aufgenommen wurde, hat sie zum Beispiel geheiratet und ist innerhalb des Ortes umgezogen. Die Werte der Attribute Name und Straße sind zu aktualisieren.

Der zu ändernde Datensatz wird durch den Wert des Primärschlüssels eindeutig identifiziert.

Ändern der Straße im betreffenden Datensatz mittels SQL:
```
UPDATE Kunde
SET Name='Müller', Straße='Bergener Straße 127'
WHERE KNr=9;
```

Natürlich lassen sich mittels UPDATE-Anweisung auch mehrere Datensätze gleichzeitig ändern. So kann ein neuer Preis einer bestimmten Preisgruppe zugewiesen werden. Beispielsweise kann die Änderung des Preises aller Artikel mit einem Preis von 29,45 € auf 29,95 € erfolgen:

```
UPDATE Artikel
SET Preis=29,95
WHERE Preis=29,45;
```

10.38 Wähle einen Namen in der Tabelle Nutzer (Datenbank CD-Bibliothek) aus, beispielsweise Löser! Führe nun eine Namensänderung in allen Datensätzen dieser Tabelle aus, die den ausgewählten Namen tragen – zum Beispiel Änderung von Löser in Loeser!
Mache anschließend diese Änderung wieder rückgängig!

Es kann passieren, dass ein Lieferant Probleme bei der termingerechten Bereitstellung der Artikel hat. Dies wiederum zwingt uns, auf einen neuen Lieferanten für diese Artikelgruppe umzusteigen. Es wird notwendig, dass dieser Lieferant und die von ihm gelieferten Artikel aus der Datenbank gelöscht werden.

Das Löschen einzelner Datensätze oder gar der Inhalt einer ganzen Tabelle erfolgt unter Verwendung der Löschanweisung `DELETE`.

Datensatz löschen:
```
DELETE FROM tablename
WHERE bedingung;
```
Tabelleninhalt löschen
```
DELETE tablename;
```

Löschen aller Artikel des Lieferanten mit der Lieferantennummer 17 und des Lieferanten selbst aus den entsprechenden Tabellen mittels SQL:
```
DELETE FROM Artikel
WHERE LNr=17;

DELETE FROM Lieferant
WHERE LNr=17;
```

10.39 Füge dich selbst als Kunde in der entsprechenden Tabelle ein und lösche diesen Datensatz anschließend wieder!

10.40 Ergänze nun in den Tabellen deiner Datenbank CD-Bibliothek weitere Datensätze! Ändere gezielt ausgewählte Attributwerte, beispielsweise in der Tabelle der Nutzer!

Datenmodellierung und Datenbanksysteme

10.8 Anforderungen an ein Datenbankschema

Natürlich sollen die Vorteile, die die Speicherung, Verarbeitung und Auswertung großer Datenmengen mittels einer Datenbank bietet, effizient genutzt werden können.

Dazu muss das Modell, also letztendlich das relationale Modell bzw. das Datenbankschema, bestimmten Anforderungen entsprechen.

Redundanz bezeichnet ein Maß für den (Un-)Ordnungszustand eines Schemas. Es ist somit auch ein Maß für überflüssig gespeicherte Daten in einer Datenbank.
Ziel ist es, eine Datenbank von allen unnötigen Redundanzen, also mehrfach gespeicherten Daten, zu befreien. Ein Minimum an Redundanz ist jedoch beispielsweise durch die Realisierung der Beziehungen zwischen Tabellen mittels Fremdschlüssel in einer Datenbank immer gegeben.

Anforderungen an ein Datenbankschema:
- Vermeidung von Redundanz
- Konsistenz der Daten
- Integrität des Datenbestandes
- referenzielle Integrität

Durch eine Optimierung des Modells und somit der Struktur der Datenbank kommt es zur **Vermeidung von Redundanzen.**

In unserem betrachteten Beispiel „Versandhandel" wurde für die Lieferanten eine eigene Klasse gebildet und letztendlich eine separate Tabelle erzeugt.

Somit mussten nicht zu jedem Artikel die vollständigen Lieferantendaten in die einzelnen Datensätze der Tabelle Artikel mit aufgenommen werden. Dies hätte zur Folge gehabt, dass zum Beispiel der Lieferantenname oder die Anschrift eines Lieferanten mehrfach gespeichert sein würde – ein typischer Fall von Redundanz:

Artikel_redundant : Tabelle

ANr	Bezeichnung	Größe	Farbe	Preis	LName	LTelefon
379004	Hose	S	sand	49,95 €	Sportbekleidungen Schulze & Sohn	03198345
379014	Hose	M	sand	49,95 €	Sportbekleidungen Schulze & Sohn	03198345
379024	Hose	L	sand	49,95 €	Sportbekleidungen Schulze & Sohn	03198345
379034	Hose	XL	sand	49,95 €	Sportbekleidungen Schulze & Sohn	03198345
423551	Shirt	32/34	natur-rot	14,99 €	Bekleidungs-Großhandel OHG	032890678
423552	Shirt	36/38	natur-rot	16,99 €	Bekleidungs-Großhandel OHG	032890678
423553	Shirt	40/42	natur-rot	18,99 €	Bekleidungs-Großhandel OHG	032890678
739104	Anzug	48	schwarz	219,00 €	Herren Bekleidung Müller	0404568708
739105	Anzug	48	grau	219,00 €	Herren Bekleidung Müller	0404568708
739114	Anzug	50	schwarz	219,00 €	Herren Bekleidung Müller	0404568708
739115	Anzug	50	grau	219,00 €	Herren Bekleidung Müller	0404568708

Um eine Datenbasis zu optimieren, also letztendlich auch redundanzfrei zu haben, kannst du verschiedene Regeln bereits im Prozess der Modellierung, also vom Entwurf des objektorientierten Modells bis hin zum relationalen Modell, beachten und anwenden.

Datenmodellierung und Datenbanksysteme

> **Regel 1:**
> Verwende nur **atomare Attributwerte**. Das heißt, wähle als Attribute nur solche, die nicht strukturiert, also nicht mehr zerlegt werden können.

Ein typisches Beispiel dafür ist, dass du in Tabellen grundsätzlich Name und Vorname von Personen in getrennten Spalten erfassen solltest. Gleiches gilt beispielsweise für Ort und Straße bei Adressen.

10.41 Diskutiert welche Konsequenzen es für die Auswertung einer Datenbasis hätte, wenn Attributwerte nicht atomar vorliegen würden!

> **Regel 2:**
> Achte darauf, dass alle Nichtschlüsselattribute einer Tabelle vollständig **funktional abhängig vom Primärschlüssel** sind.

Anders ausgedrückt: Wenn ein Attribut einer Tabelle nur von Teilen des Primärschlüssels abhängt, dann wäre diese Regel verletzt. Dieses Problem kann beispielsweise bestehen, wenn sich ein Primärschlüssel aus einer Kombination von Attributen zusammensetzt.
In unseren Beispielen ist das nicht der Fall.

> **Regel 3:**
> Stelle sicher, dass **keine transitive Abhängigkeit** eines Nichtschlüsselattributs von einem Schlüsselattribut existiert.

Im Beispiel „Versandhandel" kannst du eine noch existierende transitive Abhängigkeit eines Attributs vom Schlüsselattribut erkennen:
In den Tabellen, in denen die Adressen der Kunden oder der Lieferanten erfasst werden, sind jeweils sowohl die Postleitzahl als auch der Ort mit erfasst.
Die Folge ist auch Redundanz. Der Ort jedoch hängt nicht direkt vom jeweiligen Primärschlüssel ab, sondern wird eigentlich schon durch die Postleitzahl bestimmt. In einem solchen Falle kannst du die Datenbank optimieren, indem du eine neue Tabelle bildest, in der die Postleitzahl als Primärschlüssel fungiert (wir nehmen vereinfacht an, dass zu jeder Postleitzahl genau ein Ort und umgekehrt gehört).

 transitiv (lat.): übertragend, ineinander überführend

Transitive Abhängigkeit heißt, in gewisser Weise nur über Umwege funktional abhängig zu sein. Im Beispiel Versandhandel kann das wie folgt beschrieben werden:
Die Lieferantennummer *(LNr)* bestimmt den jeweiligen Lieferanten eindeutig, somit auch den Ort. Der Ort wiederum definiert die Postleitzahl *(PLZ)*.
LNr ⟶ *Ort* ⟶ *PLZ*

- Kunde (<u>KNr</u>, Name, Vorname, <u>PLZ</u>, Straße)
- Bestellung (<u>BNr</u>, <u>ANr</u>, <u>KNr</u>, Anzahl)
- Artikel (<u>ANr</u>, Bezeichnung, Größe, Farbe, Preis, <u>LNr</u>)
- Lieferant (<u>LNr</u>, Name, Telefon, <u>PLZ</u>, Straße)
- Sitz (<u>PLZ</u>, Ort)

10.42 Überprüfe, ob deine selbst entwickelte Datenbank „Versandhandel" den Regeln 1 bis 3 entspricht! Optimiere gegebenenfalls deine Datenbank!
Notiere, wie du vorgegangen bist, um eine optimierte Datenbank zu erhalten!

Konsistenz beschreibt die Widerspruchsfreiheit der Daten einer Datenbasis.

Redundanzfreiheit ist eine Voraussetzung für die **Konsistenz der Daten**.

Das heißt beispielsweise, wenn ein Attributwert in einem Datensatz geändert wird, so ist diese Änderung für die gesamte Datenbasis wirksam.

Obwohl beispielsweise ein bestimmter Kunde in unserer Datenbank „Versandhandel" mehrere Bestellungen aufgeben kann oder in verschiedenen Abfragen auftaucht, ist er als Datensatz nur einmal in der Tabelle Kunden gespeichert.
Du erinnerst dich: Das hat seine Ursache darin, dass jeder einzelne Kunde als Datensatz in der Tabelle Kunde erfasst und durch seinen Primärschlüssel eindeutig bestimmbar ist.

Alle Zusammenhänge zwischen den verschiedenen Tabellen und Abfragen, die sich auf einen speziellen Kunden beziehen, werden durch das Schlüsselkonzept repräsentiert. Das heißt, es erscheint lediglich der Wert des Primärschlüssels in den anderen, verschiedenen Tabellen bzw. Abfragen.

Somit musst du zum Beispiel eine Adressenänderung auch nur einmal im entsprechenden Datensatz in der Tabelle Kunde vornehmen. Diese Änderung wird dann sofort in allen betreffenden Abfragen mit wirksam.

10.43 Erstelle eine Abfrage „Test", in der auch die Adressdaten der Lieferanten enthalten sind!
Ändere nun in der Tabelle Lieferant in einem Datensatz den Attributwert für das Attribut Name!
Prüfe, ob diese Änderung auch in der eben erzeugten Abfrage „Test" wirksam wird!

Anhand der Formulierung von Bedingungen kann die **Integrität des Datenbestandes** erhöht werden. Damit wird weitgehend vermieden, dass einzelne Attributwerte außerhalb von Definitionsbereichen der Attribute liegen.

10.44 Wähle eine geeignete Tabelle aus deiner Datenbank „Versandhandel" aus, in der du eine Integritätsbedingung für ein Attribut festlegen möchtest!
Versuche anschließend, einen Attributwert außerhalb des festgelegten Bereiches zu vergeben! Hat das System diese Wertänderung verweigert?

Auch durch die Festlegung eines Primärschlüsselattributes wird eine Integritätsbedingung definiert: Kein Attributwert darf mehrfach vergeben werden, es muss eine eindeutige Zuordnung gewährleistet sein.

10.45 Wähle eine Tabelle deiner Datenbank!
Versuche, einen Primärschlüsselwert in dieser Tabelle doppelt zu vergeben!
Wie reagiert das DBMS? Begründe!

Referenzielle Integrität stellt sicher, dass zu jedem Wert eines Fremdschlüsselattributs in einer Tabelle T1 auch ein Datensatz in einer Tabelle T2 existiert, dessen Primärschlüssel den gleichen Wert besitzt.
Wenn du beispielsweise in der Datenbank „Versandhandel" einen Lieferanten löschen möchtest, der jedoch noch Artikel aus deinem Sortiment liefert, dann ist das nicht möglich. Das DBMS gibt dir eine entsprechende Meldung beziehungsweise Warnung.

10.46 Überprüfe, ob in deiner Datenbank „Versandhandel" referenzielle Integrität gewährleistet ist! Aktualisiere gegebenenfalls deine Datenbank dahingehend!

10.47 Füge in die Tabelle Artikel ein Produkt als Datensatz ein, welches im Versandhandel neu angeboten wird!
Gib als Verweis auf den Lieferanten eine Lieferantennummer (LNr) ein, die zu keinem der existierenden Lieferanten gehört! Wie reagiert das DBMS? Begründe!

1 In der Tabelle Artikel sind alle im Versandhandel angebotenen Artikel mit ihren Attributwerten erfasst. Dabei muss im Sinne der Integrität des Datenbestandes sichergestellt sein, dass alle Preise einen Wert größer null besitzen.

Auf den Punkt gebracht

Datenbanksysteme

Ein **Datenbanksystem** ist eine systematisch strukturierte Zusammenfassung von Daten eines Problembereichs **(Datenbasis)** einschließlich der zur Eingabe, Verwaltung, Auswertung und Ausgabe erforderlichen Software **(Datenbankmanagementsystem, DBMS)**.

Datenbanksystem = Datenbasis + Datenbankmanagementsystem

Relationale Datenmodellierung und Datenbanken

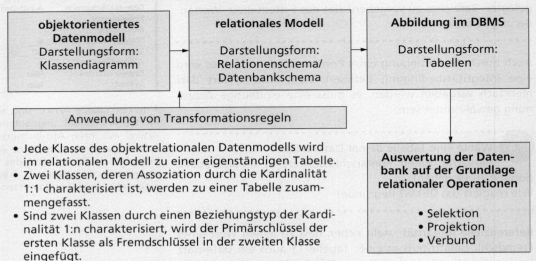

- Jede Klasse des objektrelationalen Datenmodells wird im relationalen Modell zu einer eigenständigen Tabelle.
- Zwei Klassen, deren Assoziation durch die Kardinalität 1:1 charakterisiert ist, werden zu einer Tabelle zusammengefasst.
- Sind zwei Klassen durch einen Beziehungstyp der Kardinalität 1:n charakterisiert, wird der Primärschlüssel der ersten Klasse als Fremdschlüssel in der zweiten Klasse eingefügt.
- Wenn zwei Klassen durch einen Beziehungstyp der Kardinalität n:m charakterisiert sind, entsteht eine neue Tabelle. Diese Tabelle enthält beide Primärschlüssel der jeweiligen Klasse als Fremdschlüssel. Falls die Beziehung durch weitere Attribute charakterisiert ist, werden diese mit in die Tabelle aufgenommen.

Datenbanksprache SQL

SQL (**S**tructured **Q**uery **L**anguage) ist eine Datenbanksprache, die als Standard zur Kommunikation mit relationalen Datenbanksystemen gilt. SQL besitzt folgende Sprachgruppen:

- **DDL** (**D**ata **D**efinition **L**anguage): Definition und Veränderung von Relationen, Schlüsseln und Indexen
- **DML** (**D**ata **M**anipulation **L**anguage): Erfassung und Pflege der Daten
- **QL** (**Q**uery **L**anguage): Anfragesprache zur Auswertung der Datenbasis
- **DCL** (**D**ata **C**ontrol **L**anguage): Vergabe und Organisation von Zugriffsrechten

SELECT-Anweisung:
```
SELECT  attribut_1 [, attribut_2, ..., attribut_n]
FROM    tabelle_1 [, tabelle_2, ..., tabelle_m]
WHERE   bedingung
GROUP BY attribut
ORDER BY attribut;
```

Teste dich selbst

10.48 Gegeben sei ein Ausschnitt eines Klassendiagramms für einen CD-Verleih in der Klasse.

NUTZER	leiht > n	CD	>	VERLEIHER
KNr	<		<	
Vorname				
Name				
Klasse				

Vervollständige die Attribute der Klassen und ergänze gegebenenfalls dieses Diagramm um weitere!
Wähle geeignete Bezeichnungen für die Assoziationen zwischen den Klassen. Welche Kardinalitäten gelten für die Beziehungen? Begründe!

10.49 Transformiere dein Klassendiagramm aus Aufgabe 10.48 in ein relationales Modell!
Gib es als Relationenschema beziehungsweise als Datenbankschema an!
Welche Transformationsregeln musstest du auf dein Modell anwenden?
Wie viele Relationen sind entstanden, die du als Tabelle im DBMS implementieren musst?
Hast du alle Primär- und Fremdschlüssel berücksichtigt?

1 Schlüssel können auch verbinden

10.50 Erfüllt dein in Aufgabe 10.49 erhaltenes relationales Modell die Anforderungen an ein Datenbankschema? Überprüfe dein Modell dahingehend und optimiere es gegebenenfalls unter Verwendung der Regeln 1 bis 3 (↗ S. 223)!

10.51 Implementiere das Modell aus Aufgabe 10.50 unter Verwendung des dir zur Verfügung stehenden DBMS!
Hast du die Attribute und die dazugehörigen Datentypen richtig gewählt? Welche Bedingungen kannst du festlegen?
Gib nun alle notwendigen Daten ein! Nutze dafür beispielsweise geeignete Formulare.

Teste dich selbst

10.52 Ein Verein erfasst die Daten seiner Mitglieder in einer Datenbank „Vereinsmitglieder". Darin existiert eine Tabelle MITGLIED, die die persönlichen Daten zusammenfasst, und eine Tabelle BEITRAG, die eine Staffelung der Mitgliedsbeiträge nach Kriterien beschreibt.

Tabelle MITGLIED:

Name	Vorname	Gebdat	MGLNR	Gruppe
Bauer	Claudia	31.10.1997	126	Jugend
Bauer	Karin	02.06.1963	122	Ehegatte
Bauer	Fritz	30.01.1961	119	Vollmitglied
Alt	Franz	07.01.1931	189	Passiv
Bosch	Frank	09.09.1995	257	Jugend
Eberle	Robert	22.03.1997	300	Jugend
Meyer	Doreen	23.08.1972	432	Vollmitglied
Bader	Joseph	01.01.1959	005	Passiv
Adler	Gesine	12.07.2001	768	Jugend

Tabelle BEITRAG:

Gruppe	Betrag
Vollmitglied	100,00
Ehegatte	50,00
Passiv	50,00
Jugend	20,00

Welche Attribute aus den angegebenen Tabellen können als Primärschlüssel genutzt werden?
Welche Attribute müssen Fremdschlüsselattribute sein?
Begründe jeweils!

10.53 Folgende Anfragen an die Datenbank „Vereinsmitglieder" sind verbal angegeben.
Welche formalen Operationen liegen der jeweiligen Abfrage zu Grunde?
Formuliere eine entsprechende SQL-Anweisung!
a) Auswahl von MGLNR, Name, Vorname aller Datensätze aus der Tabelle MITGLIED.
b) Angabe der gesamten Attribute aller erfassten Personen in der Tabelle MITGLIED, die Bauer heißen.
c) Auswahl von Name, Vorname und Geburtsdatum aller Vereinsmitglieder, deren Name mit „B" beginnt, sortiert nach dem Namen (als zweites Kriterium nach dem Vornamen).
d) Übersicht von Name und Vorname alle Mitglieder der Gruppe Passiv, die nach 1950 geboren sind.
e) Angabe von Name, Vorname und Mitgliedsbeitrag aller erfassten Mitglieder, die nach dem 31.12.1995 geboren sind.
f) Ermittlung der Summe der jährlichen Beitragseinnamen des Vereins.

Teste dich selbst

10.54 Interpretiere, welche Abfragen durch folgende SQL-Anweisungen realisiert werden. Welche Operationen liegen der jeweiligen Anfrage an die Datenbank „Vereinsmitglieder" zugrunde?

a)
```
SELECT  Name, Vorname, Gebdat
FROM    MITGLIED
WHERE   Gruppe="Vollmitglied";
```

b)
```
SELECT  COUNT(*)
FROM    MITGLIED
WHERE   NOT (Name="B*");
```

c)
```
SELECT  Name, Vorname, Betrag
FROM    MITGLIED, BEITRAG
WHERE   MITGLIED.Gruppe=BEITRAG.Gruppe;
```

d)
```
SELECT  MGLNR, Name, Vorname, Gebdat, Betrag
FROM    MITGLIED, BEITRAG
WHERE   (MITGLIED.Gruppe=BEITRAG.Gruppe) AND
        (BEITRAG.Gruppe="Passiv" OR
         BEITRAG.Gruppe="Ehegatte")
ORDER BY MGLNR;
```

10.55 In der Datenbank des Vereins sollen folgende Änderungen realisiert werden.

Beschreibe, welche Teilschritte zur Umsetzung der jeweiligen Veränderung beachtet werden müssen!

Formuliere die jeweilige(n) Anweisung(en) in SQL!

a) Frau Adler hat geheiratet und heißt jetzt Gesine Müller.

b) Der Beitragssatz für die Gruppe Jugend wird auf 25 Euro angehoben.

c) Der Verein plant die Einführung eines Familientarifes „Familie". Dabei gilt folgende Verfahrensweise:
Sind mindestens drei Famlienmitglieder im Verein organisiert, zahlt ein Familienmitglied einen Beitrag von 125 Euro. Alle weiteren Familienmitglieder zahlen keinen Beitrag (Gruppe „Familienmitglied").

d) Nach Einführung des Tarifes aus Teilaufgabe c) wird dieser Tarif auf die Familie Bauer angewendet.

e) Herr Bader möchte seine Frau Anna und seine beiden Söhne Frank und Peter im Verein anmelden. Somit gilt auch für die Baders der Familientarif. Wähle geeignete Attributwerte und führe die notwendigen Eintragungen aus!

Teste dich selbst

10.56 In der Theatergruppe der Schule bereitet ihr eine Insze-nierung vor. Damit verbunden fallen natürlich eine Viel-zahl von Aufgaben an, da gibt es eine Menge zu koordi-nieren. Wer besetzt welche Rolle? Gibt es ausreichend Kostüme? Welche Requisiten stehen zur Verfügung? Wer gestaltet das Programmheft? Was ist noch zu beachten?
Der folgende Ausschnitt eines Klassendiagramms fasst diesen Problembereich zusammen:

AUFGABE		MITGLIED		ROLLE		KOSTÜM
ANr Bezeichnung AnzPerson Zeitpunkt	> n 1 <	*MNr* Name Vorname Klasse	spielt > <		erfordert > <	

Bildet Gruppen von 3 bis 5 Schülern.
a) Ergänzt das Klassendiagramm.
Vervollständigt die jeweiligen Attribute der angegebenen Klassen!
Benennt die Beziehungen und charakterisiert die Kardinali-täten!
b) Übertragt das in Aufgabe a) entstandene Klassendiagramm vollständig in ein relationales Modell!
Nutzt dazu die notwendigen Regeln (↗ Seite 211 ff.) und gebt die so entstandenen Tabellen als Schema an!
c) Legt für das in Aufgabe b) erhaltene relationale Modell die jeweiligen Datentypen für die verschiedenen Attribute der Relationen fest!
d) Übertragt das relationale Modell aus Aufgabe c) in ein DBMS! Trage die notwendigen Daten ein und nutze die so entstan-dene Datenbank zur Vorbereitung einer Inszenierung!
e) Findet eine Gruppe, mit der ihr eure Datenbank tauscht!
Betrachtet die euch nun vorliegende Datenbank unter dem Blickwinkel der eingangs angegebenen Aufgabenstellung!
Formuliert, welche Aspekte eurer Meinung nach gut umge-setzt wurden, und solche, wo es nicht so gut gelungen ist. Notiert wichtige Hinweise!
Tauscht anschließend die Bemerkungen und Hinweise aus!
Setzt euch nun mit diesen Bemerkungen und Hinweisen zu eurer Datenbank kritisch auseinander!
Überlegt in der Gruppe, welche Veränderungen noch erfol-gen sollen und welche ihr nicht umsetzen wollt. Überarbeitet dann euer Dokument!
f) Ordnet die Phasen des informatischen Problemlöseprozesses den Teilaufgaben a) bis e) zu!

i Auf Seite 259 wird der in-formatische Problemlöse-prozess bei der Arbeit mit großen Datenmengen bzw. in Be-zug auf Datenbanken behandelt.

Datensicherheit und Datenschutz

11

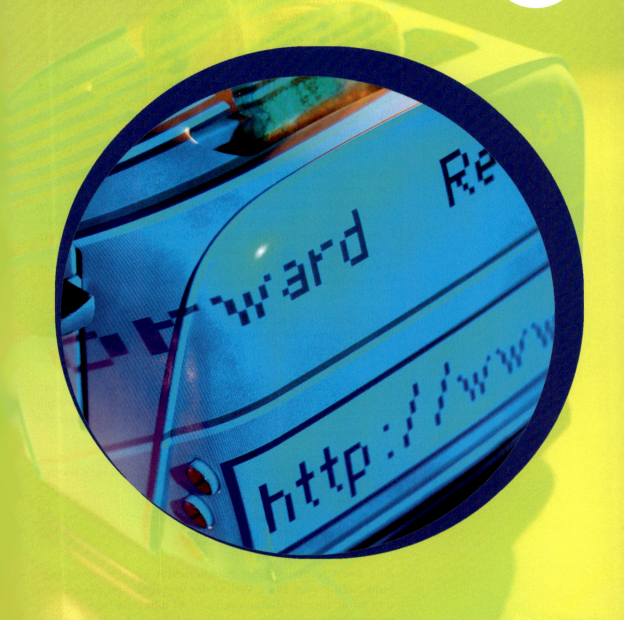

11.1 Datensicherheit bei der Arbeit mit Datenbank-systemen

Nachdem du dich ausführlich mit großen Datenmengen und deren Verarbeitung mithilfe von Datenbanken beschäftigt hast, stellt sich die Frage: Wie sicher sind deine Daten?

11.1 Diskutiert in Gruppen, welche „Gefahren" für die Daten bestehen, die in einer Datenbank zusammengefasst sind! Orientiert euch dabei auch an Datenbanken aus eurem Umfeld, beispielsweise der Schülerdatenbank eurer Schule.
Tauscht eure Ergebnisse aus und diskutiert mögliche Maßnahmen, um die Gefahren abzuwenden!

Sicherlich hast du festgestellt, dass du die Gefahren für die Daten unterscheiden kannst:

- Zum einen sind es Gefahren, die sich durch die technische Funktionalität des Computersystems ergeben können. Im Moment eines Hardwarefehlers, z. B. durch den Ausfall einer Festplatte, ist ein Zugriff auf die Daten nicht mehr möglich.
- Zum anderen gibt es Bedrohungen, die durch andere Personen bewusst oder unbewusst bestehen.

> Als **Datensicherheit** bezeichnet man alle Maßnahmen zum Schutz eines Informatiksystems und der darauf gespeicherten Daten gegen Schaden oder Verlust.

Ein Hauptaufgabenfeld der Datensicherheit ist das Verhindern von unberechtigten Zugriffen auf die Daten. Insbesondere gilt das für Systeme, auf die viele Nutzer Zugriff haben oder die über Kommunikationsleitungen erreichbar sind.

> Es werden i. Allg. drei wesentliche **Grundbedrohungen durch unberechtigten Zugriff** unterschieden:
> - unbefugte Beeinträchtigung der Funktionalität
> - unbefugte Modifikation von Informationen
> - unbefugter Informationsgewinn

Eine **Beeinträchtigung der Funktionalität** eines Informatiksystems zieht immer einen **Verlust der Verfügbarkeit** des Systems und somit auch der Daten nach sich. Es gibt viele Ursachen, die gewollt oder ungewollt dazu führen können: Feuer, Spionage, Systemzusammenbruch, Wasser, Stromausfall, Blitzschlag und vieles andere mehr.

Das Verfälschen oder Löschen, aber auch das Neuanlegen von Daten stellt eine **unbefugte Modifikation** von Informationen dar. Das führt zum **Verlust der Integrität** eines Datenbestands. Angriffspunkte hierfür sind vor allem Speichermedien.
Ein **unbefugter Informationsgewinn,** beispielsweise durch das unbefugte Lesen von Daten oder das Abhören einer Kommunikationsleitung, bedeutet für den Betroffenen den **Verlust von Vertraulichkeit.**

11.2 Überlege, welche Auswirkungen es für einen neuen „Lottomillionär" haben könnte, wenn nebenstehende Meldung mit seinem Namen veröffentlicht würde! Informiere dich, wie durch Lottogesellschaften sichergestellt wird, dass kein unbefugter Informationsgewinn erfolgen kann, das heißt, der „Lottomillionär" nicht durch Dritte bestimmt werden kann!

Im Ergebnis der Bearbeitung von Aufgabe 11.2 hast du dich bereits mit Maßnahmen zur Datensicherheit auseinandergesetzt. In dem Moment, wo die Lottogesellschaft sicherstellt, dass der Name nicht in falsche Hände gerät, wird ein unbefugter Informationsgewinn verhindert und Datensicherheit praktiziert.
Überall, wo Daten erfasst oder gespeichert werden, sollten auch Vorkehrungen zur Datensicherheit getroffen werden.

> Klassifikation von **Maßnahmen zur Gewährleistung von Datensicherheit:**
> - physische Sicherheit
> - organisatorische Sicherheit
> - technische Sicherheit
> - personelle Sicherheit

Unter der **physischen Sicherheit** werden Maßnahmen zusammengefasst, die sich durch bauliche Gegebenheiten ergeben. Es sind Fragen der Unterbringung der Technik. Der Server einer Bank beispielsweise, auf dem die Kontendaten der Kunden gespeichert sind, muss sich in Räumen befinden, die bestimmten Sicherheitsstandards entsprechen.
Die durch geeignete Hard- und Software erreichte Sicherheit eines Informatiksystems umfasst die **technische Sicherheit.**
In dem Moment, wo viele Nutzer auf ein komplexes Informatiksystem, beispielsweise das Netzwerk deiner Schule, zugreifen, werden **organisatorische Maßnahmen zur Datensicherheit** notwendig. Diese umfassen zum Beispiel das Protokollieren und regelmäßige Auswerten der Ereignisse im Netz.
Personelle Sicherheit regelt Fragen, wie weit einem Nutzer, einem Systemadministrator oder dem Wartungspersonal ver-

Im Dezember 2007 war in der Presse zu lesen:
„Stuttgart (dpa) – Drei Spieler müssen sich den größten Jackpot der deutschen Lotto-Geschichte teilen. Ein Internet-Tipper aus Schleswig-Holstein, ein Spieler aus Thüringen und ein Leser der «Bild»-Zeitung aus Niedersachsen sagten die richtigen sechs Zahlen und die Superzahl voraus. Sie dürfen sich nun über eine Gewinnsumme von je 15,1 Millionen Euro freuen, teilte ein Sprecher des Deutschen Lotto- und Totoblocks am Donnerstag in Stuttgart mit. Der Jackpot hatte sich wegen der hohen Einsätze zuletzt nochmal von 43 Millionen auf über 45 Millionen Euro erhöht. Bereits am Mittwochabend war bekannt geworden, dass ein Spieler aus Niedersachsen das große Los gezogen hatte."

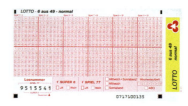

traut werden kann. Ein Systemadministrator z. B. hat Zugriff auf alle Daten des Systems oder Netzwerks. Es ist wichtig, dass er nur die Dinge tut, die in seinem Aufgabenbereich liegen.

11.3 Informiere dich über konkrete Maßnahmen, wie Datensicherheit im Computernetzwerk deiner Schule praktiziert wird! Ordne diese Maßnahmen den vier beschriebenen Schwerpunktfeldern zu! Erkennst du noch Lücken im System?

Auch bei der Arbeit mit Datenbanken, wo große Datenmengen zusammengefasst sind, sind Vorkehrungen zur Datensicherheit unerlässlich. Insbesondere dann, wenn auf diese Datenbanken verschiedene Personen oder Personengruppen Zugriff haben.

Datenbanken, aber auch andere Systeme, die von mehreren Anwendern genutzt werden, heißen **Mehrbenutzersysteme.** In diesen Systemen lassen sich entsprechende Benutzer eintragen beziehungsweise anlegen. Diese wiederum werden anschließend in Gruppen zusammengefasst. Die verschiedenen Gruppen sind durch Berechtigungen charakterisiert.

Betrachten wir dazu noch einmal unsere CD-Bibliothek: Paul beispielsweise stellt nicht nur seine CDs für eine Ausleihe zur Verfügung. Er unterstützt die Aktion zusätzlich, indem er als Aufsicht mitwirkt. Somit wird Paul der Gruppe Aufsicht zugeordnet.

In der Zeit, in der Paul seine Aufgaben als Aufsicht wahrnimmt, benötigt er Zugriff auf verschiedene Daten. Insbesondere die Tabelle „Ausleihe" ist hier von Bedeutung. Dort werden alle Vorgänge des Ausleihens und der Wiederabgabe von CDs erfasst. Somit benötigt die Gruppe Aufsicht spezielle Berechtigungen.

1 Paul wird der Gruppe Aufsicht zugeordnet.

Nicht nur im Zusammenhang mit Datenbanken werden Rechte und Berechtigungen vergeben. Beispielsweise auch für Ordner und Dateien in Netzwerken wird dies notwendig.

Dabei gilt:
r read   Leserecht
w write   Schreibrecht
x execute Recht zum Ausführen

Benutzer der Gruppe Aufsicht erhalten beispielsweise einen vollen Zugriff auf die Daten, die in der Tabelle Ausleihe zusammengefasst sind. Jedoch ist die Möglichkeit der Änderung der Datensatzstruktur für diese Benutzer nicht gegeben. Für den Entwurf gibt es nur einen lesenden Zugriff.

Für unsere Beispieldatenbank könnte es durchaus auch sinnvoll sein, dass Gäste einen Zugriff auf den Teil der Datenbasis erhalten, in dem alle Informationen zu den angebotenen CDs enthalten sind. Informationen zu den Kunden, zum Beispiel deren Adressen, sollten hingegen für diesen Personenkreis verborgen bleiben.

Benutzer der Gruppe Gast erhalten nun lediglich einen lesenden Zugriff auf die Daten, die in der Tabelle CD zusammengefasst sind. Diese umfassen neben der CD-Nummer den Titel der CD, den Interpreten und das Erscheinungsjahr. Das könnte unter Verwendung eines Formulars erfolgen. Für dieses Formular wiederum werden die Rechte eingeschränkt. Es wird sichergestellt, dass durch Personen, die der Gruppe Gast zugeordnet sind, keine Daten gelöscht, verändert oder neu eingetragen werden können.

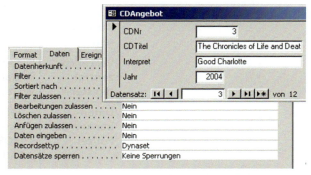

1 Zugriff für Gäste

11.4 Bildet Gruppen von 3 bis 5 Schülern!
Diskutiert, welche Gruppen von Benutzern ihr für eine CD-Bibliothek anlegen würdet!
Erstellt eine Übersicht, die konkret festlegt, welche Gruppe auf welche Objekte der Datenbank Zugriff hat!
Welche Berechtigungen würdet ihr für den jeweiligen Zugriff einräumen?

In dem Moment, wo mehrere Benutzer einer Datenbank gemeinsam auf eine Datenbasis zugreifen, müssen weitere Probleme beachtet werden.

Es muss beispielsweise gewährleistet sein, dass jeder Nutzer die Sicht auf die aktuellen, auf die richtigen Daten erhält.

Wird zum Beispiel aufgrund von Umzug eine Änderung der Daten zur Adresse eines Kunden notwendig, kann man für die Zeit der Arbeit am konkreten Datensatz diesen sperren. Würde genau zu diesem Zeitpunkt ein anderer Mitarbeiter eine weitere Änderung am Datensatz vornehmen wollen, ist dies nicht möglich. Er muss warten, bis die erste Änderung vollzogen ist, bevor er auf den Datensatz wieder zugreifen kann.

Mit diesem Verfahren wird sichergestellt, dass auch wirklich alle Änderungen am Datensatz berücksichtigt werden.

2 Sperrung von gerade bearbeiteten Datensätzen

11.2 Datenbanken und Datenschutz

Seit Anfang der 1980er-Jahre entstanden umfangreiche Datenbanken in verschiedenen gesellschaftlichen Bereichen.
Im Folgenden sind wichtige **Datenbanken für den staatlichen Bereich** aufgeführt:

Sozialdatenbank	Datenbank mit Angaben zur sozialen Sicherung von Bürgern beim Bundesministerium für Arbeit und Sozialordnung
Ausländerregister	Datenbank mit Wohnsitzen und Personendaten in Deutschland lebender Ausländer
Verkehrszentralregister	Datenbank beim Kraftfahrt-Bundesamt mit Angaben über Fahrzeuge, Halter und Verkehrsverstöße
Datenbanken der Polizei	• **ZPI** (Zentraler-Personen-Index) mit Angaben über Personalien sowie Fundstellen von Akten • **PIOS** (Personen, Institutionen, Objekte, Sachen) mit Angaben zu Rauschgifthandel und Terrorismus • **SSD** (Straftaten-/Straftäterdatei) mit Angaben über Straftaten, Tatumstände, Täter und Zeugen • **SIS** (Schengener Informationssystem), länderübergreifendes computergestütztes Fahndungssystem

ℹ Das **Schengener Informationssystem** ist das erste länderübergreifende computergestützte Fahndungssystem. Es trat am 26.3.1995 in Kraft. Der Zentralcomputer steht in Straßburg.

Es folgt eine Übersicht mit einigen **Datenbanken im privatwirtschaftlichen Bereich:**

Schufa	Datenbank der Schutzgemeinschaft zur allgemeinen Kreditsicherung mit Daten über alle Kontenbesitzer von Banken und Sparkassen (Banken und Sparkassen erhalten von der Schufa Auskünfte über die Kreditwürdigkeit ihrer Kunden)
Reisebüro	Datenbanken über alle Flüge mit zugehörigen Daten – einschließlich der Information, ob ein gewünschter Flug ausgebucht ist oder nicht
Versicherungen	• Alle Kfz-Besitzer sind in einer zentralen Datenbank aller Kfz-Versicherer gespeichert. • Seit 1984 existiert in der BRD auch eine Datenbank über Kfz-Besitzer, die in einen Schadensfall verwickelt sind.
Personalinformationssysteme	Datenbanken in einigen Großbetrieben der Bundesrepublik, in denen umfangreiche Daten über alle Betriebsangehörigen gespeichert sind

ℹ Allein das Kfz-Kennzeichen reicht aus, um die Besitzer von Kraftfahrzeugen, deren Versicherung und Versicherungsnummer zu ermitteln.

Datensicherheit und Datenschutz 237

11.5 Es ist heute leicht möglich, Datenbanksysteme „zusammenzuschalten".
Überlegt, welche Auswirkungen ein solcher Zusammenschluss haben könnte, und diskutiert in der Klasse darüber!

Als im Zusammenhang mit der Einführung eines maschinenlesbaren Personalausweises in der Bundesrepublik Deutschland 1983 eine Volkszählung durchgeführt werden sollte, weigerten sich viele Bürger, die entsprechenden umfangreichen Formulare auszufüllen. Sie befürchteten, dass ihre persönlichen Daten missbraucht werden könnten.

Gegen den Widerstand der Bundestagsmehrheit, der meisten Bundesländer und vieler Experten wurde ein richtungsweisendes gerichtliches Urteil (Urteil des Ersten Senats des Bundesverfassungsgerichts vom 15. Dezember 1983) erstritten. In diesem Urteil heißt es u. a.:
„Wer damit rechnet, daß etwa die Teilnahme an einer Versammlung oder einer Bürgerinitiative behördlich registriert wird und daß ihm dadurch Risiken entstehen können, wird möglicherweise auf die Ausübung seiner entsprechenden Grundrechte verzichten. Dies würde nicht nur die individuellen Entfaltungschancen des einzelnen beeinträchtigen, sondern auch das Gemeinwohl, weil Selbstbestimmung eine elementare Funktionsbedingung eines auf Handlungs- und Mitwirkungsfähigkeit seiner Bürger begründeten freiheitlichen demokratischen Gemeinwesens ist."

Die geplante Volkszählung der Deutschen von 1983 wurde als teilweise verfassungswidrig erklärt. Weitaus wichtiger ist allerdings, dass das Bundesverfassungsgericht ein Grundrecht auf Datenschutz festgelegt hat.

> Das **Grundrecht auf Datenschutz** besteht aus folgenden Komponenten:
> - informationelles Selbstbestimmungsrecht
> - Zweckentfremdungsverbot
> - informationelle Gewaltenteilung

Das **informationelle Selbstbestimmungsrecht** beinhaltet den Schutz des Einzelnen gegen unbegrenzte Erhebung, Speicherung, Verwendung und Weitergabe personenbezogener Daten: Jeder Bürger kann grundsätzlich selbst über die Preisgabe und Verwendung seiner persönlichen Daten bestimmen.

 Dieser Schutz basiert auf der Auslegung folgender Verfassungsartikel:
Art. 2 Abs. 1 (freie Entfaltung der Persönlichkeit);
Art. 1 Abs. 1 (Menschenwürde).

Datensicherheit und Datenschutz

Das **Zweckentfremdungsverbot** bedeutet: Werden personenbezogene Daten gesammelt, muss der Gesetzgeber den Verwendungszweck bereichsspezifisch und präzise bestimmen. Außerdem ist ein Nachweis erforderlich, dass die gesammelten Daten für den verwendeten Zweck geeignet sind.

Die Sammlung personenbezogener Daten auf Vorrat ist unzulässig. Vorkehrungen zur Durchsetzung des Zweckentfremdungsverbots sind:
- Aufklärungs-, Auskunfts- und Löschungspflichten,
- Weitergabe- und Verwertungsgebote,
- Kontrolle durch „unabhängige Datenschutzbeauftragte".

Informationelle Gewaltenteilung schließlich bedeutet: Innerhalb einer Verwaltung oder Behörde darf nicht jede Stelle im Interesse des Schutzes des Einzelnen und der gegenseitigen Machtkontrolle alles über jeden wissen.

i Neben dem Grundgesetz (der Verfassung) und dem Bundesdatenschutzgesetz gibt es auch eine entsprechende Europarichtlinie zum Datenschutz vom 24.10.1995 über den Umgang mit personenbezogenen Daten.

Im **Bundesdatenschutzgesetz (BDSG),** das sowohl für private Unternehmen als auch für Bundesbehörden gilt, sind eine Reihe von weiteren Rechten der Bürger bezüglich ihrer Personendaten niedergelegt.

Die **Landesdatenschutzgesetze,** die für die entsprechenden Landesbehörden gelten, untermauern diese Rechte.

> **Rechte der Bürger nach den Datenschutzgesetzen**
> Jeder Bürger hat das Recht auf:
> - Auskunft darüber, *welche Daten* von ihm gespeichert sind, über den *Zweck der Speicherung* und über die *Herkunft der Daten;*
> - Berichtigung falsch gespeicherter Daten;
> - Löschung unzulässig gespeicherter Daten;
> - Sperrung von Daten (wenn die Richtigkeit der Daten nicht feststellbar ist);
> - Schadenersatz, wenn ein Schaden durch die unzulässige oder falsche Speicherung seiner Daten entstanden ist.

11.6 Was sollte bei der Weitergabe von personenbezogenen Daten z. B. auch im privatwirtschaftlichen Bereich beachtet werden?
Notiere mindestens zwei Empfehlungen für die Datenweitergabe an Versicherungen oder Versandhäuser!

1 Verwaltungsgebäude des Otto-Versandhandels in Hamburg

Datenschutz ist eine gesellschaftliche Aufgabe und muss mit rechtlichen Mitteln durchgesetzt werden.

11.3 Datenschutz und -sicherheit als allgemeine Aufgabe

Bei der Arbeit an informationsverarbeitender Technik, im Umgang mit Anwendungsprogrammen und insbesondere mit Datenbanksystemen hat *Datenschutz* auch eine technische Bedeutung im Sinne von **Datensicherheit:**
- Wie können gesammelte Daten vor Verlust oder unsachgemäßer Veränderung durch andere Nutzer geschützt werden?
- Wie sollten umfangreiche Datenmengen strukturiert und abgelegt werden, damit sie jederzeit leicht wiedergefunden werden können?

Im Folgenden wollen wir einige Problemkreise betrachten, die sich auf die Datensicherheit beziehen. Im Einzelnen sind das:
- Datenverwaltung,
- Datensicherung,
- Schutz vor Computerviren.

Datenschutz bezieht sich nicht nur auf die Daten, die du selbst erzeugt hast. Beim Umgang mit Daten und Programmen sind auch rechtliche Aspekte zu beachten, die wir anschließend betrachten – nämlich Urheberrechte (auch im Internet).

Datenverwaltung: Mit der Zeit sammelt sich bei der Arbeit am Computer ein riesiger Berg von Daten an. Es ist unumgänglich, dass diese Daten geordnet werden, z. B. wie in einem Aktenschrank (Datenträger), indem in einzelnen Fächern (Partitionen) Aktenordner (Verzeichnisse) stehen, in denen gebündelt (Unterverzeichnisse) Schriftstücke (Dateien) abgelegt sind.

Durch eine sinnvoll strukturierte Datenablage auf den Speichermedien kann also die Wiederauffindbarkeit von Dateien und damit die Datensicherheit erhöht werden.

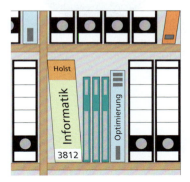

1 Ordner dienten auch schon vor der Entwicklung des Computers zur Ablage von Informationen. Dabei sollten Ordnertitel und Informationen auf dem Ordnerrücken auf den Inhalt des Ordners schließen lassen.

11.7 Wie kannst du selbst die Datenablage optimal organisieren? Gib drei Beispiele an!
Welche Mittel und Methoden bietet dein Betriebssystem zur Unterstützung des Suchens und Findens von Dateien?

Datensicherung: Daten, die für den Nutzer wichtig sind, müssen gespeichert werden. Dies kann auf der Festplatte, aber auch auf externen Speichermedien geschehen.

11.8 Was sollte bei der Sicherung der Dokumente beachtet werden, die du mit Anwendungsprogrammen erstellt hast? Nenne mindestens drei Beispiele und diskutiere diese!

Datensicherheit und Datenschutz

1 Schallplatte aus den 1980er-Jahren

 Zu universellen Datenaustauschformaten ↗ auch Abschnitt 12.2., S. 253, 254.

Wie dauerhaft sind Speichermedien?
Erschreckend ist das Phänomen, dass mit jeder Höherentwicklung der Speichertechnik auch Information massenhaft verloren geht, weil die Träger der Information einem größeren Verschleiß unterliegen und auch die Speicherungstechnik schneller veraltet:
- Mehr als 3000 Jahre alte Tontafeln kann man heute noch entziffern, weil die Keilschrift „dechiffriert" ist. In einer von Johann Gutenberg im 16. Jahrhundert gedruckten Bibel aus säurefreiem Papier kann man heute noch blättern und lesen.
- Eine vor 70 Jahren gepresste Schellack-Schallplatte kann man heute noch hören, wenn man einen entsprechenden Phonographen besitzt.
Zumindest ist dies in einigen Jahren genauso leicht oder schwierig, wie sich an einer vor 20 Jahren hergestellten Schallplatte zu erfreuen.
- Die elektronisch gespeicherten Daten der US-Volkszählung von 1960 sind heute unlesbar.
- Textdateien, mit *Wordstar* geschrieben und auf einer 5,25-Zoll-Diskette gespeichert, sind nicht mehr lesbar, weil man *Wordstar* evtl. nicht mehr besitzt, die Konvertierung in ein anderes Textverarbeitungsprogramm kaum möglich ist und 5,25-Zoll-Diskettenlaufwerke gar nicht mehr hergestellt werden.
- Die Hersteller von CD-ROMs bescheinigen diesem Speichermedium bei entsprechend sorgsamem Umgang eine Nutzungsdauer von 100 Jahren.
Nur – gibt es in 100 Jahren CD-ROM-Laufwerke und die zur Speicherung genutzten Datei-Formate überhaupt noch?

Aus den im Lesetext genannten Gründen solltest du beim Anlegen von Sicherungskopien außerdem bedenken:
- Sicherungskopien von Dateien sollten mit dem Fortschreiten der Speichertechnik auf die jeweils neuen Speichermedien übertragen werden.
- Es ist sinnvoll, wichtige Dateien zusätzlich in einem universellen Datenaustauschformat zu speichern (Textdateien beispielsweise im einfachen ASCII-Format „.TXT" oder im Rich-Text-Format „.RTF").
- Ein Ausdruck auf Papier ist immer noch die sicherste Methode, dass wichtige Informationen auf Dauer nicht verloren gehen.

Schutz vor Computerviren: Wir lesen oder hören recht oft, dass die Computer von Behörden, Unternehmen oder privaten Anwendern von Viren befallen sind. Viren bringen Informatiksysteme zum Absturz, löschen Daten und verursachen oft Schäden in Millionenhöhe. Um sich zu schützen, sind Kenntnisse über Computerviren notwendig.

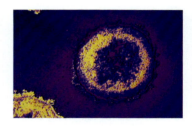

> Ein **Virus (Computervirus)** ist ein Programmteil, meist im Maschinencode, das sich in andere Programme **(Wirtsprogramme)** hineinkopieren und somit vervielfachen lässt und gleichzeitig meist schädliche Funktionen in einem Computersystem auslösen kann.

1 Der Name Computer-„Virus" wurde in Analogie zu den biologischen Krankheitserregern gewählt. Dargestellt ist hier das HI-Virus, das die Immunschwächekrankheit Aids beim Menschen hervorruft.

Fast alle Viren besitzen den gleichen Aufbau:
1. *Erkennungsteil:* Mit diesem Programmstück wird festgestellt, ob das Programm, welches infiziert werden soll, schon vom gleichen Virus befallen ist.
Eine entsprechende Kennung ist oft im Programmkopf des Wirtsprogramms abgelegt.
2. *Infektionsteil:* Dieses Programmstück bewirkt das Einlesen des zu infizierenden Programms in den Arbeitsspeicher, das Hinzufügen des gesamten Virusprogramms und das Zurückschreiben des Wirtsprogramms auf das Speichermedium.
3. *Funktionsteil:* Mit diesem Programmstück löst der Virus gut- oder bösartige Funktionen im infizierten Programm oder auch im gesamten Computersystem aus.

Man unterscheidet
- **Boot-Viren,** die sich im Bootblock einer Diskette einnisten und beim Booten der Diskette in den Arbeitsspeicher des Computers gelangen;
- **Datei-Viren,** die in einem Wirtsprogramm eine Programmzeile einfügen, welche relativ leicht zu entfernen ist;
- **Makro-Viren,** die Dokumente von *MS Office (Access, Word, Excel, PowerPoint)* befallen und in der Programmiersprache *Visual Basic for Applications (VBA)* programmiert sind.

i Die unausgelasteten Programmierer, die Viren erzeugen, verbreiten und sich damit strafbar machen, sind oft recht phantasiebegabt:

Der Virus „Columbus" formatiert am oder nach dem 13. Oktober eines jeden Jahres die Festplatte und zerstört somit alle Daten (CHRISTOPH KOLUMBUS landete am 12.10.1492 in Amerika).

„Herbstlaub" („BlackJack-Virus") lässt in Textdokumenten die Zeichen von oben auf die letzte Zeile purzeln, wo sie liegen bleiben.

11.9 a) Warum ist der Vergleich mit „echten" Viren durchaus gerechtfertigt? Warum wurde nicht die Analogie zu den Bakterien gewählt?
b) Welche Virusart liegt vor, wenn ein Virensuchprogramm
– beim Starten eines Spiels einen Virus meldet?
– das Öffnen einer Access-Datenbank verhindert?
– beim Einlegen einer Diskette Alarm schlägt?

i Mindestens ebenso schädlich wie Viren, Würmer und Trojaner können **Hoaxes** (altenglisch für Scherz) sein: Über E-Mails werden Virusmeldungen versandt, die vor neuen, ganz gefährlichen Viren warnen und den Leser zu Aktionen aufrufen, die der Bekämpfung dieser Viren dienen sollen. Aber gerade mit diesen Aktionen wird dann der Computer lahm gelegt.

i Computer ohne Virenschutzprogramme sind wie Häuser ohne Türen. Deshalb führen Stiftung Warentest und verschiedene Computerzeitschriften ständig Vergleichstests durch. Empfohlene Virenscanner:
- *AntiVirenKit (AVK)* von G-Data mit modernen Versionen (*AVK 2005 pro*; *AVK InternetSecurity*)
- *Anti-Virus Personal* von Kaspersky
- *Norton AntiVirus* von Symantec

Antivirenprogramme können nur dann wirksam gegen Viren, Würmer und Trojaner eingesetzt werden, wenn die gespeicherten Signaturen und Muster ständig durch Updates auf den aktuellen Stand gebracht werden.

Zu den Viren im weiteren Sinne gehören Würmer und Trojaner:
- **Würmer** benötigen kein Wirtsprogramm. Sie sind eigenständige Programme, die ursprünglich erstellt wurden, um in Rechnernetzen Kontrollfunktionen zu übernehmen und die Funktionsfähigkeit einzelner Computer zu überprüfen. Heutige Würmer verteilen sich per E-Mail-Anhang über das Internet, indem sie über willkürlich gewählte IP-Adressen nach anfälligen Computersystemen suchen.
- **Trojaner** (benannt nach ODYSSEUS' List mit dem Holzpferd, welche zur Einnahme Trojas führte) sind nicht dokumentierte Programmteile, die sich in käuflich erworbener oder aus dem Internet heruntergeladener Software verbergen. Während der Nutzer mit dem Programm arbeitet, werden im Hintergrund Daten ausspioniert. Trojaner können über Jahre „schlafen" und stellen dem Nutzer erst aufgrund eines Passworts Funktionen zur Verfügung, die katastrophale Auswirkungen haben.

Mit dem Auftreten der ersten Viren wurden **Antivirenprogramme (Virenscanner)** entwickelt, die Dateien, Bootsektoren und Arbeitsspeicher auf Virenkennungen (die Bytefolgen im Programmkopf des Wirtes) hin durchsuchen. Bei Feststellung einer Infektion versucht der Virenscanner, die schädlichen Programmzeilen zu entfernen. Besser ist es, das gesamte Wirtsprogramm zu löschen.
Die meisten Virenscanner besitzen auch eine Immunisierungsfunktion: Alle Kennungen bekannter Viren werden in den Programmkopf des jeweiligen Programms geschrieben. Ein angreifendes Virus „glaubt" nun, das immunisierte Programm wäre bereits von ihm infiziert worden.

Du solltest die Gefahren, die von Viren, Trojanern und Würmern ausgehen, nicht unterschätzen.

Folgende **Schutzmaßnahmen** sollte man **vor oder bei Befall von Viren** ergreifen:
- Es sollte immer nur Originalsoftware verwendet werden.
- Alle Software, die aus unsicheren Quellen stammt, wird vor dem ersten Einsatz mit der neuesten Version eines Virenscanners geprüft.
- Virenscanner sollten regelmäßig zum Einsatz kommen. Der Scanner kann in das Betriebssystem eingebunden und beim Start des Computers automatisch aktiviert werden.
- Stellt man Virenbefall fest, werden die entsprechenden Programme gelöscht und neu installiert. Am sichersten ist es, die Festplatte neu zu formatieren.

11.10 Wie kannst du dich an einem Computer mit Internetanschluss vor Computerviren schützen?
Nenne mehrere Möglichkeiten je nach Sicherheitsaufwand!

Internet und Recht: Im Internet kann man wie nie zuvor massenhaft Ideen, Bilder und Musik verbreiten. Solche Informationen werden mitunter recht bedenkenlos auf eigene Web-Sites übertragen oder in anderen Publikationen (z. B. Büchern) veröffentlicht und somit gewollt oder unbewusst unter dem eigenen Namen weiterverbreitet.
Eigentlich ist aber jede Grafik, jedes Foto, jeder Text mit der Veröffentlichung auf einer Web-Site urheberrechtlich geschützt, meist sogar mit einem Copyright-Zeichen versehen.
Auch im Internet solltest du sorgsam mit dem geistigen Eigentum anderer umgehen. Selbst wenn es bezüglich Internet-Veröffentlichungen noch rechtliche Unsicherheiten gibt, die durch neue Gesetze beseitigt werden müssen, beschäftigen sich die Gerichte zunehmend mit Fällen von Verletzung des Urheberrechts.

Das **Urheberrecht,** also die Gesetze und Verordnungen zum Schutz geistigen Eigentums in den unterschiedlichen Gebieten des menschlichen Schaffens, gilt auch für Software.
Mit einem **Copyright-Zeichen** wird oft angezeigt, dass jemand Urheberrechte für sich und andere reklamiert. Dieses Zeichen führt nicht zu Urheberrechten (die werden gesetzlich bestimmt), dennoch sollte jeder dieses Zeichen beachten.

1 Copyright-Zeichen

Die unberechtigte Vervielfältigung und das unerlaubte Vertreiben von Kopien der geschützten Software kann mit hohen Strafen geahndet werden, selbst dann, wenn die Kopien der eigenen Nutzung dienen und man sich keine geschäftlichen Vorteile verschaffen wollte.

Softwarenutzer und Softwarehersteller schließen einen **Lizenzvertrag** ab, worin Rechte des Benutzers genau festgelegt sind, der Nutzer der Software erhält eine **Lizenz** zur Nutzung. Meist gilt der Vertrag ab dem Moment der Öffnung des verschlossenen Softwarepakets.

Es ist sinnvoll, dem Softwarehersteller die Vertragsannahme mitzuteilen. Dem Lizenznehmer werden dafür besondere Rechte zum Erwerb von verbesserten oder erweiterten Programmversionen eingeräumt, er kann preiswert ein **Update** erhalten.

i Während noch vor 25 Jahren die Hardwarekonstruktion die wichtigste Komponente war, die den Preis von informationsverarbeitender Technik bestimmte, ist es heute die Softwareentwicklung. An der Programmierung von Betriebssystemen oder komplexen Anwendungsprogrammen sind oftmals mehrere hundert Personen über einen Zeitraum von Jahren beteiligt. Dies können sich nur große Softwareentwicklungsfirmen leisten, die dann auch die Rechte am fertigen Produkt besitzen.

Public Domain bedeutet „für den öffentlichen Gebrauch".

Mit CD-ROMs in Computerzeitschriften oder in Büchern sowie aus dem Internet erhält man oft kleinere Programme kostenlos oder zu einem geringen Entgeld. Man fasst diese Programme auch unter dem Namen **Public Domain** zusammen. Die Rechtslage bei dieser Software wird mit bestimmten Begriffen gekennzeichnet:

> **Public-Domain-Software**
>
> **Freeware:** Diese Software ist urheberrechtlich geschützt, darf aber privat kopiert und weitergegeben werden.
>
> **Shareware:** Dies sind zumeist „Schnupper"- oder Demo-Versionen von Programmen, die man beliebig austesten und auch weitergeben, aber nicht verändern kann. Gegen eine (meist geringe) Gebühr kann man sich beim Softwareentwickler registrieren lassen und erhält die Vollversion des entsprechenden Programms. Auch Shareware ist urheberrechtlich geschützt.

Eine kleine **Zusammenfassung zum Datenschutz und zur Datensicherheit:**
Der massenhafte Einsatz von Informatiksystemen hat nicht nur positive Seiten. Es existieren beispielsweise Gefahren, die sich aus der schnellen Verfügbarkeit personenbezogener Daten und deren Konzentration in vernetzbaren Datenbanken ergeben. Das hat in vielen Ländern zur Ausarbeitung und Annahme von Datenschutzgesetzen geführt. Auch schließt der weltweite Informationsaustausch im Internet die Möglichkeit ein, ethisch und moralisch nicht vertretbare Bilder und Texte zu verbreiten, Daten auszuspionieren, sich das geistige Eigentum anderer anzueignen oder Viren zu verbreiten.

Informationsverarbeitende Technik ist Hilfsmittel zum Lösen von Problemen, zur Unterstützung von Entscheidungen des Menschen. Zur Entscheidungsfindung – auch sozialer, moralischer, ethischer Art – kann der Computer beitragen. Aber die Entscheidungen selbst trifft der Mensch und führt sie aus oder lässt sie mithilfe von Computern ausführen.

Nur der Mensch begreift sich als soziales Wesen und kann im Interesse der Gesellschaft Entscheidungen treffen. Dies schließt ein, dass er entscheidet, wann informationsverarbeitende Technik eingesetzt wird und wann nicht. Dies schließt aber auch ein, dass es *ethische, soziale, ökologische und rechtliche Grenzen der Computernutzung* geben kann, die diskutiert und immer wieder neu festgelegt werden müssen.

11.4 Datenverschlüsselung

Die meisten Anwendungsprogramme erlauben es, eine Datei mit einem **Passwort (Kennwort)** zur Überprüfung der Identität des berechtigten Nutzers zu versehen. Dabei kann der Zugriff oft auf eine Kombination von Lesen, Schreiben und Ausführen beschränkt werden (↗ auch Seite 234).

1 Kennwortvergabe in einem Datenbankmanagementsystem

11.11 Nenne Regeln, die man bei der Vergabe von Passwörtern beachten sollte!

Die Passwort-Methode hat einige Nachteile:
- Nicht in jedem Informatiksystem ist es möglich, Passwörter zu vergeben.
- Personen, die mit Computern vertraut sind (Wartungs- und Bedienungspersonal), können diesen Schutz leicht umgehen.
- Wurde das Passwort über das Betriebssystem des Computers vergeben, unterliegen extern (z. B. auf Disketten) gespeicherte Dateien nicht mehr der Zugriffskontrolle durch den Computer.

Sicherer für die Speicherung und Übertragung von Daten, die nur bestimmten Nutzern zugänglich sein sollen, ist die Methode der Verschlüsselung.

> Bei der **Verschlüsselung (Chiffrierung)** werden Zeichen und Zeichengruppen durch andere Zeichen nach einem bestimmten **Schlüssel (Chiffre)** ersetzt. Sollen die Daten vom Empfänger gelesen werden, läuft der Vorgang umgekehrt ab **(Entschlüsselung, Dechiffrierung)**.

11.12 Nenne und beschreibe zwei historische Verschlüsselungsmethoden, die du im Informatikunterricht bereits kennengelernt bzw. von denen du anderweitig gehört hast!

Im Zweiten Weltkrieg benutzten die Deutschen zur Verschlüsselung von militärischen Botschaften eine mechanische Chiffriermaschine mit dem Namen „Enigma". Der englische Geheimdienst stellte zum Zwecke der Dechiffrierung eine große Gruppe von Spezialisten zusammen. Schließlich gelang es, den Code zu entschlüsseln und den Kriegsverlauf zugunsten Englands erheblich zu beeinflussen.

i Die Verschlüsselung von Informationen hat in der Geschichte der Menschheit schon immer eine Rolle gespielt, denn oft mussten vertrauliche Botschaften zwischen Kaufleuten, Königen und Kriegsherren übermittelt werden, wobei selbst der Überbringer der Nachricht deren Inhalt nicht kennen durfte.

i Ab 1990 entwickelten Xu-eija Lai und James Massey das sehr sichere symmetrische Verfahren **IDEA** (International **D**ata **E**ncryption **A**lgorithmus). IDEA verwendet einen 128 Bit langen Schlüssel, aus dem 52 Teilschlüssel erzeugt werden. Der Quelltext wird in Datenblöcke der Länge 64 Bit zerlegt, die Teilblöcke wiederum in vier 16 Bit lange Blöcke. Der IDEA-Algorithmus ersetzt nun in jedem Verschlüsselungsschritt jeden 16-Bit-Block durch ein vollkommen anderes Bitmuster gleicher Länge – und dies insgesamt achtmal. Zum Schluss wird aus den Teilblöcken wieder eine 64 Bit lange (nun verschlüsselte) Zeichenkette erzeugt.

i Das asymmetrische Verfahren nach Diffie und Helman wird auch **Public-Key-Verfahren** genannt.

i Zur Verschlüsselung sensibler Daten für das Internet wird heute meist das von Philip Zimmermann entwickelte **Pretty Good Privacy (PGP)** benutzt. Dieses Programm kombiniert symmetrische und asymmetrische Verfahren: Die Nachricht wird mit IDEA verschlüsselt, es werden also Zeichengruppen vertauscht und durch andere Zeichen ersetzt. Für jede Nachricht gibt es einen eigenen IDEA-Schlüssel. Der für den Empfänger bestimmte öffentliche Schlüssel wird mit einem asymmetrischen Verfahren namens RSA bzw. DH/DSS erzeugt und mit der chiffrierten Nachricht versandt.

Nach dem Zweiten Weltkrieg entwickelte sich eine eigenständige Disziplin der Mathematik, die **Kryptografie (Kryptologie),** die sich mit Verschlüsselungsverfahren beschäftigt.
Ins Bewusstsein einer breiten Öffentlichkeit trat die Kryptografie allerdings erst im Zusammenhang mit dem Internet.
Es gibt unterschiedliche **Verschlüsselungsverfahren,** die sich zwei Gruppen zuordnen lassen:

symmetrische Verfahren	asymmetrische Verfahren
Die Zeichenvertauschung wird vom Empfänger der verschlüsselten Nachricht Schritt für Schritt rückgängig gemacht. Der Empfänger muss den Schlüssel kennen.	Es gibt zwei Schlüssel, einen öffentlichen (*public key*) und einen privaten (*private key*). Die Dechiffrierung kann jeweils nur mit dem Gegenstück erfolgen.

Im Internet mit Millionen von Teilnehmern, die sich oft persönlich nicht kennen, ist es fast unmöglich, jedem berechtigten Nachrichtenempfänger den passenden Schlüssel zukommen zu lassen, ohne dass diese Schüssel gelegentlich in falsche Hände gelangen. Deshalb sollten zum Verschlüsseln sensibler E-Mails oder zum Abwickeln von Bankgeschäften im Internet asymmetrische Verfahren zur Anwendung kommen.
Whitfield Diffie und Martin Helman entwickelten bereits 1976 ein solches Chiffrierverfahren:
A besitzt zwei Schlüssel. Er versendet den öffentlichen Schlüssel an B. B schreibt eine Botschaft, chiffriert diese mit dem öffentlichen Schlüssel und sendet sie an A. A benutzt nun seinen (geheimen, nur ihm bekannten) privaten Schlüssel zum Dechiffrieren.
Umgekehrt chiffriert A eine Botschaft an B mit seinem privaten Schlüssel, B nutzt den öffentlichen Schlüssel zum Dechiffrieren.
Je nach verwendetem Schlüssel entstehen bei der Chiffrierung derselben Daten unterschiedlich verschlüsselte Daten.
Die Schlüssel entstehen durch Multiplikation zweier sehr großer Primzahlen. Große Zahlen kann man zurzeit (und wohl auch zukünftig) nur durch systematisches Probieren in Primfaktoren zerlegen. Dies ist auch mit Computern sehr zeitaufwändig und deshalb sind asymmetrische Verfahren außerordentlich sicher.

11.13 In Deutschland gibt es *keine* gesetzlichen Einschränkungen hinsichtlich der Nutzung von Verschlüsselungsverfahren. In den USA und in Frankreich ist die Verschlüsselung von Nachrichten nur erlaubt, wenn der Staat einen „Nachschlüssel" besitzt.
Welche Regelung findest du besser? Nenne Gründe!

Auf den Punkt gebracht

Datenschutz, Datensicherheit und Software-Rechte

Datenschutz	Datensicherheit	Software-Rechte
Schutz des Bürgers vor Beeinträchtigungen seiner Privatsphäre durch unbefugte Erhebung, Speicherung und Weitergabe von Daten, die seine Person betreffen	Vermeidung von Datenverlusten oder -verfälschungen, die durch unsachgemäße Ablage oder durch Zerstörung entstehen können	Gesamtheit der staatlich festgelegten oder allgemein anerkannten Normen des Umgangs mit fremden oder selbst erstellten Programmen, elektronischen Texten, Bildern oder sonstiger Software

Komponenten des **Grundrechts auf Datenschutz:**
• informationelles Selbstbestimmungsrecht
• Zweckentfremdungsverbot
• informationelle Gewaltenteilung
	Klassifikation von **Maßnahmen zur Gewährleistung von Datensicherheit:**
	• physische Sicherheit
	• technische Sicherheit
	• organisatorische Sicherheit
	• personelle Sicherheit
		Urheberrechtlich geschützte Software:
		• kommerzielle Software
		• Public-Domain-Software:
		  – Freeware
		  – Shareware

Rechte der Bürger nach den Datenschutzgesetzen
Jeder Bürger hat das Recht auf
• Auskunft darüber, welche Daten von ihm gespeichert sind, über den Zweck der Speicherung und über die Herkunft der Daten;
• Berichtigung falsch gespeicherter Daten;
• Löschung unzulässig gespeicherter Daten;
• Sperrung von Daten (wenn die Richtigkeit der Daten nicht feststellbar ist);
• Schadenersatz, wenn ein Schaden durch die unzulässige oder falsche Speicherung seiner Daten entstanden ist.
	Allgemeine **Maßnahmen zur Gewährleistung von Datensicherheit:**
	• **Datenverwaltung:** strukturierte Ablage, Steuerung und Überwachung von Daten durch das Betriebssystem und durch den Benutzer
	• **Datensicherung:** regelmäßige Archivierung von Dateien
	• **Schutz vor Computerviren:**
	  – nur Originalsoftware verwenden
	  – Virenscanner benutzen
	• **Passwort (Kennwort):** Zeichenfolge, die ein Benutzer zusätzlich zu seinem Benutzernamen eingeben muss, um Zugang zu einem System und/oder Zugriff auf Daten zu erhalten
	• **Datenverschlüsselung (Kryptografie):** Umformung von Daten in scheinbar sinnlose Zeichenfolgen, um unberechtigte Einsichtnahme zu verhindern
		Grundlegende Begriffe:
		• **Urheberrecht:** Gesetze und Verordnungen zum Schutz geistigen Eigentums in den unterschiedlichen Gebieten des menschlichen Schaffens (gilt auch für Software)
		• **Copyright-Zeichen:** zeigt an, dass jemand Urheberrechte reklamiert (galt ursprünglich für Texte, Musik, Zeichnungen und Designs, gilt jetzt auch für Software)
		• **Lizenz:** Erlaubnis, ein Patent oder Software zu nutzen
		• **Update:** überarbeitete Fassung eines Programms, das bereits auf den Markt gebracht worden ist (das Update stellt keine neue Version des Produkts dar, die Versionsnummer bleibt unverändert oder wird nur in den „Nachkommastellen" erhöht)

Teste dich selbst

11.14 Der französische Diplomat BLAISE DE VIGENÈRE (1523–1596) verbesserte die Cäsar-Verschlüsselung (↗ Seite 29, Aufgabe 1.12): Das Alphabet wird nicht immer um die gleiche Anzahl von Stellen verschoben, sondern die Anzahl der Stellen variiert.

Beispiel:

Schlüssel: `(2,1,5)`

Text: `ULLILIEBTULRIKESEHR`

Weiterzählen um: `2152152152152152152`

Geheimtext: `WMQKMNGCYWMWKLJUFMT`

a) Entschlüssle den Text `ABIMPKDFEGBOD` mit dem Schlüssel (1,3,9)!

b) Denke dir selbst einen Vigenère-Schlüssel (m,n) aus (nur zwei Werte, m, n≤2) und verschlüssle eine Nachricht mit einer Länge von ca. 50 Zeichen!

c) Versuche die Nachricht zu entschlüsseln, die dein Banknachbar in Aufgabe b chiffriert hat! Wie lautet sein Schlüssel?

11.15 Handelst du in folgenden Situationen korrekt? Wenn nicht, was ist zu korrigieren?

a) Du beobachtest einen Unfall mit Fahrerflucht. Das Kfz-Kennzeichen des Flüchtenden hast du notiert und holst die entsprechende Auskunft bei der Kfz-Meldestelle ein.

b) Du startest ein Spiel von einer selbst gebrannten CD-ROM. Der Virenscanner zeigt einen Virus an. Du schließt das Programm, nimmst die CD-ROM aus dem Laufwerk und wirfst sie in den Papierkorb.

c) Du hast eine CD-ROM mit vielen Bitmap-Grafiken gekauft, wandelst diese Grafiken in das GIF-Format um und nutzt sie ohne Quellenangabe zum Gestalten deiner Homepage.

---

i Tipps zu Aufgabe 11.16:
Der Vortrag der Gruppe 1 könnte durch ein Multimediadokument (*PowerPoint*) unterstützt werden.

Gruppe 2 sollte die Befragung in der Klasse auch durchführen und auswerten.

Zum Thema „Sichere E-Mail-Kommunikation" (Gruppe 3) gehört das Verschlüsseln sensibler Daten. Nebenbei kann auch eine Anleitung zur Nutzung von *PGP* oder *GnuPG* herauskommen. In der Klasse sollte dann das Chiffrieren und Dechiffrieren von E-Mails mit diesen Programmen geübt werden.

Die Anleitung der Gruppe 4 zum Thema „Sicherheit bei Online-Auktionen" könnte mithilfe eines Hypertextdokuments erstellt werden. Dabei kann das Internet zur Informationsgewinnung herangezogen werden: Es könnten die Sicherheitsbestimmungen eines Online-Auktionators (beispielsweise *eBay*) eingesehen oder über eine Suchmaschine (wie beispielsweise *Google*) zum Thema „Schutz vor Spoof & Phishing" recherchiert werden.

11.16 Stellt in eurer Klasse eine Präsentation zu verschiedenen Aspekten des Datenschutzes und der Datensicherheit im Internet zusammen!

a) Gruppe 1 erarbeitet einen Vortrag „Weitergabe von personenbezogenen Daten im Internet – was zu beachten ist".

b) Gruppe 2 erstellt einen Fragebogen zum Thema „Viren, Würmer und Trojaner". Die Fragen sollen so formuliert werden, dass eine Auswertung mit dem Computer möglich ist.

c) Gruppe 3 entwirft ein Poster mit dem Thema „Sichere E-Mail-Kommunikation".

d) Gruppe 4 stellt eine Anleitung mit dem Titel „Sicherheit bei Online-Auktionen" zusammen.

Problemlösen mit Informatiksystemen

12

12.1 Informatiksysteme

1 Informatiksystem

> Der Begriff **Informatiksystem** beschreibt die Einheit von Hard- und Software sowie Netzen einschließlich aller durch sie angestrebten und verursachten Gestaltungs- und Qualifizierungsprozesse bezüglich Arbeit und Organisation.

Dieser Begriff (nach der Gesellschaft für Informatik e.V.) beinhaltet insbesondere folgende Komponenten:
- **automatische Verarbeitung** mit dem Computer (Einheit von Hard- und Software)
- **Vernetzung** (auch im Sinne der räumlichen Verteilung der Informationsverarbeitung, einschließlich der Ausgabe von Daten über Bildschirm und Drucker)
- **Interaktion** mit dem Nutzer (mit der Software selbst, aber auch durch Dateneingabe oder Interpretation der Datenausgabe)

Alle Anwendungsprogramme lassen sich mit dem Begriff „Informatiksystem" fassen, wenn man sie im Verbund mit dem Computer betrachtet, auf dem sie installiert sind.
Außerdem werden durch diesen Begriff der Computer selbst (mit seinem Betriebssystem) oder aber auch „eingebettete" Systeme beschrieben – beispielsweise Mobiltelefone oder elektronische Steuerungsanlagen im Auto.

12.1 Nenne mindestens drei Informatiksysteme, bei denen die Komponente „Vernetzung" (mittels Intranet oder Internet) die wichtigste Rolle spielt!
Wähle eines der genannten Systeme aus und erarbeite einen Vortrag hierzu! Gehe dabei insbesondere auf die Aspekte Dateneingabe, Datenausgabe, Datensicherung und Kommunikation mit anderen Informatiksystemen ein.

Im Folgenden sind Informatiksysteme zusammengefasst, mit denen du bisher gearbeitet hast, und die Aufgaben genannt, für die sie schwerpunktmäßig eingesetzt werden.

Problemlösen mit Informatiksystemen 251

Informatiksystem	Aufgaben
Vektorgrafiksystem	Erstellung von „flächigen" Grafiken und Konstruktionszeichnungen, CAD
Pixelgrafiksystem	„Pinselzeichnungen", Bildbearbeitung (insbesondere von Fotos)
Textverarbeitungssystem	Erstellen und Korrigieren von Textdokumenten (Geschäftsbriefe, Bücher, …)
Präsentationssystem	Erarbeiten von Multimediadokumenten zur Unterstützung von Vorträgen u. Ä.
Nachrichtensystem wie E-Mail	Versenden und Empfangen von elektronischer Post (einschließlich angehängter Grafik-, Text- oder anderer Dokumente)
Hypertextsystem	Verknüpfen von (Text-)Dokumenten zur Informationssuche und Präsentation
Tabellenkalkulationssystem	Berechnungen, Planung, Verwaltung und Präsentation durch Diagramme
Datenbanksystem	Eingabe, Verwaltung und Auswertung von umfangreichen Datenmengen
Betriebssystem	Dokumentenhandling und „Ordnung schaffen"

> *i* **CAD** heißt „computer aided design", also „computerunterstütztes Entwerfen" (von Produkten).

Die Komponenten eines Informatiksystems seien am Beispiel „Textverarbeitungssystem" erläutert:

- **automatische Verarbeitung**
  Das Textverarbeitungsprogramm unterstützt das Eingeben, Korrigieren und Formatieren von Dokumenten. Die erstellten Texte können z. B. über einen Drucker vervielfältigt werden.
- **Vernetzung**
  Die Ausgabe der Texte erfolgt über Bildschirm und Drucker (oder Beamer). Der Computer ist mit den genannten peripheren Geräten über Leitungen (Datenbusse) verbunden.
  Der Datenaustausch kann beispielsweise auch im Intranet einer Firma erfolgen.
- **Interaktion**
  Texteingabe, Korrektur, Formatierungen, Layout, Dokumentspeicherung – all das erfolgt im Dialog mit dem Textverarbeitungssystem. Korrekturen können auch durch andere Anwender (unter Nutzung des firmeneigenen Intranets) erfolgen.

12.2 Wähle zwei weitere Informatiksysteme aus obiger Tabelle aus und beschreibe jeweils die Komponenten „automatische Verarbeitung", „Vernetzung" und „Interaktion"!

252 Problemlösen mit Informatiksystemen

> **i** Ein **Office-Paket** (engl. *office* = Büro) ist ein integriertes Softwarepaket, in dem mindestens
> ein Textverarbeitungsprogramm,
> ein Kalkulationsprogramm und
> ein Datenbankmanagementsystem enthalten ist.
> Dabei muss ein umfassender Datenaustausch zwischen den einzelnen Programmen gewährleistet sein.
> Ein verbreitetes Office-Paket ist *Microsoft Office*. Zum Paket gehören
> – *Word* (Textverarbeitung),
> – *Excel* (Tabellenkalkulation),
> – *Access* (DBMS),
> – *PowerPoint* (Präsentation) und
> – *Outlook* (Terminplanung und Adressbuch).
> Qualitativ gleichwertige Office-Pakete sind *Smart-Suite* der Firma Lotus und *Star Office* von Sun.

12.2 Datenaustausch zwischen Informatiksystemen

Zwischen den kennengelernten Anwendungen kannst du Objekte mühelos austauschen, insbesondere dann, wenn du im gleichen Betriebssystem arbeitest. Und am einfachsten geht es, wenn bestimmte Anwendungsprogramme zu sogenannten Office-Paketen zusammengefasst wurden.

Es gibt zwei grundlegende Methoden des Datenaustauschs: „Einbetten" und „Verknüpfen und Einbetten".

> **Einbetten (Embedding) von Objekten:**
> Das Objekt wird in der Quelldatei markiert, in die Zwischenablage kopiert und in die Zieldatei an die gewünschte Stelle eingefügt.
> Das Objekt wird zum Bestandteil der Zieldatei, eine Bearbeitung im Anwendungsprogramm wirkt sich nicht auf das Original aus. Umgekehrt werden Änderungen am Originalobjekt nicht an die Kopie in der Zieldatei weitergegeben.

Die Objekte müssen ein Format besitzen, welches für das jeweilige Anwendungsprogramm lesbar ist. Dies ist unter Windows meist gegeben, notwendige Konvertierungen werden automatisch vorgenommen.

Ein Objekt kann auf unterschiedliche Art in die Anwendungsprogrammdatei (Zieldatei) eingebettet werden:

- Das Objekt wird in der Quelldatei markiert, mit <Strg> + c in die Zwischenablage kopiert und dann mit <Strg> + v in die Zieldatei an der gewünschten Stelle (mit der Maus anklicken) eingefügt.
  Dabei kann das Objekt in einigen Fällen die Quelldatei selbst sein, die im Ordnerfenster markiert und in die Zwischenablage kopiert wird.

- Das Objekt wird in der Quelldatei markiert, mit Menü „Bearbeiten" ⟶ Befehl „Kopieren" in die Zwischenablage geholt und dann mit „Einfügen" in die Zieldatei eingefügt.

- Quell- und Zielfenster werden nebeneinander auf dem Bildschirm angeordnet. Das Objekt (Grafik, Diagramm o. Ä.) wird in der Quelldatei markiert und mit der Maus an die gewünschte Stelle in der Zieldatei gezogen.

- Aktivierte Windowsfenster können mit <Alt> + <Druck> in die Zwischenablage kopiert und dann mit <Strg> + v in die Zieldatei eingefügt werden. Diese Methode nennt man auch **Bildschirmschuss (Hardcopy).** Sollen nur Teile des kopierten Fensters eingefügt werden, muss der Bildschirmschuss in einem Grafikprogramm bearbeitet werden, bevor er in die Zieldatei eingefügt wird.

Soll das eingebettete Objekt (Grafik, Diagramm, Tabelle, ...) auch anderen Anwendungen zur Verfügung stehen, solltest du folgende Methode nutzen:

> **Verknüpfen und Einbetten von Objekten:**
> Das gewünschte Objekt muss in einer Datei gespeichert sein. Im Anwendungsprogramm wird nun mit der Methode `Objekt.Verknüpfen_und_Einfügen()` die gewünschte Datei gesucht, ausgewählt und ihr Inhalt eingebettet. Dabei wird eine **Verknüpfung** (ein **Link**) zur Quelldatei hergestellt. Änderungen in der Quelldatei wirken sich damit sofort auch auf das eingebettete Objekt in der Zieldatei aus.

Du hast ein Objekt eingebettet und möchtest es ändern: Mit einem Doppelklick auf das „OLE"-Objekt (zum Beispiel eine Kalkulationstabelle) öffnet sich die Anwendung, in der das Objekt erstellt wurde (z. B. *Excel*). Das Objekt kannst du nun bearbeiten und speichern. Die vorgenommenen Änderungen werden überall dort wirksam, wo Verknüpfungen zur eben gespeicherten Datei existieren.

Für den Austausch von Dateien zwischen unterschiedlichen Anwendungsprogrammen und Betriebssystemen gibt es spezielle Dateiformate, für die im Folgenden ein Überblick gegeben wird.

 Man bezeichnet das Verknüpfen und Einbetten von Objekten auch als **OLE-Methode**.
OLE ist die Abkürzung für „**O**bject **L**inking and **E**mbedding" (Objekt verknüpfen und einbetten).

Unter *Windows* steht für die OLE-Methode i. Allg. das Menü „Einfügen" ⟶ Befehl „Objekt ..." ⟶ Registerkarte „Aus Datei erstellen" zur Verfügung. Du darfst dabei nicht vergessen, die Option „Verknüpfen" mit einem Häkchen zu versehen.

Format	Bedeutung / Beschreibung
TXT	**ASCII-Text** ist das universellste Dokumentformat. Modifikationen wie „Nur Text", „Nur Text + Zeilenwechsel", „MS-DOS-Text" oder „MS-DOS-Text + Zeilenwechsel" sind möglich. Außer dem reinen Text und wenigen Steuerzeichen gehen beim Speichern einer Datei in diesem Format alle Informationen verloren.
RTF	**RTF** heißt **R**ich **T**ext **F**ormat (reiches Textformat). Bei diesem Format bleiben insbesondere alle Informationen zu Formatierungen (beispielsweise Absatz- und Zeichenattributwerte) erhalten.
TIF, TIFF	Dieses Grafikformat ist auf PC, aber auch auf Macintosh weit verbreitet und unterstützt 24 Bit Farbtiefe (16 777 216 Farben).
PDF	In **PDF** (**P**ortable **D**ocument **F**ormat) können komplette Seiten mit Text und Bild gespeichert werden. Dieses Format hat sich auch zum Standard für Dateien für den Buchdruck entwickelt.

Probleme beim TXT-Format: Da es verschiedene ASCII-Tabellen gibt, kann es passieren, dass auf einer anderen Benutzeroberfläche mit einer anderen Ländereinstellung des Zeichensatzes die Zeichen 128 bis 255 anders umgesetzt werden. Abhilfe kann hier künftig der Unicode schaffen.

Willst du ausschließlich Daten in Anwendungsprogrammen unter *Windows* austauschen, kannst du folgende Formate nutzen:
DOC   Textdokumente
BMP   Pixelgrafiken
WMF   Vektorgrafiken

Problemlösen mit Informatiksystemen

ℹ Kompressionsalgorithmen sind Algorithmen, die die in Bytes gemessene Größe einer Datei ohne großen Informationsverlust reduzieren, indem sie Teile der Datei entfernen, die wenig, gar keine oder immer die gleiche Information enthalten.

ℹ Speichert man zum Beispiel Formeln *transparent* ab, wird auf einer farbigen Seite der weiße Formelhintergrund nicht dargestellt.
Eine Alternative zu GIF ist **PNG** (**P**ortable **N**etwork **G**raphics), allerdings können keine Animationen (wie bei GIF) erstellt werden.

ℹ MP3 wurde seit 1987 am Fraunhofer-Institut für Integrierte Schaltungen in Erlangen (IIS) entwickelt. **MP3** ist die Abkürzung für **M**oving **P**icture Expert Group Audio Layer **3** („Ebene 3 des Audiostandards der Expertengruppe für bewegte Bilder").
Diese Expertengruppe entwickelte folgende Dateiformate:
MPEG-1 für die Video-CD (worauf MP3 basiert), MPEG-2 für DVDs und digitales Fernsehen und den Multimediastandard MPEG-4.

Zu den komprimierten „Internet-Formaten" gehört auch PDF (↗ Seite 253).

Universelle Dateiformate für das Internet

Im Internet erhöht sich der Datenaustausch ständig. Speicherintensive Dokumente, Bilder und Grafiken belasten die Kommunikationswege stark. Es mussten daher solche Dateiformate entwickelt werden, mit denen Informationen schnell, aber möglichst verlustfrei weitergegeben werden können.

Für das World Wide Web, also insbesondere für die Bildschirmdarstellung (und nicht für den Druck), haben sich zwei *komprimierte* Grafikformate etabliert – JPEG und GIF (komprimiert, Kompression: ↗ auch Randspalte).

JPG oder **JPEG** (**J**oint **P**hotographic **E**xpert **G**roup) ist benannt nach einer Arbeitsgruppe, die dieses Format entwickelt hat. Die Kompression erfolgt *nicht* verlustfrei. Der Informationsverlust fällt allerdings bei Fotografien kaum auf, weil das Verfahren die mangelnde Fähigkeit des menschlichen Auges ausnutzt, geringe Farbunterschiede wahrzunehmen.

Ein weiterer Standard im Internet ist **GIF** (**G**raphics **I**nterchange **F**ormat). Obwohl GIF-Bilder nur maximal 256 Farben enthalten können, haben sie den Vorteil, dass eine bestimmte Farbe (z. B. der Hintergrund) als *transparent* definiert werden kann: Der Hintergrund verschwindet und das Bild „schwebt" über der Web-Seite (↗ auch Randspalte). Die Kompression ist verlustfrei, weil hier nur identische Bildinformationen nicht mehrfach gespeichert werden.

Die beschriebenen Grafikformate können in HTML-Dokumente eingebunden werden. **HTML (HTM)** basiert auf der gleichnamigen Dokumentenbeschreibungssprache. Da in HTML-Dokumenten nur Anweisungen zur Inhaltsdarstellung durch einen Browser gespeichert sind, benötigen diese Dateien sehr wenig Speicherplatz.

Musiktitel können im **MP3**-Format via Internet versandt werden. Dieses komprimierte Audio-Format ist nicht verlustfrei, allerdings werden nur diejenigen Tonfrequenzen „weggeschnitten", die ein erwachsener Mensch sowieso nicht hören kann.

12.3 Zu *Windows* gehört das Grafikprogramm *Paint*.
In welchen Formaten kannst du unter *Paint* Bilder speichern? Welche dieser Formate sind für das Internet geeignet?

12.3 Daten, Informationen und Modelle

Immer wieder spricht man vom „Informationszeitalter", von der „Wissens- und Informationsgesellschaft" oder von einer „Informationsflut". Gemeint sind damit oft Informationen, auf die man in digitalisierter Form zugreifen kann. Somit sind es nicht die Informationen, die man erhält. Es sind Daten, die durch unsere Interpretation zu Informationen werden.

> *i* Als **Informationszeitalter** oder **Informationsgesellschaft** bezeichnet man die derzeitige Entwicklungsetappe in der menschlichen Geschichte. Sie löst zunehmend die sogenannte Industriegesellschaft ab. Das heißt nicht, dass es in Zukunft keine Industrie mehr geben wird, aber der Schwerpunkt verlagert sich. Dieser Prozess begann etwa in der zweiten Hälfte des 20. Jahrhunderts. Gekennzeichnet ist diese Entwicklung durch den zunehmenden Einfluss von Information, Kommunikation und einer damit verbundenen weltweiten Vernetzung.

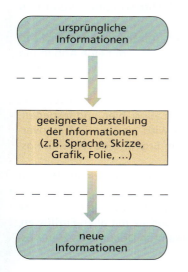

Im Abbildungsprozess entstehen Daten als Repräsentanten der ursprünglichen Informationen.

Im Interpretationsprozess entstehen aus den Daten neue Informationen.

Aber sind das auch tatsächlich die Informationen, die jemand durch diese Daten mitteilen wollte? Der aufgeworfenen Frage soll mit einem kleinen Experiment nachgegangen werden:

12.4 Denke dir eine kurze Botschaft aus, die du einem Mitschüler geben willst, beispielsweise „Rauchen schadet der Gesundheit". Diese Botschaft soll ohne die Verwendung von Text gestaltet werden.
Wähle nun eine geeignete Applikation. Bilde die Botschaft, also die Information, ab. Tauscht die so entstandenen Dokumente aus und interpretiert diese gegenseitig!
Ist es dir in jedem Fall gelungen, die Botschaft deiner Mitschüler richtig zu erkennen? Wurde deine Botschaft verstanden?

Es gelingt nicht immer, Informationen so weiterzugeben, dass der Partner diese sofort richtig versteht oder interpretiert, sei es manchmal einfach dadurch, dass man nicht die richtigen Worte findet, um das auszudrücken, was man eigentlich sagen will. Besonders bei der Nutzung von Computern entsteht dieses Problem immer wieder.

1 SMS von Lisa: Welches Kino ist wohl gemeint?

Mithilfe von Computern werden Informationen in unterschiedlicher Art und Weise abgebildet. In diesem Abbildungsprozess entstehen letztendlich Daten, die diese Informationen repräsentieren. Diese Daten wiederum werden unter Verwendung verschiedener Applikationen verarbeitet und dargestellt bzw. präsentiert. Somit entstehen aus den abgebildeten Daten wieder neue Informationen:

Willst du zum Beispiel eine Kurzgeschichte schreiben, kannst du wie folgt vorgehen:
Zunächst notierst du deine Gedanken „hintereinanderweg" mit einem Textverarbeitungssystem. Es erfolgt somit eine Abbildung von Informationen mithilfe des Computers. Es entstehen Daten, ein unformatierter Text.
Anschließend kannst du diesen Text gestalten, beispielsweise die Schrift formatieren, geeignete Farben auswählen und festlegen, Grafiken einfügen u. a. m. Realisiert wird hierbei ein Datenverarbeitungsprozess. Aus den Daten im Ergebnis des Abbildungsprozesses entstehen „neue" Daten.
Diese Daten sind die Grundlage für den sich nun anschließenden Interpretationsprozess.
Dieser Prozess wird realisiert, indem zum Beispiel jemand deine so entstandene Kurzgeschichte liest und sie mit allen Einflüssen, die du durch die Gestaltung des gesamten Dokuments zum Ausdruck gebracht hast, wahrnimmt.

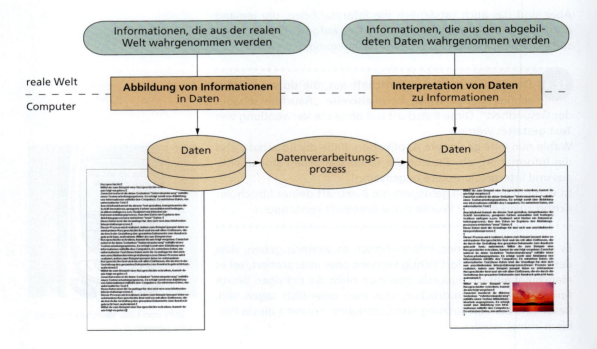

Durch den beschriebenen Abbildungsvorgang entsteht eine Repräsentation der Informationen durch Daten.

> Daten sind **Repräsentanten** von Informationen.
> Die Daten werden mithilfe von Computern verarbeitet (**„Datenverarbeitungsprozess"**).
> Durch die **Interpretation** der Daten werden diese anschließend wieder zu Informationen.

 Repräsentation (lat. repraesentare) bedeutet „vergegenwärtigen" oder „Vertretung" oder „stellvertetend".
Ein **Repräsentant** steht somit stellvertretend für irgendetwas. Dieser Begriff wird beispielsweise bei Staatsbesuchen verwendet. Die Regierung oder der Staatsgast repräsentiert sein Land.
In der Informatik stehen die Daten stellvertretend (also als Repräsentanten) für die Ursprungsinformationen.

Ein wesentliches Merkmal für die Güte eines solchen Abbildungs- und Interpretationsprozesses ist es, dass eine möglichst große Übereinstimmung herrscht zwischen den Informationen, die aus der realen Welt gewonnen und durch die Daten repräsentiert werden, und den Informationen, die der Nutzer aus den abgebildeten und verarbeiteten Daten auf der Maschine gewinnt.
Dazu ist es notwendig, dass die abgebildeten Daten die ursprünglichen Informationen für die konkrete Problemstellung treffend repräsentieren. Das Ergebnis eines solchen Abbildungsprozesses ist ein Modell.

> Ein **Modell** ist eine vereinfachte Beschreibung eines realen oder gedanklichen Systems, welches für eine bestimmte Zielsetzung wesentliche Eigenschaften des Systems enthält. In wichtigen Eigenschaften stimmt das System also mit der Wirklichkeit überein, in anderen nicht. Das Modell ist eine formale, leicht überschaubare Darstellung des Systems.
> Den Abbildungsvorgang „reales System $\longmapsto$ Modell" bezeichnet man als **Modellbildung** oder auch als **Modellierung**.

12.5 Nenne dir bekannte Modelle aus den verschiedenen Fachdisziplinen (z. B. geozentrisches und heliozentrisches Weltbild, Atommodelle, ...)! Analysiere sie und fasse die wesentlichen Eigenschaften von Modellen zusammen!

Auch bei informatischen Modellen müssen wesentliche von unwesentlichen Merkmalen in Bezug auf die Aufgabenstellung der Modellierung getrennt werden.
Informatische Modelle unterscheiden sich jedoch in einem maßgeblichen Punkt von anderen Modellen. Sie werden geschaffen, um eine Behandlung des Problems auf dem Computer zu ermöglichen. Somit müssen diese Modelle auch so aufbereitet sein, dass sie auf der Maschine implementiert und anschließend bearbeitet werden können.

 Implement (lat.) heißt „Ergänzung" oder „Erfüllung" oder „Vollziehung".
Unter dem **Implementieren eines Modells** (z. B. eines neuen Programms oder einer Kalkulation für Berechnungen) versteht man, dass das Computersystem um dieses Modell ergänzt wird.

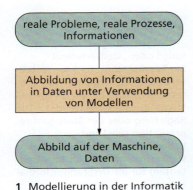

1 Modellierung in der Informatik

Oft nutzt man dazu vorhandene Software, wie typische Anwendungsprogramme. Mitunter ist es aber notwendig, dass man selbst ein Programm schreiben muss.
Letztendlich gilt: Ob fertige Anwendungen oder selbst entwickelte Programme, alles basiert auf der Umsetzung von Algorithmen.

> Mithilfe von Computern werden Modelle erstellt, die Ausschnitte der realen Welt widerspiegeln.
> **Forderungen an ein informatisches Modell:**
> - Trennung wesentlicher und unwesentlicher Merkmale des Wirklichkeitsausschnitts entsprechend dem Ziel der Modellbildung
> - Formulierung des Modells entsprechend der zur Verfügung stehenden Informatiksysteme
> - Kenntnis der Grenzen des Modells
> - das Modell muss einer algorithmischen Behandlung zugänglich sein

12.6 In Aufgabe 12.4 hast du eine Botschaft mithilfe einer selbst gewählten Applikation abgebildet. Nutze dein so entstandenes Dokument und erläutere daran die Begriffe „Information", „neue Information", „Daten" und „Modell"!

Im bisherigen Unterricht habt ihr bereits eine typische Modellierungstechnik der Informatik genutzt, um Grafik-, Textverarbeitungs-, Präsentations-, Kalkulations-, Datenbank- und Hypertextdokumente zu analysieren. Das half euch, die dafür entwickelte Software besser zu verstehen und mit ihr effektiv umzugehen:
Die Dokumente (oder auch Sachverhalte, die in ihnen abgebildet werden sollten) wurden dabei durch **Objekte** mit bestimmten Attributen, Attributwerten und Methoden sowie Beziehungen zwischen den Objekten modelliert. Durch den Begriff **Klasse** wurde der „Bauplan" von Objekten gefasst. Alle Objekte einer Klasse (Beispiel: KREIS) haben die gleichen **Attribute** (bei Kreisen sind das z. B. „Position des Mittelpunkts", „Radius" oder „Flächenfarbe") und **Methoden** (alle Kreise kann man kopieren, verschieben, skalieren usw.). Sie unterscheiden sich nur durch ihre **Attributwerte** (z. B. Radius = 3 cm oder Radius = 25 mm).
Diese Modellierungstechnik heißt **objektorientierte Modellierung**. Objektkarten, Klassenkarten und Klassendiagramme, aber auch Datenflussdiagramme sind grafische Mittel zur Beschreibung objektorientierter Modelle. Sie gehören zur „vereinheitlichten Modellierungssprache" **UML** (**U**nifed **M**odeling **L**anguage), die eigens hierfür geschaffen wurde.

2 Objekte in einem Vektorgrafikdokument: Die Sitzpläne setzen sich aus Objekten der Klasse RECHTECK zusammen. Es wurde nur zwei Rechtecke erzeugt, die einen Lehrertisch und ein Schülertisch darstellen sollen. Dann wurden die Rechtecke kopiert und die neuen Objekte durch weitere Methoden wie Ausrichten(), Anordnen(), Verschieben() oder Drehen() in die gewünschte Position gebracht.

12.4 Problemlösen am Computer

Du hast im Informatikunterricht an verschiedenen Beispielen kennengelernt, wie aus einer Problemstellung eine Lösungsidee entwickelt und letztendlich diese Idee auch mit Informatiksystemen umgesetzt wird.

Mit Informatiksystemen können Probleme nach folgenden Schritten gelöst werden (↗ auch Abbildung S. 256):
- Informationen der realen Welt werden als Daten abgebildet, d. h. so dargestellt, dass sie automatisch verarbeitet werden können.
- Diese Daten werden durch bestimmte Programme verarbeitet und transportiert.
- Die durch den Datenverarbeitungsprozess entstandene neue Repräsentation der Daten wird vom Menschen interpretiert, also wieder in Informationen umgewandelt.

> Der **informatische Problemlöseprozess** gliedert sich wie folgt (Beispiel „Erstellung einer Datenbank"):
>
> 1. **Analyse:** Analysiere das reale System. Welche Daten sind für die Problemlösung von Bedeutung? Wie sind diese strukturiert? Finde die Zusammenhänge.
>
> 2. **Modellbildung:** Bilde Klassen von Objekten und lege die notwendigen Attribute fest. Formuliere die Beziehungen und charakterisiere diese durch die Angabe der Kardinalitäten. Im Ergebnis erhältst du ein Klassendiagramm. (Unter Nutzung der Transformationsregeln entsteht daraus das relationale Modell bzw. das Datenbankschema.) Dieses bildet die Grundlage für die Realisierung mit einem Informatiksystem.
>
> 3. **Implementierung:** In diesem Schritt wird das Modell auf das System übertragen. (Wähle dazu ein DBMS und bilde das Modell ab.)
>
> 4. **Reflexion:** Prüfe kritisch dein Ergebnis. Ist das reale System korrekt abgebildet? (Sind alle Anforderungen an eine Datenbank erfüllt?) Behebe mögliche Fehler aus den Phasen der Analyse, der Modellbildung und der Implementierung.

Nachdem der Problemlöseprozess vollständig abgeschlossen ist, also zum Beispiel die Datenbank mit all ihren Zusammenhängen erstellt wurde, kann sie genutzt werden.
Dabei steht insbesondere die Arbeit mit den Daten der Datenbank sowie die systematische Auswertung des Datenbestandes im Mittelpunkt.

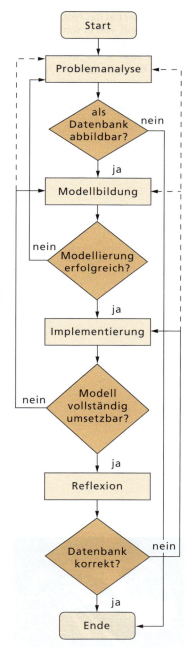

1 informatischer Problemlöseprozess bei der Erstellung einer Datenbank

> **i** Auch Computerspiele kann man unter dem Aspekt des Problemlösens betrachten: Manch einer hat das Problem, dass er nicht weiß, was er sonst mit seiner Freizeit anfangen soll.
> Und im Spiel selbst werden dem Spieler Probleme gestellt, bei deren Lösung er Fingerfertigkeit, Reaktionsvermögen und/oder logisches Denken entwickeln kann.

Die Informationsverarbeitung am Computer dient immer dem Lösen bestimmter Probleme. Problemlösen wiederum bedeutet vor allem, ein geeignetes Werkzeug auszuwählen.
Hilfen zur Auswahl des Werkzeugs können im ersten Ansatz die auf Seite 251 beschriebenen Aufgaben der verschiedenen Informatiksysteme sein.

12.7 Gegeben sind folgende praktische Probleme. Welches Informatiksystem würdest du jeweils nutzen? Begründe!
a) Erstellen einer Lageskizze für den Ort eines Klassentreffens
b) Abrechnung der Verwendung von Geldern aus der Klassenkasse
c) Bearbeiten von Urlaubsfotos
d) Gestaltung einer Einladung zu deiner Halloween-Party

Oft reicht *ein* Werkzeug nicht aus. Dann kommen Office-Pakete zum Einsatz.

12.8 Gegeben sind praktische Probleme, die mit dem Computer gelöst werden sollen. Welche Informatiksysteme sollten hier im Zusammenspiel verwendet werden? Begründe!
a) Schreiben eines Geschäftsbriefes mit Rechnung
b) Entwickeln eines Serienbriefes für einen Versandhandel
c) Präsentation der Umsatzentwicklung einer Firma

Neben den behandelten Informatiksystemen gibt es viele weitere Werkzeuge (Tools). Einige Beispiele:
- Computeralgebrasysteme für Formelmanipulationen, Berechnungen und als Funktionsplotter (z. B. im Mathematikunterricht)
- Lernprogramme für unterschiedlichste Fachgebiete
- Personalverwaltungssysteme im öffentlichen und im privaten Bereich
- Bestell- und Reservierungssysteme (Bahn, Taxiunternehmen, Fluggesellschaften, Theaterkassen, …)

Selbst wenn man diese Tools zur Verfügung hat, werden immer wieder Probleme auftauchen, für die Anwendungssysteme durch Programmierung angepasst werden müssen. Oder es müssen Problemlösungen selbst programmiert werden (↗ nachfolgendes Kapitel 13). Je nach Problemstellung benutzt man dann auch wieder die unterschiedlichsten Programmierumgebungen und Programmiersprachen.

1 Fahr- und Platzkarten für den ICE der Deutschen Bahn kann man im Internet buchen.

Auf den Punkt gebracht

Informatiksysteme

Der Begriff **Informatiksystem** beschreibt die Einheit von Hard- und Software sowie Netzen zum Bearbeiten und Lösen bestimmter Problemklassen.
Beispiele: Textverarbeitungssysteme, Grafikprogramme, Betriebssysteme, E-Mail-Programme, Hypertextsysteme, Präsentationssysteme, Kalkulationssysteme, Datenbanksysteme, Programmierumgebungen
Informatiksysteme sind gekennzeichnet durch
- automatische Verarbeitung,
- Vernetzung,
- Interaktion mit dem Nutzer.

Datenaustausch zwischen Informatiksystemen unter dem Betriebssystem Windows

Es kommt die **OLE-Methode** (**O**bject **L**inking and **E**mbedding) zur Anwendung: Man kann Objekte zwischen Anwendungen austauschen. Das gewünschte Objekt muss in einer Datei gespeichert sein. Im Anwendungsprogramm wird die gewünschte Datei gesucht, ausgewählt und ihr Inhalt eingebettet. Dabei wird eine **Verknüpfung** (ein **Link**) zur Quelldatei hergestellt. Änderungen in der Quelldatei wirken sich damit sofort auch auf das eingebettete Objekt in der Zieldatei aus.
Beim **Einbetten (Embedding)** wird das Objekt in der Quelldatei markiert, in die Zwischenablage kopiert und in die Zieldatei eingefügt. Das Objekt wird zum Bestandteil der Zieldatei, eine Bearbeitung im Anwendungsprogramm wirkt sich nicht auf das Original aus. Umgekehrt werden Änderungen am Originalobjekt nicht an die Kopie in der Zieldatei weitergegeben.

Universelle Datenaustauschformate

Art	unter Windows	übergreifend	im Internet
Text	DOC	TXT, RTF	HTM
Grafik	BMP, WMF, JPG, GIF	TIF	JPG, GIF, PNG
TEXT + Grafik	DOC	PDF	PDF

Problemlösen am Computer

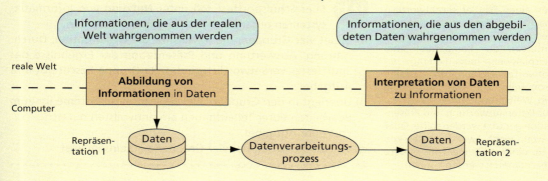

Teste dich selbst

12.9 Du bist verantwortlich für die jährliche Erstellung eines Briefes an die zwölf Außendienstmitarbeiter des Handelsunternehmens, bei dem du arbeitest. Der Brief soll mindestens folgende Objekte enthalten:
– Firmenlogo;
– Tabelle mit den Ergebnissen der quartalsmäßigen Umsätze der einzelnen Mitarbeiter;
– Säulendiagramm zur besseren Veranschaulichung des Zahlenmaterials aus der Tabelle;
– Bild desjenigen Mitarbeiters, der den höchsten jährlichen Umsatz erreicht hat.
Du nutzt zur Fertigstellung des Briefes ein Office-Paket.
a) Welche Teilprogramme des Office-Paketes werden von dir genutzt?
b) Welche der oben aufgeführten Objekte würdest du in das Dokument *einbetten,* bei welchen Objekten würdest du die *OLE-Methode* anwenden? Begründe jeweils!
c) Lohnt es sich, den Brief als Serienbrief anzulegen? Wenn ja, was ist zusätzlich zu beachten?
d) Schreibe einen entsprechenden Brief! Berücksichtige dabei alle deine Überlegungen!

12.10 Du möchtest eine eigene Homepage mit vielen grafischen Elementen erstellen. Welche Formate (JPG, GIF, PDF, ...) würdest du jeweils nutzen?
a) Homepage
b) schriftliche Ausarbeitung über deine Lieblings-Popgruppe mit eingebundenen Fotos und Texten zum Downloaden
c) Foto deines Zwerghamsters
d) eine selbst gezeichnete Karikatur

Es ist sicherlich hilfreich, wenn ihr für die Kommunikation zwischen den Gruppen einen Schüler verantwortlich macht, der dafür sorgt, dass die genutzten Informatiksysteme untereinander kompatibel sind: Beispielsweise muss die Frage beantwortet werden, ob dasselbe Programm zur Datenaufnahme (im Weitsprung, 100-m-Lauf, ...), zur Datenauswertung und Präsentation genutzt werden sollte. Oder – wenn nicht – wie die Daten von dem einen Dokument ins andere übernommen werden können.

12.11 Euer Schulsportfest soll unter Nutzung von Informatiksystemen organisiert und ausgewertet werden.
a) Bildet vier Gruppen, die jeweils für die Organisation, Durchführung, Auswertung und Präsentation der Ergebnisse des Sportfestes verantwortlich sind. Jede Gruppe beschreibt ihre Aufgabe!
b) Überlegt in den Gruppen, welche Informatiksysteme ihr zum Bearbeiten eurer Teilaufgaben am sinnvollsten nutzt!
Löst eure Aufgabe!
c) Wertet die Arbeit der vier Gruppen gemeinsam aus!

✓ Teste dich selbst

12.12 Himmelsbeobachtungen faszinierten schon Generationen von Astronomen. Allein in unserem Sonnensystem existieren eine Vielzahl von Himmelskörpern. Charakterisiert werden diese durch spezifische Eigenschaften.
Ihr könnt sicherlich schnell feststellen, dass bei der Erfassung von Daten zu diesem Problembereich eine große Datenmenge zu bearbeiten ist.
Ihr werdet auch feststellen, dass neben Eigenschaften zu Planeten und Monden weitere Daten erfasst werden können.
- Beispielsweise sind das Informationen zu den Atmosphären der Planeten.
- Aber auch Daten von Weltraumprogrammen, die zur Erforschung von Planeten oder Monden dienten, können in unserem Problembereich Sonnensystem mit aufgenommen werden.

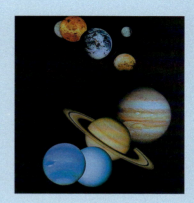

1 Die Daten der Himmelskörper unseres Sonnensystems können in einer Datenbank erfasst und anschließend ausgewertet werden.

Planet	Name des Planeten, Entfernung zur Sonne (in AE), Äquatorradius (in km), Umlaufzeit um die Sonne (in Bezug zur Umlaufzeit der Erde), Anzahl der Monde, Existenz einer Atmosphäre
Mond	Name des Mondes, Entfernung zum Planet (in Tkm), Umlaufzeit (in d)
Atmosphäre	vorherrschende Stoffe in der Atmosphäre, Bemerkungen zur Atmosphäre
Programm	Name des Weltraumprogramms, Organisation/Staat, Beginn und Ende

Modellbildung – Klassendiagramm

a) Bildet Gruppen von 3 bis 5 Schülern!
Diskutiert, welche Daten zu unserem Sonnensystem eurer Meinung nach erfasst und verwaltet werden müssen!
Fasst das Ergebnis eurer Diskussion zusammen! Veranschaulicht es beispielsweise unter Nutzung eines Flipchart übersichtlich und stellt es in der Klasse vor.
Welche Gemeinsamkeiten und welche Unterschiede haben die Entwürfe der verschiedenen Gruppen?
b) Stellt das in eurer Gruppe entstandene Ergebnis aus Aufgabe a) unter Verwendung von Klassenkarten dar! Gebt die Attribute an!
c) Entwickelt aus dem Ergebnis von Aufgabe b) ein vollständiges Klassendiagramm!
Ergänzt insbesondere die Beziehungen, deren Attribute (bildet gegebenenfalls Assoziationsklassen) sowie die Kardinalitäten!

PLANET
PNr Name EntfernungSonne Radius Umlaufzeit AnzMonde Atmosphäre

MOND
Name EntfernungPlanet Umlaufzeit

2 Klassenkarten PLANET und MOND mit Attributen

Teste dich selbst

1 Während die Erde von einem Mond umkreist wird, gibt es auch Planeten die keinen Mond oder eben mehrere Monde besitzen. Die Abbildung zeigt die Jupitermonde Io, Europa, Ganymed und Callisto. Insgesamt besitzt der Jupiter 16 Monde.

Modellbildung – Datenbankschema

Nachdem unser Modell als Klassendiagramm vorliegt, muss es in ein relationales Modell, also in ein Datenbankschema transformiert werden. Dies geschieht unter Nutzung der Transformationsregeln (↗ S. 211 f.). Für einen bestimmten Ausschnitt eines gefundenen Klassendiagramms kann sich Folgendes ergeben:
- Planet (_PNr_, P_Name, EntfernungSonne, Radius, Umlaufzeit, AnzMonde, Atmosphaere)
- Mond (_M_Name_, EntfernungPlanet, Umlaufzeit, _PNr_)

Hierbei ist zu beachten, dass durch das Hinzunehmen des Primärschlüssels der Klasse Planet als Fremdschlüssel in die Relation Mond, die Kardinalität der Beziehung berücksichtigt wird.

d) Übertragt das in Aufgabe c) entstandene Klassendiagramm in ein relationales Modell! Nutzt dazu die notwendigen Regeln und gebt die so entstandenen Tabellen als vollständiges Datenbankschema an!

e) Legt für das in Aufgabe d) erhaltene Datenbankschema die jeweiligen Datentypen für die verschiedenen Attribute der Relationen fest! Orientiert euch dabei an den Attributwerten, die erfasst werden sollen.

Implementation

f) Übertragt das Modell in euer DBMS! Erzeugt dazu alle notwendigen Tabellen, legt die Feldnamen (Attribute) und den dazugehörigen Datentyp fest! Formuliert gegebenenfalls Einschränkungen für Bereiche von Attributwerten!
Tragt nun die notwendigen Daten für die verschiedenen Himmelskörper unseres Sonnensystems und für deren Zusammenwirken ein!

Reflexion

g) Findet eine Gruppe, mit der ihr eure Datenbank tauscht! Betrachtet die euch nun vorliegende Datenbank unter dem Blickwinkel der eingangs angegebenen Aufgabenstellung! Formuliert, welche Aspekte eurer Meinung nach gut umgesetzt wurden, und solche, wo es nicht so gut gelungen ist. Notiert wichtige Hinweise!
Tauscht anschließend die Bemerkungen und Hinweise aus! Setzt euch nun mit diesen Bemerkungen und Hinweisen zu eurer Datenbank kritisch auseinander! Überlegt in der Gruppe, welche Veränderungen noch erfolgen sollen und welche ihr nicht umsetzen wollt. Überarbeitet dann euer Dokument!

Automaten und Algorithmen 13

1 Bankautomat

2 Auswahlmenü

3 PIN-Eingabe

4 Geldauswahl

13.1 Automaten bestimmen unser Leben

Unsere Welt verändert sich: Fahrkarten kaufen wir nicht mehr am Schalter, sondern lösen sie am Automaten. Bankgeschäfte erledigen wir online am Computer oder holen unser Geld am Bankautomaten.

Im Urlaub beobachtet Laura ihren Vater, wie er Geld von einem Bankautomaten abholt. Der Automat besteht aus einem Bildschirm, an dessen Rand noch Auswahltasten angebracht sind, und einem Ziffernblock, der zusätzlich noch mit den Tasten „Abbruch", „Korrektur" und „Bestätigung" ausgestattet ist.
- Zu Beginn des Vorgangs wird Lauras Vater aufgefordert, die Geldkarte einzuschieben (↗ Bild 1). Der Automat überprüft die Karte. Da die Karte seitenverkehrt in den Schlitz eingeführt wurde, wirft er sie aus und fordert mit einer Fehlermeldung zur erneuten Eingabe auf.
- Nachdem der Vater von Laura die gültige EC-Karte richtig eingeschoben hat, bietet der Automat ein Menü mit folgenden Einträgen an: „Barauszahlung" („Girokonto Auszahlung"), „Abfrage Kontostand" usw. an. Er wartet auf den Druck einer der nebenstehenden Auswahltasten (↗ Bild 2).
- Lauras Vater wählt „Barauszahlung". Nach der erfolgten korrekten PIN-Eingabe (↗ Bild 3) kann er aus einem Menü den Geldbetrag wählen (↗ Bild 4). Nach weiteren Schritten und Eingaben erhält er schließlich das gewünschte Urlaubsgeld.

Wir wollen zunächst die ersten Schritte genauer betrachten. Zu jedem Schritt gibt der Automat auf dem Monitor Bearbeitungshinweise. In der Bearbeitungsphase eines Schrittes befindet er sich in einem bestimmten Zustand. Der Ablauf der Barauszahlung lässt sich also durch eine Reihe von Zuständen des Automaten beschreiben:
- Eingabe der Geldkarte
- Funktionsauswahl
- Eingabe der PIN
…

Zuerst wollen wir den Übergang „Eingabe der Geldkarte" nach „Funktionsauswahl" darstellen.

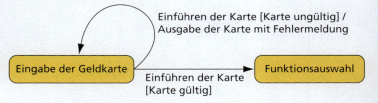

Im **Zustandsübergangsdiagramm** werden Zustände durch abgerundete Rechtecke symbolisiert. Durch ein Ereignis kann der Automat aus einem Zustand in einen anderen wechseln. Zustandsübergänge werden durch Pfeile dargestellt, die jeweils zwei Zustände verbinden.

Ein Zustandsübergang kann aus drei Komponenten bestehen:
- **Auslösende Aktion:** Durch eine Aktion wird der Übergang in den nächsten Zustand ausgelöst.
  Im Zustand „Eingabe der Geldkarte" wartet der Automat auf das Einführen einer Karte, um in den Zustand „Funktionsauswahl" zu wechseln oder im Zustand „Eingabe der Geldkarte" zu bleiben.
- **Übergangsbedingung:** Ein Zustandsübergang kann auch von einer Bedingung abhängig sein.
  Liegt eine gültige Geldkarte vor, so wechselt der Automat in den Zustand „Funktionsauswahl", andernfalls bleibt er im Zustand „Eingabe der Geldkarte".
  Die Bedingung wird in eckige Klammern geschrieben. Ist sie wahr, so erfolgt der zugehörige Zustandsübergang.
- **Ausgelöste Aktion:** Bei einem Zustandsübergang kann auch eine Aktion ausgelöst werden. Beim letzten bedingten Zustandsübergang wirft der Automat die ungültige Karte mit einer Fehlermeldung aus. Die ausgelöste Aktion steht nach der Bedingung hinter dem Zeichen „/".

Die folgende Tabelle beschreibt für jeden Zustandsübergang die auslösende Aktion, die Übergangsbedingung und die ausgelöste Aktion.

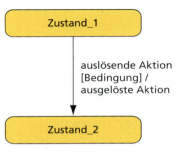

1 Zustandsübergangsdiagramm

Zustandsübergang	auslösende Aktion	Bedingung	ausgelöste Aktion
Eingabe der Geldkarte → Eingabe der Geldkarte	Eingabe der Geldkarte	Geldkarte ungültig	Ausgabe der Geldkarte mit Fehlermeldung
Eingabe der Geldkarte → Funktionsauswahl	Eingabe der Geldkarte	Geldkarte gültig	
Funktionsauswahl → Funktionsauswahl	Eingabe einer Taste	Taste ungültig	Warnton
Funktionsauswahl → Eingabe der PIN	Eingabe einer Taste	Auswahltaste gültig	–

13.1 Stelle die Zustände „Funktionsauswahl" und „Eingabe der PIN" mit den zugehörigen Übergängen aus der Tabelle in einem Zustandsdiagramm dar!

PIN steht für **P**ersonal **I**dentity **N**umber.

Jetzt wollen wir die Eingabe der vierstelligen PIN in einem Zustandsdiagramm modellieren. Der Ablauf gleicht der PIN-Eingabe nach dem Einschalten eines Handys.

Der Automat fordert zur Eingabe der vierstelligen PIN auf. Die Eingabe einer Ziffer wird durch einen Stern auf dem Bildschirm angezeigt, damit ein Zuschauer wie Laura die Nummer nicht mitlesen kann. Nach dem Druck der Taste „Bestätigung" vergleicht der Automat die PIN mit der, die auf der EC-Karte gespeichert ist. Stimmen die Nummern überein, findet ein Wechsel in den Zustand „Auswahl des Geldbetrags" statt. Bei einer falschen Nummer kann die Eingabe noch maximal zweimal wiederholt werden. Nach dem dritten missglückten Versuch wird die Karte einbehalten und der Automat geht in den Zustand „Eingabe der Geldkarte" über.

Aus jedem Zustand kann die Eingabe der PIN mit der Taste „Abbruch" beendet werden. Der Automat wirft dann die Geldkarte aus und wechselt in den Zustand „Eingabe der Geldkarte".

Zuerst legen wir die Zustände fest, die wir für die Modellierung benötigen. Dann erstellen wir die Tabelle der Zustandsübergänge und erhalten so das Zustandsdiagramm.

Zustände:
- Eingabe der PIN (mit diesem Zustand beginnt der Vorgang)
- PIN-Eingabe 2. Versuch
- PIN-Eingabe 3. Versuch
- Eingabe der Geldkarte
  (mit diesem Zustand endet der Vorgang)
- Wahl des Geldbetrags
  (mit diesem Zustand endet der Vorgang)

Im Zustand „Eingabe der PIN", „PIN-Eingabe 2. Versuch" und „PIN-Eingabe 3. Versuch" können jeweils die vier Ziffern der PIN eingegeben werden.

Zustandsübergang	auslösende Aktion	Bedingung	ausgelöste Aktion
Eingabe der PIN → Eingabe der Geldkarte	Taste Abbruch	–	Ausgabe der Geldkarte
Eingabe der PIN → Wahl des Geldbetrags	Taste Bestätigung	PIN korrekt	–
Eingabe der PIN → PIN-Eingabe 2. Versuch	Taste Bestätigung	PIN inkorrekt	Warnton
PIN-Eingabe 2. Versuch → Wahl des Geldbetrags	Taste Bestätigung	PIN korrekt	–

Zustandsübergang	auslösende Aktion	Bedingung	ausgelöste Aktion
PIN-Eingabe 2. Versuch → PIN-Eingabe 3. Versuch	Taste Bestätigung	PIN inkorrekt	Warnton
PIN-Eingabe 3. Versuch → Wahl des Geldbetrags	Taste Bestätigung	PIN korrekt	
PIN-Eingabe 3. Versuch → Eingabe der Geldkarte	Taste Bestätigung	PIN inkorrekt	Warnton, Einbehaltung der Geldkarte
PIN-Eingabe 2. Versuch → Eingabe der Geldkarte	Taste Abbruch	–	Ausgabe der Geldkarte
PIN-Eingabe 3. Versuch → Eingabe der Geldkarte	Taste Abbruch	–	Ausgabe der Geldkarte

Zustandsdiagramm:

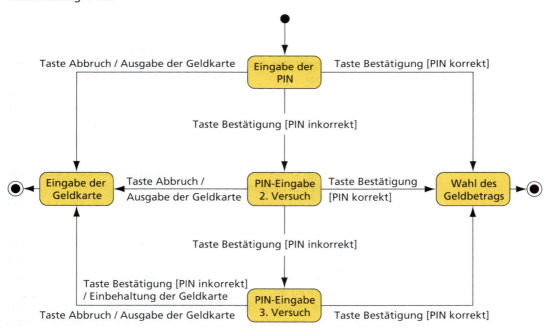

Im **Zustandsdiagramm** werden Start- und Endzustände eingeführt. Diese Zustände kann der Automat nicht wirklich einnehmen. Sie zeigen nur den Beginn und das Ende möglicher Abläufe an. Ein Diagramm muss stets einen Startzustand und kann Endzustände enthalten.

- Symbol für einen **Startzustand:** ●
- Symbol für einen **Endzustand:** ◉

13.2 Mögliche Abläufe können durch die Reihenfolge der eingenommenen Zustände beschrieben werden. Die Länge des Ablaufs ist die Anzahl der besuchten Zustände.

a) Gib zum Zustandsdiagramm „PIN-Eingabe" die kürzesten und längsten Abläufe an.

b) Wie viele verschiedene Abläufe gibt es?

13.3 Die Eingabe der vier Ziffern der PIN kann ebenfalls in einem eigenen Zustandsdiagramm modelliert werden.

Die Eingabe jeder Ziffer erfolgt in einem eigenen Zustand und wird durch einen Stern auf dem Bildschirm angezeigt.

Jede Ziffer kann durch die Taste „Korrektur" erneut eingegeben werden.

Nach der erfolgten Eingabe der 4. Ziffer kann man mit der Taste „Bestätigung" bei korrekter PIN in den Endzustand „Auswahl des Geldbetrags" wechseln. Falls die PIN falsch eingetippt wurde, geht der Automat in den Zustand „PIN-Eingabe 2. Versuch" über.

Über die Taste „Abbruch" kann man aus jedem Zustand in den Zustand „Eingabe der Geldkarte" wechseln. Der Automat wirft dann die Geldkarte aus.

a) Lege den Startzustand und die Endzustände fest!

b) Zeichne ein Zustandsdiagramm!

c) Gibt es einen kürzesten oder längsten Ablauf? Begründe deine Entscheidung!

13.4 Ein Getränkeautomat akzeptiert nur 50-Cent-Münzen und 1-Euro-Münzen. Im Display zeigt er den eingeworfenen Betrag an.

Nachdem genau 1,50 € eingeworfen wurden, kann man sich über Auswahltasten für die Getränke Cola oder Limo entscheiden. Der Automat gibt das gewünschte Getränk aus und kehrt in den Startzustand „Bereit" zurück.

Über die Taste „C" kann man in jedem Zustand den Vorgang abbrechen. Der Automat wechselt in den Startzustand und gibt das eingeworfene Geld zurück.

Fehlerhafte Eingaben müssen im Zustandsdiagramm nicht berücksichtigt werden.

a) Gibt es Endzustände?

b) Zeichne das Zustandsdiagramm!

13.2 Wir programmieren eigene Automaten mit Kara

Als Programmierumgebung wählen wir „Kara – programmieren mit Automaten".

Kara, ein Marienkäfer, lebt in einer Welt, in der er sich mit wenigen **Methoden** bewegen lässt:
a Schritt vor
b Links drehen
c Rechts drehen
d Kleeblatt legen
e Kleeblatt aufnehmen

Im Direktmodus kannst du Kara mit den nebenstehenden Befehlsschaltflächen steuern. Ein Mausklick auf eine solche Fläche bringt die zugehörige Methode zur Ausführung.

In Karas Welt gibt es
- Kleeblätter, die er aufnehmen und ablegen kann,
- Baumstümpfe, die er nicht überwinden kann, und
- Pilze, die er vor sich herschieben kann. Leider ist Kara nur so schwach, dass er gerade einen Pilz bewegen kann. Ein Feld mit einem Pilz oder einem Baumstumpf kann er nicht betreten.

Mithilfe von **Sensoren** kann er seine Umgebung erkennen. Er kann wahrnehmen, ob er vor oder neben einem Baumstumpf steht oder ob er sich auf einem Kleeblatt befindet.

1 Sensoren

In der Welt des Marienkäfers können per Mausklick oder Drag and Drop Objekte wie Baumstümpfe, Pilze oder Kleeblätter aus der Werkzeugleiste platziert werden. Per Drag and Drop lassen sie sich auch auf den Feldern verschieben. Zieht man sie in den Papierkorb, so werden sie entfernt.

 Drag and Drop kommt aus dem Englischen und bedeutet „Ziehen und Ablegen" (mit der Maus).

Über die rechte Maustaste öffnet sich das nebenstehende Menü, das für die virtuelle Welt die gängigen Methoden Löschen, Kopieren, Einfügen und Exportieren zur Verfügung stellt.

Über die Befehlsschaltflächen werden die Methoden „Neue leere Datei", „Datei öffnen", „Datei erneut laden", „Datei speichern", „Datei speichern unter" für die Objekte Welt und Programm angesprochen.

2 Befehlsschaltflächen

Kara wird programmiert, indem ein Automat mit endlich vielen Zuständen erstellt wird.

Automaten und Algorithmen

ℹ Im Unterschied zu den endlichen Automaten, die wir im Kapitel 13.1 kennengelernt haben, gilt es ein paar kleine Unterschiede zu beachten.
Ein Kara-Automat enthält genau einen **Startzustand,** hier „Beginn", und einen Endzustand „Stop".
Über die Befehlsschaltfläche `start▸|` erhält ein markierter Zustand den Attributwert „Startzustand".
Der **Endzustand** „Stop" befindet sich standardmäßig im Entwurfsfenster und kann nicht editiert werden. Zustandsübergänge können nur in den Endzustand führen, aber nicht aus ihm heraus.

ℹ Im unteren Fenster werden **Zustandsübergänge** bearbeitet. Als Ereignisse werden nur Bedingungen angeboten, die der Marienkäfer mit Sensoren überprüfen kann.
Im Beispiel ist der Zustand „Beginn" mit dem Sensor „Baum vorne?" ausgestattet. Wenn der Sensor „Baum vorne?" „nein (no)" meldet, dann trifft die Bedingung „kein Baum vorne" zu und es erfolgt der Übergang in den Zustand „Zustand_3". Dabei werden nacheinander die Aktionen „Kleeblatt legen" und „Schritt vor" ausgelöst.

In diesem Fenster wird der Automat entworfen:

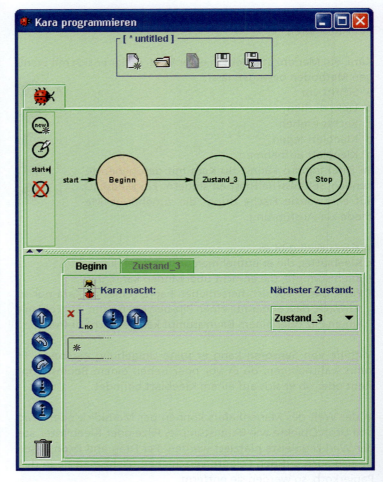

Durch einen Mausklick auf das rote „x" (✗) wird der zugehörige Übergang gelöscht.
Durch einen Mausklick auf die Befehlsschaltfläche Stern (✻) kannst du einen neuen Übergang erzeugen. Seine Bearbeitung erfolgt einfach durch einen Mausklick auf das Symbol der Bedingung oder das Ziehen von Aktionssymbolen in die Spalte „Kara macht".

Jetzt bist du sicher neugierig, wie sich Kara programmieren lässt. Als erstes Beispiel entwerfen wir ein einfaches Programm.
■ Kara soll bis zum nächsten Baumstumpf laufen und dort, ohne anzustoßen, stehen bleiben.
■ Pilze oder Kleeblätter sollen in der Welt nicht vorkommen (↗ Bild 1).

1 Kara läuft bis zum nächsten Baumstumpf.

Das Programm werden wir in drei Schritten entwickeln:
1. Welche Zustände benötigen wir?
   Wir kommen mit zwei Zuständen aus: „Laufen" und „Stop". Im Zustand „Laufen" soll Kara so lange verweilen, bis er direkt vor einem Baumstumpf steht. Dann soll der Automat in den Endzustand „Stop" wechseln. Der Programmablauf ist beendet.

2. Welche Sensoren müssen in den einzelnen Zuständen bereitgestellt werden?
   Kara muss einen Baum vor sich erkennen können, damit er nicht anstößt. Hierfür ist der Sensor „Baum vorne" geeignet. Folglich statten wir den Zustand „Laufen" mit diesem Sensor aus.
   (↗ Bild 1)

3. Festlegung der Zustandsübergänge:
   Solange vor Kara kein Baum steht, kann er einen Schritt vorwärts gehen. Wenn die Bedingung „kein Baum vorne" erfüllt ist, bleibt der Automat im Zustand „Laufen" und rückt ein Feld vor. Andernfalls wechselt er in den Endzustand „Stop" und beendet den Programmablauf.
   (↗ Bild 2)

1 Sensoren

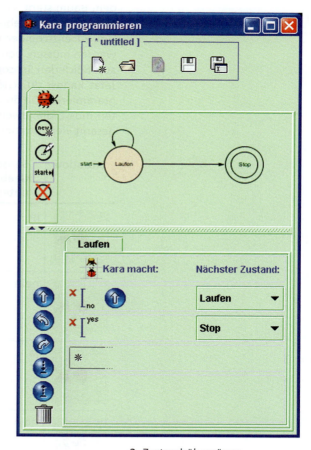

2 Zustandsübergänge

13.5 Kara soll zwischen zwei Bäumen einmal hin- und herlaufen (↗ Bild 3).
a) Wie viele Zustände benötigt der Automat?
b) Mit welchen Sensoren muss jeder Zustand ausgestattet werden?
c) Erstelle das Programm!

3 Kara läuft zwischen zwei Bäumen hin und her.

1 Beispielwelt

Nun wollen wir das erste Beispiel etwas ausbauen zu einem Automaten, der Zustände mit mehreren Sensoren besitzt.

■ Kara soll bis zum nächsten Baumstumpf laufen und dort, ohne anzustoßen, stehen bleiben. Auf seinem Weg bekommt er aber eine neue Aufgabe: Liegt auf einem Feld ein Blatt, soll Kara es aufnehmen; liegt auf einem Feld kein Blatt, eines hinlegen (↗ Bild 1).

Kommen wir mit der gleichen Anzahl der Zustände aus?
Ja, Kara kann so lange im Zustand „Laufen" verweilen, bis er vor dem Baum steht. Er muss nur zusätzlich vor jedem Schritt noch entweder ein Kleeblatt aufnehmen oder eines legen.

Um zu entscheiden, welche der beiden Aktionen ausgeführt werden müssen, benötigt der Marienkäfer im Zustand „Laufen" zusätzlich den Sensor „Kleeblatt unten".

Jetzt kannst du schon die möglichen Zustandsübergänge programmieren. Da du im Zustand „Laufen" zwei Sensoren beachten musst, die jeweils zwei Möglichkeiten haben, musst du insgesamt vier Situationen betrachten:

Situation	Sensor „Kleeblatt unten"	Sensor „Baum vorne"	Kara macht	Folgezustand
	ja	ja	Kleeblatt aufnehmen	„Stop"
	nein	ja	Kleeblatt legen	„Stop"
	ja	nein	Kleeblatt aufnehmen, Schritt vor	„Laufen"
	nein	nein	Kleeblatt legen, Schritt vor	„Laufen"

Mit dem Sensor „Kleeblatt unten" prüft der Marienkäfer, ob er auf einem Kleeblatt steht, und kann entsprechend ein Kleeblatt legen oder aufnehmen.

Wie beim einfachen Beispiel wechselt der Automat immer in den Zustand „Stop", wenn der Sensor vor Kara einen Baum entdeckt.

Nun wird dir mithilfe der obigen Tabelle sofort das Programm gelingen. Programmierung der Zustandsübergänge:

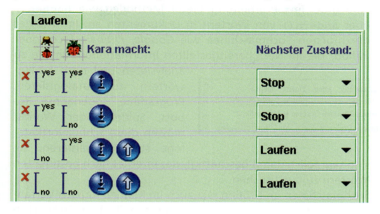

13.6 Lucas will das Programm des schwierigeren Beispiels genau erforschen. Aus diesem Grund nimmt er Änderungen vor und überlegt sich, wie sie sich auf folgende Welten auswirken. Wie sieht die Welt nach einem Programmlauf aus?

A  B

a) Er vertauscht beim Übergang „Laufen" → „Laufen" jeweils die Aktionen.
b) Er ändert die Einstellungen zum Sensor „Kleeblatt unten" von „yes" auf „no" bzw. „no" auf „yes" beim Übergang „Laufen" → „Stop".

1 Welt zu Aufgabe 13.7 a

13.7 a) Kara sucht ein Kleeblatt, das geradeaus vor ihm liegt. Leider stehen ihm Bäume als Hindernisse im Weg, um die er herumlaufen muss. Glücklicherweise befinden sich nie zwei Bäume direkt nebeneinander (↗ Bild 1).
Schreibe ein Programm, das ihn bis zum Kleeblatt führt!
b) Erweitere das Programm aus Teil a so, dass Kara auch mit mehreren nebeneinander stehenden Bäumen fertig wird!
Hinweis: Die Lösung dieser Aufgabe erfordert zwei Zustände! Warum reicht ein Zustand nicht aus?
c) Jetzt sucht Kara am Waldrand nach Kleeblättern. Die Bäume stehen so dicht, dass der nächste Baum auf einem direkt oder diagonal angrenzenden Feld steht (↗ Bild 2).

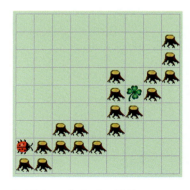

2 Welt zu Aufgabe 13.7 c

13.3 Anwendungen endlicher Automaten in der Informatik

Eine gute Textverarbeitung bietet Methoden wie `Suchen()` oder `Ändern()` von Wörtern in Dokumenten an. Im Internet durchforsten **Suchmaschinen** wie *Google, Fireball, Lycos* oder *Yahoo!* die im Netz bereitgestellten Informationen, um sie zu analysieren und nach Schlagwörtern zu katalogisieren. Programme, sogenannte Robots, Spiders oder Worms, müssen diese Schlagwortkataloge stets aktualisieren. Sie sind tagtäglich damit beschäftigt, das Internet nach bestimmten Wörtern zu durchsuchen.

1 Suchen mit *Google*

Suchmaschinen im Großen wie auch im Kleinen müssen Verfahren beherrschen, wie man schnell in einem Text ein Teilwort in einem Wort finden kann. Solche Probleme werden **Pattern-Matching-Probleme** genannt. Im Folgenden wirst du ein effizientes Verfahren kennenlernen, das ein solches Problem mithilfe eines endlichen Automaten löst.

Pattern Matching bedeutet „Musterabgleich".

Worte werden mit Buchstaben aus einem bestimmten Alphabet geschrieben. Die Buchstaben selbst werden mit den Zeichen „0" und „1" codiert:

Buchstabe	A	B	...	Z
Codierung	0100 0001	0100 0010	...	0101 1010

Aus diesem Grund können wir annehmen, dass die Wörter nur aus den Zeichen „0" oder „1" bestehen.
Jetzt können wir ein einfaches Beispiel betrachten:
Unsere Aufgabe besteht darin, das Teilwort „010" im Wort „10110110101" zu finden.
Für die Lösung kannst du Kara verwenden. „0" codieren wir als leeres Feld und „1" als ein Feld mit einem Kleeblatt. Das Ende des Wortes wird mit einem Baumstumpf markiert.

■ Kara soll das Teilwort

Wir müssen noch vereinbaren, wie der Marienkäfer das Teilwort erkennt:
- Bei jedem Zustandsübergang rückt Kara ein Feld vor, d. h., er liest ein neues Zeichen ein. Hält er im Endzustand „Stop", so soll das Suchwort im Wort enthalten sein.

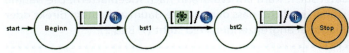

Dieser Automat erkennt den Suchbegriff, doch er ist nicht vollständig:
Was geschieht, wenn Kara im Zustand „Beginn" unter sich ein Kleeblatt bemerkt?
Er bleibt im Zustand „Beginn" und hofft beim nächsten Schritt das erste Zeichen des Suchworts, ein leeres Feld, zu erkennen.
Was geschieht, wenn Kara im Zustand „bst1" ein leeres Feld erkennt?
Er bleibt im Zustand „bst1", da er gerade das erste Zeichen von 🍀 eingelesen hat und beim nächsten Schritt für das Lesen des „Kleeblatts" bereit sein muss.
Was geschieht, wenn er im Zustand „bst2" ein Kleeblatt vorfindet? In diesem Fall muss er wieder von vorne im Zustand „Beginn" anfangen, da der Suchbegriff mit einem leeren Feld beginnen muss.
Der vollständige Automat:

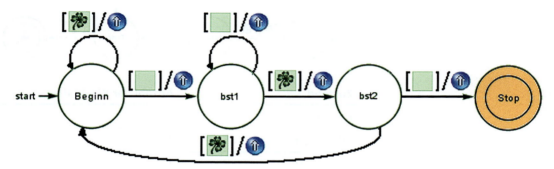

- Läuft Kara nach dem Lesen des Wortes auf den Baum auf, so hat er den Endzustand nicht erreicht und konnte das Suchwort nicht finden. Der Ablauf wird mit einer Fehlermeldung beendet (↗ Bild 2).

1 Automat zum vorgestellten Pattern-Matching-Problem.
Bedeutung der Zustände:
bst1 1. Buchstabe erkannt
bst2 2. Buchstabe erkannt
Stop Muster im Wort erkannt

13.8 Erschaffe verschiedene Wörter aus leeren Feldern und Kleeblättern in der Welt des Marienkäfers! Entscheide vor der Programmausführung, ob 🍀 im Wort enthalten ist und in welchem Zustand das Ablaufprogramm beendet wird!

13.9 Entwirf einen Automaten zu dem folgenden Pattern-Matching-Problem:
Eine Suchmaschine soll in Wörtern das Muster 🍀🍀 erkennen.

2 Fehlermeldung

13.4 Eine neue Programmiersprache: JavaKara

Folgender Automat kann Kleeblätter zählen, die in der Welt aneinander gereiht sind:

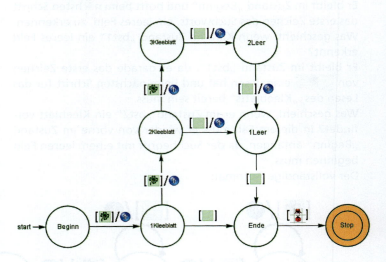

Zustand	Anzahl der Kleeblätter
Beginn	0
1Kleeblatt	1
2Kleeblatt	1
3Kleeblatt	3

Wenn du mehr als drei Kleeblätter erfassen willst, musst du den Automaten um die entsprechende Anzahl von Zuständen erweitern. Leider benötigt er für jedes neue Kleeblatt einen eigenen Zustand, um sich in ihm die Anzahl merken zu können. Wenn du aber vorher die Anzahl der Kleeblätter nicht kennst, müsstest du „unendlich" viele Zustände zur Verfügung stellen. Aus diesem Grund sind endliche Automaten für derartige Aufgaben ungeeignet – sie sind *begrenzt*.

Solche Probleme lassen sich leicht mit einer Programmiersprache wie **Java** lösen.

Für Kara steht auch Java zur Verfügung. Diese Sprache bietet neue Konzepte, mit denen du bald das obige Problem lösen wirst. In einer Variablen werden wir z. B. die Anzahl der Kleeblätter speichern. Zusammen mit den algorithmischen Grundstrukturen Sequenz, Wiederholung und Auswahl kannst du dich bald an die Lösung des Problems machen. Doch zunächst wollen wir die neue Programmierumgebung kennenlernen.

i **Java** (sprich: Dschawa) ist heute eine der wichtigsten Sprachen für Internetanwendungen. Sie wurde von Sun Microsystems unter Federführung von JAMES GOSLING (geb. 1955) entwickelt. „Java" steht für Kaffee (von der Insel Java), der angeblich bei den Sun-Entwicklern besonders viel konsumiert worden sein soll.

Wenn du **JavaKara** startest, wird dir die Welt des Käfers sehr vertraut vorkommen. Wie beim Automaten-Kara kannst du im Direktmodus Kara mit den bekannten Befehlsschaltflächen steuern und ihm eine virtuelle Welt erschaffen.

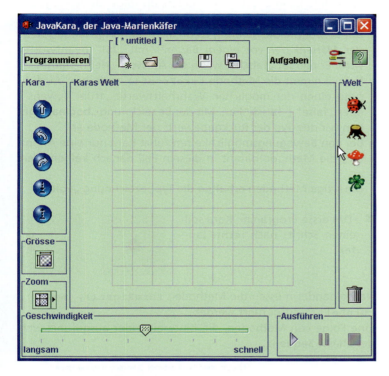

Allein die Programmierung ist ganz neu. JavaKara ist eine **objektorientierte Programmiersprache**. Sie stellt uns drei Objekte zur Verfügung:
- kara – der Marienkäfer;
- world – die virtuelle Welt, in der Kara agieren kann;
- tools – Hilfsmittel, die uns bei der Ein- und Ausgabe von Werten und Wörtern unterstützen.

Betrachten wir zunächst nur den Marienkäfer. Auf der folgenden Objektkarte erhältst du einen Überblick über seine wichtigsten Fähigkeiten. Zu jeder Aktion und jedem Sensor findest du eine Methode.

Wichtige Methoden von Kara findest du links im Fenster (Vorwärtsgehen, Linksdrehen, Rechtsdrehen, Kleeblatt ablegen, Kleeblatt aufnehmen).
Objekte von Karas Welt siehst du rechts im Fenster: Kara, Baumstumpf, Pilz und Kleeblatt.
Auf Tools kannst du im NsdEditor zugreifen (↗ Seite 280).

kara: JavaKara	
void	move()
void	turnLeft()
void	turnRight()
void	putLeaf()
void	removeLeaf()
boolean	treeLeft()
boolean	treeRight()
boolean	onLeaf()
boolean	mushroomFront()

Die Methoden unterscheiden sich im Typbezeichner „void" und „boolean".
Welche Bedeutung haben diese Typen?
- Mit Sensoren kann Kara seine Umgebung wahrnehmen. Mit ihrer Hilfe kann er z. B. entscheiden, ob folgende Aussage zutrifft: *Der Marienkäfer steht vor einem Baum.*
Der Sensor meldet „wahr", wenn die zugehörige Frage *„Steht der Marienkäfer vor einem Baum?"* mit „Ja!" beantwortet wird. Er meldet „falsch", wenn die Antwort „Nein!" lautet.
In Java nimmt die Methode `treeFront()` nach ihrer Ausführung einen der möglichen Wahrheitswerte „true" („wahr") oder „false" („falsch") an. Mit der Bezeichnung **„boolean"** geben wir den Typ des Rückgabewerts der Methode an.
- Bei den Bewegungsmöglichkeiten führt Kara nur eine Aktion aus; die Methode nimmt in diesem Fall danach keinen Wert an.
Derartige Methoden erhalten die Typbezeichnung **„void"**.

Das erste Programm: Kara soll einen Schritt nach rechts laufen.

Nacheinander müssen die Methoden `turnRight()`, `move()`, `turnLeft()` ausgeführt werden.
Eine Folge von Methoden, die hintereinander ausgeführt werden, heißt **Sequenz**.

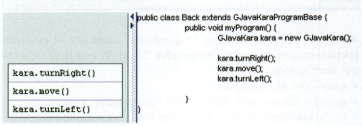

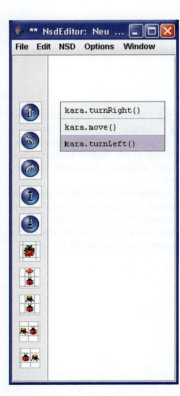

Im **NsdEditor** kannst du das Programm direkt über ein Struktogramm (**N**assi-**S**hneiderman-**D**iagramm) erarbeiten.
Zunächst erstellst du für jede einzelne Anweisung (simple statement) das zugehörige Symbol (Rechteck) und ziehst aus der Toolbar (Werkzeugleiste) die zur Methode gehörende Schaltfläche in das Rechteck.
Im rechten Teil des Fensters kannst du im Modus „Show Code" mitverfolgen, wie der Programmcode entsteht.
Nach Fertigstellung des Struktogramms wird das Programm im NsdEditor als Java-Datei gespeichert und danach im Programmfenster in JavaKara geladen.

1 NsdEditor

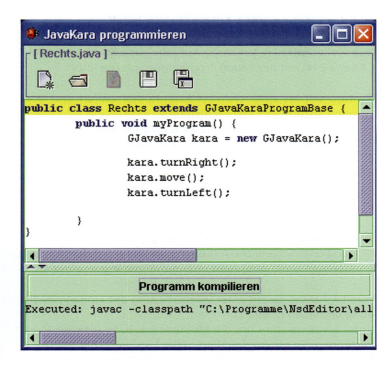

Den Programmrahmen „public class ..." hat der NsdEditor automatisch erstellt. Seine Bedeutung kann dir erst später erklärt werden. Im Programm erkennst du die Methoden, die du mit dem grafischen Editor erstellt hast.

> **Programmcode von JavaKara:** Jede Anweisung wird mit einem Strichpunkt abgeschlossen. Objektname und Methode werden durch einen Punkt getrennt.
> ```
> kara.turnRight();
> Objektname.Methode
> ```

Nun lässt du es mithilfe der Schaltfläche „Programm kompilieren" in Maschinensprache übersetzen. Danach kannst du es im Weltfenster durch einen Mausklick auf die Schaltfläche „Programm laufen lassen" ausführen.

13.10 Verfasse zu folgenden Problemstellungen jeweils ein Programm:
a) Kara geht einen Schritt vorwärts und dreht sich einmal um die eigene Achse.
b) Er umläuft einen Baumstumpf.
c) Er geht zwei Schritte rückwärts.

1 Beispielwelt

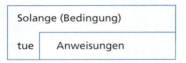

2 Wiederholung mit Eingangsbedingung, Darstellung im Struktogramm

13.5 Umsetzung eines Automaten in JavaKara

Nun wollen wir eine bekannte Aufgabe aus dem Abschnitt 13.2 (↗ Seite 274) mit der neuen Programmiersprache lösen:

■ Kara soll bis zum nächsten Baumstumpf laufen und dort, ohne anzustoßen, stehen bleiben.
Liegt bei seinem Weg auf einem Feld ein Blatt, soll Kara es aufnehmen; liegt auf einem Feld kein Blatt, soll er eines hinlegen (↗ Bild 1).

Damals haben wir das Problem so gelöst (↗ auch Seite 275):
1. Solange Kara vor keinem Baum steht, wird der Zustand „Laufen" wiederholt und Kara geht einen Schritt vorwärts.
2. Auf jedem Feld führt er in Abhängigkeit von einer Bedingung unterschiedliche Aktionen aus: Wenn auf dem Feld ein Kleeblatt liegt, dann hebt er es auf, sonst legt er eines ab.

Punkt 1 kannst du mit einer Wiederholung mit Eingangsbedingung umsetzen (↗ Bild 2).
Unter JavaKara steht uns die Methode `kara.treeFront()` zur Verfügung. Sie nimmt den Wert „false" an, wenn der Marienkäfer vor keinem Baum steht. Damit aber die Bedingung den Wert „wahr" zurückgibt, wenn Kara nicht vor einem Baum steht, muss der Wahrheitswert mit dem „Nicht"-Operator in sein Gegenteil verwandelt werden. „Nicht falsch" entspricht „wahr" bzw. „nicht wahr" „falsch".
Im NsdEditor wählen wir die Grundstruktur für die „while"-Schleife und ziehen das Symbol für die Methode `treeFront()` an die Stelle der Bedingung. Mit der Tastatur fügst du noch ein Ausrufezeichen vor die Methode. „!" bedeutet in Java „Nicht-Operator".

```
while( !kara.treeFront() )
```

Die **Wiederholung mit Eingangsbedingung** wird mit dem Schlüsselwort „while" eingeleitet. In den äußeren runden Klammern steht die Bedingung. Solange die Bedingung wahr ist, wird die Anweisungsfolge in den geschweiften Klammern wiederholt. Sie heißt auch **Rumpf** der while-Schleife:

```
while( !kara.treeFront() ) {
    Anweisungsfolge
    }
```

Zu den **Bedingungen** zählen in Java **Methoden vom Typ boolean**.
Der **Nicht-Operator „!"** vor einer Bedingung kehrt den Wahrheitswert in sein Gegenteil um.

Die Formulierung in Punkt 2 (↗ Seite 282) entspricht genau einer bedingten Anweisung.
Unter JavaKara steht uns die Methode `kara.onLeaf()` zur Verfügung. Sie nimmt den Wert „true" an, wenn der Marienkäfer auf einem Kleeblatt steht.

1 Bedingte Anweisung, Darstellung im Struktogramm

Im NsdEditor wählen wir die Grundstruktur für die „if"-Anweisung und ziehen das Symbol für die Methode onLeaf() an die Stelle der Bedingung. Die Anweisungsfolge1 besteht nur aus einer Anweisung `kara.removeLeaf()`, die Anweisungsfolge2 aus `kara.putLeaf()`.

> Die **bedingte Anweisung** wird mit dem Schlüsselwort „if" eingeleitet. In den äußeren runden Klammern steht die Bedingung. Wenn die Bedingung wahr ist, wird die Anweisungsfolge in den ersten geschweiften Klammern ausgeführt, sonst die Anweisungsfolge in den geschweiften Klammern nach dem Schlüsselwort „else" **(zweiseitige Auswahl)**. Fehlen das Schlüsselwort „else" und die zugehörigen geschweiften Klammern, so liegt eine **einseitige bedingte Auswahl** vor. Ist die Bedingung „falsch", so wird Anweisungsfolge1 übergangen.

Jetzt musst du nur noch die beiden Grundstrukturen richtig miteinander verknüpfen.
Bevor Kara auf das nächste Feld wechselt, muss er die bedingte Anweisung ausführen. Die bedingte Anweisung ist also die erste Anweisung in der Anweisungsfolge im Rumpf der while-Schleife (Bild links).

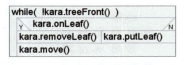 

Damit unsere Aufgabe korrekt gelöst wird, muss die bedingte Anweisung noch einmal nach der while-Schleife ausgeführt werden (Bild rechts). Überlege dir, was passieren würde, wenn du sie weglässt.
Jetzt haben wir für das alte Problem anstelle des Automaten eine gleichwertige algorithmische Lösung gefunden.

Die Vorschrift erfüllt also die Anforderungen eines Algorithmus:
- **Endlichkeit:** Sie besteht aus endlich vielen Anweisungen.
- **Eindeutigkeit:** Mit jeder Anweisung ist die nächstfolgende festgelegt.
- **Ausführbarkeit:** Nach der erfolgreichen Kompilierung kann der Rechner jede Anweisung eindeutig ausführen.

> Ein **Algorithmus** ist eine Verarbeitungsvorschrift, die aus einer endlichen Folge von eindeutig ausführbaren Anweisungen besteht. Unter gleichen Voraussetzungen liefert die Ausführung eines Algorithmus stets die gleichen Ergebnisse **(Allgemeingültigkeit)**.
> Die Grundbausteine eines Algorithmus sind Sequenz, Wiederholung und bedingte Auswahl.

13.11 Jetzt kannst du folgende (teils bekannte) Aufgaben mit JavaKara und Algorithmen lösen.

a) Kara möchte zwischen Bäumen Slalom laufen.
Wenn Kara die Startlinie überschritten hat, läuft er so lange geradeaus, bis er vor sich einen Baum erkennt. Diesen umrundet er linksherum. Mit dem Erreichen der Ziellinie beendet Kara seinen Lauf. Jede Slalomstange muss genau in einem Halbkreis abwechselnd links oder rechts umrundet werden.

b) Kara sucht ein Kleeblatt, das geradeaus vor ihm liegt. Leider stehen ihm Bäume als Hindernisse im Weg, um die er herumlaufen muss. Glücklicherweise befinden sich nie zwei Bäume direkt nebeneinander. Schreibe ein Programm, das ihn bis zum Kleeblatt führt!

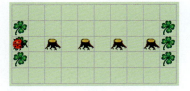

1 Welt zu Aufgabe 13.11 a

2 Welt zu Aufgabe 13.11 b

13.12 Kara sucht am Waldrand ein Kleeblatt. Er läuft so lange im Uhrzeigersinn um den Wald herum, bis er auf dem Kleeblatt steht.

Welt a

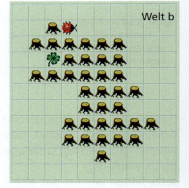

Welt b

13.6 Gezählte Wiederholung – Variablenkonzept

In vielen Fällen wissen wir genau, wie oft ein Vorgang wiederholt werden muss. Wenn du z.B. das Handy einschaltest, musst du bei der PIN-Eingabe genau vier Ziffern eingeben. Solche Anweisungsfolgen lassen sich mit der **gezählten Wiederholung** (↗ Bild 1) vereinfachen.

1 Gezählte Wiederholung (Zählschleife), Darstellung im Struktogramm

Mit dem Marienkäfer kannst du geometrische Figuren zeichnen. Kleeblätter sind sein Malstift.
Bevor wir zu schwierigeren Figuren wie das nebenstehende Quadrat (↗ Bild 2) übergehen, wollen wir den Käfer erst mal einen Strich der Länge 8 ziehen lassen.
Nichts leichter als das: Wir müssen uns nur die beiden Methoden `kara.putLeaf()` und `kara.move()` achtmal in eine Sequenz packen:

```
kara.putLeaf()
kara.move()
...
kara.putLeaf()
kara.move()
```

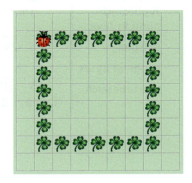

2 Aufgabe: Quadrat zeichnen

Für solche stupiden Schreibarbeiten verwenden wir doch gleich die gezählte Wiederholung.
Jetzt wird die Anweisungsfolge genau achtmal ausgeführt. Leider lässt sich diese Wiederholung in unserer Programmiersprache nicht ganz so einfach realisieren. Schaue dir zunächst den Aufbau an:

```
Wiederhole 8-mal
    kara.putLeaf()
    kara.move()
```

```
for (int i=0; i<8; i++){
    kara.putLeaf();
    kara.move();
}
```

Für das Zählen führen wir eine sogenannte Variable i ein.

> Eine **Variable** hat einen Namen und einen Wert, der sich während der Ausführung des Programms ändern kann.
> Gültige Bezeichner für Variablen beginnen in Java mit einem Buchstaben, danach können Ziffern und Buchstaben folgen.
> *Gültige Bezeichner:*   `fritz, ball45, x`
> *Ungültige Bezeichner:*   `234, 2fritz, 3`

Automaten und Algorithmen

Aus Sicht des Rechners ist eine Variable ein reservierter Speicherbereich an einer bestimmten Adresse. Dort belegt sie je nach Typ eine feste Anzahl von Bytes. In den Speicherzellen kann ein Datum, z. B. eine ganze Zahl oder ein Wahrheitswert, gehalten werden.

Beispiele für weitere Datentypen kannst du der Tabelle entnehmen:

Typ	Ganzzahl		Fließkomma-zahl	Wahrheitswert
Typbezeichnung in Java	short	int	float	boolean
Beispiel	5; -23	2^52	1.45; –345.56	true, false
Länge in Bytes	2	4	4	1
Wertebereich	-2^{15} ... $2^{15}-1$ –32 768 ... 32 767	-2^{31} ... $2^{31}-1$ –2 147 483 648 ... –2 147 483 647	$1{,}40 \cdot 10^{-45}$ ... $3{,}40 \cdot 10^{38}$	true, false

Mit der Speicherlänge wächst bei Ganzzahlen der Wertebereich. Den Speicher eines Rechners kannst du dir wie einen großen Schrank mit Schubkästen vorstellen:

```
boolean a, b;
short i, anz, zahl1, zahl;
int n1;
float c;
```

1 Schubkästen in einem Schrank

Auf jedem Schub steht der Name der Variablen als Adresse. Die Schubkastengröße symbolisiert die Länge des Speicherbereichs, der für die Variable reserviert wird. Seine Farbe stellt den Typ dar. Die Typen `int` und `float` z. B. haben gleich große Speicherbereiche und unterscheiden sich in der Art, wie die Daten gelesen werden. Der Schubkasteninhalt ist das Datum im Speicher, also der Wert der Variablen.

Im Folgenden sind die **Möglichkeiten von Variablen** aufgeführt:

Variablen müssen deklariert werden:
    `int i;`
Auf diese Weise wird der Speicherbereich, der durch die Variable belegt wird, festgelegt und wie der Inhalt interpretiert wird.

Variablen kann ein Wert zugewiesen werden:

```
i = 0;
```

Links vom Zuweisungsoperator „=" steht die Speicheradresse, an der der Wert abgelegt wird, der sich auf der rechten Seite errechnet.

Variablen können deklariert und gleich mit einem Wert belegt werden:

```
int i = 0;
```

Dies ist eine Kurzform für `int i; i=0;`

Durch den Operator „++" wird eine Variable um eins hochgezählt.

```
i = 0; i++;
```

Der aktuelle Wert von `i` ist danach 1.

Jetzt kannst du die gezählte Variable in Java verstehen:

Die **for-Schleife (gezählte Wiederholung, Zählschleife)** zerfällt in vier Bereiche:

```
for (Initialisierung der Zählvariablen; Be-
    dingung; Hochzählen der Zählvariablen) {
        Schleifenrumpf
}
```

Beispiel:

```
for(int i = 0; i<8; i++){
    ...
}
```

Initialisierung: Vor Ausführung der Schleife wird die Zählvariable deklariert und initialisiert.

Beispiel: `int i = 0;`

Schleifenbedingung: Sie ist eine Eingangsbedingung. Solange die Bedingung erfüllt ist, wird der Schleifenrumpf ausgeführt.

Trifft sie schon bei der ersten Ausführung nicht zu, wird der Schleifenrumpf kein einziges Mal ausgeführt.

Beispiel: `i<8`

Hochzählen der Zählvariablen: Die Zählvariable wird hochgezählt.

Beispiel: `i++`

Bei diesem Beispiel wird die for-Schleife genau achtmal ausgeführt, da wir bei null zu zählen beginnen.

288 Automaten und Algorithmen

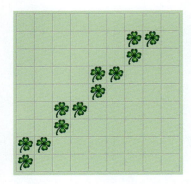

1 Welt zu Aufgabe 13.13 a

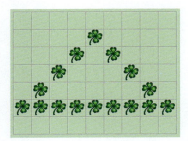

2 Welt zu Aufgabe 13.13 b

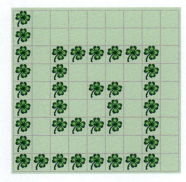

3 Welt zu Aufgabe 13.13 c

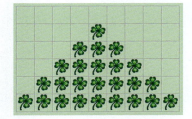

4 Welt zu Aufgabe 13.13 d

Das Flussdiagramm gibt den Ablauf der Anweisungen der for-Schleife genau wieder:

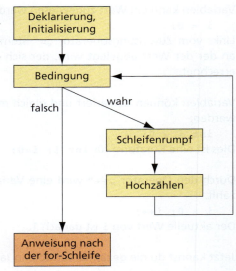

Nach dieser Vorarbeit ist das Programm jetzt ganz einfach:

Mit diesem Wissen kannst du gleich das Quadrat (↗ Seite 285, Bild 2) erstellen lassen. An jeder Ecke muss der Käfer ein Kleeblatt legen und die Richtung ändern. Achte darauf, dass die Seitenlänge acht Felder betragen soll.

Wenn du ganz fit bist, kannst du die Figur sogar durch zwei geschachtelte for-Schleifen zeichnen lassen. Mit der inneren Schleife wirst du eine Seitenkante zeichnen lassen. Mit der äußeren Schleife lässt du diesen Vorgang für jede der vier Seiten wiederholen.

13.13 Kara kann weitere schöne geometrische Figuren zeichnen. Setze dabei die gezählte Wiederholung ein!
a) ↗ Bild 1
b) ↗ Bild 2
c) ↗ Bild 3 (Kara startet in der Mitte. Jede Kante der Spirale wächst um ein Feld. Wenn du ganz geschickt bist, kannst du hier zwei geschachtelte for-Schleifen einsetzen.)
d) ↗ Bild 4 (Auch hier kannst du das Problem elegant mit zwei geschachtelten for-Schleifen lösen.)

13.7 Zählen – Wiederholung mit Endbedingung

Bei Computerspielen werden oft die Treffer, die Level oder die Leben gezählt. Ein Bankautomat behält nach dem dritten missglückten Versuch der PIN-Eingabe die Geldkarte ein. Dein Handy wird in diesem Fall gesperrt. Ein Fahrkartenautomat erfasst die eingeworfenen Münzen, summiert sie und zeigt den Gesamtbetrag an.

Mit dem Variablenkonzept haben wir im letzten Kapitel die Grundlage für derartige Vorgänge gelegt. Jetzt lernst du sie an einem bekannten Beispiel verstehen:

- Kara steht an einem rechteckigen Waldrand. Er soll die Anzahl der Schritte ermitteln, die er für genau eine Umrundung benötigt (↗ Bild 1).

1. Für die Anzahl der Schritte musst du zuerst eine Variable „anz" vom Typ int anlegen.
   `int anz = 0;`
2. Am Ausgangspunkt legt Kara ein Kleeblatt ab und begibt sich mit einem Schritt auf die Reise.
3. Reise: In der Aufgabe 13.12 hast du schon einen Algorithmus zu einem sehr ähnlichen Problem geschrieben (↗ Bild 2). Kara umläuft dort so lange den Wald, bis er ein Kleeblatt findet. Jetzt musst du nur noch zu jedem Schritt die Anweisung zum Hochzählen der Variablen einbauen.
   `anz++;`
   Anstelle des ++-Operators hättest du auch die folgende Zuweisung mit dem Operator „=" verwenden können:
   `anz = anz + 1;`
   Links vom **Zuweisungsoperator „="** steht der Variablenname für die Speicheradresse, an der der Wert abgelegt wird, der auf der rechten Seite errechnet wurde.
   Im rechten Ausdruck können auch Variablen vorkommen, hier sogar die mit der gleichen Bezeichnung. Für die Berechnung gilt folgende Regel: Variablen auf der rechten Seite werden durch ihren aktuellen Wert ausgewertet.
   Betrachte folgendes Beispiel (↗ auch Bild 3):
   – Der aktuelle Wert von anz sei 4.
   – Auf der rechten Seite wird anz durch 4 ersetzt. Jetzt lautet der Ausdruck 4+1 und sein Wert ist 5.
   – Die Zahl 5 wird an der Speicheradresse von anz abgelegt.
   – Der aktuelle Wert von anz ist jetzt 5.
   Merke: Die **Wertzuweisung** hat nichts mit einer mathematischen Gleichung zu tun!

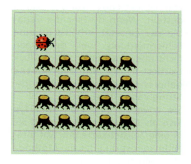

1 Kara umrundet ein Rechteck.

2 Algorithmus

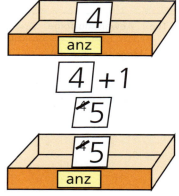

3 Wertzuweisung anz = anz + 1

Automaten und Algorithmen

> **ℹ** Die Methode
> **void message(int zahl)**
> ist eine Erweiterung der Methoden von Kara. Sie setzt sich aus folgenden Methoden zusammen:
> **void showMessage(String nachricht)**
> Die Methode ist vom Typ `void`, hat also keinen Rückgabewert, erwartet aber eine Eingabe vom Typ `String` (Zeichenkette) und wird vom Objekt `tools` zur Verfügung gestellt. Wenn du hier die Variable `anz` einsetzt, erhältst du eine Fehlermeldung, weil die Typen nicht übereinstimmen. Zum Glück existiert in der zum Typ `String` gehörenden Klasse eine Methode **String valueOf(int anz)**
> Sie erwartet eine Zahl vom Typ `int` als Eingabe und wandelt sie in eine Zeichenkette um. Mit ihrer Hilfe kannst du jetzt die Methode **showMessage( )** verwenden.
> Mit der richtigen Verkettung der Methoden erzielst du die gewünschte Ausgabe:
> **tools.showMessage(String.valueOf(anz));**

4. Nachdem Kara wieder beim Kleeblatt angekommen ist, soll er uns die Anzahl der Schritte in einer Messagebox ausgeben.
Das Objekt Kara stellt dir zu diesem Zweck die Methode **void message(int zahl)** zur Verfügung. Die Methode ist vom Typ `void` – hat also keinen Rückgabewert, erwartet aber eine Eingabe vom Typ `int` (ganze Zahl).

Der fertige Algorithmus lautet:

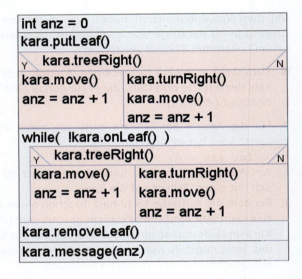

Einen Schönheitsfehler hat der Algorithmus noch. Der rosa hinterlegte Teil steht genau vor und im Rumpf der while-Schleife. Wenn es eine Wiederholung gäbe, die mindestens einmal durchlaufen wird, dann könnten wir uns die doppelte Schreibarbeit sparen.

Die **Wiederholung mit Endbedingung** erfüllt genau diese Anforderungen (↗ Bild 1).
Programmcode:
```
do {
    Anweisungsfolge
} while (Bedingung);
```

Dieser Schleifentyp wird auch **annehmende Schleife** genannt, da zuerst die Anweisungsfolge im Rumpf der Schleife ausgeführt wird. Danach wird erst die Bedingung geprüft. Hat sie den Wahrheitswert „true", wird der Rumpf erneut ausgeführt, andernfalls wird das Programm mit der Anweisung nach der Wiederholung mit Endbedingung fortgesetzt.

1 Wiederholung mit Endbedingung, Darstellung im Strukturgramm

Das Flussdiagramm gibt den Ablauf der **do-while-Schleife** (Wiederholung mit Endbedingung) wieder:

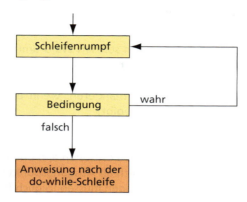

Durch die Wiederholung mit Endbedingung wird der Code noch kompakter:

```
int anz = 0
kara.putLeaf()
  Y   !kara.treeRight()   N
    kara.turnRight()
    kara.move()
    anz = anz + 1
while ( !kara.onLeaf() )
kara.removeLeaf()
tools.showMessage(String.valueOf(anz))
```

```
int anz = 0;
kara.putLeaf();
do{
        if(!kara.treeRight() ){
                kara.turnRight();
        }else{
                ;
        }
        kara.move();
        anz = anz + 1;
}while ( !kara.onLeaf() );
kara.removeLeaf();
tools.showMessage(String.valueOf(anz));
```

13.14 Kara läuft einmal durch seine Welt.
(↗ Bild 1)
a) Er zählt alle dort vorkommenden Kleeblätter und lässt sie in einer Messagebox ausgeben.
b) Er verfährt wie in Teil a mit einer Änderung: Liegen Kleeblätter in einer Zeile hintereinander, so zählen sie doppelt.
Hinweis:
In einer Variablen kann sich der Käfer merken, ob das hinter ihm liegende Feld mit einem Kleeblatt belegt war. Du kannst der Variablen den Wert 1 zuweisen, wenn Kara auf einem Kleeblatt steht, andernfalls 0.

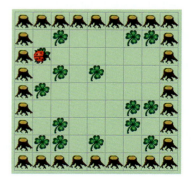

1 Welt zu Aufgabe 13.14

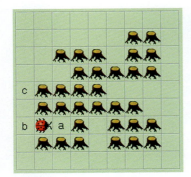

1 Welt zu Aufgabe 13.15

13.15 Kara steht an einem beliebigen Waldrand. Er soll die Anzahl der Schritte ermitteln, die er für genau eine Umrundung benötigt. Die Ausgabe der Anzahl erfolgt jeweils in einer Messagebox.
Wie der Käfer einen solchen Wald umrundet, hast du schon in Aufgabe 13.12 gelöst.
a) Warum darf Kara die Ausgangsposition von Bild 1 nicht mit einem Kleeblatt markieren, wenn er sich anschließend auf Kleeblattsuche begibt?
Hinweis: Erstelle eine Skizze und zeichne den Weg des Käfers auf.
b) Betrachte nun die Positionen a, b und c.
Welche eignen sich als Ausgangspunkt?
Welche Bedingungen müssen folglich für eine geeignete Ausgangsposition gelten?
c) Solange die Bedingung in Aufgabe b nicht erfüllt ist, muss Kara ein günstiges Feld suchen.
Dann markiert er dieses Feld mit einem Kleeblatt und beginnt zu zählen.

Im NsdEditor kann man nur eine Bedingung durch Drag and Drop in eine Strukturform schreiben. Weitere Bedingungen müssen mit der Tastatur ergänzt werden. Wenn du in die Strukturform klickst, kannst du mit den Pfeiltasten den Cursor an das Textende bringen und den Code von Hand eingeben.
Der senkrechte Strich bei „oder" kann mit der Tastenkombination <Alt Gr> + < erzeugt werden.

Zum Lösen der Aufgabe 13.15 ist folgendes Wissen hilfreich:

In Java lassen sich Bedingungen durch die **logischen Operatoren** „&&" und „||" verknüpfen:

Beispiel für „&&":

(Kara vor Baum?) **und** (Baum links von Kara?)
`kara.treeFront() && kara.treeLeft()`

Bedingungen, die mit „**und**" verknüpft sind, sind nur dann wahr, wenn alle Teilbedingungen den Wahrheitswert wahr haben.
Die obige Bedingung ist nur wahr, wenn links neben und vor Kara ein Baum steht; andernfalls falsch.

Beispiel für „||":

(Baum links von Kara?) **oder** (Baum rechts von Kara?)
`kara.treeLeft() || kara.treeRight()`

Bedingungen, die mit „**oder**" verknüpft sind, sind nur dann falsch, wenn alle Teilbedingungen den Wahrheitswert falsch haben.
Die Bedingung im Beispiel ist nur dann falsch, wenn Kara nicht links und rechts neben einem Baum steht; andernfalls wahr.

13.8 Erfassen von Mustern – Felder

In der Qualitätskontrolle ersetzen Sensoren mit automatischer Mustererkennung den Menschen. In der Technik gibt es vielfache Anwendungen:
Optische Sensoren überwachen die Fertigung von Bauteilen in Bruchteilen einer Sekunde und sortieren den Ausschuss aus. Die Qualität von Lebensmitteln kann durch empfindliche Sensorsysteme wie elektronische Zungen (elektrochemische Sensoren) geprüft werden.

> Unter **Mustererkennung** versteht man das maschinelle Erkennen und Auswerten von Mustern in Signalen.
> Am Anfang eines Mustererkennungsprozesses steht die Erfassung von Daten oder Signalen, die mittels Sensoren aufgenommen und digitalisiert werden. Aus den Signalen werden Muster gewonnen, die sich mathematisch in Vektoren und Matrizen darstellen lassen. Am Ende des Prozesses steht eine Klasseneinteilung.

Beispiele für die Anwendung von Mustererkennung:
- Spracherkennung
- optische Zeichenerkennung
- Robotik
- Biometrie (Gesichtserkennung, Fingerabdrücke, …)
- Bilderkennung

JavaKara erfüllt die Voraussetzungen für einen einfachen Mustererkennungsprozess:
Der Käfer hat Sensoren, mit denen er seine Umwelt abtasten kann. Bei der Erfassung werden wir die erkannten Muster in Arrays (Datenfeldern) speichern, die uns die Programmiersprache Java zur Verfügung stellt. Natürlich kann der Käfer auch Arrays auswerten, ob sie z. B. eine bestimmte Eigenschaft erfüllen, das heißt, er nimmt eine Klassifizierung vor.

> In einem **Array (Feld** oder **Reihung)** werden Daten gleichen Typs aneinander gereiht. Es ist mit einem Setzkasten vergleichbar, bei dem die Plätze durchnummeriert sind. In Java beginnt die Zählung bei null. Jeder Platz kann ein Datum des gleichen Typs aufnehmen.
> Über die Platznummern, den **Index,** kann man einen Platz des Arrays ansprechen.

■ Kara soll das Muster einer Zeile der Breite 9 (Bild 1) in einem Array abspeichern.

Zum Erfassen des Musters musst du zuerst das Array vergleichbar einer Variablen deklarieren.
    `int bild[];`
Mit dieser Zeile ist festgelegt:
Das Array `bild[]` hat die Bezeichnung „bild". In ihm dürfen nur Daten vom Typ `int` (also ganze Zahlen) abgelegt werden.

1 Muster einer Zeile der Breite 9 in Karas Welt (oben) und Modell des Arrays „bild" für diese Zeile (darunter)

1 Algorithmus zur Mustererkennung einer Zeile der Breite 9

Zu diesem Zeitpunkt ist aber im Unterschied zu einer Variablen im Speicher noch kein Platz reserviert worden, da noch nicht bekannt ist, wie viele Plätze benötigt werden. Mit dem Operator „new" kannst du dies festlegen:

    `bild = new int [9];`

Jetzt ist das Array im Speicher angelegt und umfasst genau neun Plätze. Die Anzahl lässt sich nachträglich nicht mehr ändern. Jeder Platz ist bereits mit einer 0 initialisiert.

Diese beiden Schritte kannst du auch in einer Zeile aufschreiben:

    `int bild[] = new int[9];`

Nun können wir die Plätze über den Index ansprechen.

    `bild[0] = 1;`

Dem ersten Platz weisen wir eine 1 zu. Mit der 1 codieren wir, dass sich auf dem Feld ein Kleeblatt befindet.

    `bild[1] = 0;`

Auf dem zweiten Platz lassen wir die 0 stehen. Sie bedeutet, dass auf dem Feld kein Kleeblatt liegt.

Für die Bearbeitung eines Arrays eignet sich die gezählte Wiederholung besonders gut, da die Anzahl der Plätze fest ist. An die Stelle des Index setzt du die Zählvariable „i". In Abhängigkeit von der Bedingung „Kara auf Kleeblatt?" kannst du nun nach dem obigen Muster jedem Platz `bild[i]` eine 0 oder 1 zuweisen.

Um zu überprüfen, ob das Muster richtig erkannt wurde, kannst du es gleich in der zweiten Zeile ausgeben lassen. Einen Trick wollen wir dir noch verraten:
Wenn Kara auf dem 9. Feld einen Schritt vorwärts geht, verlässt er die Welt am rechten Rand und erscheint wieder links auf dem 1. Feld in der gleichen Zeile.

Jetzt kannst du das Muster in der zweiten Zeile nach Belieben ändern. Kara soll im ersten Durchgang, wie gewohnt, das Muster der ersten Zeile in einem Array erfassen. Dann wechselt er in die zweite Zeile und vergleicht das 2. Muster mit dem abgespeicherten.
Zuerst führst du eine Variable „ent" vom Typ `boolean` ein. Sie wird mit dem Wert „true" initialisiert. In ihr soll das Ergebnis der Untersuchung abgespeichert werden.

- Sollte schon bei einem Vergleich das Muster der 2. Zeile nicht mit dem gespeicherten Code übereinstimmen, dann liegen unterschiedliche Muster vor. Du kannst der Variablen „ent" den Wert „false" zuweisen. Weitere Vergleiche erübrigen sich.
- Im Fall der Übereinstimmung musst du nur zum nächsten Vergleich übergehen.

Wie kannst du in Java herausbekommen, ob in einem Feld eine
1 steht? Für den Vergleich von Ausdrücken, dazu gehören auch
Zahlen, gibt es in Java folgende **relationale Operatoren:**

Operator	>	<	==	!=	>=	<=
Bedeutung	Größer	Kleiner	Test auf Gleichheit	Test auf Ungleichheit	Größer-gleich	Kleiner-gleich
Beispiel	6>1	5<1	6==12/2	3!=7	4>=4	7<=5
Wahrheitswert des Beispiels	true	false	true	true	true	false

Die Felder in der Welt tastet Kara mit dem Sensor „Kara auf
Kleeblatt?" ab. Einen Platz im Array kann er mit dem Ausdruck
`bild[i] == 1` überprüfen. Die Auswertung der beiden Bedingungen führt zu folgendem **Entscheidungsbaum:**

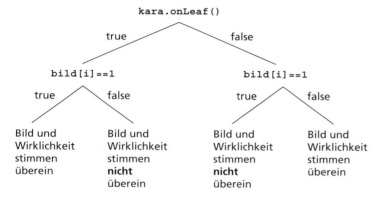

Der Entscheidungsbaum ergibt nur zwei unterschiedliche Ergebnisse:
- 1. Fall: Bild und Wirklichkeit stimmen überein.
    `kara.move();`
    Kara wechselt auf das nächste Feld.
- 2. Fall: Bild und Wirklichkeit stimmen nicht überein.
    `ent = false;`
    `break;`
    Mit der Anweisung „break" kannst du sofort die Wiederholung verlassen.

Das Ergebnis der Untersuchung lassen wir uns in einer Messagebox ausgeben. Hier hilft die Methode
    `void message(boolean var)`
des Objekts kara (↗ auch Randbemerkung).

*Um diese Methode wurde das Objekt kara erweitert. Falls sie nicht zur Verfügung steht, muss wie im Abschnitt 13.7 (↗ Seite 290) der Wahrheitswert mit der Methode
String String.valueOf(boolean var)
in eine Zeichenkette umgewandelt werden.*

Automaten und Algorithmen

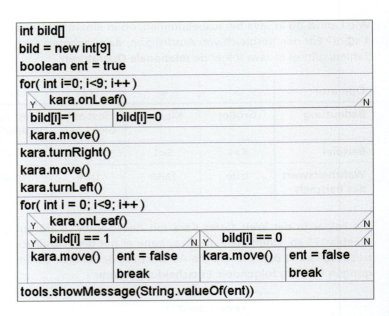

Zum Nachdenken: Mit folgendem Ausdruck hättest du dir die geschachtelten bedingten Anweisungen sparen können.
```
kara.onLeaf() == (bild[i] == 1)
```
Du kannst den Grund erkennen, wenn du den Ausdruck mithilfe des Entscheidungsbaums auswertest.

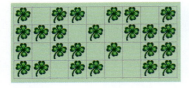

1 Nur die Muster in den ersten beiden Zeilen ergeben jeweils ein Palindrom.

13.16 Kara steht auf einer Zeile mit einem Muster aus Kleeblättern. Dieses Muster ist ein **Palindrom:** Es ergibt sich stets die gleiche Codierungsfolge, wenn du das Muster von links oder von rechts her erfasst (↗ Bild 1).
Erstelle ein Programm, mit dem Kara ein Palindrom erkennt, das aus neun Feldern besteht!

13.17 Kara steht auf einer Zeile mit einem Muster aus Kleeblättern. In der Mitte des Musters befindet sich ein Pilz.

Hinweis zu Aufgabe 13.17: Kara kann einen Pilz vor sich herschieben. Kleeblätter sind kein Hindernis und bleiben auf den Feldern liegen.

Erstelle ein Programm, mit dem Kara erkennt, ob sich vor und nach dem Pilz das gleiche Muster befindet!
a) Vor dem Pilz befinden sich genau sechs Felder.
b) Vor dem Pilz befinden sich höchstens sechs Felder.

Erfassen und Auswerten von zweidimensionalen Bildern:

Kara lebt in einer zweidimensionalen Welt. Bis jetzt hat er gelernt, eindimensionale Zeilen seiner Welt zu erfassen. Wenn man die Dimension von Arrays wie bei einem Koordinatensystem erweitern könnte, könnte man jedes Feld über zwei Indizes ansprechen. Im Bild beschreibt der erste Index die Spalte oder die Lage auf der x-Achse, während der zweite die Zeile oder die Lage auf der y-Achse festhält.

	0	1	2	3
0	0;0	1;0	2;0	3;0
1	0;1	1;1	2;1	3;1
2	0;2	1;2	2;2	3;2

Mit Java kannst du zweidimensionale Arrays wie folgt deklarieren und anlegen:

```
int bild [] [];
bild = new int [4] [3]:
```

oder kurz:

```
int bild [] [] = new int[4] [3];
```

Jetzt steht dir ein Array mit 4*3 Plätzen zur Verfügung. Über die Indizes, deren Aufzählung bei 0 beginnt, kannst du jedem einzelnen Platz z. B. einen Wert zuweisen:

```
bild [2] [0] = 1;
```

Im Platz (2;0) wird die 1 abgelegt. Wenn du den ersten Index für die Beschreibung der x-Achse verwendest und mit der 1 wieder ein Kleeblatt codierst, hast du gerade auf dem Feld (2;0) in der Welt ein Kleeblatt erfasst.

■ Kara lebt in einer Welt, die aus 16 Zeilen der Länge 9 Felder besteht. Das Muster der ersten 8 Zeilen soll er in einem zweidimensionalen Array ablegen.

1. *Vorarbeiten:* Einrichten eines zweidimensionalen Arrays.
2. *Erfassen der ersten Zeile:* Zeilen- und Spaltenindex stehen bei null. Vor jedem Schritt tastet Kara seine Welt ab und speichert die Ergebnisse im Array. Mit jedem Schritt wird der Spaltenindex hochgezählt (äußere for-Schleife, ↗ Bild 1).
3. *Zeilenwechsel:* Kara wechselt in die nächste Zeile. Der Zeilenindex wird hochgezählt und die Erfassung der folgenden Zeile erfolgt von Neuem nach dem Muster der ersten Zeile (innere for-Schleife, ↗ Bild 1).
4. Nach dem letzten Zeilenwechsel steht Kara auf dem Feld (0;9). Beide for-Schleifen sind abgeschlossen.

Ähnlich wie beim eindimensionalen Beispiel kannst du Kara nach der Erfassung das Muster ausgeben lassen. Damit du die Ausgabe mit dem Original vergleichen kannst, beginnst du gleich in der 9. Zeile mit der Ausgabe des Musters.

```
int bild[][] = new int[9][8]
for( int y = 0; y<8; y++ )
  for( int x = 0; x<9; x++ )
    Y    kara.onLeaf()    N
    bild[x][y] = 1  |  bild[x][y]=0
    kara.move()
  kara.turnRight()
  kara.move()
  kara.turnLeft()
```

1 Struktogramm zum Beispiel

Hinweis zu Aufgabe 13.18:
Eine Zeichenkette wird in Java durch Anführungsstriche gekennzeichnet.
Beispiel:
tools.showMessage("Alarm")

13.18 Kara lebt in einer Welt aus 8 Zeilen und 9 Spalten. In der Welt dürfen Kleeblätter nicht nebeneinander wachsen. Jeden Tag macht er einen Rundgang und erfasst die Welt. Ist alles in Ordnung, so gibt er über eine Messagebox „Ok" aus; andernfalls „Alarm".
a) Erfasse die Welt in einem zweidimensionalen Array!
b) Wie kannst du feststellen, ob in einer Zeile bzw. Spalte zwei Kleeblätter hintereinander liegen?
c) Vervollständige den Algorithmus, indem du abschließend prüfen lässt, ob das Array die geforderte Eigenschaft erfüllt!

13.19 *Kara vergrößert ein Bild:* Kara lebt in einer quadratischen Welt aus 12 Zeilen und 12 Spalten.

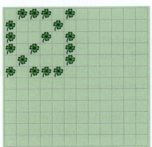 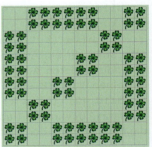

a) In den ersten 6 Zeilen und 6 Spalten ist ein Muster (Urbild) abgelegt. Erfasse es in einem zweidimensionalen Array „urbild"!
b) Richte ein zweites Array „bild" mit 12*12 Plätzen ein! In ihm soll das Muster (Bild) vergrößert abgespeichert werden. Ein Feld aus dem Urbild wird auf ein Quadrat der Seitenlänge 2 Felder abgebildet. Welche Felder im Bild belegt das Feld (0;0), (2;0) bzw. (3;2) aus dem Urbild? Stelle aus dieser Überlegung eine Regel auf, wie du das Array „bild" belegen musst!
c) Stelle den vollständigen Algorithmus auf und lass Kara Lupe spielen!
Kara verkleinert ein Bild: Man könnte auch umgekehrt ein Muster aus 12*12 Feldern auf ein Muster aus 6*6 Felder verkleinern.
d) Jetzt müsste ein Quadrat der Seitenlänge 2 Felder auf ein Feld abgebildet werden. Wie viele Kleeblätter soll ein Quadrat enthalten, damit im Bild ein Kleeblatt auf dem Feld gezeichnet werden soll?
e) Schreibe ein neues Programm und führe nacheinander die Verkleinerung und die Vergrößerung durch! Warum ist ein solcher Vorgang mit einem Informationsverlust verbunden?

13.9 Hübsch der Reihe nach: Sortieren

Heute kann man über das Internet viele Geschäfte abwickeln. Man kann Einkäufe erledigen oder gar seinen nächsten Urlaub buchen. Wir haben hier als Beispiel nach Flügen von Nürnberg nach Madrid recherchiert (↗ Bild 1).
In der ersten Auswahl werden sie aufsteigend nach dem Preis aufgelistet.

1 Sortieren im Internet

Man hätte sich das Angebot auch sortiert nach der Abflugzeit, der Fluggesellschaft oder der Flugdauer anzeigen lassen können.
Das Sortieren geht sehr flott, da der Kunde nicht lange vor dem Bildschirm warten will. Für solche Vorgänge brauchen wir Algorithmen, die diese Aufgaben schnell lösen.

Sortieren durch Einfügen:
Wenn du nacheinander die Spielkarten 8, König, 9, Ass und 7 ziehst und sie in deiner Hand ihrem Wert nach ordnest, wirst du vermutlich so vorgehen (↗ Bild 2):

Hand	Stapel
8	König, 9, Ass, 7
8, König	9, Ass, 7
8, 9, König	Ass, 7
8, 9, König, Ass	7
7, 8, 9, König, Ass	

Zuerst nimmst du die erste Karte vom Stapel in die Hand. Die zweite Karte hat eine höhere Wertigkeit und wird folglich nach der 8 in das Blatt eingefügt. Die 9 hat ihren Platz zwischen der Acht und dem König. Das Ass wird als höchste Karte am Ende und abschließend die 7 als erste Karte des Blattes eingefügt.

Deine Strategie war also:
- Solange der Stapel noch Karten enthält, tue
    - Nimm die erste Karte vom unsortierten Stapel.
    - Füge sie an der richtigen Stelle in den sortierten Bereich in der Hand ein.

Nun wollen wir diese Strategie beim Sortieren eines Zahlenfeldes anwenden. Beim Kartenspiel ist das Einfügen der obersten Karte vom Stapel an der richtigen Stelle des Blattes ein einfacher Vorgang.

2 Sortieren von Karten

Bei einem Zahlenfeld gestaltet sich der Sortiervorgang wesentlich aufwendiger.

	0	1	2	3	4	5	6	7	8
	2	4	6	7	9	10	5	12	8
	2	4	6	7	9	10		5	12	8
	2	4		5	6	7	9	10	12	8

(ein ↓ bei 2, unsort ↓ bei 6)

```
int inhalt = feld[unsort]
for( int k = unsort; k > ein; k-- )
   feld[k] = feld[k-1]
feld[ein] = inhalt
```

1 Struktogramm zum Beispiel

Das Zahlenfeld teilen wir in einen **sortierten** und einen **unsortierten** Bereich. Die Zahlen 2 bis 10 sind schon sortiert. Die 5 ist die erste Zahl des unsortierten Bereichs. Sie muss vor der 6 in den sortierten Bereich eingefügt werden.
- Um die Zahl 5 in den sortierten Bereich einfügen zu können, müssen wir uns zuerst die 5 in einer Variablen merken.
- Dann werden die Zahlen 10 bis 6 um ein Feld nach oben (bzw. in der Tabelle nach rechts) verschoben.
- Erst dann können wir die 5 an der richtigen Stelle im Zahlenfeld einsortieren.

In den Variablen „unsort" und „ein" speichern wir die beiden entscheidenden Indizes des Feldes. „unsort" ist der erste Index des unsortierten Bereichs, „ein" der, an dessen Stelle der Eintrag mit dem Index „unsort" eingefügt werden soll.
Das Struktogramm (↗ Bild 1) realisiert allgemein genau die drei Schritte, wie sie oben im Beispiel beschrieben sind.

Unter JavaKara werden wir Kleeblattketten sortieren, die von der Decke herunterhängen (↗ Bild 2).
Die Aufgabenstellung lösen wir nach dem Prinzip „Teile und herrsche" in Teilschritten:

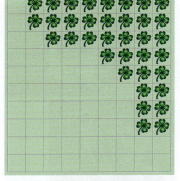

1 Ketten von Kleeblättern, die von der Decke herunterhängen

1. Deklarierung der Variablen, die die Welt bzw. das zu sortierende Feld festlegen.
```
int x = tools.intInput("Breite = ");  // Breite der Welt
int y = tools.intInput("Höhe = ");    // Höhe der Welt
int feld [] = new int [x];
world.setSize(x, y);  // Festlegung der Größe der Welt
word.clearAll();      // Löschen aller Objekte in der Welt
```

2. Daten eingeben:
   Das Objekt „tools" bietet uns die Methode
   `int random(int grenze)`. Sie erzeugt Zufallszahlen aus dem Bereich von null und „grenze".
   Beispiel: `tools.random(8)` liefert eine Zahl aus 0 .. 8.
   Mit dieser Methode besetzen wir das Zahlenfeld.

3. Daten ausgeben:

Mit zwei verschachtelten for-Schleifen kannst du die Klee-blattketten in die Welt einzeichnen. `feld[0]` speichert die Länge der ersten Kette an der Position `x=0`.

```
for( int m=0; m<x; m++){
        for (int n=0; n<feld[m]; n++){
                world.setLeaf(m,n,true);
        }
}
```

4. Einfügestelle suchen:

Der Wert von `afeld[unsort]` soll im sortierten Bereich vor dem ersten Feld eingefügt werden, das einen größeren Wert enthält. Die Suche wird beendet, falls der Index des betref-fenden Feldes gefunden ist (weitersuchen = false) oder der Index den sortierten Bereich verlässt. Falls der Index gefun-den wurde, behält die Variable „ein" ihren Wert, andernfalls wird sie um 1 erhöht.

```
int ein=0;                    // Einfügestelle
boolean weitersuchen=true;
while(ein<unsort && weitersuchen){
        if (feld[ein] > feld[unsort]) {
                weitersuchen = false;
        }
        else{
                ein++;
        }
}
```

5. Datum einfügen:

Der Eintrag muss nach dem obigen Verfahren nur eingefügt werden, wenn die Indizes „ein" und „unsort" verschieden sind.

```
if (ein != unsort) {
        int inhalt = feld[unsort];
        for( int k=unsort;k>ein; k-- ) {
                feld[k]=feld[k-1];
        }
        feld[ein] = inhalt;
}
```

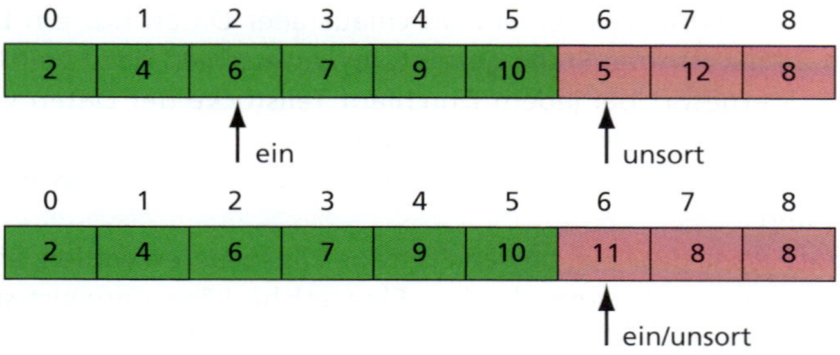

0	1	2	3	4	5	6	7	8
2	4	6	7	9	10	5	12	8

            ↑ ein   ↑ unsort

0	1	2	3	4	5	6	7	8
2	4	6	7	9	10	11	8	8

                                     ↑ ein/unsort

6. *Teilschritte zum Programm zusammenführen:*

```
public void myProgram() {
  /* Deklarierung der Variablen, Festlegung der Welt */
  /* Daten eingeben und Kleeblätter einzeichnen*/
  /* Sortieren durch Einfügen */
  for (int unsort=1; unsort<field.length; unsort++){
     // Feldinhalte in den sortierten Bereich einfügen
     /* Einfügestelle suchen */
     int ein=0;   // Einfügestelle mit 0 initialisieren
     ...
     /* Datum einfügen   */
     ...
     world.clearAll();
     /* Daten ausgeben  */
     ...
     tools.sleep(2000); // Programmunterbrechung für 2s
  }
}
```

Die Daten aus dem unsortierten Bereich (1, ..., x) werden mit einer for-Schleife nacheinander in den sortierten Teil des Feldes eingefügt.
Vor der Ausgabe der Kleeblätter löschen wir die ganze Welt. Damit wir in Ruhe die Darstellung verfolgen können, legen wir abschließend das Programm für zwei Sekunden schlafen.

13.20 Gegeben sei folgendes Feld:

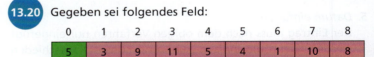

Führe das Sortieren durch Einfügen durch und schreibe nach jedem Einfügen die Belegung des Feldes auf!

Sortieren durch Verschmelzen (Mergesort):
Das Verfahren Mergesort ist eines der ältesten Sortierverfahren, die mit dem Computer eingesetzt wurden. Bei den bisherigen Verfahren wird nach einem Durchlauf aller Daten nur ein Datum an die richtige Stelle gesetzt. Im Unterschied dazu werden beim Mergesort bei jedem Durchlauf Teilstücke der Daten vorsortiert. Diese Teilstücke werden so lange zu doppelt so großen sortierten Teilstücken verschmolzen, bis alle Daten erfasst worden sind.
Zunächst soll das Feld, dessen Einträge wir sortieren wollen, eine Zweierpotenz als Länge haben. Eine solche Länge erweist sich als günstig, da die Teilstücke fortlaufend verdoppelt werden.

Automaten und Algorithmen

Betrachten wir ein Beispiel:

7	3	2	9	5	1	4	8
V		V		V		V	
3	7	2	9	1	5	4	8

1. Durchlauf

2. Durchlauf

Verschmelzen				Verschmelzen			
2	3	7	9	1	4	5	8

Verschmelzen							
1	2	3	4	5	7	8	9

3. Durchlauf

Beim ersten Durchlauf betrachten wir Teilstücke der Länge 1. Sie werden zu Teilstücken der Länge 2 sortiert.

Beim zweiten Durchlauf liegen bereits sortierte Teilstücke der Länge 2 vor. Diese werden zu sortierten Teilstücken der Länge 4 zusammengeführt.

Beim dritten Durchlauf wenden wir das Verfahren auf die Teilstücke der Länge 4 an und haben danach bereits das gesamte Array erfasst. Jetzt ist die Länge der Teilstücke nicht mehr kleiner als die Länge des Gesamtfeldes.

Bei unserem Beispiel lässt sich das Verschmelzen problemlos anwenden, da die Anzahl der Felder eine Zweierpotenz ($8 = 2^3$) ist. Nach dem dritten Durchgang ist das gesamte Feld bereits erfasst und sortiert. Diese Vereinfachung wollen wir beim ersten Versuch, den Mergesort zu programmieren, beibehalten.

Wir gehen nach dem bewährten Verfahren vor:

In welche Teilschritte lässt sich die Aufgabenstellung zerlegen?

1.–3. Die Schritte 1 bis 3 können wir vom Algorithmus „Sortieren durch Einfügen" übernehmen.

Zusätzlich zum Array „afeld" müssen wir noch zwei Hilfsfelder „bfeld" und „hfeld" deklarieren. Das Hilfsfeld werden wir noch erzeugen, da in ihm das teilweise sortierte Feld zwischengespeichert wird.

```
int bfeld [] = new int [x];
int hfeld[];
```

In der Variablen „schritt" speichern wir die Länge der sortierten Teilstücke.

```
int schritt = 1;
```

4. Sortierte Teilbereiche verschmelzen:

Im Hilfsfeld `bfeld` speichern wir die neue Anordnung des Feldes.

In den Variablen a, b bzw. ae, be werden die Grenzen der beiden Teilbereiche gespeichert, die zu einem neuen sortierten Teilbereich verschmolzen werden sollen. x ist die Länge des zu sortierenden Feldes.

```
for (int j = 0; j<x; j = j +2*schritt){
        int i = j; // Laufvariable für Hilfsfeld
        int a = j;
        int ae = a + schritt -1;
        int b = a + schritt;
        int be = b + schritt -1;
```

In der folgenden while-Schleife werden jeweils die ersten Einträge der beiden Teilbereiche miteinander verglichen und der kleinere von beiden im Hilfsfeld gespeichert. Der Index des zugehörigen Teilbereichs wird um 1 erhöht. Dieser Vorgang wiederholt sich so lange, bis ein Teilbereich vollständig abgearbeitet ist.

```
        while((a <= ae) && (b <= be)){
            if (afeld[a] < afeld[b]) {
                    bfeld[i] = afeld[a];
                    a++;
            }
            else{
                    bfeld[i] = afeld[b];
                    b++;
            }
            i++;
        }
```

Jetzt ist ein Teilbereich vollständig abgearbeitet. Nach Auswertung der Bedingung `a>ae` wissen wir, welcher Bereich noch in das Hilfsfeld übertragen werden muss.

Falls die Bedingung `a>ae` wahr ist, ist der erste Teilbereich abgearbeitet und die restlichen Einträge aus dem zweiten Teilbereich können nacheinander in das Hilfsfeld eingelesen werden, da sie bereits sortiert sind.

Falls `a>ae` den Wert „falsch" annimmt, ist der zweite Teilbereich abgearbeitet und du kannst nach dem gleichen Muster die restlichen Einträge aus dem ersten übernehmen.

```
        if (a>ae){
            while(b<=be){
            bfeld[i] = afeld[b];
            b++;i++;
            }
        }
        else{
            while(a<=ae){
            bfeld[i] = afeld[a];
            a++;i++;
            }
        }
```

5. Die Teilschritte zum Programm zusammenführen:
Beim Verschmelzen der sortierten Teilbereiche beginnen wir mit Länge 1. Nach jedem Durchlauf wird die Schrittlänge verdoppelt. Wenn sie nicht mehr kleiner als die Länge des Datenfeldes ist, ist das Feld vollständig sortiert.
Nach jedem Durchlauf wird dem Array „afeld" das neue sortierte Feld zugewiesen. Damit wird der Zwischenstand der Sortierung festgehalten. Auf dem Bildschirm lässt du das Feld ausgeben, damit du den Sortiervorgang Schritt für Schritt mitverfolgen kannst.

```
public void myProgram() {
        /* Deklarierung der Variablen und Festlegung der Welt   */
        /* Daten eingeben und Kleeblätter in der Welt einzeichnen*/
        /* Sortieren durch Verschmelzen */

    while (schritt < afield.length){
        /* Sortierte Teilbereiche für gewählte Schrittweite verschmelzen */
        afeld = bfeld
        schritt = 2*schritt;
        /* Daten ausgeben */
    }
}
```

13.21 Sortiere deine Mitschüler der Größe nach! Verwende die beiden Verfahren „Sortieren durch Einfügen" und „Sortieren durch Verschmelzen".
a) Beschreibe den Algorithmus umgangssprachlich!
b) Eine Person spielt den Rechner und sortiert die Klasse, indem sie bei jedem Schritt die Anweisung vorliest und durchführt.

13.22 Beim ersten Durchgang des Mergesorts werden Teilfelder der Länge 1 sortiert. Oft sind aber bereits längere Teilstücke des Arrays vorsortiert. Diese werden beim „natürlichen Mergesort" berücksichtigt.
a) Führe den „natürlichen Mergesort" anhand der nebenstehenden Tabelle durch (↗ Bild 1)!
b) In der Schule müssen oft Schulaufgaben oder Extemporalien (Stegreifaufgaben, Kurzarbeiten) sortiert werden.
Schreibe eine Handlungsanweisung auf, wie Lehrer nach diesem Verfahren schnell die Klassenarbeiten sortieren können!

1 Tabelle zu Aufgabe 13.22 a

13.23 Ein Array wird in den meisten Fällen nicht genau die Länge einer Zweierpotenz haben. Der Algorithmus soll so erweitert werden, dass er für beliebige Arrays lauffähig wird.

a) Löse zunächst das Problem, indem du die folgenden Tabellen vollständig ausfüllst! Schreibe auch deine Vorgehensweise auf, wenn sich ein Teilstück nicht mehr aufstellen lässt oder unvollständig ist!

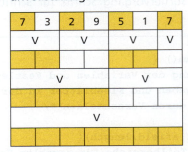
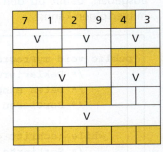

b) Das Problem lässt sich über die Festlegung der Grenzen der Teilbereiche lösen.
Die Variablen be, b oder ae können über dem maximalen Index des Arrays liegen.

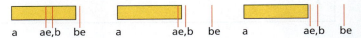

Im ersten Fall ist der zweite Bereich unvollständig, im zweiten gibt es keinen zweiten Bereich und im dritten ist sogar der erste Bereich unvollständig.
Welche Werte müssen den Variablen ae, b und be in den angegebenen Fällen zugewiesen werden, damit der Algorithmus ohne weitere Änderung ab der while-Schleife seine Arbeit wieder aufnehmen kann? Ergänze den Code entsprechend! x ist die Länge des zu sortierenden Feldes.

```
int bfeld[] = new int[x];
int schritt = 1;
for (int j = 0; j<x; j = j +2*schritt){
    int i = j; // Laufvariable für Hilfsfeld
    int a = j;
    int ae = a + schritt -1;
    int b = a + schritt;
    int be = b + schritt -1;

    if (be >= x) {
    ...
    }
```

Auf den Punkt gebracht

Zustandsdiagramm und Zustandsübergang

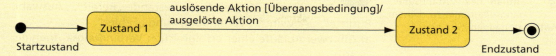

Im Zustandsdiagramm werden Start- und Endzustände eingeführt. Diese Zustände kann der Automat nicht wirklich einnehmen. Sie zeigen nur den Beginn und das Ende möglicher Abläufe an. Ein Diagramm muss stets einen Startzustand und kann Endzustände enthalten.

Bausteine von Algorithmen

Struktogramm	Java

wiederhole n-mal
Anweisungsfolge
	`for (Initialisierung der Zählvariablen;`
	`    Schleifenbedingung; Inkrementierung) {`
	`        Anweisungsfolge`
	`}`

Bedingung
wahr / falsch
Anweisungsfolge 1 / Anweisungsfolge 2
	`if (Bedingung){`
	`        Anweisungsfolge1`
	`}`
	`else{`
	`        Anweisungsfolge2`
	`}`

solange Bedingung
Anweisungsfolge
	`while(Bedingung){`
	`        Anweisungsfolge`
	`}`

tue Anweisungsfolge
solange (Bedingung)
	`do{`
	`        Anweisungsfolge`
	`} (Bedingung)`

Datenstruktur Array

In einem **Array (Feld** oder **Reihung)** werden Daten gleichen Typs aneinander gereiht. In Java beginnt die Zählung bei null. Über die Platznummern (den Index) kann man einen Eintrag des Arrays ansprechen.

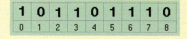

```
int feld1[];                    Deklarierung
int feld2[] = new int[7]        Deklarierung und Initialisierung
```

Wasserfallmodell der Software-Entwicklung

Ein Projekt wird in Schritte zerlegt, die zeitlich nacheinander folgen.
1. *Analysieren und Spezifizieren der Anforderungen:* Problemanalyse, Planung
2. *Entwerfen (Modellieren):* Architektur, Komponenten, Schnittstellen, Struktogramm
3. *Implementieren:* Umsetzen in eine Programmiersprache
4. *Abnahme/Einführung:* Inbetriebnahme
5. *Wartung:* Fehlerbeseitigung, Änderungen, Optimierung

✓ Teste dich selbst

> *Hinweis zu Aufgabe 13.24:* Enthält das Zustandsübergangsdiagramm zu deinem Automaten einen Zyklus?

13.24 Modelliere die Anwahl einer Telefonnummer mit deinem Handy! Verwende die Zustände „Bereit", „Auswahl Rufliste", „Anwahl", „Verbindung" und „Fehler".
a) Gib zwei Abläufe einer erfolgreichen Verbindungsaufnahme an!
b) Kannst du alle möglichen Abläufe aufschreiben?

13.25 Kara möchte zwischen Bäumen Slalom laufen (↗ auch Aufgabe 13.11a, Seite 284).
Die Slalomstangen stehen aber nicht in einer Linie (↗ Bild 1). Jeder Baum muss mindestens auf einem Viertelkreis abwechselnd links oder rechts umrundet werden. Wenn Kara sich z. B. in einer Linksdrehung befindet, dann muss er den nächsten Baum, der vor ihm oder rechts von ihm steht, mindestens auf einem Viertelkreis rechts umfahren.

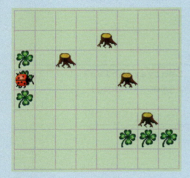

1 Kara läuft Slalom.

13.26 Gegeben ist der nachfolgende Automat:

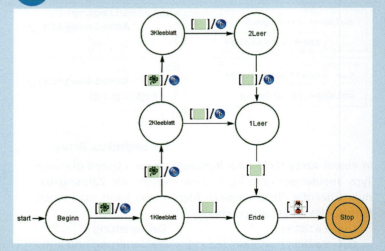

a) Erreicht der Automat den Endzustand „Stop", wenn nebenstehende Wörter eingelesen werden (↗ Bild 2)?
b) Welche Eigenschaft müssen Wörter haben, damit der Automat den Endzustand erreicht? Überprüfe deine Vermutung an weiteren geeigneten Beispielen!
Hinweis: Man sagt, der Automat akzeptiert das Wort, wenn er beim Einlesen den Endzustand erreicht.

2 Wörter zu Aufgabe 13.26 a

✓ Teste dich selbst

13.27 Entwirf einen Automaten zu dem folgenden Pattern-Matching-Problem:
Eine Suchmaschine soll in Wörtern das Muster 1001 erkennen.

13.28 Kara soll bis zum nächsten Baumstumpf laufen. Auf seinem Weg hebt der Marienkäfer Kleeblätter auf bzw. legt auf leere Felder jeweils eines ab.
Im korrekten Programm (↗ Seite 283) wurden Änderungen vorgenommen.

a) Ergänze das Programmstück so, ohne den bestehenden Code zu verändern, dass das Programm wieder korrekt die Aufgabe löst!

b) Beschreibe, was das nebenstehende Programm bewirkt!

c) Beschreibe in Worten, was dieses Programm bewirkt!

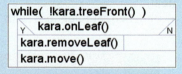

13.29 Kara steht vor einem Tunnel. Er läuft so lange geradeaus, bis er am Beginn des Tunnels (A) angekommen ist. Dort dreht er sich einmal um seine Achse und läuft bis zum Ende (B) des Tunnels.
Löse die Aufgabe für folgende Welten!

a) 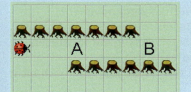   b)

Teste dich selbst

13.30 **Bubblesort:**
Bei diesem Sortieralgorithmus werden jeweils zwei benachbarte Einträge miteinander verglichen. Ist der folgende Wert kleiner als der vorhergehende, so tauschen die beiden ihren Platz. Auf diese Weise steigen die kleineren Werte wie Luftblasen im Wasser auf und die großen Werte sinken ab. Nach dem ersten Durchgang befindet sich der größte Wert ganz unten am Boden:

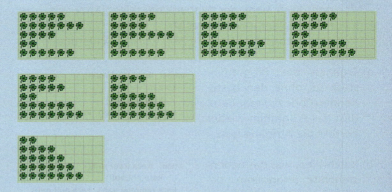

Zahlen in einem Array sollen sortiert werden. Sie werden durch einen Zufallsgenerator erzeugt.
Jede Zahl wird durch eine Zeile mit Kleeblättern grafisch dargestellt.

a) Gegeben sei folgendes Feld:

0	1	2	3	4	5	6	7	8
5	3	9	11	5	4	1	10	8

Führe den Bubblesort-Algorithmus durch und schreibe nach jedem Durchlauf die Belegung des Feldes auf!

b) Müssen bei jedem Durchgang die Einträge des gesamten Feldes miteinander verglichen werden?

c) In welche Teilschritte lässt sich die Aufgabenstellung zerlegen?
Erstelle den zugehörigen Code und führe ihn in der Methode `myProgram()` zum Programm zusammen!

d) In welcher Anordnung der Werte werden nach dem Sortieralgorithmus die meisten Platzwechsel vorgenommen?
Ermittle die Anzahl für fünf Zeilen!

e) Kann man auch schon nach einem Durchgang feststellen, ob alle Werte bereits sortiert sind?
Ergänze deinen Algorithmus, wenn du diesen Fall noch nicht berücksichtigt hast!

Anhang A

Register

Numerics

1:1-Beziehung 209, 212
1:n-Beziehung 209, 212
3-D-Objekt 47
3D-Kreisdiagramm 180

A

A1-Bezugsart 170
Abakus 10
Abfrage 198
Abfragen über mehrere
    Tabellen 214
Absatz 64, 68, 76
    – Attribute 68
    – markieren 65
Absatzabstand 70
Absatzausrichtung 69
Absatzeinzug 69
Absatzendemarke 68
Abschnittswechsel 66
Absenderadresse 124
absolute Pfadangabe
    – Linux 95
    – Windows 95
absoluter Zellbezug 170
absolute Zieladresse 109
Additionssystem 23
Aggregatfunktionen 205
Airbrush 38
AL-CHWARIZMI, MUHAMMAD IBN
    MUSA (787 – um 850)
    8, 24
Algorithmenbausteine
    162, 307
Algorithmus 8, 34, 139,
    141, 162, 284
    – Allgemeingültigkeit
    284
    – Ausführbarkeit 139, 284
    – Eindeutigkeit 139, 284
    – Endlichkeit 139, 284
Allgemeingültigkeit 284
analog 10
Analyse 259
Analytical Engine 12

Anfasser 48
Anfrage 197, 198
Anfragesprache 197
Animation 80, 85
annehmende Schleife 290
ANSI-Code 27
ANSI-Tabelle 27
Antiqua-Schriften 74
Antivirenprogramm 242
Anweisung, bedingte 154,
    162, 283
Anwendungsprogramme
    21
Arbeitsfeld 62
Arial 74
arithmetische Zahlenfolge
    171
Array 293, 307
ASCII 27
ASCII-Text 253
Assoziation 209
Assoziationsklasse 209
asymmetrische Verschlüsse-
    lungsverfahren 246
Attachment 132
Attribut 32, 33, 45, 189,
    208, 209, 210, 211, 258
Attributwert 32, 45, 134,
    189, 208, 210, 258
    – atomarer 223
Audio-Datei 83
Ausführbarkeit 284
ausgelöste Aktion 267, 307
Ausländerregister 236
auslösende Aktion 267, 307
Ausschneiden 21
Auswahl
    – einseitige 154, 162, 283
    – zweiseitige 154, 162, 283
AutoForm 83

B

BABBAGE, CHARLES (1791–1871)
    12
Balkentelegraf 22

Baumdiagramm 91
BDSG 238
Beamer 80
bedingte Anweisung 154,
    162, 283
Bedingung 150
Benutzeroberfläche, grafische
    19
Betriebssystem 14, 91
Bewegungsblock 15
Bezeichner 45
Bézierkurve 42
Bildlaufleiste 62
Bildschirmschuss 252
Binärzahl 26
Bit 26, 34
Bitmap 38
Bitmuster 26
Blatt 91
Blocksatz 69
book on demand 61
boolean 280
Boot-Viren 241
Botschaft 32, 48
Browser 104
Bubblesort 310
Buchdruck 61
Bundesdatenschutzgesetz
    238
Bundsteg 66
Bussystem 14
Byte 27, 28, 34

C

CAD 251
CAD-Programm 40
CÄSAR, GAIUS JULIUS
    (100 – 44 v. Chr.) 23
CD-R 18
CD-ROM 17
CD-RW 18
CHAMBERLIN, DONALD
    (geb. 1944) 194
CHAPPE, CLAUDE (1763 –1805)
    22

Chat 104
Chiffre 245
Chiffrierung 245
Client 104
CMYK-Farbmodell 53
CODD, EDGAR FRANK
   (1923–2003) 206
Compiler 146
Computer 8, 13, 34
Computerviren, Schutz vor
   241, 247
Computervirus 241
Copyright-Zeichen 18, 243,
   247
CPU 14
Cursor 63

D
Datei 99, 100
Datei-Viren 241
Dateimanager 91
   – Linux 91
   – Windows 91
Dateisystem 91
Dateisystembaum 94
Daten 28, 34
Datenaustauschformate
   253, 261
Datenbanken
   – der Polizei 236
   – im privatwirtschaftlichen
     Bereich 236
   – im staatlichen Bereich
     236
Datenbankmanagementsys-
   tem 187, 226
   – Aufgaben 188
Datenbankschema 211
   – Anforderungen 222
Datenbanksystem 21, 226
Datenbasis 187, 226
Datenblattansicht 196
Datendefinitionssprache 193
Datenfeld 189
Datenflussdiagramm 174
Datenmanipulationssprache
   219

Datenmodellierung
   – objektrelationale 206
   – relationale 206, 226
Datensatz 189, 211
   – ändern 220
   – einfügen 219
   – löschen 221
Datenschutz 247
   – als Grundrecht 237,
     247
Datenschutzgesetz 113
Datenschutzgesetze
   – Rechte der Bürger 238,
     247
Datensicherheit 232, 239,
   247
   – Maßnahmen 233, 247
Datensicherung 239, 247
Datentyp 182
Datentypen in DBMS 192
Datenverarbeitungsprozess
   257
Datenverschlüsselung 247
Datenverwaltung 239, 247
Datum 28
DBMS 187, 226
DCL 194, 226
DDL 193, 194, 226
Dechiffrierung 245
dekadisch 24
Desktop-Publishing 107
Dezimalsystem 24
Dezimaltabstopp 70
Diagramm 83
DIFFIE, WHITFIELD (geb. 1944)
   246
digital 10
Digitaldruck 61
DIN 67
DIN 5008 74
Diskette 17
DML 194, 219, 226
do-while-Schleife 291
Dokument 64
Domain-Name 127
dpi 40
Druckformat 75

DTP 107
Dualzahl 25
Durchschuss 70
DVD 18

E
E-Mail 104, 120, 126, 127,
   134
E-Mail-Adresse 128
EAN-Code 30, 35
Editor 146
Einbetten 252, 261
Eindeutigkeit 284
Einfügemarke 62, 63
Einfügemodus 63
Einfügen 21
einseitige Auswahl 154, 162,
   283
Ellipse 43
Embedding 252, 261
Empfängeradresse 124
Endlichkeit 284
Endlosschleife 162
Endzustand 269, 307
ENIAC 13
Entfernen-Taste 15
Enthält-Beziehung 65
Entität 210
Entity 210
Entity-Relationship-Diagramm
   210
Entityklasse 210
Entitymenge 210
Entscheidungsbaum 295
Entscheidungsfunktionen
   182
Entschlüsselung 245
Entwurfsansicht 193, 196
ER-Diagramm 210
EVA-Prinzip 14
externe Speicher 17, 34

F
Farbfüller 38
Feld 211, 293, 307
Felddatentyp 190
Fenster 20

FIBONACCI, LEONARDO
(um 1170 – 1240) 24
Fibonacci-Folge 177
Film 83
Folge 145
Folie 80
for-Schleife 287
Format-Symbolleiste 62
Formatvorlage 75
FORMULAR 195
Freeware 18, 244
Freihandlinie 42
Fremdschlüssel 212
Frutiger 74
FTP 104, 120
Funktion 172, 176, 182
– Aggregatfunktionen in
SQL 205
– Termnotation 174
– zusammengesetzte
174
funktionale Programmierung
172
funktionales Programm
172
Funktionsleiste 62
Fußnote 66

G

GByte 28, 34
geometrische Zahlenfolge
171
geschachtelte Anweisungen,
bedingte 157
geschachtelte Wiederho-
lungen 149
gewogenes arithmetisches
Mittel 183
gezählte Wiederholung 285,
287
GOSLING, JAMES (geb. 1955) 278
Grafikprogramm 21
grafische Benutzeroberfläche
19
GROUP-Klausel 218
Grundrecht auf Datenschutz
237

GUTENBERG, JOHANN
(um 1395–1468)
22, 61, 240

H

Handy, Texteingabe 152
hängender Einzug 69
Hardcopy 252
Hardware 13
Hauptprogramm 161
HELMAN, MARTIN (geb. 1945)
246
Helvetica 74
Hoaxes 242
Homepage 112
Host 104
Hotkey 21
HTML 108, 117, 254
HTML-Editor 111
HTTP-Protokoll 119
HTTP-Server 119
Hyperlink 104, 109, 115
Hypertext 110
Hypertextdokument 109

I

Icon 19
IDEA 246
IMAP 128
Implement 257
Implementieren eines
Modells 257
Implementierung 259
Index 293
Informatik 9, 28, 34
Informatiksystem 250, 261
– Aufgaben 251
Information 22, 29, 34
informationelle Gewaltentei-
lung 238
informationelles Selbstbestim-
mungsrecht 237
Informationsgesellschaft
255
Informationszeitalter 255
informatischer Problemlöse-
prozess 259

Initiale 61
Initialisierung 287
Integrität des Datenbestandes
225
Internet 104, 120, 127
– Dateiformate 254
Interpretation 257
Interpreter 146
IRC 104, 120

J

JACQUARD, JOSEPH MARIE
(1752–1834) 12
Java 278
– logische Operatoren 292
– Nicht-Operator 282
– relationale Operatoren
295
JavaKara 279
– Programmcode 281
Join 216
JPEG, JPG 254

K

Kalkulationsprogramm 21,
166
– vordefinierte Funktionen
176
Kante 91
Kardinalität 92, 209
kartesisches Produkt 215
KByte 28, 34
Keilschrift 60
Kennwort 245, 247
Klammeraffe 128
Klang 83
Klasse 31, 32, 42, 43, 208,
258
– ABSATZ 64
– ANHANG 132
– AUTOFORM 87
– DATEI 101
– DIAGRAMM 87, 182
– DOKUMENT 64
– ELLIPSE 55
– FILM 87
– FOLIE 87

– FORMEL 182
– FREIHANDLINIE 55
– GRAFIK 87
– KLANG 87
– KREIS 55
– MULTIMEDIADOKUMENT 87
– NACHRICHT 124, 130
– ORDNER 101
– PROZENT 170
– RECHTECK 55
– QUADRAT 55
– ROBOTER 144
– SCHALTFLÄCHE 87
– SPALTE 182
– STRECKE 55
– STRECKENZUG 55
– TABELLE 182
– TEXT 182
– TEXTFELD 55, 87
– VIELECK 55
– WAHRHEITSWERT 182
– WELT 144
– ZAHL 182
– ZEICHEN 64
– ZEILE 182
– ZELLE 182
Klassen
– bei der elektronischen Post 134
– beim Roboter Karol 144
– in Dateisystemen 100
– in Hypertextdokumenten 107
– in Kalkulationsprogrammen 182
– in Multimediadokumenten 82, 87
– in Textdokumenten 64
– in Vektorgrafiken 42, 47, 55
Klassenkarte 33
– DATEI 96
– ORDNER 96
Knoten 91

Kompressionsalgorithmus 254
Konsistenz 224
Kopieren 21
Kopist 61
Kreis 43
Kreisdiagramm 180
Kreuzprodukt 215
Kryptografie 246, 247
Kryptologie 246
künstlicher Schlüssel 190
Kurve 42

L

Landesdatenschutzgesetze 238
Layout 107
Layouter 61, 107
Leerzeichen 72
LEIBNIZ, GOTTFRIED WILHELM (1646–1716) 12
Lektor 61
LEONARDO VON PISA, genannt FIBONACCI (1170–1240) 177
Liniendiagramm 180
Link 104
linksbündig 69
Lizenz 243, 247
Lizenzvertrag 18, 243
logischer Operator
– oder 292
– und 292

M

m:n-Beziehung 209, 213
Mail-Server 127
Makro-Viren 241
Malprogramm 38
MARCONI, GUGLIELMO (1874–1937) 8
MASSEY, JAMES 246
Maus 16
– Anfassen 16
– Doppelklicken 16
– Klicken 16
– Zeigen 16

– Ziehen 16
MByte 28, 34
Mehrbenutzersystem 234
MemoryStick 17
Menü 20
Menüleiste 62
Mergesort 302
Methode 32, 33, 75, 134, 258
– Erscheinen() 85
– Senden() 130
Methoden
– bei Kara 271
– der Klasse NACHRICHT 125
– für Vektorgrafiken 48
– vom Typ boolean 282
Mikroelektronik 8
Mikroprozessor 14
Modell 257
– Forderungen an ein informatisches ~ 258
– Implementieren eines ~s 257
– relationales 211
Modellbildung 257, 259
Modellieren, objektorientiertes 32
Modellierung 257
– in der Informatik 258
Monitor 18
Motherboard 14
Mousepad 16
MP3 254
MS-DOS 14
Multimedia 9
Multimediadokument 80
Mustererkennung 293

N

Nachricht 22, 29, 124
Nachrichtentechnik 8
NAPIER, JOHN (1550–1617) 10
Nassi-Shneiderman-Diagramm 280

natürlicher Schlüssel 190

negativer Erstzeileneinzug 69

NEGROPONTE, NICHOLAS (geb. 1943) 9

Netiquette 113

NEUMANN, JOHN VON (1903–1957) 13

nichtproportionale Schrift 74

NsdEditor 280

Null 24

Nullwert 196

O

Objekt 31, 32, 258
– ausschneiden 48
– drehen 52
– färben 53
– kopieren 48
– löschen 48
– skalieren 52
– spiegeln 51
– verschieben 49

Objekte
– anordnen 50
– ausrichten 51
– gruppieren 50

Objektkarte 33, 72

Objektleiste 62

Objektmenge 208

Objektname 45

objektorientierte Modellierung 258

objektorientierte Programmiersprache 279

objektorientiertes Modellieren 32

objektrelationale Datenmodellierung 206

objektrelationales Datenmodell 226

Objekttyp 32

Office-Paket 252

Oktalsystem 24

OLE-Methode 253, 261

Operatoren, relationale 295

Ordner 100

Ordner erstellen
– Linux 93
– Windows 92

organisatorische Sicherheit 233

Oughtred, William (1574–1660) 10

P

Palindrom 296

Papierformate 67

Partition 95

PARTRIDGE, SETH (1603–1686) 10

PASCAL, BLAISE (1623–1662) 8, 12

Passwort 245, 247

Pattern-Matching-Problem 276

PC 13

PDF 108, 253

Personalinformationssystem 236

personelle Sicherheit 233

Pfadangabe
– absolute 95
– relative 95

Pfeil 42

PGP 246

physische Sicherheit 233

Pica 73

PIN 147, 268

Pinsel 38

PIOS 236

Pipette 38

Pixel 38

Pixelgrafik 38, 55
– Werkzeuge 38

Platzhalter 169

PNG 254

Polygon 42

POP 128

Pop-up-Menü 21

Positionssystem 23

PostScript 46

Prädikat 150

Präsentation 80
– abspielen 84

Präsentationsprogramm 21, 80

Präsentieren 80

Pretty Good Privacy 246

Primärschlüssel 190, 208

Problemlösen am Computer 259, 261

Problemlöseprozess, informatischer 259

Programm 34, 141, 145
– funktionales 172
– übersetzen 146

Programmiersprache 141
– objektorientierte 279
– Robot Karol 145
– Wertzuweisung 289

Programmierumgebung 141

Projektion 198

proportionale Schrift 74

Protokoll 105, 119, 128
– HTTP 105, 119
– IMAP 128
– POP 128
– SMTP 128

Provider 104, 119, 127

Prozessor 34

pt 73

Public-Domain-Software 244

Public-Key-Verfahren 246

Pull-down-Menü 20

Punkt 40, 73

Punktdiagramm 180

Punktgrafik 38

Punktnotation 39

Q

QL 194, 226

Quadrat 43

Quelltext 118

R

Rabatt 173
Radierer 38
RAM 14
Rechenstab 10
Rechteck 43
rechtsbündig 69
Rechtschreibhilfe 74
Redakteur 61
Redundanz 222
referenzielle Integrität
   225
Reflexion 259
Reihung 293, 307
Relation 197, 211
relationale Datenmodellie-
   rung 206, 226
relationales Modell 211
Relationship 210
relative Pfadangabe
  – Linux 95
  – Windows 95
relativer Zellbezug 170
relative Zieladresse 109
Repräsentant 257
Repräsentation 257
RGB-Farbmodell 53
Roboter 142
Roboter Karol 142
  – Attribute 142
  – eigene Bedingungen
   155, 162
  – eigene Methoden 159,
   162
  – Methoden 142
  – Welten 143
ROM 14
römische Zahlzeichen 35
root 92
RTF 253

S

Satzstudio 61
Säulendiagramm 180
Schaltfläche 84
Schengener Informationssys-
   tem 236

SCHICKHARDT, WILHELM
   (1592–1635) 12
Schleife, annehmende 290
Schleifenbedingung 287
Schleifenrumpf 282
Schlüssel 190, 208, 245
  – künstlicher 190
  – natürlicher 190
Schreibmaschinenblock
   15
Schrift 60
Schriftart 74
Schriftfarbe 73
Schriftgrad 73
Schriftgröße 73
Schriftschnitt 73
Schriftstil 73
Schufa 236
Seite 64
Seitenbeschreibungssprache
   46
SELECT-Anweisung 198,
   226
  – Projektion 199
  – Selektion 200
Selektion 200
Sensor 271
SEQUEL 194
Sequenz 145, 162, 280
serifenlose Schrift 74
Serifenschrift 74
Server 120
Setzer 61
Sexagesimalsystem 24
SHANNON, CLAUDE E.
   (1916–2001) 8
Shareware 244
Signal 22
SIS 236
skalieren 39, 52
Skonto 173
SMS 153
SMTP 128
Software 13
Software-Entwicklung,
   Wasserfallmodell 307
Software-Rechte 247

Solange-Schleife 151
Sondertasten 15
Soroban 10
Sortieren
  – durch Einfügen 299
  – durch Verschmelzen
   302
Sortierung 203
Sozialdatenbank 236
Spalte 167
Spaltenbreite 167
Spam 131
Speicher, externe 17,
   34
Speichereinheiten 34
Sprayer 38
SQ 226
SQL 193, 194
SSD 236
Standard-Symbolleiste
   62
Stapeldiagramm 181
Startzustand 269, 307
Stchoty 10
Stellenwertsystem 23
Steuerblock 15
Stift 38
STOLTENBERG, GERHARD
   (1928–2001) 9
Strecke 42
Streckenzug 42
Streifendiagramm 180
Stummtasten 15
Suan Pan 10
Suchmaschine 106
Summenfunktion 176
symmetrische Verschlüsse-
   lungsverfahren 246

T

T9-Verfahren 153
Tabelle 211
Tabellenkalkulation 166
  – Formeleingabe 169
  – Zahlenformate 168
Tabellenkalkulations-
   programm 166

Tabstopp 70
Tabulator 70
Task-Leiste 19
Tastatur 15
Tastenkombination 21
TCO-Zeichen 18
technische Sicherheit 233
Teile und herrsche 158, 162
Textdokument 64, 76
– Attribute 66
– erstellen 76
Textfeld 47, 82
Textverarbeitung 62
Textverarbeitungsprogramm 21
TIF, TIFF 253
Times Roman 74
Titelleiste 62
Top Level Domain 105, 127
Tortendiagramm 180
Trackball 16
Transformationsregeln 211, 212, 226
transitiv 223
Treppeneffekt 39
Trojaner 132
TXT 253

U

Übergangsbedingung 267
Überschreibmodus 63
UML 258
Umschalt-Taste 15
Unicode 27
Univers 74
Update 243, 247
UR 120
Urheberrecht 113, 243, 247
URL 104
USB-Stick 17

V

Variable 169, 285
– Möglichkeiten 286

Vektorgrafik 40, 41, 55
Vektorgrafikprogramm 41
Verbund 216
Verkehrszentralregister 236
Verknüpfen und Einbetten von Objekten 253
Verknüpfung 261
Verschlüsselung 245
Verschlüsselungsverfahren 246
– asymmetrische 246
– Public-Key-Verfahren 246
– symmetrische 246
VERWEIS-Funktion 179
Verzeichnis erstellen 92
Video-Datei 83
Vieleck 42
VIGENÈRE, BLAISE DE (1523–1596) 248
Viren, Schutzmaßnahmen 242
Virenscanner 242
Virus 241
void 280

W

Wahrheitswerttabelle
– ODER 179
– UND 179
Wasserfallmodell der Software-Entwicklung 307
Web 104, 120
Web-Adresse 120
Webserver 119
Website 104
WENN-Funktion 178
Wertebereich 211
Wertemenge 211
Wertzuweisung 289
Wiederholung
– gezählte 147, 285, 287
– mit Eingangsbedingung 150, 151, 162, 282

– mit Endbedingung 290
– mit fester Anzahl 147, 162
Wiederholungen schachteln 149
Wildcard 98
WINGATE, EDMUND (1593–1656) 10
World Wide Web 104, 120
Wurm 132
Wurzel 91
Wurzelordner 92
Wurzelverzeichnis 92
WWW 104

X

XUEIJA LAI 246

Z

Z1S1-Bezugsart 170
Z3 13
Zahlenfolge
– arithmetische 171
– geometrische 171
Zahlenformat 168
Zählschleife 147, 287
Zählvariable 287
Zeichen 22, 34, 64, 72, 76
– Attribute 72
– markieren 65
Zeicheninhalt 72
Zeichenprogramm 40, 41
Zeile 167
Zeilenabstand 70
Zeilenhöhe 167
Zeilenlineal 62
Zellbereich 176
Zellbezug 169
– absoluter 170
– relativer 170
Zelle 168
Zellinhalt 168
Zellschutz 168
zentriert 69

Zieladresse
- absolute 109
- relative 109
ZIMMERMANN, PHILIP
(geb. 1954)
246
zoomen 39

ZPI 236
zusammengesetzte Funktion
174
ZUSE, KONRAD (1910–1995)
13
Zustandsdiagramm 269,
307

Zustandsübergangsdiagramm
267
Zuweisungsoperator 289
Zweckentfremdungsverbot
238
zweiseitige Auswahl 154,
162, 283